中华学术·有道

松漠之间

刘浦江

——

著

辽金契丹
女真史研究

中华书局

图书在版编目(CIP)数据

松漠之间:辽金契丹女真史研究/刘浦江著. —北京:中华书局,2025.5. —(中华学术·有道). —ISBN 978-7-101-16853-2

Ⅰ.K289

中国国家版本馆 CIP 数据核字第 2024KA9618 号

书　　名	松漠之间——辽金契丹女真史研究	
著　　者	刘浦江	
扉页题签	徐　俊	
丛 书 名	中华学术·有道	
责任编辑	樊玉兰	
装帧设计	刘　丽	
责任印制	管　斌	
出版发行	中华书局	
	(北京市丰台区太平桥西里 38 号　100073)	
	http://www.zhbc.com.cn	
	E-mail:zhbc@zhbc.com.cn	
印　　刷	北京盛通印刷股份有限公司	
版　　次	2025 年 5 月第 1 版	
	2025 年 5 月第 1 次印刷	
规　　格	开本/920×1250 毫米　1/32	
	印张 16¼　插页 2　字数 366 千字	
印　　数	1-3000 册	
国际书号	ISBN 978-7-101-16853-2	
定　　价	98.00 元	

目 录

自　序

《松漠之间》一书，记录了我近十年来的学术轨迹。

我的辽金史研究最初是由金史入门的，自1990年代后期起，逐渐将研究重心从金史转向辽史和契丹史。这时我才深切地感受到民族语文对于辽金史研究的重要性。长期以来，辽金契丹女真史学界与民族语文学界彼此十分隔膜：一方面，辽金史研究者大都不能掌握利用契丹、女真文字资料；另一方面，民族语文学家又未能向历史学家充分展示这些资料在历史研究方面的价值。以至于有不少历史学家存在一种误解，认为民族语文资料对于辽金契丹女真史研究并没有什么太大的用处。其实，就契丹大小字石刻对辽史、契丹史研究的潜在价值而言，如果能够对它们加以充分发掘和利用，其重要性将不亚于突厥语文之于突厥史、蒙古语文之于蒙元史。基于这种考虑，我不惜花费数年功夫去钻研契丹小字、契丹大字和女真字的石刻资料。今天看来，这一投入是非常值得的。

屈指算来，从事辽金史研究已近二十年。我总觉得，长期浸淫于一个学术领域未必是一件好事，当你对史实和材料越来越熟悉，出成果也越来越容易的时候，也许就快要陷入有增长而无发展的泥沼了，那将意味着学术创造力的枯竭。而要想避免这种结局，独立自我的问题意识是至关重要的。对于研究课题的选择，我向来有两个原则：一是追求重大题材，即关注重要的、关键的、核心的问题；二是追求难度系数，偏好难度较大的、前人没有发现或者未能解决的问题。因为一般来说，这样的研究课题具有更为恒久的学术价值。至于能不能申报什么项目，有没有经费资助，是不是当下学术界的热门话题，是否合乎国际汉学界的口味等等，则只好置之度外了。老实说，近年来我也时常为这些因素所困扰，虽不能完全超然于现行学术体制之外，但总是努力去抵御各种各样的诱惑。我非常向往的是那样一种学术环境，能够完全凭着学术的感觉去选择自己感兴趣的研究课题，而不必有其他任何功利的考虑搀杂其间，这才是一个人文学者的最佳境界。

收在这部集子里的十七篇论文，是从我近十年发表的作品中选出的部分篇什。因为篇幅的限制，内容严格限定为辽金契丹女真史研究。除了与此主题无关者之外，还有两类文章没有入选，一是有关辽金史、但同时也涉及宋史的若干论文，二是我自己不甚惬意的某些文章。有的学者在将论文结集出版时，声称为保持原貌而不对文章加以改动，那样一来，岂不只是旧文的汇集重刊而已？我颇疑心这是懒惰的一个借口。后人编辑前人的论著，尽量保持原貌是可以理解的，但作者编选自己的文集，怎么可以一仍其旧呢？我有一个长年养成的习惯，在每篇论文发表之后，都会随时将所知所得记录下来，以备他日修改之用。因此需要说明的是，收入本书的论文都做了不同程度的修订，读者若想了解其原貌，尽可以去查阅原刊。考虑到某些论文篇幅很长，为方便读者计，每篇论文前均缀一内容提要，其中多数系直接采用初次发表时的提要，只有少数几篇是此次补写的。

在编选这部文集的过程中，高宇同学出力甚多。为尽可能减少本书的错误，书中引用的所有史料及研究论著皆由他逐一检核原文，其工作量之繁剧是可想而知的。本书之得以问世，有赖于北京大学社会科学部程郁缀、萧群部长的鼎力支持。中华书局于涛先生和王芳女士卓有成效的工作，为本书的出版质量提供了最重要的保障。以上诸端，在此一并致以谢意。

本书系教育部新世纪优秀人才支持计划研究成果，并获得北京大学 985 工程（二期）出版资助，特此说明。

2007 年 8 月 15 日，于京西大有庄

德运之争与辽金王朝的正统性问题

　　辽、金两朝在接受华夏文明之后，都以正统相标榜：辽承晋统，金承宋统，并企图为其正统论寻找德运的依据。蒙元一代，围绕着宋辽金三史的纂修义例问题，展开了激烈的正统之辨。明代士人普遍否认辽金正统，纷纷重修《宋史》，其旨趣不在于订讹补阙，而在于另创义例。在清代，宋辽金正闰之争本当是一个颇有忌讳的话题，但当清朝统治者从北方民族王朝立场转向中国大一统王朝立场之后，最终也否定了辽金正统。辽金王朝的正统性之争，从一个侧面彰显了近千年来华夷观念的演变轨迹。

　　自秦汉大一统王朝形成以后，正统问题便成为中国传统政治学说中的一个永恒话题。一百年前，梁启超在《新史学·论正统》中总结出历代正统之辨的六项标准，其中之一是"以中国种族为正，而其余为伪也"①。辽、金王朝的正统性之争，自始就是与种族问题纠缠在一起的，它从一个侧面彰显了近千年来华夷观念的演变轨迹。

----

①《饮冰室文集》第3集，云南教育出版社，2001年，1640页。

一　契丹王朝之正统论与德运说

　　辽朝虽然始终坚持草原本位,但自从燕云十六州汉地入辽后,文化的融合已是大势所趋。契丹人对汉文化的认同,一个明显的标志便是华夏正统观念的形成①。辽代前期,契丹人以"蕃"自居,自外于"中国"。辽朝人中国意识的觉醒,大致是兴宗以后的事情。自重熙年间起,辽朝开始以北朝自称。重熙二十一年(1052)遣使于宋,"其国书始去国号,而称南、北朝"②。道宗大康七年(1081)《萧孝恭墓志》,首行称"北朝大辽国……萧孝恭墓志铭"③。辽代中晚期石刻中,常见"南赡部州大契丹国"④或"南赡部州大辽国"⑤的说法。按照佛教的地理概念,中国属于四大部洲中的南赡(瞻)部洲,郑樵说:"释氏谓华夏为南赡部洲。"⑥唐宋石

①关于辽朝华、夷观念的演变过程,请参见宋德金:《辽朝正统观念的形成与发展》,《传统文化与现代化》1996 年第 1 期;郭康松:《辽朝夷夏观的演变》,《中国史研究》2001 年第 2 期。
②《续资治通鉴长编》卷一七二,仁宗皇祐四年四月丙戌条。
③盖之庸编著:《内蒙古辽代石刻文研究》,内蒙古大学出版社,2002 年,250 页。又契丹小字《耶律仁先墓志》也称宋、辽为南、北朝,即实先生认为在契丹语中"南"亦有"下"之意,见氏著《谜林问径——契丹小字解读新程》,辽宁民族出版社,1996 年,233 页。
④重熙四年《张哥墓志》、重熙十三年《沈阳无垢净光舍利塔石函记》、重熙十四年《沈州卓望山无垢净光塔石棺记》,分见《辽代石刻文编》(河北教育出版社,1995 年)200、237、239 页。
⑤大安五年《萧孝忠墓志》、乾统七年《释迦佛舍利生天塔石匣记》,分见《辽代石刻文编》416、580 页。
⑥《通志》卷三八《天文略一》。

刻中以南赡部洲指称中原王朝的例子比比皆是。辽人既自称为南赡部洲,则是自比于华夏之邦。辽道宗的言行最足以说明契丹统治者从"夷"到"华"的文化立场的转变。道宗曾作有一首《君臣同志华夷同风诗》①。《松漠记闻》卷上记述的一个故事更是常为人们津津乐道:"大辽道宗朝,有汉人讲《论语》……至'夷狄之有君',疾读不敢讲。则又曰:'上世獯鬻、猃狁,荡无礼法,故谓之夷。吾修文物彬彬,不异中华,何嫌之有!'卒令讲之。"这实际上就是金、元时代人所竭力张扬的"中国而用夷礼则夷之,夷而进于中国则中国之"的华夷观念②。契丹人传统的青牛白马故事反映了本民族根的意识,而道宗末年修成的耶律俨《皇朝实录》却"称辽为轩辕后"③,无疑是对华夏文化的明确认同。

五德转移说是华夏正统观的核心因子,辽朝的德运观念是一个值得深入探讨的问题。咸雍元年(1065)《耶律宗允墓志》云:"我国家荷三神之顾谒,乘五运之灵长。"④但今存辽代文献中并没有关于本朝德运的任何记载。金章宗泰和间讨论德运问题时,秘书郎吕贞幹等人有"辽以水为德"之说⑤,这是目前辽、宋、金文献中有关辽朝德运的惟一明确的信息。冯家昇先生认为:"金章宗去辽未远,吕贞幹所云'辽以水为德',必甚可靠。"⑥除此之外,清

①《辽史》卷二一《道宗纪》,清宁三年。又见王鼎《焚椒录》。
②见赵秉文:《闲闲老人滏水文集》卷一四《蜀汉正名论》;杨奂:《还山遗稿》卷上《正统八例总序》。此语本出韩愈《原道》。
③《辽史》卷六三《世表序》。
④《辽代石刻文编》,319页。
⑤佚名编:《大金德运图说》,台北商务印书馆影印文渊阁《四库全书》本,第648册,313页。
⑥冯家昇:《契丹名号考释》,见《冯家昇论著辑粹》,中华书局,1987年,25页。

代学者还曾举出一个新的论据，道光四年殿本《辽史》在卷五三《礼志》"腊辰日"条下有一段考证文字说："按《五德运补》曰：'辽以水德王。'又按《魏台访议》曰：'王者各以其行，盛日为祖，衰日为腊。水盛于子，终于辰，故水行之君，以子祖辰腊。'按本《志》以辰为腊，可见辽用水德。"《五德运补》一书未见著录，估计是明朝人的著述，其"辽以水德王"的说法亦当源自《大金德运图说》。问题是"腊辰日"的记载是否能够证明辽为水德说？《辽史》卷五三《礼志六》"嘉仪·岁时杂仪"的原文是这样的："腊辰日，天子率北南臣僚并戎服，戊夜坐朝，作乐饮酒，等第赐甲仗、羊马。国语谓是日为'炒伍侕戌'。'炒伍侕'，战也。"《辽史》卷五一《礼志三》"腊仪"条也有类似的记载。根据这些内容来看，腊仪很可能是契丹传统礼俗，以十二月辰日为腊，与五德终始说"水德子祖辰腊"[1]的说法不过是一个巧合而已。通检《辽史》，可以发现《太宗纪》会同八年(945)十二月已有"戊辰，腊，赐诸国贡使衣马"的记载，《礼志》则谓自穆宗应历元年(951)以后，以腊仪为常仪。要知道，在太宗和穆宗时代，辽朝根本就不可能有什么华夏正统观念，可见其腊仪与五德确实是没有关系的。

尽管"辽以水为德"说仅有金代文献中的一条孤证，但所幸的是，我们可以通过辽朝中后期的正统之争识破其中的玄机。大约从兴宗时代起，辽朝开始以正统相标榜。正统之争是由辽太宗得自后晋的所谓秦传国玺引起的。《辽史》卷五七《仪卫志三》曰："会同九年，太宗伐晋，末帝表上传国宝一、金印三，天子符瑞于是归辽。"自秦汉以降，人们习惯上视秦之传国玺为正统王朝的象征

---

[1] 王应麟：《小学绀珠》卷一"五运"，中华书局影印《津逮秘书》本，1987年。

性符号,"天下之人,遂以为帝王之统不在于道而在于玺,以玺之得失为天命之绝续……而五季更相争夺,以得者为正统"①。辽朝前期因尚无华夏正统观念,据说曾打算将此传国玺送还宋朝,《后山谈丛》卷五讲述了这样一个故事:"前世陋儒,谓秦玺所在为正统,故契丹自谓得传国玺,欲以归太祖,太祖不受,曰:'吾无秦玺,不害为国。且亡国之余,又何足贵乎!'契丹畏服。"②辽朝中期以后,契丹统治者逐渐意识到这枚传国玺的价值,于是开始拿它大做文章:"圣宗开泰十年,驰驿取石晋所上玉玺于中京;兴宗重熙七年,以《有传国宝者为正统赋》试进士。"③据宋人记载,"仁宗朝,有使虏者,见虏主《传国玺诗》云:'一时制美宝,千载助兴王。中原既失守,此宝归北方。子孙宜慎守,世业当永昌。'"④这就是辽朝正统论的理据所在。

其实辽朝得自后晋的这枚传国玺实为晋高祖石敬瑭所铸,而并非真正的秦玺,宋人于此多有辨析⑤。周太祖广顺三年(953)二

①郝经:《传国玺论》,《陵川集》卷一九,影印文渊阁《四库全书》本,第1192册,212页。
②这个故事又见于南宋陈橒《负暄野录》卷上"秦玺文玉刻"条。按宋辽两国早在宋太祖开宝八年(975)已互通聘使,故此事应该是可信的。
③《辽史》卷五七《仪卫志三》"符印"。
④孔平仲:《珩璜新论》卷四。此诗究竟出自哪位辽朝皇帝之手,并无明确记载,清周春《增订辽诗话》卷上、近人陈衍《辽诗纪事》卷一及陈述《全辽文》卷一均将此诗列在圣宗名下,《全辽文》有按语云:"宋仁宗当朝亘四十余年,历辽圣宗、兴宗、道宗三帝。辽主者,不得他证,未可必谓为圣宗也。谨附于后,用示存疑。"
⑤参见王溥《五代会要》卷一三"符宝郎"、郑文宝《传国玺谱》(宛委山堂本《说郛》卷九七)及《玉海》卷八四引郑文宝《至道玉玺记》。另据宋人考证,真正的秦玺早已毁于汉末董卓之乱,自魏晋以下历代所称秦玺其实也都是伪玺,详见赵彦卫《云麓漫钞》卷一五、曹彦约《昌(转下页)

月，"内司制国宝两坐，诏太常具制度以闻"，太常寺所上奏疏对石晋传国玺的来历作了详细交待：

> 晋主奉表归命于虏主，遣皇子延煦等奉国宝并命印三面送与虏主，其国宝即天福初所造者也。延煦等回，虏主与晋帝诏曰："所进国宝，验来非真传国宝，其真宝速进来。"晋主奏曰："真传国宝因清泰末伪主从珂以宝自焚，自此亡失，先帝登极之初，特制此宝。左右臣僚备知，固不敢别有藏匿也。"①

由此看来，辽朝统治者对所谓传国宝的真伪理应是心知肚明的，但为了与宋朝争华夏之正统，不惜拿这枚伪玺大做文章。

这件事情给了我们一个重要启示，辽朝的正统论是建立在承石晋之统的基础之上的。金朝末年的修端明确主张："辽自唐末保有北方，又非篡夺，复承晋统……终当为《北史》。"②又《辍耕录》卷三引杨维桢《正统辨》，也有"议者以辽承晋统"的说法。若以辽承晋统为前提，上文谈到的辽朝德运就可以得到一个圆满的解释。在宋辽金时代，对五代以下各朝德运的通行解释是：唐为土德，"朱梁篡代……不可以为正统"，故列入闰位；后唐"中兴唐祚，重兴土运"；此后石晋为金德，刘汉为水德，郭周为木德，赵宋

（接上页）谷集》卷二二《玉玺本末》、李心传《建炎以来朝野杂记》乙集卷五"制作·宝玺"。

① 《册府元龟》卷五九四掌礼部奏议二二，中华书局，1960年，第7册，7115页。据《宋本册府元龟》校正。

② 修端：《辩辽宋金正统》，《元文类》卷四五，《四部丛刊》本。

为火德①。辽朝既以承晋统为其正统论之理据，必定自认代石晋金德为水德，这样就等于否定了宋王朝的正统性，使宋之火德成为无本之木，无源之水。基于这种考虑，我相信金人所称"辽以水为德"确是事实，尽管由于辽代史料极度贫乏，我们今天已经看不到辽朝人关于本朝德运的第一手记载。

对于辽朝的正统论，宋人肯定是不屑一顾的。欧阳修《新五代史》将辽朝打入《四夷附录》，曾引起辽人极大不满②，这就是宋人的华夷观念。澶渊之盟后，宋人甚至对两国往来国书互称南、北朝都不能接受："始，通和所致书，皆以南、北朝冠国号之上。将作监丞王曾言：'古者尊中国、贱夷狄，直若首足。二汉始失，乃议和亲，然礼亦不至均。今若是，是与之亢立，首足并处，失孰甚焉。狄固不可启。臣恐久之非但并处，又病倒植。愿如其国号契丹足矣。'上嘉纳之。"③虽然澶渊之盟规定两国皇帝以兄弟相称，但宋人骨子里始终视辽朝为夷狄之邦，岂能容忍与之"首足并处"？仁宗皇祐四年（1052），辽朝遣使贺乾元节，其国书"称北朝而去契丹号"，宋人认为辽朝"意以自尊大"，亦托辞拒绝④。

自金代以后，对辽朝的正统性普遍持否定态度。在《大金德运图说》所列历代王朝德运图中，根本就没有辽朝的位置；同书引章宗泰和二年十月二十五日尚书省上奏说："辽据一偏，宋有中

---

① 参见《宋会要辑稿》运历一之一、《册府元龟》卷四《帝王部·运历门》、王应麟《小学绀珠》卷一"五运"、金佚名编《大金德运图说》。

② 见《辽史》卷一○四《文学下·刘辉传》。

③ 《续资治通鉴长编纪事本末》卷一五"亲征契丹"，据《长编》卷五八景德元年十二月辛丑条校正。但《长编》辑本已将王曾语删去大半。

④ 张方平：《乐全集》卷三九《昌黎韩君墓志铭》。此事始末见《续资治通鉴长编》卷一七二仁宗皇祐四年四月丙戌条。

原,是正统在宋。"关于金人的宋辽正统观,下文将作出具体阐释。

二 金朝的德运之争及其文化选择

金王朝的建立者"生女真"原本是文明程度较低的一个部族,被宋人称为"夷狄中至贱者"①。女真入主汉地之初,尚无华夏正统观念。自熙宗改制后,金朝迅速走向汉化道路。到了海陵王时代,女真统治者已经具备中国大一统王朝的政治伦理观念②。

五德终始说自秦以后成为讨论历代王朝正统性的理论基础和对话平台,而金朝则是最后一个试图通过"五运"说以寻求其政权合法性的王朝③。德运之争是金朝历史上一个十分引人注目的问题,陈学霖先生已对此做过专题研究④,但仍有许多问题值得继续探讨。首先,在章宗泰和二年(1202)改定土德之前,金朝究竟奉行什么德运,就有几种不同说法。从金朝官方文献的记载来看,泰和二年以前毫无疑问应是金德。世宗大定十五年(1175)册

---

①《三朝北盟会编》卷二四四引张棣《金虏图经》。

②关于金朝正统观念的形成过程,宋德金先生已有详细论述,参见氏著《正统观与金代文化》,《历史研究》1990年第1期。

③参见刘复生:《宋代"火运"论略——兼谈"五德转移"政治学说的终结》,《历史研究》1997年第3期。

④Hok-lam Chan, *Legitimation in Imperial China: Discussions under the Jurchen-Chin Dynasty (1115—1234)*, Seattle: University of Washington Press, 1984;陈学霖:《金国号之起源及其释义》,《辽金史论集》第3辑,北京书目文献出版社,1987年;《大宋"国号"与"德运"论辩述义》,载《宋史论集》,台北东大图书公司,1993年。

封长白山册文云："厥惟长白，载我金德。"①章宗时讨论德运，翰林学士承旨党怀英主张"宜依旧为金德"②。宣宗朝再议德运，应奉翰林文字黄裳说："泰和之初……改金为土。"③

那么，金朝究竟是从何时开始奉行金德的呢？泰和初，刑部尚书李愈说："本朝太祖以金为国号，又自国初至今八十余年，以丑为腊。若止以金为德运，则合天心、合人道、合祖训。"李愈以"大金"国号附会金德，当时即已遭到有力反驳："李愈所论太祖圣训，即是分别白、黑之姓，非关五行之叙。"④也就是说，太祖称帝时所谓"金之色白，完颜部色尚白"云云，是指白号、黑号之姓而言（完颜部属白号之姓），与德运无关。李愈又谓"自国初至今八十余年，以丑为腊"⑤，这一说法也得不到史料支持。据我了解，金代文献中有关金德的消息最早见于世宗朝。大定三年（1163）十二月丁丑，"腊，猎于近郊，以所获荐山陵，自是岁以为常"⑥。这就是"以丑为腊"的最早记录。其实，不仅我们今天看不到有关金德的更早记载，就连金人也没有金朝前期奉行金德的文本依据。宣宗朝再议德运时，赞成金德说的右拾遗田庭芳认为："向来以丑为腊者八十余年，应是当时已有定论，后疑失其文本，不得其详尔。"⑦

①《大金集礼》卷三五"长白山封册礼"，《丛书集成初编》本。
②《大金德运图说》载贞祐二年正月二十二日《尚书省判》。
③《大金德运图说》载贞祐二年二月《应奉翰林文字黄裳议》。
④《大金德运图说》，贞祐二年正月省判引泰和二年十月二十五日尚书省奏。
⑤按金德以丑日为腊。《太平御览》卷三三引《魏台访议》云："金始生于巳，盛于酉，终于丑。故金行之君，以酉祖丑腊。"
⑥《金史》卷六《世宗纪上》。
⑦《大金德运图说》载贞祐二年二月《右拾遗田庭芳议》。

头一句话乃是拾李愈之牙慧,后面的疑似之词才透露了实情,原来主金德说者对金德的渊源也"不得其详"。须知在完颜阿骨打建国之时,女真人根本就没有华夏正统观念,怎么谈得上德运之说呢?

有证据表明,直至海陵王时代,金朝尚未确定其德运所尚。清人辑本《大金德运图说》,最后有一通《省奏》云:

> 尚书省奏:"准尚书礼部举,窃闻王者受命开统,皆应乎五行之气,更王为德。方今并有辽、宋,统一区夏,犹未定其所王。伏睹今来方以营造都邑并宗庙社稷,窃恐随代制度不一,有无委所司一就详定。"奏讫,奉圣旨:"分付详定,须议指挥。"右下详定内外制度仪式所,可照检依准所奉圣旨详定讫,分朗开立状申,以凭再具闻奏施行,不得住滞错失。付详定所。准此。

《金文最》卷五六收录此文,改题为《集议德运省札》,并注明"贞祐二年"。陈学霖先生认为,这份省奏可能是贞祐二年(1214)德运论辩之初呈给宣宗的[1]。我觉得这一结论还值得斟酌。据我判断,此段文字不应该是《大金德运图说》的原文。《大金德运图说》收录的是宣宗贞祐二年讨论德运的档案材料,系四库馆臣从《永乐大典》中辑出。而根据以下三点内容,可以完全排除这份省奏作于贞祐二年的可能性。

第一,如上所述,金朝德运之确定,最迟不晚于世宗大定三年,而省奏谓"方今并有辽、宋,统一区夏,犹未定其所王",则显然

---

[1]*Legitimation in Imperial China*,p. 169.

是世宗以前的口气。

第二，"伏睹今来方以营造都邑并宗庙社稷"句，对于确定该省奏的系年很有帮助。贞祐二年宣宗迫于蒙古的军事进攻而临时决定迁都南京（今河南开封），是一个非常仓促的行动，根本来不及进行土木建设；况且宣宗南迁在当时被称为"巡幸南京"，金朝政府从不承认迁都南京的事实，按照官方的说法，南京只是"行宫"而已，故"营造都邑"肯定不是指营建南京。至于金朝前期的国都上京会宁府，规模相当简陋，从未进行过认真的"营造"。惟有海陵王迁都之前曾对新都燕京城进行过大规模建设，时在天德三年至贞元元年间（1151—1153）。

第三，省奏提到的"详定内外制度仪式所"也有助于判断其大致年代。此官司在《金史》中缺乏明确记载，仅见于《大金集礼》卷四〇"朝会"门："天眷二年五月十三日，详定内外制度仪式所定到常朝及朔望仪式。"又皇统三年（1143）《时立爱墓志铭》云："特进翰林学士承旨知制诰兼太常卿修国史详定内外制度仪式上柱国郇国公食邑三千户食实封三百户臣宇文虚中奉敕撰。"[1]据此判断，详定内外制度仪式所应是熙宗天眷改制时创建的一个机构，估计至海陵初仍然存在。

综上所述，我认为这份尚书省奏当作于海陵王天德三年至贞元元年间，被四库馆臣错误地辑入了《大金德运图说》；至于它原来出自《永乐大典》所引的哪部金朝典籍，则不得而知。该省奏表明，海陵初年虽已虑及德运问题，但"犹未定其所王"，即尚未确定其德运所尚。由此可见，金朝之奉行金德，当始于海陵末或世

---

① 河北省文化局文物工作队：《河北新城县北场村金时立爱和时丰墓发掘记》，《考古》1962 年第 12 期。

宗初。

不过，关于章宗以前的金朝德运，还有其他不同说法。张棣《金虏图经》说："虏人以水德，凡用师行征伐，旗帜尚黑，虽五方皆具，必以黑为主。"①张棣是"淳熙中归明人"②，淳熙共十六年（1174—1189），淳熙十六年即金世宗大定二十九年，故张棣所称金为水德，应该就是说的世宗时期的情况。又《新编宣和遗事前集》宣和五年下有这样一个故事：徽宗某日与林灵素同游广寒宫，见二人对坐弈棋，"一人穿红，一人穿皂……那着红者乃南方火德真君霹雳大仙赵太祖也，穿皂者乃北方水德真君大金太祖武元皇帝也"，最后穿皂者胜出，并赢得了天下③。《宣和遗事》是南宋说话人的讲史本子，今本成书可能较晚，但总归反映的是南宋时代的民间传说。

陈学霖先生首先注意到上述材料，并对金朝水德说提出了一个尝试性解释：也许金朝前期曾宣称继承辽之水德，直至章宗时才更定为土德④。这种解释不够圆满。首先，章宗泰和二年以前奉行金德，有相当确凿的证据，乃是无可否认的事实；其次，五德终始说的基本理念就是以德运的转移来解释王朝的嬗代，袭用前朝之德运在五运说上是讲不通的。因此，我们必须为上述史料寻求新的答案。

我认为，金德说是章宗泰和二年以前由金朝政府认可的本朝

---

① 见《三朝北盟会编》卷二四四。《大金国志》卷三四"旗帜"条袭取此段文字，首句作"金国以水德王"。
② 见《直斋书录解题》卷五《金国志》条。
③ 《丛书集成初编》本，据《士礼居丛书》本排印。
④ 陈学霖：《宋金二帝弈棋定天下——〈宣和遗事〉考史一则》，《刘子健博士颂寿纪念宋史研究论集》，京都同朋舍，1989 年。

德运,而《金虏图经》和《宣和遗事》的水德说则分别代表金、宋两国民间的说法。金朝虽自世宗初年已奉行金德,并规定"以丑为腊",但似乎并没有像后来章宗更定德运时那样"诏告天下"①,故一般士民未必家喻户晓。金、宋两国民间流行的金朝水德说,应是建立在五德相胜说的基础之上的。自刘歆改五德相胜为五德相生后,虽被汉魏以下历代王朝所沿袭,但民间历来还是多以五德相胜来解释王朝的更替兴衰,金、宋两国都有这样的例子。金宣宗贞祐二年重议德运时,反对金德者所提出的理由之一就是"谓宋或为火,以金忌于火为避",即是说宋自称火德,火克金,故本朝不宜为金德。金代朝野间有一个传说,谓完颜阿骨打起兵之初,"曾遣人诣宋相约伐辽,仍请参定其国之本号,时则宋人自以其为火德,意谓火当克金,遂因循推其国号为金"②。这一传闻虽未必可靠,但它真实反映了五德相胜的流行观念。又佚名《宋季三朝政要》卷六所附"二王本末",论及宋之兴亡云:

> 前宋以丙午、丁未(指靖康元年、二年)而遭金祸,推论五行者,谓宋以火德王,故能水胜火。其后丙午、丁未,则上下兢兢以度厄运。今以丙子、丁丑(指宋端宗景炎元年、二年)归大元,岂非子者午之对、丑者未之对,而纳音亦有水胜火之义乎?

在数术理论中,丙丁属火。按纳音五行说,北与西北之水而克西

①宣宗时,礼部尚书张行信谓金初"未尝议及德运,近章宗朝始……定为土德"云云(见《金史》卷一〇七《张行信传》),这至少可以说明世宗时期尚金德一事未曾大事张扬。
②以上均见《大金德运图说》载贞祐二年二月《右拾遗田庭芳议》。

与西南之火,午为火旺之地,未为火衰之地,由午趋未,正是火由盛转衰之时;又丙子、丁丑曰涧下水,乃水旺之地,而子、丑在方位上又恰与午、未相对,暗寓以水胜火之意。因此这几个年份皆被视为火德衰败之征①。《宋季三朝政要》所附"二王本末"出自南宋遗民陈仲微之手,他的这段史论不仅反映了宋人五德相胜的固有观念,同时也是金朝水德说的一个极好注脚,与《宣和遗事》的故事可以互证②。

此外,章宗以前的金朝德运,还有火德一说。贞祐四年(1216),辽东宣抚司参议官王浍提出:"本朝初兴,旗帜尚赤,其为火德明矣。"宣宗就此事征询礼部的意见,礼部尚书张行信谓"浍所言特狂妄者耳"③。王浍是金末名士,号称"通星历纬谶之学"④。火德之说恐怕只是他的臆测之词,并没有什么凭据,何况金朝前期根本就没有德运观念呢。

章宗朝的德运之争,自明昌四年(1193)至泰和二年(1202),几经讨论,历时十年,才最终更定金德为土德,这是金朝历史上的一件大事。有关德运论辩的始末,陈学霖先生已有详细阐述。但此次德运之争的真正动因,目前还没有一个合理的解释。

金朝自世宗初年奉行的金德,其基本理据是"祖训",即以

---

① 参见《梦溪笔谈》卷五"六十甲子有纳音"条、《辍耕录》卷二〇"纳音"条、《潜研堂文集》卷三《纳音说》。
② 不过,金朝水德说也许还可以有另外一种解释,即宋为火德,张邦昌楚国为土德,刘豫齐国为金德,而金朝承齐国之统为水德。章宗和宣宗朝讨论德运时,都有人主张应该考虑楚国、齐国的五行之序,若金朝民间存在这样一种解释模式,也并非没有可能。
③ 《金史》卷一〇七《张行信传》。
④ 《中州集》卷一〇《中州乐府》,王玄佐小传。

太祖所创"大金"国号附会金德。在章宗朝和宣宗朝的德运之争中,"祖训"始终是金德派的主要武器。除了祖训,文化传统也是一个重要的考虑因素。上文说过,大定十五年册封长白山册文即有"厥惟长白,载我金德"之语,长白山是女真人心目中的发祥地,将长白山与金德联系到一起,显示出女真统治者在接受汉文化与保守传统文化之间的两难选择。金世宗完颜雍是一位女真民族传统的坚定捍卫者,为了遏止女真人迅速汉化的趋势,世宗在位期间曾发起一场女真文化复兴运动①。附会"祖训"、依傍传统而奉行金德的做法,非常符合他的政治倾向。但是,金德说有一个根本的缺陷,它"不问五行相生之次"(党怀英语),"不论所继,只为金德"(李愈语),在五运说上是站不住脚的。这说明世宗时期女真人的汉化还不够彻底,他们的德运观念似是而非,但求兼容民族传统,而不在乎它是否切合五德转移政治学说的真谛。

女真汉化至章宗时代趋于成熟,章宗是金朝皇帝中汉学造诣最深的一位,他对五德终始说的理解显然要比他的前辈们深刻得多。想必章宗已经意识到了,世宗以来奉行的德运其实并没有真正解决金朝的正统问题。明昌间,礼部尚书张暐上疏论德运,"明德运之非古,辨正统之无定"②,即已明确指出问题之所在。既然金德说不论所继、不问五行相生之次,那么金朝的正统就没有传承、没有根据,如此粗陋的正统论怎么能让天下人信服呢? 要想与中原王朝的政治传统和文化传统完全接轨,就必须将金朝真正

①参见本书《女真的汉化道路与大金帝国的覆亡》一文。
②赵秉文:《张左丞碑》,《闲闲老人滏水文集》卷一二,台北成文出版社影印《九金人集》本,1967年。

纳入五德终始说的德运体系,因此重新确定本朝德运可谓是章宗的当务之急。

从章宗朝的德运论辩过程及其最终选择,可以更加细微地品味出此次德运之争的蕴涵。根据《大金德运图说》的记载,当时主要是三派意见相持不下:一派是坚持传统的金德说,一派是主张承宋火德的土德说,一派是主张承辽水德的木德说。世宗以来的金德说有悖于五德终始的理论框架,因此有人想为它寻找新的理据——承唐之土德而为金德。他们认为,五代国祚短促,不足当德运,而宋继周统为火德,是"自失其序,合为闰位",故本朝当径承唐统为金德,如此既解决了正统问题,同时又符合"太祖圣训"。此说虽可两全,但把五代甚至宋朝都排除在正统王朝之外,肯定不会得到广大汉人的认可,故章宗谓"继唐底事,必定难行"。继承辽统的木德说,注定是一个不合时宜的主张。从章宗泰和二年的敕旨来看,似乎他对承宋统还是承辽统基本上持不偏不倚的态度:"继宋底事,莫不行底么?吕贞幹所言继辽底事,虽未尽理,亦可折正。"然而据元好问说,吕贞幹"在史馆论正统,独异众人,谓国家止当承辽,大忤章庙旨,谪西京运幕"[1]。揣度章宗的本意,无非是认为正统在宋而不在辽,他的立场是内华外夷,只是他不愿公开承认这一点罢了。此次德运论辩实际上主要是金德、土德之争,吕贞幹提出木德说纯属节外生枝,难怪惹得章宗很恼火。历经十年的反复论争,章宗最终选择了土德,宣称金灭北宋,赵宋火德已绝,故本朝当承宋统为土德。

综观这场旷日持久的德运之争,其初衷是要解决金王朝的正统问题,而在此过程中却面临着两种文化的抉择。金德、土德之

---

[1]《中州集》卷八《吕子羽小传》。

争,其实质是保守女真传统文化还是全盘接受汉文化的分歧。摒弃木德说,更是标志着金朝统治者文化立场的转变:从北方民族王朝的立场彻底转向中原帝制王朝的立场①。泰和七年(1207)罢修《辽史》,是对这一转变的最好诠释。金朝前期以辽朝的继承者自居,《金史·完颜宗宪传》谓金初"朝廷议制度礼乐,往往因仍辽旧"。金人张棣说:"金虏有国之初,立法设刑,悉遵辽制。"②元人苏天爵也说:"金之制度,大抵多袭辽旧。"③按照中国史学的传统观念,某个王朝纂修前朝的历史,就无异于承认本朝是前朝法统的继承者。金朝两度纂修《辽史》,亦可如此理解。其中第二次从大定二十九年至泰和七年,前后竟达十八年之久,冯家昇先生认为这与当时德运之争迟迟未有定论大有关系④。按《金史·章宗纪》的说法,《辽史》修成于泰和七年十二月,但实际上并未真正完成。金朝末年的修端说:"(章宗)选官置院,创修《辽史》。后因南宋献馘告和,臣下奏言靖康间宋祚已绝,当承宋统,上乃罢修《辽史》。"⑤证以《金史·章宗纪》,泰和七年十一月,南宋因开禧北伐失败而求和,金朝要求南宋"函(韩)侂胄首以赎淮南故地"。这就是"罢修《辽史》"的直接起因。爱宕松男氏指出,泰和二年

---

① 《宋史全文》卷二七下淳熙十六年十一月条说:"泰和三年(按应作二年),始以继本朝定为土德,盖不数辽人也。"按宋人的理解,金朝之选择土德,就意味着否认辽朝正统。

② 《三朝北盟会编》卷二四四引张棣《金虏图经》。

③ 《滋溪文稿》卷四《金进士盖公墓记》,陈高华、孟繁清点校本,中华书局,1997年。

④ 《辽史源流考》,见《冯家昇论著辑粹》,中华书局,1987年,106—109页。

⑤ 修端:《辩辽宋金正统》,《元文类》卷四五。

德运之争的最终结果是章宗罢修《辽史》的根本原因①,这种看法颇有道理。

　　金朝的德运之争与北魏王朝的历史有着非常相似的一面。公元398年,拓跋珪称帝,定国号为魏,以曹魏继承者自居,"群臣奏以国家继黄帝之后,宜为土德"②。一说尚土德的真正原因是曹魏承汉火德为土德,故北魏亦从土德之运③。不管是继黄帝之后还是承曹魏之统,尚土德在五运说上都是不能成立的,这说明当时鲜卑人对五德转移的政治理念还缺乏深刻的理解。至孝文帝太和十四年(490),已经全盘汉化的北魏王朝为了与中原王朝的政治传统真正接轨,重新讨论德运问题。当时一派主张曹魏土德—西晋金德—石赵水德—慕容燕木德—苻秦火德—拓跋魏土德,另一派则主张曹魏土德—西晋金德—拓跋魏水德。孝文帝最终接受了后一种意见,遂改土德为水德。这场德运之争的结果,意味着鲜卑王朝已从北方民族王朝的立场彻底转向了中原帝制王朝的立场。否定前一种意见,等于将十六国排除在正统之外;承西晋之统,才真正找到了北魏正统的理据,也比较容易为广大汉人所接受,可以理直气壮地与南朝争华夏之正统。七百年后金朝的德运之争,几乎可以说是北魏历史的翻版。

　　既然章宗泰和二年已更定金德为土德,并郑重其事地诏谕天

---

①爱宕松男:《遼金宋三史の編纂と北族王朝の立場》,东北大学《文化》15卷4号,1951年。陈芳明《宋辽金史的纂修与正统之争》一文(《食货月刊》复刊2卷8期,1972年11月)谓"金朝之所以引起德运的争论,主要是因为《辽史》的纂修"云云,则是颠倒了两件事情的因果关系。

②《魏书·礼志一》。按刘歆的五德相生说,黄帝为土德。

③何德章:《北魏国号与正统问题》,《历史研究》1992年第3期。

下、告于宗庙，为何仅仅相隔十余年，宣宗又要重议德运？冯家昇先生认为，章宗虽改定土德，但当时士大夫多以有违祖训，"故宣宗即位，复怂恿重议"①。这种猜测是有道理的。在泰和二年改定德运后，主金德者不肯善罢甘休，力图为金德说寻找新的理据，当时朝廷士大夫间有一种说法，"以谓汴宋既亡，刘豫嗣掌齐国，本朝灭齐，然后混壹中原"，故齐国当承宋之火德，金朝当承齐之土德，是以"本朝合为金德"②。贞祐二年（1214）春的德运议，纯粹是金德、土德之争，主金德者除了继续坚持遵循祖训或径承唐统的旧说，又有抹撚兀典等六位女真臣僚联名提出一个新的折衷方案，认为后唐非李唐之苗裔，不当强附于土德，故"后唐当为金，石晋为水，刘汉为木，后周为火，亡宋为土……则本朝取宋，自为金德"③。这一主张既符合金承宋统的既定方针，又不违背祖训，不失为折衷金德、土德之争的一种较好选择。但由于时局的迅速变化，宣宗被迫于是年五月迁都开封，此次德运之争大概也就不了了之了④。《金史·宣宗纪》兴定四年（1220）十二月庚辰有"腊，

①《辽史源流考》，见《冯家昇论著辑粹》，153 页。

②《大金德运图说》载贞祐二年二月《尚书省议》。

③《大金德运图说》载贞祐二年二月十六日《朝请大夫应奉兼编修抹撚兀典等议》。抹撚兀典，原作穆颜乌登，此据《金史语解》卷七、卷一〇回改。

④《四库全书总目》卷八二《大金德运图说》提要云："疑是岁元兵深入，宣宗南迁汴梁，此议遂罢。"陈学霖先生不同意这一推论，认为宣宗重议德运，旨在强化其正统地位，故当时必裁断众说，重新钦定为土德（见前揭陈氏《金国号之起源及其释义》）。但我仍倾向于四库提要的说法。据《金史·张行信传》，贞祐四年，王浍称金朝当从火德之运，礼部尚书张行信反驳他说："国初……未尝议及德运。近章宗朝始集百僚议之，而以继亡宋火行之绝，定为土德。"张本人就曾参与过贞祐二年的德运讨论，如果当时宣宗下过一个定论，张氏必定引以为据，而不会只字不提。

享于太庙"的记载,可见金朝后期仍继续奉行章宗确定的土德,以辰为腊。总而言之,贞祐二年的德运论辩只不过是章宗朝金德、土德之争的一个余波而已。

三 由元修三史引起的正统之辨

虽然辽、金两国对本朝的正统地位都有自己的一套解释,但就在金朝亡国的当年,有关宋辽金对峙时代正统归属的争议就开始了。蒙古太宗六年(1234)九月十五日,在东平府几位金朝遗民的一次聚会当中,有人提出了一个敏感的问题:"金有中原百余年,将来国史何如?"或曰:"金于《宋史》中,亦犹刘、石、苻、姚一载记尔。"在座的燕山人修端对此颇不以为然,遂针对这种观点阐明了他的三史正统论:

> 辽自唐末保有北方,又非篡夺,复承晋统,加之世数、名位远兼五季,与前宋相次,而终当为《北史》。宋太祖受周禅,平江南,收西蜀,白沟迤南,悉臣于宋,传至靖康,当为《宋史》。金太祖破辽克宋,帝有中原百余年,当为《北史》。自建炎之后,中国非宋所有,宜为《南宋史》。①

① 修端:《辩辽宋金正统》,《元文类》卷四五。此文又见王恽《玉堂嘉话》卷八,但字句颇有异同。因原文仅称"岁在甲午",故以往学界对此文之系年颇有分歧。按修端谓"今年春正月,攻陷蔡城,宋复其仇"云云,李治安《修端〈辩辽宋金正统〉的撰写年代及正统观考述》(见《内陆亚洲历史文化研究》,南京大学出版社,1996 年)据以考定为太宗六年甲午(1234),今从其说。

这场争论预示着,宋辽金正统问题将成为中国史学史上一道相当棘手的难题。

众所周知,自世祖时期起,元廷屡次议修宋辽金三史,均因正朔义例之争而不得不搁置①。其间的主要分歧仍旧是自金朝亡国之日起就已产生的两种对立观点:究竟应当独尊宋为正统呢? 还是应当将宋与辽金视为南北朝呢②? 甚至连当时的科举考试都涉及到了这个问题:"赵宋立国三百余年,辽金二氏与之终始。……廷议将并纂三氏之书,为不刊之典。左氏、史迁之体裁何所法? 凡例正朔之予夺何以辨? 诸君子其悉著于篇,用备采择。"③可见这确实是元朝士人非常关心的一个话题。后来虞集提出了一个回避争论的设想:"间与同列议三史之不得成,盖互以分合论正统,莫克有定。今当三家各为书,各尽其言而核实之,使其事不废可也,乃若议论则以俟来者。诸公颇以为然。"④这一动议的提出,大约是文宗时期的事情。可见三史各自成书的办法,当时史馆中酝酿已久,并非脱脱的发明。直到至正三年(1343),脱脱最终采纳了这种意见。《庚申外史》卷上云:"先是诸儒议论三国正统,久不决。至是脱脱独断曰:'三国各与正统,各系其年号。'议者遂息。"

---

① 详见前揭陈芳明:《宋辽金史的纂修与正统之争》。
② 当时史馆中有人主张采用修端提出的南、北史说,张绅《通鉴续编序》曰:"曩时朝廷纂修三史,一时士论,虽知宋为正统,物议以宋胜国而疑之。史臣王理因著《三史正统论》,推明修端之言,欲以辽为《北史》,金亦为《北史》,宋自太祖至靖康为《宋史》,建炎以后为《南宋史》。"但主张独尊宋统者显然是多数派。
③ 宋本:《乡试策问》,《元文类》卷四七。
④《道园学古录》卷三二《送墨庄刘叔熙远游序》,《四部丛刊》本。此文作于元统二年(1334)。

然而宋辽金三史的正统之争并没有因此而平息，脱脱的这一决定遭到了朝野人士的激烈批评，其中最著名的反对派当属杨维桢。当三史刚刚问世之时，杨维桢就写成《正统辨》一文，直言不讳地予以抨击。他认为，"今日之修宋辽金三史者，宜莫严于正统与大一统之辨矣"，但遗憾的是，"三史虽云有作，而一统犹未有归"。按照他的主张，宋辽金三史理应取《晋书》之义例，"挈大宋之编年，包辽金之纪载"。元人论宋辽金正统者往往会涉及一个敏感的问题，即蒙元王朝的正统究竟是来自于宋还是来自于辽金？这实际上是承中原王朝之统还是承北族王朝之统的问题。杨维桢倡言"论我元之大一统者，当在平宋而不在平辽与金之日"，这是独尊宋统说的一个理论基础①。《正统辨》在当时是一篇很有影响的文章，据杨维桢自己说："仆所著三史统论，禁林已韪余言，而司选曹者，顾以流言弃余。"②虽然我们不清楚究竟是什么样的流言，但说明此文可能引起了一些非议。不过当时支持杨维桢者大有人在，陶宗仪就曾对《正统辨》一文给予高度评价："可谓一洗天下纷纭之论，公万世而为心者也。惜三史已成，其言终不见用。后之秉史笔而续《通鉴纲目》者，必以是为本矣。"③这种评价可以代表元朝相当一部分汉族士人的正统观念。

　　值得注意的是，即便在宋辽金三史的纂修者中，也有一些人对"三国各与正统"的原则持有异议。身为三史总裁官的欧阳玄，

---

① 《辍耕录》卷三。明贝琼《清江贝先生文集》卷二《铁崖先生传》亦录有此文，谓"至正初，诏征天下儒臣修辽金宋三史，先生不得预。史成，正统讫无定论。乃著《正统辨》"。
② 杨维桢：《东维子文集》卷二七《上宝相公书》，《四部丛刊》本。
③ 《辍耕录》卷三。

在看到杨维桢《正统辨》之后说："百年后，公论定于此矣。"①其真实态度于只言片语间流露无遗。至正三年，周以立、解观由翰林编修危素荐入史馆，与修宋辽金三史，二人先后上疏，力主尊宋为正统。当时史馆中的争论焦点主要集中在元朝当承宋统还是当承金统的问题上，周、解二人以为"辽与本朝不相涉……所当论者，宋与金而已。然本朝平金在先而事体轻，平宋在后而事体重"，故理当承宋之统②。这与杨维桢的观点如出一辙。但他们的意见并没有得到采纳，"时任事多右金统，又夷夏之辨，当时所讳。书上，大忤群公"，于是二人先后离去③。据说"当时惟揭文安公与二公言合，同馆皆哗然以为狂，揭公深是之而不能主也"④。这里说的揭文安公就是三史总裁官揭傒斯，可见他也是一位持不同见解的当事人⑤。

宋辽金三史问世后不久，就有人以其义例未当而准备重修。据说周以立曾有此打算，后因故未果⑥。至正十年（1350），在脱脱三史成书仅五年之后，以重新建构宋辽金正统体系为主要目的的陈桱《通鉴续编》便已告成。张绅序对此书评价甚高，谓脱脱三史虽有成书，但"正统卒不能定，至今大夫士虽以为慊，然终未有能

①《明史》卷二八五《文苑一·杨维桢传》。
②解缙：《解学士全集》卷八《元乡贡进士周君墓表》，嘉靖四十一年三吴晏氏刊本。
③《解学士全集》卷八《伯中公传》。
④《解学士全集》卷八《元乡贡进士周君墓表》。
⑤可以佐证这一记载的是，揭傒斯曾在《宋史论序》一文中对作者"帝宋而虏金"的正统观表示赞赏，见《揭文安公全集》卷八（《四部丛刊》本）。
⑥《明史》卷一五二《周叙传》。

持至当一定之论,以驱天下百世之惑者";而是书"辽金系年宋统之下,以比吴魏之于蜀","是可以驱天下百世之惑矣"①。《通鉴续编》是元朝官修宋辽金三史行世之后,第一部反其道而行之、独尊宋统的私家史书,开后来明人改修《宋史》之先河②。

元人的宋辽金正统观,除了南北朝说和独尊宋统说之外,还有一种影响不大的绝统说。元末明初的王祎著有《正统论》一篇,认为自唐之亡而正统绝,北宋合天下于一,可谓得其统,"至于靖康之乱,南北分裂。金虽据有中原,不可谓居天下之正;宋既南渡,不可谓合天下于一。……而正统于是又绝矣",及元并有金和宋,"而复正其统"③。绝统说首倡于欧阳修《正统论》,王祎不过在其基础上加以发挥而已,并没有什么新意。

总的来看,元代的正统之争大致上可以分为两大阵营,其中独尊宋统派壁垒分明,而王祎的绝统论和脱脱的"三国各与正统"论则比较接近于修端南北朝说的主张。两种对立的正统观在一定程度上反映了元代汉人和南人的政治倾向。据我查证,主张独尊宋统者无一例外全是南人:杨维桢为会稽(今浙江绍兴)人,陶宗仪为黄岩(今属浙江)人,欧阳玄为浏阳(今属湖南)人,揭傒斯为富州(今江西丰城)人,周以立和解观均为吉水(今属江西)人,

---

① 《通鉴续编》卷首,至正二十二年张绅序。又此书有陈桱自序,作于至正十年,时已成书。

② 古松崇志指出,《通鉴续编》于至正二十一年(1361)刊于松江,当时松江属张士诚的势力范围,这是此书得以在元末公开刊行的一个重要原因。参见氏著《脩端「辯遼宋金正統」をめぐつて——元代における「遼史」「金史」「宋史」三史編纂の過程》,《东方学报》(京都)第75册,2003年3月,180页。

③ 《王忠文公集》卷一。饶宗颐先生谓"此文似作于元时"(见《中国史学上之正统论》,上海远东出版社,1996年,55页),诚然。

陈樫为奉化(今属浙江)人。而首倡南北朝说的修端是燕山(即今北京)人,三史都总裁脱脱则是蒙古人。这种情况决不是偶然的。

四 明清时代对宋辽金正统问题的再检讨

明代大概是中国历史上华夷观念最为强烈的一个时代,比起元人来,明朝士大夫对于宋辽金三史更加不能容忍,必欲取代之而后快,这就是明人纷纷重修《宋史》的主要动因。明人重修《宋史》的旨趣不在于订讹补阙,而在于另创义例,这是明代史学中一个值得注意的动向。王德毅和陈学霖先生在分析明人改编《宋史》的时代背景时,都注意到了当时的政治形势和民族冲突对史学观念的激荡。明朝初年,一般士人并没有刻意排斥辽金的倾向。土木之变后,民族情绪高涨,华夷之辨盛行一时。明人改编《宋史》之风,始于正统而盛于嘉靖,与当时民族矛盾的激化显然有非常密切的关系①。

明人重修《宋史》的尝试始于正统末年南京翰林院侍讲学士周叙。周叙就是周以立的子孙,"曾祖以立,在元时以宋辽金三史体例未当,欲重修。叙思继先志,正统末,请于朝,诏许自撰"②。在周叙为此事而写给英宗的奏章中,对他重修《宋史》的目的交待得很清楚:"窃观宋辽金三史成于前元至正间,当时秉国大臣皆辽

---

① 王德毅:《由〈宋史质〉谈到明朝人的宋史观》,《台湾大学历史学报》第 4 期,1977 年 5 月;陈学霖:《柯维骐〈宋史新编〉述论》,载《宋史论集》,台北东大图书公司,1993 年。
② 《明史》卷一五二《周叙传》。

金族类,不以正统归宋,遂分裂为三,而以辽金加于宋首,不惬人心,不协公论。初修之际,言者虽多,卒莫能改。至今越百年,凡有志史学正纲常者,未尝不掩卷愤叹也。……元儒陈桱修《通鉴续编》,既正其统,而三史全书尚仍其旧。"因此他建议在南京翰林院组织人员重修《宋史》。英宗的答复是:"不必择人,叙其自修。"[1]但据《明史·周叙传》说,"铨次数年,未及成而卒",可见并未最后成书。

弘治间,吴县杨循吉又有重修宋辽金三史之举。王锜《寓圃杂记》卷六"杨君谦修史"条云:"杨君谦病辽、金、宋三史杂乱芜秽,不足取信,用《春秋》之法,班、马之例,刊正其书,笔削甚严。谓完颜氏乃中国之雠,罪恶之首,必先从事,渐及辽、宋。"同卷"君谦出处"条亦谓杨氏"往来金山中……修《金史》"云云。按杨君谦即杨循吉,杨氏《明史》有传,但未言及修史事。据上引"杨君谦修史"条来看,杨氏重修三史当是弘治初年的事情。而此条末又有一段小注说:"此书不成,并其所积所存之书荡尽,一字不可见。子孙不肖,惜哉!"考《寓圃杂记》作者王锜年长于杨循吉二十余岁,则此注显然是后人所加。需要指出的是,这条小注所提供的信息并不准确。据我判断,金毓黻先生收入《辽海丛书》第一集中的杨循吉《辽小史》和《金小史》,就正是杨氏重修三史的部分成果。王锜称杨氏先修《金史》,"渐及辽、宋",或许《宋史》后来未及成书,但辽、金二史却保存下来了。《辽小史》和《金小史》是明人仅有的辽金史著作,通过王锜的介绍,我们才知道原来这两部书也是明人改造三史的结果。虽然杨循吉没有像其他诸家新修

---

[1]《英宗实录》卷一六五正统十三年四月己巳,"中研院"史语所校印本《明实录》,1962年,第17册,3196—3197页。

《宋史》那样将辽金列为载记，但既称"小史"，其正闰之分已昭然若揭。钱允治《辽小史序》将作者的寄寓阐发得非常明白："今《辽史》修于蒙古，宋金鼎立，不分正闰。于时会稽铁崖杨先生有《正统论》，我吴郡南峰杨先生所以有《小史》之作也……其杨氏之忠臣欤！"①乾隆间修《四库全书》时，这两部书均被列为禁书②，想必是因为书中的华夷观念为清人所不容吧。

嘉靖时代是明人重修《宋史》的高峰期。王洙《宋史质》、柯维骐《宋史新编》就分别完成于嘉靖二十五年（1546）和三十四年。此外还有几桩有始无终的修史计划。嘉靖十五年，"廷议更修《宋史》"，世宗命严嵩以礼部尚书兼翰林学士主其事，但不久严嵩离朝，此事遂不了了之③。又据何良俊记载，嘉靖间任南京吏部主事的赵贞吉曾有意改编《宋史》，但后来亦无下文④。另外，嘉靖朝的文章大家归有光也有重修《宋史》的打算，在他的文集中还保存着二十二篇《宋史》论赞⑤。

明朝后期仍有多位文人学士致力于《宋史》的改造工作，但除了王惟俭《宋史记》纂成全帙外⑥，其他诸家均未能成稿。全祖望

---

① 《辽海丛书》本。此序作于万历三十七年。
② 《江苏巡抚萨载奏再行查解违碍书籍板片折》，见中国第一历史档案馆编：《纂修四库全书档案》上册，上海古籍出版社，1997年，410—416页。
③ 《明史》卷三〇八《奸臣·严嵩传》、《世宗实录》卷一八七嘉靖十五年五月乙卯。
④ 何良俊：《四友斋丛说》卷五。参见前揭陈学霖《柯维骐〈宋史新编〉述论》。
⑤ 见《震川先生集》别集卷五《宋史论赞》，周本淳点校本，上海古籍出版社，1981年。
⑥ 《宋史记》仅有抄本传世，中国国家图书馆有藏。陈学霖先生谓此书约成稿于万历末年，见前揭《柯维骐〈宋史新编〉述论》。

《答临川先生问汤氏宋史帖子》云："明季重修《宋史》者三家:临川汤礼部若士(显祖)、祥符王侍郎损仲(惟俭)、昆山顾枢部宁人(炎武)也。"①实际上并不止这三家。朱彝尊《书柯氏〈宋史新编〉后》说:"先是,揭阳王昂撰《宋史补》,台州王洙撰《宋元史质》,皆略焉不详,至柯氏而体稍备。其后临川汤显祖义仍、祥符王惟俭损仲、吉水刘同升孝则咸有事改修,汤、刘稿尚未定。"②虽然这些重修《宋史》的计划大都没有最后完成,但从各种有关记载来看,作者的宗旨基本上是相同的。

在明人修成的几种宋史中,以王洙《宋史质》和柯维骐《宋史新编》影响最大,同时这两部书也最能代表明人的正统观念。《宋史质》以辽金入《夷服》,其《叙略》曰:"先王严五服之制,所以谨华夷之辨也。……元人合辽、金、宋为三史,且以外国名,非制也,兹黜之。"《四库全书总目》将此书列入存目,提要说:"是编因《宋史》而重修之,自以臆见,别创义例。大旨欲以明继宋,非惟辽、金两朝皆列于外国,即元一代年号亦尽削之。而于宋益王之末,即以明太祖之高祖追称德祖元皇帝者承宋统。……荒唐悖谬,缕指难穷。自有史籍以来,未有病狂丧心如此人者。其书可焚,其板可斧。"四库馆臣对《宋史质》的严厉批判反衬出王洙的华夷观念是如何的偏执。《宋史新编》的旨趣与《宋史质》非常相似,该书《凡例》第一条详细阐释了作者的宋辽金正统观:

> 宋接帝王正统,契丹、女真相继起西北,与宋抗衡,虽各建号,享国二百年,不过如西夏元昊之属,均为边夷。宋国史

①《鲒埼亭集外编》卷四三,《四部丛刊》本。
②《曝书亭集》卷四五,《四部丛刊》本。

有契丹、女真传，实因前史旧法。元人修《宋史》，削辽、金各自为史，称帝、书崩、与宋并，时号三史。盖主议者以帝王之统在辽金也。……今会三史为一，而以宋为正，辽、金与宋之交聘、交兵，及其卒、其立，附载本纪，仍详君臣行事为传，列于外国，与西夏同，庶几《春秋》外夷狄之义云。

康大和《宋史新编后序》极口称赞此书"尊宋之统，附辽金为外国传，尤为得义例之精"云云，这正是此书最为明人所看重的地方。

宋辽金正统问题的讨论毋宁说是明代士人华夷观念的一种表达方式和一个宣泄渠道，与元朝正统之辨所不同的是，这个问题的结论在明代几乎是没有争议的。因此，彻底颠覆宋辽金三史的正统体系，自然是明朝士大夫汲汲于心的一件事情。

在以异族入主中原的清朝，如何看待宋辽金正统，是一个比较微妙而又颇有忌讳的话题。清朝前期，有意提高辽金王朝的历史地位。顺治二年（1645），增祀辽太祖、金太祖、金世宗于历代帝王庙；康熙六十一年（1722），又增祀辽太宗、景宗、圣宗、兴宗、道宗及金太宗、章宗、宣宗①。梁启超在《新史学·论正统》中曾就此事做过分析："本朝以异域龙兴，入主中夏，与辽、金、元前事相类。故顺治二年三月议历代帝王祀典，礼部上言，谓辽则宋曾纳贡，金则宋尝称侄，帝王庙祀，似不得遗。骎骎乎欲伪宋而正辽金矣。"在这样一种时代氛围下，汉族士人很少对宋辽金正统问题发表意见。我们注意到，虽然清人也有若干种改编订补《宋史》的著作，但其主旨不外乎纠谬补遗、删繁存简，而不是像明人那样在义例

①《大清会典则例》卷八二"礼部·祠祭清吏司·中祀二"，影印文渊阁《四库全书》本，第622册，558—559页。

上做文章。

　　然而清朝统治者的正统观并非是一成不变的,清高宗在这个问题上的立场和态度尤其值得注意。乾隆四十六年(1781),围绕着杨维桢《正统辨》的评价问题,曾发生过一场意味深长的争论。《四库全书》中所收《辍耕录》,因载有杨维桢《正统辨》,故深为馆臣所忌,文渊阁本书前提要云:"第三卷中载杨维桢《正统辨》二千六百余言,大旨欲以元承南宋之统,而排斥辽金。考隋先代周,继乃平陈,未闻唐宋诸儒谓隋承陈不承周也。持论殊为纰谬。……今删除此条,用昭公义焉。"①高宗在看到这篇提要后,专门写了一篇上谕来理论这个问题。他认为四库馆臣的正统论"似是而非",并谓杨维桢《正统辨》"欲以元继南宋为正统,而不及辽金,持论颇正,不得谓之纰谬"。且看他是如何解释的:

　　　　夫正统者,继前统受新命也。东晋以后,宋、齐、梁、陈虽江左偏安,而所承者晋之正统,其时若拓跋魏氏地大势强,北齐、北周继之,亦较南朝为盛,而中华正统不得不属之宋、齐、梁、陈者,其所承之统正也。至隋则平陈以后,混一区宇,始得为大一统。……至于宋南渡后偏处临安,其时辽、金、元相继起于北边,奄有河北,宋虽称侄于金,而其所承者究仍北宋之正统,辽、金不得攘而有之也。

这段话把高宗的正统观表达得再透彻不过了。高宗非常清楚馆臣所忌讳的是什么,可他并不讳言本朝的异族出身,因为他对清

───────────────

①《四库全书总目》已删去此段文字,而文渊阁本书前提要却一仍其旧,想是馆臣疏忽所致。

王朝的正统性另有说法："我朝为明复仇讨贼,定鼎中原,合一海宇,为自古得天下最正。……然馆臣之删杨维桢《正统辨》者,其意盖以金为满洲,欲令承辽之统,故曲为之说耳。不知辽、金皆自起北方,本无所承继,非若宋、元之相承递及,为中华之主也。"显然,到了乾隆时代,清朝统治者的正统观念已经发生蜕变,他们从北方民族王朝的立场彻底转向了中国大一统王朝的立场;所以在高宗看来,清朝与辽、金这些北族王朝之间既没有任何传承关系,也没有任何共同点,清王朝的正统乃是来自于中原王朝。于是高宗谕令馆臣,不但《辍耕录》中所载杨维桢《正统辨》不必删除,而且还应将此文补入杨氏《东维子集》,并让馆臣把他的这篇上谕分别抄录于《辍耕录》和《东维子集》卷首①。

其实早在乾隆三十八年,高宗就已对宋辽金正统问题发表过明确见解:"夫宋虽南迁,正统自宜归之宋。至元而宋始亡,辽金固未可当正统也。"这段话出自他的一首题为《题〈大金德运图说〉》的诗序中②,可能不大为人所知,故四库馆臣在涉及辽金史事时仍不免心存忌讳。自乾隆四十六年以后,高宗多次向臣下公开表达他的上述观点。是年十月,他在抽查文渊阁本《四库全书》时,指出《契丹国志》"体例书法讹谬"的问题:"大书辽帝纪元于上,而以宋祖建隆等年号分注于下,尤为纰谬。夫梁、唐、晋、汉、周僭乱之主,享国日浅,且或称臣、称儿、称孙于辽,分注纪元尚可。若北宋则中原一统,岂得以《春秋》分国之例,概予分注于北

---

①《命馆臣录存杨维桢〈正统辨〉谕》,乾隆四十六年正月。见影印文渊阁《四库全书》本《东维子集》卷首,并收入高宗《御制文二集》卷八。
②《御制诗四集》卷一四,影印文渊阁《四库全书》本,第 1307 册,483 页。

辽之下?"①《契丹国志》帝纪部分原是以辽朝纪年为纲,而将北宋年号分注其下,高宗因主张正统在宋不在辽,故对这种体例极为不满,于是命馆臣将《契丹国志》一书撤出来加以改纂。乾隆四十七年四月,高宗在为改译辽金元三史所作的序中,再次明确否定辽金王朝的正统性:"夫辽、金虽称帝,究属偏安。"②

在如何看待宋辽金正统的问题上,清高宗与明代士人可谓殊途而同归。明人之所以对宋辽金正闰耿耿于怀,主要是受其华夷观念的主宰,他们强调的是"严夷夏之大防";而清高宗之所以要否定辽金正统,则主要是缘于他的文化立场,他自认代表华夏正统,信奉的是"夷而进于中国则中国之"的信条。长期以来,人们对清朝统治者的正统观念缺乏深入的了解,总是想当然地认为他们的立场必定是倾向于辽金元这些北族王朝的,实际情况并非如此简单。如金毓黻先生谓《四库全书》将《宋史质》和《宋史新编》列入存目,乃是因为这两部书"尊宋统、抑辽金,大触清廷之忌,意甚显然"③,这个断语就似是而非。因为清高宗同样也是"尊宋统、抑辽金"的,他不喜欢的只是明人那种狭隘的华夷观念罢了。

自晚清至民国,由于民族主义思潮盛行,传统的华夷观念又开始抬头,于是明人的宋辽金史观在知识分子中引起了共鸣。金毓黻先生在 20 世纪 40 年代出版的《宋辽金史》一书,开篇《总论》首先讨论正统问题,并全盘接受了明朝史家的观点,主张当"以宋史为正史,即用元人杨维桢之议,'挈大宋之编年,包辽金之纪

---

① 《谕内阁契丹国志体例书法讹谬著纪昀等依例改纂》,乾隆四十六年十月十六日。见《纂修四库全书档案》下册,1418 页。
② 《高宗实录》卷一一五四,乾隆四十七年四月辛巳,中华书局影印本。
③ 《中国史学史》,商务印书馆,1957 年,140 页。

载',如明人改修之例是也"。又谓"明人改修《宋史》,取材未备,而体例极善。将来重修之新《宋史》,取材或胜于旧作,而体例终无以易之"云云①。在他的另一部著作《中国史学史》中,竟对柯维骐《宋史新编》有如此的期许:"可取柯书列于正史,而称为《新宋史》。柯劭忞之《新元史》,藉政府之力得入正史,则维骐之作,何为而不得列入正史?前后二柯,互相辉映,吾知终必有实现之一日也。"②不过我们注意到,这两部书都写成于抗战时期。在那样一个特殊的年代,历史学家惯于以他们所擅长的方式来表达自己的民族情感,而宋辽金正统之辨不过是充当了一个载体而已。

原载《中国社会科学》2004 年第 2 期

---

① 金毓黻:《宋辽金史》,上海商务印书馆 1946 年初版,此据台北商务印书馆 1982 年重印本,1—2 页。
② 见重庆商务印书馆 1944 年初印本 147 页,1949 年后再版时已删去此段文字。

辽朝国号考释

本文的研究结论表明,辽朝一代的国号变迁远比人们过去所知道的情况要复杂得多。辽朝建国之初建号大契丹,太宗时一度实行双重国号,在燕云汉地称大辽,在草原地区仍称大契丹,后来圣宗和道宗时又两次改变国号。而在契丹文和女真文中,始终称辽朝为哈喇契丹或契丹。国号的复杂性是辽朝二元政治体制的一种表现。

一 辽朝国号之谜

由于史料匮乏的缘故,辽朝一代历史给我们留下了太多的谜团。譬如这个王朝的国号,就是一个迄今尚未弄清的扑朔迷离的问题。

国人对于辽朝历史的蒙昧,不是晚近以来的事情。金末以降,人们对辽史已不甚了了。元好问曾经感慨地说:"呜呼,世无史氏久矣。……泰和中,诏修《辽史》,书成,寻有南迁之变,简册散失，世复不见。今人语辽事，至不知起灭凡几主，下者不论也。"①元人所修的《辽史》，可以说是二十四史中内容最简陋而错误又最多的一种，这并非元朝史官不肯尽职，主要原因还是保存下来的原始史料太少。

关于辽朝的国号，《辽史》中惟一的一条记载是：太宗大同元年（947）二月丁巳朔，"建国号大辽"②。然而根据宋代文献的记载来看，辽朝曾经先后几次更改国号，故清代学者在这一点上屡屡指责《辽史》的疏漏，钱大昕《廿二史考异》卷八三云："按辽自太宗建国号大辽；至圣宗统和元年，去辽号，仍称大契丹；道宗咸雍二年，复称大辽。《辽史》皆没而不书。"赵翼《廿二史札记》卷二七"辽史疏漏处"条也指出说："《辽史》又有太疏漏者。《东都事略》记辽太宗建国大辽，圣宗即位，改大辽为大契丹，道宗又改大契丹为大辽。改号复号，一朝大事，而《辽史》不书。"《四库全书总目》卷四六《辽史》提要以辽重熙十六年《释迦佛舍利铁塔记》所称"大契丹国"来印证《东都事略》的记载，讥评《辽史》"于国号之更改尚未详也"。确实，国号之变动，可谓政治史上的头等大事，《辽史》之疏漏，莫此为甚。

对于辽朝国号的演变，今天学术界已经基本上形成定论，陈述先生的说法代表着最通行的观点：公元916年，辽太祖耶律阿保机称帝建国，国号契丹；太宗大同元年（947），改国号为大辽；圣宗统和元年（983），又改称大契丹；道宗咸雍二年（1066），复号大辽③。蔡

---

①《故金漆水郡侯耶律公墓志铭》，《元文类》卷五一，《四部丛刊》本。
②《辽史》卷四《太宗纪下》。
③《中国大百科全书·民族卷》，"契丹"条，中国大百科全书出版社，1986年；又见陈述《契丹政治史稿》，人民出版社，1986年，10页。

美彪先生的说法与此稍有不同："916 年,辽太祖耶律亿(阿保机)在今内蒙古西拉木伦河流域建契丹国,947 年建国号辽。"[①]这后一种说法较为审慎,它不明确肯定太祖 916 年创立国号契丹,也不说太宗 947 年"改"国号大辽;按这种说法,似乎辽朝的国号是从 947 年以后才有的。除了这一点细微的差别之外,上述两说基本上是一致的[②]。

然而我要指出的是,辽朝国号的演变远不是这么简单的事情。

二　太祖建号"大契丹"

公元 916 年,耶律阿保机称帝建国,《辽史》卷一《太祖纪》记载此事说:群臣"上尊号曰大圣大明天皇帝,后曰应天大明地皇后。大赦,建元神册。……立子倍为皇太子"。既然建国,必有国号,但令人奇怪的是,《辽史》居然没有说明耶律阿保机称帝时是

①《中国大百科全书·中国历史卷》,"辽"条,中国大百科全书出版社,1992 年。又岛田正郎《遼朝史の研究》(东京,创文社,1979 年,61—63 页)与此说完全相同,这可以代表日本学者的观点。

②这里还应提到的是,周绍良先生《从石刻探讨契丹之改易国号》一文(《北京社会科学》1986 年第 2 期)曾根据《全辽文》和房山石经题记等石刻资料中有关辽朝国号的记载得出如下结论:从辽朝建国至应历四年(954),国号为"契丹";应历五年至保宁元年(969),国号为"大辽";保宁二年至咸雍元年(1065),国号为"契丹";咸雍二年至辽末,国号为"大辽"。此说与文献记载颇有出入,主要原因在于作者对石刻资料的统计很不完整,《全辽文》中所收辽代石刻资料尚不及近年出版的《辽代石刻文编》的一半,况且周文对《全辽文》和房山石经题记也仅仅是做了一个不完全的统计而已,根据这样的统计结果而得出的上述结论显然与史实有较大的出入,故不为辽金史学界所认同。

否建立国号,建立的国号是什么。在传世文献中,只有《契丹国志》明确记载了辽太祖建国时的国号,该书卷一《太祖大圣皇帝纪》云:"神册元年……阿保机始自称皇帝,国人谓之天皇王。……建元曰神册,国号契丹。"陈述先生谓辽太祖国号契丹,就是依据的这条史料。不过像《契丹国志》这样一部来历不明的书,它的记载是否可靠,不能不令人怀疑,所以蔡美彪先生就不取此说,只是含含糊糊地说辽太祖"建契丹国"。但是有一点可以肯定,太祖建国时必定就已创立了国号,断不会等到太宗大同元年(947)才始创国号大辽①。

其实《契丹国志》中还有一处有关太祖国号的记载,过去都被人们忽略了,该书卷首《契丹国九主年谱》云:"太祖大圣皇帝,梁均王贞明二年丙子称帝,国号大契丹,改元神册。"那么辽太祖所建立的国号,究竟是"契丹"还是"大契丹"呢? 这需要提供可靠的证据。我从辽代石刻材料和五代十国的文献史料中找到了以下六条证据。

(1)《旧五代史》卷七五《晋高祖纪》载有辽太宗册立石敬瑭为大晋皇帝册文,起首的几句是"维天显九年,岁次丙申,十一月丙戌朔,十二日丁酉,大契丹皇帝若曰"云云。石敬瑭被册立为

---

① 周绍良《从石刻探讨契丹之改易国号》一文说:"似乎耶律阿保机原来并没建立国号,一直是沿用部族名称……以'契丹'为号。"他根据新旧《五代史》有关辽太宗大同元年"改晋国为大辽国"的记载,认为"这足以说明在使用大辽为国号之前,契丹是以晋为国号的,因之在建立大辽国国号之前,'契丹'之称,事实是部族之称"。这种说法很难令人信服。众所周知,石晋自始就是辽朝的附庸之国,石敬瑭甚至向辽太宗称儿皇帝,辽朝怎么可能反过来用后晋的国号呢? 下文列举的证据将表明,辽朝的国号肯定不始于"大辽"。

帝,是后唐清泰三年(936)的事情,这是目前所能见到的涉及辽朝国号时间最早的一条文字材料,但这条材料存在着一点疑问。根据《辽史》的记载,后唐清泰三年丙申应是天显十一年;在五代及北宋文献中,辽朝纪年往往有误,其中天显纪年即比《辽史》的记载要晚两年,所以五代及宋朝史料均以清泰三年丙申为天显九年。但这篇册文既然出自辽人之手,照理说不应当有纪年的错误,估计是后人误改的结果。我们今天所看到的《旧五代史》只是一个辑本,上面那段引文辑自《永乐大典》,几经辗转,恐怕难免有误;而《新五代史》《资治通鉴》等书又都不载这篇册文,故亦无从考校。

(2)近年出土于内蒙古赤峰市的辽《耶律羽之墓志》,首行题为"大契丹国东京太傅相公墓志铭并序"[①]。耶律羽之葬于太宗会同五年(942),这是迄今出土的石刻材料中有关辽朝国号的最早记载。

(3)据陆游《南唐书·列传》卷一五《契丹传》载,南唐中主李璟保大九年(951),遣公乘镕出使契丹,"既至而契丹乱,兀欲被弑,弟述律遗元宗(即李璟)书曰:'大契丹天顺皇帝谨致书大唐皇帝阙下'"云云。这是辽穆宗于应历二年(952)春致南唐国主李璟的一封国书,书中自称"大契丹天顺皇帝"。

(4)辽应历五年(955)《陈万墓志》,首行题"大契丹国故前使持节涿州诸军事……陈府君墓志铭并序"[②]。这方墓志据称建国前出土于辽宁省彰武县,曾被辽宁省博物馆李文信先生误判为赝品,后经阎万章先生撰文考证,断定它确系辽代墓志[③]。

---

① 内蒙古文物考古研究所等:《辽耶律羽之墓发掘简报》,《文物》1996年第1期。
② 向南编著:《辽代石刻文编》,河北教育出版社,1995年,15页。
③ 阎万章:《辽〈陈万墓志铭〉考证》,《辽金史论集》第5辑,文津出版社,1991年。

（5）辽保宁二年（970）《刘承嗣墓志》，首行题为"大契丹国故左骁卫将军……彭城刘公墓志铭并序"①。此墓志出土于辽宁省朝阳市。

（6）辽保宁十一年（979）《耶律琮神道碑》，首行题"大契丹国推忠奉国佐运功臣……耶律公□□□铭并序"②。耶律琮墓在内蒙古赤峰市喀喇沁旗。

以上六例都是在辽圣宗统和元年（983）改称"大契丹"之前所使用的国号，特别值得重视的是其中的四件辽代石刻材料，它们非常确凿地证明了这样两个问题：第一，辽太祖建国时确实创立了国号；第二，辽太祖创立的国号是"大契丹"而不是"契丹"。实际上，在目前见到的包括辽朝各个时期在内的所有汉文石刻材料中，尚未发现一例以"契丹"作为国号的。

三　双重国号制："大辽"与"大契丹"并称

根据《辽史》的记载，"大辽"国号创立于公元947年。太宗会同十年（947）正月，辽灭后晋，太宗"备法驾入汴"；"二月丁巳朔，建国号大辽，大赦，改元大同"③。对于《辽史》的这一记载，人们历来深信不疑，至今仍被视为定论。

但是，在五代及宋朝方面的史料中，还有另外一种说法。《新

---

① 《辽代石刻文编》，47页。参见王成生：《辽宁朝阳市辽刘承嗣族墓》，《考古》1987年第2期。

② 李逸友：《辽耶律琮墓石刻及神道碑铭》，《东北考古与历史》第1辑，文物出版社，1982年。

③ 《辽史》卷四《太宗纪下》。

五代史》卷七二《四夷附录》云："契丹当庄宗、明宗时，攻陷营、平二州，及已立晋，又得雁门以北幽州节度管内，合一十六州。乃以幽州为燕京，改天显十一年为会同元年，更其国号大辽。"这是目前能够看到的有关这种说法的最早记载，虽然辑本《旧五代史》中没有这段文字，但我估计很可能是原本的阙佚所造成的结果。《东都事略》卷一二三《契丹传》也说："天福三年，改元曰会同，国号大辽。"在五代及宋朝史料中，均以后晋天福三年即公元938年为辽天显十一年（是年实为天显十三年），故《东都事略》的记载与《新五代史》是完全一致的。另外一些宋代文献对此事的记载在时间上稍有出入，《资治通鉴》卷二八一在后晋天福二年（937）下记述说："是岁，契丹改元会同，国号大辽。"《契丹国志》卷二《太宗嗣圣皇帝上》袭取《通鉴》原文，所以也将此事系于天福二年。

对于上述记载，清代学者曾经有过不同看法。由《四库全书》馆总裁于敏中领衔修订的《日下旧闻考》，在卷三中有一段按语说：

> 考《辽史·太宗纪》，会同十年正月入汴，二月丁巳朔建国号大辽，改元大同。是辽灭晋始更国号，而欧阳修《五代史》则书更国号于会同元年之下；至会同十年改元，薛史、欧史皆不书，而书改晋国曰大辽国。与《辽史》皆不符，盖传闻异辞耳。

显然，这段按语的作者是坚信《辽史》的说法的，故以为宋人记载皆传闻异辞，不足凭信。但另外一部同样为清朝官修的著作《续通志》，在会同元年"大赦改元，建国号曰大辽"句下有这样一条小

注:"《辽史》此语系之大同元年,其实大同元年以晋百官言中外皆愿戴皇帝,故改旧号为辽,而辽之建号则自在此时也。今并据《五代史》及《契丹国志》改辑。"①这种看法与《日下旧闻考》的意见完全相反,认为大辽国号始创于会同元年(938),大同元年(947)只是改晋为辽而已。

20世纪30年代初,冯家昇先生在《契丹名号考释》一文中针对《日下旧闻考》的那条按语发表了自己的意见:

> 于敏中等以新旧《五代史》与《辽史》不符,为传闻异辞。揆其意,似以《辽史》可靠。第考《辽史》乃依耶律俨诸帝《实录》、陈大任书成之。所谓《实录》,辽圣宗始命置局编修,圣宗以前事,皆是时所追述。是太宗入汴、改元、建号等记载,并非依当时《实录》无疑。薛史则全采《实录》,《晋少帝实录》虽成周广顺中,相去仅五六年,目击亲见者甚多,改元大事,岂能不知? ……何得谓之传闻?

冯家昇先生虽然对《日下旧闻考》的说法不以为然,但他实际上还是倾向于《辽史》的记载,谓大同元年改号大辽,"大抵一致,故可靠";又谓会同元年改号一事,"既无直接之确据,又乏可靠之旁证,孰是孰非,尚有待于地下发现也"②。他采取了较为审慎的态度,没有对此下一结论。

20世纪80年代以来,曾先后有两位学者撰文讨论这个问题,

---

① 《续通志》卷四一《辽纪一》。
② 《契丹名号考释》,原载《燕京学报》第13期,1932年;收入《冯家昇论著辑粹》,中华书局,1987年。

他们均认为会同元年（938）即已改国号为大辽，而大同元年（947）则是改后晋为大辽①。但他们的意见没有引起学界的足够重视。

我们不妨对会同元年改号大辽说做一点背景分析。首先需要解释的是宋代文献中有关此事的系年分歧，按《新五代史》和《东都事略》的说法，改号大辽是后晋天福三年（938）的事情，而《资治通鉴》和《契丹国志》则将此事记在天福二年。但它们的一个共同之处，则是都说改国号为大辽是与改元会同同时的。按《辽史》的纪年，改元会同是太宗天显十三年（938）的事情，这是有石刻材料可以为据的，故《资治通鉴》和《契丹国志》的系年肯定有误。

如果会同元年确曾改号大辽，那么更改国号的缘由是什么呢？这显然与燕云十六州的入辽有关。但是关于燕云十六州的交割时间，南北双方史料还存在着分歧。据《辽史·太宗纪》载，天显十二年六月，"晋遣户部尚书聂延祚等请上尊号，及归雁门以北与幽、蓟之地，仍岁贡帛三十万匹，诏不许"；十三年五月，"晋复遣使请上尊号，从之"；同年十一月，晋使冯道、刘昫等上辽太宗及述律太后尊号，"大赦，改元会同。是月，晋复遣赵莹奉表来贺，以幽、蓟、瀛、莫、涿、檀、顺、妫、儒、新、武、云、应、朔、寰、蔚十六州并图籍来献。于是诏以皇都为上京，府曰临潢；升幽州为南京，南京为东京"。《辽史》的记载表明，燕云十六州的交割是天显十三年的事情，石晋上尊号及大赦、改元等一系列事件，显然都与此事有关。

---

① 佟家江：《契丹首次改辽年代考》，《民族研究》1983 年第 4 期；刘凤翥：《契丹王朝何时何故改称大辽?》，台北《历史月刊》第 36 期，1991 年 1 月。

然而宋人的记载却与《辽史》不同。《新五代史》卷八《晋高祖纪》载，天福元年（936）"十一月丁酉，皇帝即位，国号晋。以幽、涿、蓟、檀、顺、瀛、莫、蔚、朔、云、应、新、妫、儒、武、寰州入于契丹"。《资治通鉴》卷二八〇也把燕云十六州的割让记在天福元年十一月。其实只要分析一下当时的情形，就知道这是根本不可能的事情。天福元年十一月，辽太宗在晋阳（今山西省太原市）册命石敬瑭为大晋皇帝时，燕云十六州大都还在后唐的控制之下，此时石敬瑭尚未入洛攻灭后唐，怎么可能正式割地呢？看看《旧五代史》的记载就明白是怎么回事了：天福元年十一月丁酉，辽立石敬瑭为晋帝，"是日，帝言于戎王，愿以雁门已北及幽州之地为戎王寿，仍约岁输帛三十万，戎王许之"[1]。这里说得很清楚，石敬瑭被立为帝时，只是向辽许下割让燕云十六州和岁输帛三十万的诺言，当时并未兑现。看来欧阳修和司马光都误解了《旧五代史》的意思。

　　但另外还有一条史料似乎与《辽史》的记载相互矛盾。《旧五代史》卷七六《晋高祖纪二》载：天福二年正月庚申，"定州奏，契丹改幽州为南京"。这条史料亦见于《资治通鉴》卷二八一。据《辽史》说，升幽州为南京是会同元年十一月交割燕云十六州以后的事情。那么这条史料当作何解释呢？天显十一年（936）十一月，辽太宗在晋阳立石敬瑭为帝时，后唐遣张敬达率军来攻，同时又命卢龙节度使赵德钧、赵延寿父子统兵应援，结果张敬达兵败晋阳，赵氏父子遂降于辽，自此以后，幽州实际上就已在辽的控制之下。"明年，德钧卒，以延寿为幽州节度使，封燕王。及改幽州

---

①《旧五代史》卷七五《晋高祖纪一》。王溥《五代会要》卷二九"契丹"与此说大致相同。

为南京,迁留守,总山南事。"①我想,幽州既然在天显十一年(936)冬就已归属于辽,且石敬瑭又已许愿割让燕云十六州,辽朝完全有可能在次年正月就将幽州改为南京,等到会同元年(938)交割燕云十六州后,大概才正式宣布升幽州为南京,同时确定上京、南京、东京三京制度。

天显十三年,石敬瑭已经取代后唐成为中原之主,石晋政权也已基本巩固,于是遣使向辽太宗和述律太后上尊号,并将燕云十六州正式交割给辽朝;与此同时,辽朝改元会同——这个年号是很值得玩味的,它意味着"蕃汉一家"②。在改元会同的同时,建立"大辽"国号,这应该说是顺理成章的事情。我们不能仅仅因为《辽史》没有记载会同元年建号"大辽"一事,就对宋人的记载加以否认。已经得到学术界普遍认可的辽朝历次更改国号的事实,不都是依据宋代文献而得出的结论么?

关于"大辽"国号的取义,一般认为源之于辽水。《三朝北盟会编》卷三云:"(金朝)以本土名阿禄阻为国号,阿禄阻,女真语金也。以其水产金,而名之曰大金,犹辽人以辽水名国也。"太宗为何要"以辽水名国"呢?在契丹族的历史传说中,潢河和土河具有特殊的意义,"相传有神人乘白马,自马盂山浮土河而东,有天女驾青牛车由平地松林泛潢河而下。至木叶山,二水合流,相遇为配偶,生八子。其后族属渐盛,分为八部"③。辽水就是潢河和土河合流后的名称,用"大辽"为国号,是否也寓有"蕃汉一家"的

①《辽史》卷七六《赵延寿传》。
②清初改明朝四夷馆为会同馆,掌管边疆少数民族事务,"会同"一词的含义与此相似。后辽太宗灭晋,又改元大同,"大同"语出《礼记·礼运》,是"天下为公,四海一家"的意思,与"会同"的寓意一脉相承。
③《辽史》卷三七《地理志一》。

意思呢？

　　既然肯定大辽国号的建立是在会同元年(938)，那就得对《辽史·太宗纪》会同十年"建国号大辽"的记载重新做出解释了。关于会同十年的改号大辽，中原方面的记载与《辽史》是有所不同的，新旧《五代史》都说是"改晋国为大辽国"①，《资治通鉴》卷二八六谓"下制称大辽会同十年"，《契丹国志》卷三《太宗嗣圣皇帝》说"下制以晋国称大辽"。除了《通鉴》的说法比较含糊之外，另外三部史籍的意思都很明白，分明是说把晋国也改称为大辽，而不是说始建国号大辽。

　　以上只是就文献记载所作的分析，从石刻材料来看，目前能够见到的最早使用"大辽"国号的是康熙二十六年(1687)出土于北京的《仙露寺葬舍利佛牙石匣记》②，其铭文镌于世宗天禄三年(949)。由于辽朝前期的石刻材料很少，迄今尚未见到会同十年以前使用"大辽"国号的碑刻，要想使"大辽"国号的始创年代得到确凿的证明，只能寄希望于新的石刻材料的发现。

　　关于"大辽"国号，其实还有一个更大的谜需要破解，这便是"大辽"与"大契丹"之间的关系问题。人们历来认为，"大辽"与"大契丹"这两个国号是一种替代关系，不管是会同元年(938)改号大辽，还是会同十年改号大辽，都无非是以"大辽"代替"大契丹"罢了。但是早在半个多世纪以前，就有学者对此产生了怀疑。冯家昇先生的《契丹名号考释》一文，虽然主要是考证"契丹"一词的语源和语义，但也涉及辽朝国号的变迁问题，其中在谈到"大

①《旧五代史》卷一三七《外国列传一·契丹》、《新五代史》卷七二《四夷附录一》。
②见《辽代石刻文编》，4 页。

辽"与"大契丹"两者之间的关系时,他提出了这样一种推论:

> 然则辽与契丹究有何分别乎? 余以辽与契丹之分,犹元
> 与蒙兀之别也。"元"指蒙古治下之中国本部,"蒙兀"则兼
> 含东亚一大国。……太宗灭晋建号辽,盖指治下之晋土也,
> 后弃晋北去,中道而殂,嗣主遂以"辽"施于南京路。而"契
> 丹"为漠北诸族所称,自若也。……故知辽之为国号,犹元之
> 为国号,指对治下之汉人言之也。①

前面说过,冯家昇先生对会同元年建号大辽说持保留态度,所以
他以为太宗灭晋后始建大辽之号,后因弃守中原,世宗遂以"大
辽"国号用之于燕云汉地。撇开大辽国号的始创年代不论,提出
"大辽"为辽朝专用于汉地的国号,冯家昇先生是第一人。

　　另一位辽金史学界的前辈学者姚从吾先生也曾提出过类似
的观点。20世纪50年代初,姚先生在台北的一次学术讨论会上
发表了下述看法:辽朝"是契丹族在汉地建立的新国家",是太宗
灭晋后"正式宣布的","因此'大辽'应当是汉地新朝的通称,而
不通行于契丹本部。至于'契丹',则是在汉地有时可与'大辽'
并用的"②。这种说法与冯家昇的推论基本上是一致的。

　　20世纪60年代初,日本学者岛田正郎也曾发表过一个值得
重视的见解,他在解释《辽史》何以会漏记圣宗、道宗两次更改国

---

①见前揭《冯家昇论著辑粹》,29页。
②姚从吾:《契丹汉化的分析》,原刊《大陆杂志》4卷4期,1952年2月;
　又见《姚从吾先生全集》第5集,台北正中书局,1981年,35页。该文是
　在联合国中国同志会第40次学术座谈会上的发言稿。

号的原因时这样说道:"显然,在使用'大辽'这样一个汉化的国号时,同时仍在正式使用意为'大契丹'的契丹语国号,因此国号的改变即便是确有其事,也不必过分重视。我甚至以为,当时的契丹人对于用汉字写出的'大辽'国号,也是用意为'大契丹'的契丹语去读的。所以我只看重辽朝国号的始创,而并不在意其国号的改变。"①

上述三位学者的意见可谓不谋而合。不过他们的这些见解都纯属猜度之辞,既未予以论证,也未提供任何证据,所以这种说法长期以来并没有引起人们的注意。现在我们终于可以说,他们的直觉是正确的。

本文第二节列举的圣宗统和元年(983)以前使用"大契丹"国号的六个例子,除了辽太宗册立石敬瑭为大晋皇帝册文(936年)外,其他的五例都在"大辽"国号创立之后:其中《耶律羽之墓志》(942年)是在会同元年(938)改号"大辽"以后,《陈万墓志》(955年)、《刘承嗣墓志》(970年)、《耶律琮神道碑》(979年)及辽穆宗致南唐国主李璟书(952年)更在会同十年改晋国为大辽以后。这就充分证明了,在"大辽"国号创立之后,"大契丹"的国号并没有废除。上述四方墓志分别出土于今内蒙古和辽宁境内,穆宗国书则代表契丹本位,所以都不采用只在燕云汉地行用的"大辽"国号,而仍然称"大契丹"。

我们再看看"大辽"国号的使用情况。在圣宗统和元年(983)改称"大契丹"之前,共计有八个称"大辽"国号的辽代碑刻,其中

①岛田正郎:《遼の北面中央官制の特色》,原载《法制史研究》第12号,1962年3月;又见同氏《遼朝官制の研究》,创文社(东京),1978年,13—14页。

六个都出土于燕云地区,可略而不论,另外两个的情况比较特殊。一是乾亨三年(981)《王裕墓志》①,出土于辽宁省喀左县。王裕先祖原为中原汉人,后降于契丹,王裕在辽担任的都是南面汉官,其墓志作者董氏为滦州军事判官,辽代滦州(治今河北省滦县)属南京道,故董氏按燕云汉地的习惯称"大辽",亦属正常。另一个碑刻是乾亨三年《陈公之铭》②,出土于辽宁省朝阳地区。据笔者考证,此墓墓主陈公就是我们前面提到的陈万之子。为何《陈万墓志》称"大契丹",其子《陈公之铭》却称"大辽"呢? 由于《陈公之铭》文字多已漫漶不清,其作者也已残阙无考,这个问题一时很难解释。

综上所述,我的初步结论是:公元916年辽太祖耶律阿保机建国时,辽朝的统治区域还局限于塞北,是一个以契丹人为主的游牧国家,故号其国为"大契丹"。公元938年,石晋将燕云十六州正式割让给辽朝,于是辽太宗便在燕云汉地创立一个新的国号——大辽;公元947年,辽灭石晋,太宗在汴京宣布将晋国改称大辽,亦即把大辽这个汉地的国号扩展到中原,但太宗北归后,中原旋即易主,此后大辽国号仍只施用于燕云汉地。与此同时,在长城以北的契丹本土仍继续采用"大契丹"为国号。这就是辽朝前期(916—982)国号变迁的大致经过。

四 圣宗改号"大契丹"

关于圣宗改号"大契丹"一事,《辽史》丝毫没有提及,仅见于

---

① 见《辽代石刻文编》,62 页。
② 见《辽代石刻文编》,79 页。

宋代文献的记载。按照过去人们的一般说法,都以为改号"大契丹"是圣宗统和元年(983)的事情,其实如果仔细查考一下宋代史料,就会发现这种说法与宋人的记载是有所出入的。

《续资治通鉴长编》卷二三在太平兴国七年(982)岁末记述说:"契丹主明记卒,谥景宗孝成皇帝。……隆绪封梁王,继立,号天辅皇帝,尊母萧氏为承天太后,改大辽为大契丹。"卷二四太平兴国八年正月戊午朔云:"契丹主隆绪改元统和。"[①]隆绪就是辽圣宗。关于圣宗即位和改元统和的具体时间,《长编》虽未得其详,但年份是没有问题的。《东都事略》卷一二三《契丹传》也在太平兴国七年下记载说:"梁王隆绪立,年十二,自称天辅皇帝,尊母燕燕为承天太后,改大辽为大契丹国。……(太平兴国)八年,改元曰统和。"又《九朝编年备要》卷三太平兴国七年末云:"是岁,明纪死,子隆绪立,复号大契丹。……改明年元为统和。"以上三部宋代史书都把改号"大契丹"一事记在圣宗即位的当年(982),而改元统和则已在次年。今天人们之所以一致认为改号"大契丹"是在圣宗统和元年(983),大概是依据《契丹国志》卷七的这条史料:"统和元年(宋太平兴国八年),帝即位,复号大契丹。"然而《契丹国志》的这段文字却是误抄《长编》的结果,它把圣宗的即位记在统和元年,显然是错误的,所以《契丹国志》关于改号"大契丹"的记载根本不足为据。

那么圣宗确实是在即位的当年就改号"大契丹"的吗?这还需要对当时的情况做一点分析。据《辽史》卷一〇《圣宗纪》,景

---

①《长编》卷二三末有一条小注,谓景宗死及圣宗即位之月日,"皆不得其实,今移见岁末"。又圣宗改元统和事,盖亦不详其月份,故系于次年岁首。

宗卒于乾亨四年（982）九月壬子，同月癸丑，圣宗即位，"皇后奉遗诏摄政"。次年六月甲午，"上率群臣上皇太后尊号曰承天皇太后，群臣上皇帝尊号曰天辅皇帝，大赦，改元统和"。从上述情形来看，我估计改号"大契丹"不大可能是在圣宗即位后就匆匆忙忙宣布的，很可能是在乾亨五年六月上尊号、改元统和时正式宣布的消息。宋人的记载在这一点上未必很准确，所以仍以维持目前通行的统和元年改号说为宜①。

统和元年的改号"大契丹"，自然是当时摄政的承天太后的主意。可为什么要改号"大契丹"，从辽宋双方文献中都看不出一点眉目，我们实在不便强作解人②。对于此次国号的变动，宋人记载或谓"改大辽为大契丹"，或谓"复号大契丹"，都以为是以"大契丹"代替原来的"大辽"国号；因为宋人并不知道这样一个事实：在统和元年之前，"大辽"和"大契丹"两个国号是同时存在的，只不过所使用的地区不同而已。

宋人对此次国号变动的理解肯定是不正确的，实际上这次改号"大契丹"，应该意味着取消此前在燕云汉地行用的"大辽"国号，而统一使用"大契丹"的国号。但如果具体考察一下国号的使用情况，似乎又不尽然。根据我对《全辽文》《辽代石刻文编》和

————————

① 《契丹国志》卷首《契丹国九主年谱》又有这样一条记载："圣宗天辅皇帝，癸未岁即位，改元统和；癸丑统和三十一年改元开泰，复改国号大契丹。"这一与众不同的记载不知有何依据，且与同书卷七统和元年"复号大契丹"的说法自相矛盾。《契丹国志》是元代书贾抄撮群书拼凑而成的一部伪书，可能是因为史料来源庞杂的缘故，上述记载竟矛盾如此。

② 岛田正郎认为，此次改号"大契丹"是为了纠正自太宗以来过分汉化的倾向（见前揭岛田氏《辽朝史の研究》，62 页），这种解释缺乏史实依据，似乎有点想当然。

《房山石经题记汇编》的查考结果,自圣宗统和元年(983)改号大契丹至道宗咸雍二年(1066)改号大辽,其间记有国号并有明确纪年的石刻材料共计二十八例,其中二十三例作"大契丹"(包括六个出土于燕云汉地的碑刻),另有五例仍称"大辽"或"辽国"。现将这五种石刻材料胪举如下:

(1)《平州赵府君墓志》,出土于辽宁省朝阳县。葬于统和二十年(1002),首行题"大辽故永阳宫平州提辖使……天水郡赵府君墓志并序"①。

(2)《韩佚妻王氏墓志》,出土于北京八宝山。葬于统和二十九年(1011),首行题"大辽故始平军节度使□□□□□夫人墓志铭并序"②。

(3)检房山石经造经题记,其中《大般若波罗蜜多经》共有 11 条内容相同的题记,均作"大辽太平七年岁次丁卯重修此经"③。太平七年为公元 1027 年。

(4)辽《昊天宝塔》,有"大辽清宁五年春月吉日"的题记④,清宁五年为公元 1059 年。此塔发现于北京城内。

(5)清张江裁《燕京访古录》云:"西便门内西北一里,菜园井台后,有颓残佛殿三楹,内有一台,上座一佛……背后镌阴文篆书银佛铭曰:'白银千两,铸二佛像。威武庄严,慈心法相。保我辽国,万世永享。开泰寺铸银佛,愿后世生中国。耶律鸿基虔心银

---

① 见《辽代石刻文编》,110 页。
② 见《辽代石刻文编》,139 页。参见北京市文物工作队:《北京西郊辽壁画墓发掘》,《北京文物与考古》第 1 辑,1983 年。
③《房山石经题记汇编》,书目文献出版社,1987 年,88—185 页。
④ 张江裁:《燕京访古录》,铅印本,出版者不详,1933 年,21 页。

铸。'共四十七（四）字。考此地当是大辽开泰寺也。"①此事亦见于宋人记载："今虏主鸿基……尝以白金数百两铸两佛像，铭其背曰：'愿后世生中国。'"②耶律鸿基即辽道宗，在《辽史》卷二〇《兴宗纪》中有这样一条记载：重熙二十三年（1054）十月癸丑，"以开泰寺铸银佛像，曲赦在京囚"。这显然就是指辽道宗耶律鸿基所铸的那两座银佛，在铸此像时，道宗尚未即位。

除了以上五例金石材料之外，还有一种辽代文献亦可举以为证。辽耶律纯《星命总括》（《四库全书》辑自《永乐大典》）有一自序，末署"大辽统和二年八月十三日耶律纯自识"，也已经在圣宗改号"大契丹"以后了。《四库全书总目》疑此书为后人依托，但却没有提出什么可靠的证据，而《四库全书简明目录》则说："术数之书，凡称古名人著述者，百无一真。纯不知为何许人，似尚实出其手。"是又以为并非伪书。陈述先生将这篇序文收入《全辽文》卷五，力辩此书决非后人伪托，其说大体可信。

现在的问题是，以上引述的金石、文献史料在圣宗统和元年改号大契丹以后仍继续使用"大辽"国号，这当如何解释？我猜想，统和元年虽然宣布取消燕云汉地的"大辽"国号，统一使用"大契丹"国号，但在当时的社会生活中，这道诏令可能执行得并不十分严格，尤其是在一些非正式场合，比如撰写墓志、碑刻题记、私人著述，甚至由皇室成员出资铸造的佛像铭文，有时仍因循旧习，沿用"大辽"或"辽国"的旧称。有一个例子很能说明问题，同时出土于北京八宝山的《韩佚墓志》和《韩佚妻王氏墓志》，前者撰于统和十五年（997），碑额称"大契丹国"，后者撰于统和二十九年

①《燕京访古录》，21页。
②晁说之：《嵩山文集》卷二《朔问下》，《四部丛刊续编》本。

（1011），碑额却称"大辽"。这说明当时民间对于国号的使用是比较随意的。

　　不仅是辽人如此，宋人在正式场合和非正式场合对于辽朝国号的使用也是有所区别的。自圣宗统和元年改号"大契丹"以后，宋辽两国之间的往来国书均称"大契丹"[①]，宋代文献对此有明确的记载。宋仁宗皇祐四年（1052）五月，"诏学士院自今答契丹书仍旧称'大宋'、'大契丹'。初，契丹贺乾元节书至，乃去其国号，止称'南朝'、'北朝'。下两制、台谏官议，而以为自先帝讲和以来，国书有定式，不可轻许之。其后复有书，乃称'契丹'如故"[②]。国书是正式的外交文书，当然必须以"大契丹"相称，而如果是非外交文书的话，就不见得如此称呼了。《宋大诏令集》载有真宗景德元年（1004）澶渊之盟以后致辽朝皇帝或太后的数十封国书，一律称为"大契丹"，但该书卷二三二附载景德元年至二年间赐王继忠的六篇诏书，凡是提到辽朝时就都称为"大辽"。王继忠本为宋河北都转运使，咸平六年（1003）因兵败于辽而被俘，真宗给他的诏书与致辽朝的外交文书自然是不同性质的东西，所以仍不妨习称"大辽"。

五　道宗复号"大辽"

　　辽朝最后一次更改国号的事实，见于多种宋代文献以及高丽文献的记载，但是关于改号的时间还存在一点歧异。

---

①《续资治通鉴长编》卷五八、一三五、一三七载有辽朝于统和二十二年（1004）和重熙十一年（1042）致宋朝的三封国书，均自称"大契丹"。宋朝致辽朝国书备见《宋大诏令集》，也都称为"大契丹"。
②《宋会要辑稿》蕃夷二之一七。

《续资治通鉴长编》卷二〇七英宗治平三年正月癸酉条云："癸酉，契丹改国号曰大辽。"《宋史》卷一三《英宗纪》与《长编》的记载完全相同。此外如《东都事略》卷一二三《契丹传》、《九朝编年备要》卷一七、《契丹国志》卷九《道宗天福皇帝》等，也都把此事记在治平三年（即辽道宗咸雍二年，1066），只是不详其月日而已。《高丽史》文宗二十年（1066）三月丁丑有"契丹复国号曰大辽"的记载，同年四月甲辰又"遣司宰卿高复昌如辽，贺改国号"云云①。但宋代文献中还有另一种记载，见于《宋会要辑稿》蕃夷一之一："治平二年十二月，改今国号。"蕃夷二之二〇更交待了这个消息的来源：治平二年十二月，"雄州言：得涿州牒，报契丹国改为大辽国"。雄州和涿州分别是宋辽两国的边境州府，这个消息既然来自辽朝方面的涿州牒报，照说应该是相当可靠的。不过《长编》和《宋史》所记载的更改国号的日期既是那样的详细，也一定是有什么来历的。孰是孰非，很难判断，姑从治平三年（咸雍二年）一说。

关于此次更改国号的缘由，辽宋文献全未涉及，我估计这与道宗皇帝的汉化倾向有关。辽道宗是一位虔诚的佛教徒和一个具有较深汉学修养的契丹人，辽朝人声称"本朝道宗皇帝好文"②、"好儒释二典"③，这在辽朝皇帝中实在是很难得的。《松漠记闻》卷上记述了这样一则故事："大辽道宗朝，有汉人讲《论语》……至'夷狄之有君'，疾读不敢讲，则又曰：'上世獯鬻、猃狁，荡无礼法，故谓之夷。吾修文物彬彬，不异中华，何嫌之有！'卒令讲之。"这

① 《高丽史》卷八《文宗世家二》，平壤朝鲜科学院古典研究室，1957 年排印本，第 1 册，122 页。
② 侯延庆：《退斋雅闻录》，涵芬楼本《说郛》卷四八。
③ 陈襄：《神宗皇帝即位使辽语录》，《辽海丛书》本。

个故事经常被人们引用来说明道宗的汉化倾向。确实,在辽朝的所有皇帝中,道宗要算是汉化倾向最明显的一位了。改大契丹为大辽,恐怕就应该归结于这种倾向。

虽然从辽朝的文献史料中看不到这次国号的变动情况,但辽朝的考古材料却为此提供了大量的证据。根据我的统计结果,自道宗咸雍二年(1066)迄至于辽末,记有国号并有明确纪年的石刻材料共计七十四例,其中七十三例均称"大辽"(有三个碑刻作"皇辽"),这中间甚至包括十一个契丹人的墓志;惟有一个碑刻仍旧称"大契丹"——出土于辽宁省建平县的《郑恪墓志》,首行题"大契丹故朝散大夫……郑君墓志铭并序"①。这篇《墓志》作于道宗大安六年(1090),之所以仍称"大契丹"者,可能是因循旧习而一时疏忽的缘故。在那么多的石刻材料中,只发现了这一个例外,这说明咸雍二年国号的改变是得到了严格遵守的。

此次国号的改变也明显地反映在宋朝给辽朝的外交文书中。《宋大诏令集》卷二二八至卷二三二共载有北宋致辽朝国书一百二十三封,其中前半部分的六十余封国书都称"大契丹";卷二三〇《英宗皇帝与大辽皇帝遗书》抬头称"正月日,兄大宋皇帝致书于弟大辽圣文神武全功大略聪仁睿孝天祐皇帝",紧接着《英宗皇帝与大辽皇太后遗书》抬头称"正月日,侄大宋皇帝谨致书于大辽慈懿仁和文惠纯孝显圣昭德广爱宗天皇太后"。从这两封国书以下,抬头称谓均作"大辽"②。宋英宗卒于治平四年(1067)正月丁

---

① 见《辽代石刻文编》,428 页。
② 其中有一个例外需要说明:《宋大诏令集》卷二三一有两封《答契丹国主书》,作于神宗熙宁年间,已在咸雍二年改号"大辽"之后;但这两封国书均无抬头称谓,没有出现国号,篇题系后人所拟,称"契丹"显然不妥。

巳,上述两封国书既称"遗书",显然就作于这年正月,而辽朝正是在此前一年改号"大辽"的,故从这以下的所有国书都改称"大辽"了。

六　契丹文和女真文中的辽朝国号

以上考述的只是辽朝汉文国号的演变过程。那么,在契丹字和女真字里,辽朝国号究竟被称作什么呢? 这是一个必须考虑的问题。

首先谈谈契丹大字的有关记载。由于目前学术界对契丹大字的释读水平还极为肤浅,有关辽朝国号的解读均属猜测。如1987年出土的《耶律习涅墓志》,志盖背面刻有契丹大字三十七行,因耶律习涅的汉文墓志撰于天庆四年(1114),而当时的汉文国号为"大辽",于是考释者就想当然地把契丹大字墓志第1行的三个字释为"辽国"①。又如契丹大字《北大王墓志》,根据志盖背面的汉文墓志,得知墓主耶律万辛卒于重熙十年(1041),因考虑到重熙年间的汉文国号为"大契丹国",刘凤翥先生便猜测墓志首行的两个契丹大字"或许就是'契丹'之意"②。后来王弘力先生

---

① 金永田:《契丹大字〈耶律习涅墓志〉考释》,《考古》1991年第4期。
② 刘凤翥、马俊山:《契丹大字〈北大王墓志〉考释》,《文物》1983年第9期。其实刘凤翥先生本人对这一假说也缺乏自信,他在《契丹大字六十年之研究综述》(载《日中联合文字文化研讨会发表论文集》,京都:日本文字文化研究所,1998年7月)所附录的"已经认识的契丹大字"中,就没有列入"契丹"和"辽"。

又将《应历碑》第 1 行的三个字释为"大契丹国"①,也只是一己之见,无法得到验证。所以在目前情况下,暂时还不能引用契丹大字的材料来讨论辽朝国号。

自 20 世纪 70 年代中期以来,契丹小字的释读取得了突破性的进展,这就使得我们可以把契丹小字的石刻材料当作一种比较可信的史料来看待。

"辽"在契丹小字中作 ⿰，它是一个汉语借词。在迄今已发表的十六种契丹小字碑刻中,此字只出现过两次:一处见于《耶律仁先墓志》37 行,刘凤翥先生释为"封辽王之号"②,指耶律仁先清宁九年(1063)徙封辽王事;另一处见于该墓志第 61 行,释为"辽国夫人号××"③,"辽国夫人"是耶律仁先妻子的封号。以上两处出现的"辽王"和"辽国"都是封号,与辽朝国号无关。

这里有一个问题需要说明,《契丹小字研究》曾将《仁懿哀册》19 行的 ⿰二字释为"辽国(之)"④,我认为这是一个误释。⿰是带所有格附加成分的契丹语词"国",这一点应无疑义,问题出在第一个字上。首先, ⿰不能等同于 ⿰,前者第三个原字的音值已知为[li]⑤,显然不能拼出汉语借词"辽"的读音来;第二,

---

① 王弘力:《契丹小字中之契丹》,《民族语文》1987 年第 5 期。
② 刘凤翥:《契丹小字解读四探》,载《第三十五届世界阿尔泰学会会议记录》,台北《联合报》国学文献馆,1993 年,557 页。
③ 刘凤翥:《契丹小字解读四探》,载《第三十五届世界阿尔泰学会会议记录》,561 页。参见即实:《〈紃邻墓志〉释读》,载同氏《谜林问径——契丹小字解读新程》,辽宁民族出版社,1996 年,212 页。
④ 清格尔泰、刘凤翥等:《契丹小字研究》,中国社会科学出版社,1985 年,507 页。
⑤ 见《契丹小字研究》,152 页。

除《仁懿哀册》外，_{竹本字}还见于《道宗哀册》17—3、《萧仲恭墓志》31—46、《耶律宗教墓志》6—15，这三处均未能释出，而惟独将《仁懿哀册》这一处释为"辽"，显然是为了将就下面的"国"字；第三，《仁懿哀册》此行上下文全不知何意，这两个字是否一个词组也很难说；第四，我们现在所见到的《仁懿哀册》是由一个对契丹小字完全外行的人留下来的抄本，其文字的准确性值得怀疑。基于上述理由，这条例证理应排除。

　　有关契丹小字中辽朝国号的考释问题，长期以来的争论焦点主要集中在对《道宗哀册》册盖的释读上。《道宗哀册》册盖共刻有三十六个篆体原字，其中后二十七个原字的释读没有什么异议，主要分歧在于前九个篆体原字应如何恢复为楷体原字，以及如何将这些单个刻写的原字还原组合成契丹小字，当然最关键的还是如何释读这一词组的问题。20 世纪 30 年代初，罗福成曾将这九个原字解为"大辽国天祐"[1]，后来被证明是错误的。直到 80 年代初，这九个篆体原字才被正确还原并组合为 又 冭夹 北刹 夭录夹[2]，刘凤翥先生把这组文字释读为"伟大的中央哈喇契丹"[3]，但仍有学者表示异议。王弘力先生认为 北刹（哈喇）一词应释为虎思［xus］，即强有力之意[4]。即实先生甚至连 夭录夹（契丹）一词也予以否定[5]。

　　由《道宗哀册》册盖引起的有关释读辽朝国号的争议，因为近

<hr>

[1]见金毓黻编：《辽陵石刻集录》卷四，奉天图书馆刊，1934 年。
[2]参见即实：《契丹小字字源举隅》，《民族语文》1982 年第 3 期。
[3]刘凤翥：《契丹小字解读再探》，《考古学报》1983 年第 2 期。
[4]见前揭王弘力：《契丹小字中之契丹》。
[5]即实：《皇黄无同义》，载同氏《谜林问径——契丹小字解读新程》。

十年来新发现的几个契丹小字墓志而取得了重大进展。1991 年出土的《耶律宗教墓志》，其志题前五字与《道宗哀册》册盖表示国号的那组契丹小字相似，但 𝌆𝌇（哈喇契丹）作 𝌈𝌉 𝌊𝌋，"中央"一词也与《道宗哀册》册盖的写法不同，于是便有学者断言刘凤翥对《道宗哀册》册盖的释文有误①。但 1997 年发现的《耶律迪烈墓志》和 1998 年出土的《耶律智先墓志》，其志题开端处表示国号的五个契丹小字，除 𝌆𝌇 𝌊𝌋 两字的前后顺序与《耶律宗教墓志》不同之外，其他均完全相同②。有关辽朝国号释读的纷争至此趋于明朗化，以上述三墓志与《道宗哀册》册盖相比较，可知 𝌆𝌇 𝌊𝌋 等同于 𝌆𝌇 𝌊𝌋，而"中央"一词的两种不同写法则应视为同义词。现在基本上可以肯定，刘凤翥先生对《道宗哀册》册盖的释读意见是可取的。

不过这里面仍有两个疑点需要作出解释。第一个问题是，"契丹"一词的两种写法是否都能成立？我们知道，契丹小字中通常把"契丹"写作 𝌊𝌋，其中第三个原字的音值为［i］，已经得到反复验证：在突厥文鄂尔浑碑铭《阙特勤碑》《苾伽可汗碑》和《暾欲谷碑》中，"契丹"一词的拉丁字母转写为 Qitay③，又《黑鞑事略》

---

① 阎万章：《契丹小字〈耶律宗教墓志铭〉考释》，《辽海文物学刊》1993 年第 2 期。在《耶律宗教墓志》出土之后，刘凤翥也一度对他前述考释结论持谨慎态度，参见刘凤翥等：《契丹小字解读五探》，《汉学研究》13卷第 2 期，1995 年 12 月。

② 见卢迎红、周峰《契丹小字〈耶律迪烈墓志铭〉考释》一文（《民族语文》2000 年第 1 期）附录该墓志摹本。《耶律智先墓志》尚未发表，据刘凤翥先生告知，其志题前五字与《耶律迪烈墓志》毫无二致。

③ 见 V. 汤姆森著、韩儒林译《蒙古古突厥碑文》附《术语及专名词表》，载林幹编：《突厥与回纥历史论文选集》上册，中华书局，1987 年，507 页。

将哈喇契丹（西辽）译作"呷辣吸给"，都表明契丹语中的"契丹"一词应是以阴声韵尾收尾的①。那么，若将"契丹"写成**�ㄨ**，第一个原字就必须包括两个辅音才行。根据王弘力先生的意见，契丹小字中存在少数双音节的原字，比如数词②。如此看来，将"契丹"写成**�ㄨ**是可以成立的。

第二个问题是，《耶律宗教墓志》将"哈喇契丹国"写作"契丹哈喇国"，这应当作何解释？我曾与刘凤翥先生讨论过这个问题，他认为"契丹哈喇国"与"哈喇契丹国"同义，就像"大中华国"也可以说成"中华大国"一样。我觉得这么解释未免有些牵强。在目前见到的契丹小字石刻中，惟有《耶律宗教墓志》是将"哈喇"、"契丹"两词前后颠倒的，这很可能是该墓志误刻的结果。

综上所述，在《道宗哀册》册盖和《耶律宗教墓志》《耶律迪烈墓志》《耶律智先墓志》的志题开端处均以"伟大的中央哈喇契丹"来指称辽朝③，在这种场合和位置所使用的国号理应是非常正式和完整的名号，"大的"、"中央的"是用来修饰国号的形容词，国号的全称应是"哈喇契丹"。除此之外，"哈喇契丹"之称还见

---

① 韩儒林先生对此提出一个推论，认为中古蒙古语有单数为-ai、复数则为-an 的规则，"然则 Qitai 与 Qitan，亦可用古蒙古语复数、单数解释欤？"见《女真译名考》，载《穹庐集》，上海人民出版社，1982 年，472—473 页。
② 王弘力：《契丹小字墓志研究》，《民族语文》1986 年第 4 期。
③ 在蒙古国肯特省巴彦呼塔格苏木发现的金章宗明昌七年女真字《完颜襄纪功石刻》，第 1 行称金国为"伟大的中央金国"，参见加藤晋平：《モンゴル人民共和国ヘンテイ県バャンホトクの碑文について》，载《平井尚志先生古稀记念考古学论攷》第 1 集，大阪：邮政考古学会，1992 年 3 月。看来女真语中的金朝国号是跟契丹人学来的，这恰好可以反过来佐证"伟大的中央哈喇契丹"一语。

于《耶律仁先墓志》16 行、69 行，《萧仲恭墓志》47 行，《博州防御使墓志》27 行。过去人们只知道穆斯林和西方史籍称西辽为"哈喇契丹"，陈述先生指出，"哈喇契丹"并不专指西辽，在蒙古人和波斯人的观念中，以"哈喇契丹"泛指一切契丹本系的契丹人，也包括契丹人建立的辽朝[①]。现在看来，契丹小字的石刻材料可以为陈述先生的这种说法提供一个佐证，只是应该说明，事情的因果是这样的：由于契丹人称他们自己的国家为哈喇契丹，所以蒙古人和波斯人才用"哈喇契丹"来指称辽朝及一切契丹人。另外，在金代《萧仲恭墓志》和《博州防御使墓志》中，还屡次以"大契丹"、"契丹国"、"契丹"来指称辽朝，我想这些都应该是"哈喇契丹"一名的简称。

上面提到的七种涉及辽朝国号的碑志，从其年代来看，除《耶律宗教墓志》镌刻于兴宗朝之外，其他有四种是在辽道宗咸雍二年（1066）改国号为大辽以后，另两种则是金朝前期的契丹小字墓志，但它们却都无一例外地称辽朝为"哈喇契丹"或"大契丹"、"契丹国"、"契丹"，而在迄今出土的所有契丹小字石刻材料中，尚未发现用"大辽"或"辽国"来指称辽朝的例子。从这些情况来判断，我估计契丹人始终自称其国家为哈喇契丹，在契丹文字里，"哈喇契丹"应是前后一贯未曾改变的国号，而"大辽"则只是在一定时期或一定范围内作为汉文国号来使用的。

女真字的石刻材料同样能够证明这一点。在金代女真字的文字材料中，从未发现过"大辽"或"辽国"之类的词，而是以"契

---

① 陈述：《哈喇契丹说——兼论拓拔改姓和元代清代的国号》，《历史研究》1956 年第 2 期。

丹"来指称辽朝。《大金得胜陀颂碑》中的一个例子最能说明问题。据金启孮先生说,该碑是先以汉文写成,碑阴的女真文是碑面汉文的译本①。汉碑文第21行颂诗"辽季失道"句,女真碑文将"辽"字译作屄夂,诸家均释为"契丹",拟音为[çi-tan]②。于此可见,在女真字中也是只称辽朝国号为"契丹",并没有"大辽"、"辽国"之称。

由此想到元朝国号问题。过去人们通常以为,蒙元前期的国号为大蒙古国,1271年以后改称大元,然而事实并非如此。萧启庆先生的研究结果表明,成吉思汗统一蒙古各部后,建立蒙古文国号Yeke Mongol Ulus(也可蒙古兀鲁思),汉文直译为"大蒙古国",意译为"大朝"。1271年,忽必烈出于统治汉地的需要,正式创立汉文国号"大元",但蒙古文国号并未从此废弃,而是两者并用,直至元末。因为在蒙古人及色目人看来,"大元"只是大蒙古国的一个部分,两者本非一个概念③。如果拿蒙元国号来与辽朝国号作一比较,我们会发现两者的情形有某种相似之处。冯家昇先生大概早就意识到了这一点,故谓"辽与契丹之分,犹元与蒙兀之别也"④,确是真知灼见。

契丹人建立的辽朝原本是一个比较纯粹的游牧国家,后来获得燕云十六州,遂兼有游牧社会与农业社会。契丹统治者对燕云

---

① 此碑女真文与汉文完全对译,惟碑阴女真碑文第22行颂词比汉文少四句,显系翻译时遗漏,此亦可证碑文的底本是汉文。
② 金启孮:《女真文辞典》,文物出版社,1984年,54、202页。
③ 萧启庆:《说"大朝":元朝建号前蒙古的汉文国号》,原载《汉学研究》3卷1期,1985年6月;收入同氏《蒙元史新研》,台北允晨文化出版,1994年。
④ 见前揭《冯家昇论著辑粹》,29页。

汉地实行"因俗而治"的民族政策,于是便形成了国家政治社会生活中的二元体制,这是辽朝最基本的国家特色之一。探索辽朝国号的变迁问题,应充分考虑到它的这种特殊国情。辽朝的汉文国号,主要是针对汉人及部分汉化程度较深的契丹人的,由于对汉地统治的需要,汉文国号曾几度变更,或称"大契丹",或称"大辽",或两者并用。而辽朝的契丹文国号则是针对契丹人及其他北方民族的,从现有史料来分析,契丹人可能始终都自称他们的国家为"哈喇契丹"。汉文国号和契丹文国号的歧异,正是辽朝二元体制的一种表现。

笔者的研究结果表明,辽朝一代的国号变迁远比人们过去所知道的情况要复杂得多,而且显而易见的是,这篇论文肯定尚未揭示出辽朝国号演变的全部真相。为了对本文的考述结论做一个简要明了的总结,现将辽朝国号的变迁情况列为下表。

辽朝国号变迁概况一览表

年代	汉文国号	非汉文国号
916—937	大契丹	哈喇契丹(全称) 大契丹、契丹国、契丹(简称)
938—982	大辽(燕云汉地) 大契丹(辽朝故地)	
983—1065	大契丹	
1066—1125	大辽	

七 附论"大蕃"名号问题

最后再附带谈一下"大蕃"名号问题。

1977年，在北京房山县北郑村清理的一座辽塔塔基中，出土一块辽代纪年文字砖，上有墨书"大蕃天显岁次戊戌五月拾三日己未"共十五字①。其中的"大蕃"二字引起了人们的很大兴趣。有人认为，辽代几次更改国号，均不见于《辽史》记载，故"大蕃"很可能也是辽朝曾经使用过的国号之一②。

我不同意这样理解"大蕃"名号。从墨书纪年可知，天显戊戌岁即辽太宗天显十三年（938），当时的燕京地区是怎样一种状况呢？天显十一年闰十一月，后唐卢龙节度使赵德钧降于辽，自此以后，幽州实际上就已在辽朝的控制之下，但燕云十六州的正式割让则是天显十三年十一月的事情。上述墨书纪年为天显十三年五月十三日，正是在燕京已经为辽控制，但还没有正式割让的期间。在这样一种特殊的背景下，我想"大蕃"应该是当地汉人对辽朝的尊称，意若"大朝"，而非正式的国号③。如果在燕京被辽朝占有之前，当地汉人理应称辽朝为"北虏"或"北狄"；如果在燕京已经正式割让给辽朝以后，当地汉人应该称辽为"大契丹"或"大

---

① 齐心、刘精义：《北京市房山县北郑村辽塔清理记》，《考古》1980年第2期。

② 齐心、刘精义：《"大蕃天显"纪年文字砖考》，《黑龙江文物丛刊》1984年第2期；精心：《大蕃天显纪年砖的探讨》，《光明日报》1981年1月27日第4版。

③ 萧启庆和蔡美彪先生都认为元代文献中常见的"大朝"是蒙古文国号"也可（蒙古）兀鲁思"的意译（见前揭萧启庆《说"大朝"：元朝建号前蒙古的汉文国号》及蔡美彪《试论马可波罗在中国》，载《中国社会科学》1992年第2期），我觉得未必如此。金朝汉人有尊称本国为"大朝"的先例，见韩道昇《重编改并五音篇海序》，载《金文最》卷四一。元人所称的"大朝"亦当作如是解。"大蕃"与"大朝"意近，也无非是一种尊称罢了。

辽";而在天显十三年五月这样一个特殊的时刻,称辽为"大蕃"实在是最合适不过的。

汉人尊称异族政权为"大蕃",这在历史上是有先例可寻的。向达先生在谈到唐代吐蕃势力的扩张时说:"唐自太宗以后,吐蕃势盛,高宗乾封、咸亨之际,西域四镇沦陷,河陇一带遂没于吐蕃。至今所得敦煌石室遗书,卷末书'大蕃'岁月者不一而足,当即此一时期之所书也。"[1]燕京汉人所书"大蕃",正当如此理解。

原载《历史研究》2001 年第 6 期

---

[1]《唐代长安与西域文明》,三联书店,1957 年,6 页。

辽朝"横帐"考

——兼论契丹部族制度

  辽代契丹人的社会组织主要分为部落和宫帐两类,横帐就是宫帐之一,它是独立于部落之外的头下世袭帐分。本文着重考察横帐的涵义及其范围,分析横帐形成的社会历史背景,并对辽代部族制度进行了初步梳理,希望能够为研究契丹社会组织结构建立起一个基本框架。

  在今天的历史学家看来,辽朝一代的历史几乎可以说还是一团混沌,尤其是有关契丹民族的历史状况。譬如契丹人的社会组织形态,虽然早在 1910 年代津田左右吉就已对此进行了初步探索[1],后来岛田正郎则比较系统地研究过辽朝的部族组织[2],80 年代以后杨若薇又对斡鲁朵制度进行了深入的探讨[3],但时至今日,

①津田左右吉:《遼の制度の二重體系》,《满鲜地理历史研究报告》第 5 册,1918 年。
②见岛田正郎:《遼代社會史研究》第一部"制度篇",京都三和书房,1952 年。
③见杨若薇:《契丹王朝政治军事制度研究》第一篇"斡鲁朵制度",中国社会科学出版社,1991 年。

我们在这方面的认知仍相当有限，还远远不能清晰地描绘出契丹人的社会组织结构。本文有关辽朝横帐的研究，或许可以在某些局部深化我们对于上述问题的理解。横帐是解析契丹部族组织的重要一环，作为一种特殊的部族形态，"横帐"的内涵远比汉人习称的"宗室"要丰富得多，这篇论文仅仅是一个初步的探索。

一 契丹人的部族组织形态

辽朝一代，契丹人始终保持着游牧民族的社会组织，但与遥辇氏时代的部落制度相比较，辽朝的部族组织结构已经发生了很大变化。在耶律阿保机建国前后，对契丹传统的部族组织进行了重大的改革。一方面将若干部落重新加以组合，把过去以血缘组织为基础的氏族集团转变为帝国体制下的行政组织和军事组织，太祖二十部就是如此改造的结果，这种部落辽代仍通称为"部族"；另一方面将若干氏族从部族组织中独立出来，如诸斡鲁朵、遥辇九帐、横帐三父房、国舅五房，当时通称为"宫帐"。《辽史》对契丹人的这两类社会组织区分得很清楚，如《兵卫志》"五京乡丁"条谓"契丹本户多隶宫帐、部族"，《百官志序》曰："辽国官制，分北、南院。北面治宫帐、部族、属国之政。"《百官志》"北面军官"条说："辽宫帐、部族、京州、属国，各自为军。"①

所谓"宫帐"，"宫"指斡鲁朵，亦称宫分、宫卫；"帐"指辽内四

---

① 需要说明的是，辽代文献中的"部族"一词有狭义和广义之分，狭义的部族是相对于宫帐而言的，如此处所引的几条史料都是这种涵义；广义的部族则是包括宫帐在内的一种泛称，如"辽内四部族"。

部族(包括遥辇九帐、横帐三父房和国舅五房),亦称帐分、帐族。不过在当时的汉文文献中,这两个概念的区分并不严格,常常可以通用,如《辽史·国语解》谓"斡鲁朵,宫帐名",又谓"遥辇氏九帐:遥辇九可汗宫分",对宫、帐不加区别——如果按照《辽史》对遥辇九帐的解释,可以说它与辽朝诸帝之斡鲁朵在性质上是完全相同的。与宫帐语义相通的词还有宫院、帐院、房等。《辽史·地理志》中京道惠州条云:"惠和县,圣宗迁上京惠州民,括诸宫院落帐户置。"《圣宗纪》太平七年十月丁卯,"诏诸帐院庶孽,并从其母论贵贱"。至于"房"与宫帐之相通,三父房以横帐而称"房"便是明证。

但是在契丹小字石刻资料中,我们发现宫、帐的区别是很严格的。宫作**夭化**,此字最肯定的意义是用作五院、六院的"院"字,另外多数研究者也将它释为斡鲁朵、宫(契丹小字中另有汉语借词"宫",姑置不论),只有王弘力先生释作"房",他把《道宗哀册》和《宣懿哀册》中记载作者耶律固官衔的头两个字释为"父房"①,现在看来这个意见是不可取的,因为在近年发现的契丹小字石刻材料中,孟父房、仲父房和季父房均已释出,并没有上述那种写法。

"帐"在契丹小字中作**山**∜,此字刘凤翥先生释作"族、族系"②,即实先生释为"房帐"③,陈乃雄先生解作"房"④,其实这三种解读结论并不矛盾。我认为最准确的译法应是"帐族",这是辽代汉文

①王弘力:《契丹小字墓志研究》,《民族语文》1986 年第 4 期。
②刘凤翥:《契丹小字解读四探》,载《第三十五届世界阿尔泰学会会议记录》,台北《联合报》国学文献馆,1993 年。
③即实:《谜林问径——契丹小字解读新程》(以下简称《谜林问径》),辽宁民族出版社,1996 年,139 页。
④陈乃雄、杨杰:《乌日根塔拉辽墓出土的契丹小字墓志铭考释》,《西北民族研究》1999 年第 2 期。

文献中常见的一个词，如《辽史·圣宗纪》，统和二十九年五月"诏帐族有罪，黥墨依诸部人例"；又新近发现的《耶律遂忠墓志》云："皇上恩赐国姓耶律氏……帐族渐盈，家风有异。"①帐族偶亦作"族帐"，见《辽史·兴宗纪》重熙十年二月甲申条。总之帐、族是相通的。陈乃雄先生把契丹小字《耶律弘辨墓志》第1行的一个词组释为"六院部舍利房"，其中的"房"与帐、帐族用的是同一个字，此处释作"房"也完全正确。辽人习称的三父房亦可称为三父族，《辽史·兴宗纪》重熙十一年闰九月癸未有"振恤三父族之贫者"的记载，又《营卫志》所说的辽内四部族，其中之一是"横帐三父房族"，"房"与"族"连称，最能说明问题。

相对于部族而言，宫、帐自然应该算是同类，但与汉文文献中宫、帐可以通用的情况不同，契丹小字中宫（斡鲁朵、院）和帐（帐族、族、房）的界限是很分明的。与汉语用词相比较，毋宁说契丹语的用词更能准确地反映契丹人的固有观念，在契丹人看来，宫、帐的本质区别究竟是什么？这还需要进一步研究。

关于辽朝的部族制度，《辽史·营卫志》有这样一段解释："部落曰部，氏族曰族。契丹故俗，分地而居，合族而处。有族而部者，五院、六院之类是也；有部而族者，奚王、室韦之类是也；有部而不族者，特里特勉、稍瓦、曷术之类是也；有族而不部者，遥辇九帐、皇族三父房是也。"②按张正明先生的理解，所谓"族而部"，是

----

① 见刘凤翥、金永田：《辽代韩匡嗣与其家人三墓志铭考释》，香港中文大学《中国文化研究所学报》新第9期，2000年。耶律遂忠为韩匡嗣之孙，因其从父韩德让隶籍横帐季父房，故谓之"帐族"。

② 《辽史》卷三二《营卫志》"部族上"。据冯家昇先生考证，耶律俨《皇朝实录》有《部族志》，为《辽史·营卫志》所本。这段话不知是取自耶律俨的原文还是仅仅代表元朝史官的理解。

指以一个氏族为基础组成一个或几个部落；"部而族"则是指一个部落包含着若干氏族；"部而不族"是指部落内部已经没有明显的氏族界限了；"族而不部"是指保持着氏族或家族组织的从部落中分化出来的显贵家族①。津田左右吉则认为，这里概括的四种部族类型，只有"部而不族"者可以认可②，其他三者均名实不副："族而部者"应是由隶属于世袭首长的部民自然而然地形成一种特殊的行政组织，五院部、六院部显然并非如此，而横帐、三父房才符合这种情形；"部而族者"本质上应是行政组织，并自然形成世袭首长，辽朝的任何一个部落都不符合这种情况；用"族而不部"来指称遥辇九帐和三父房也未必恰当，其实不妨把它们都当作部落来看待③。

在我看来，津田左右吉提出的异议主要是缘于他对上述引文的理解问题，因此很难苟同。根据我对辽代部族制度的了解，我认为可以将辽朝的部族组织划分为以下三种类型：

第一种是部落，包括太祖二十部和圣宗三十四部。也就是辽代文献中相对于宫帐而言的狭义的部族，为了避免引起歧义，姑且改称部落。在契丹建国后，部落是作为中央集权下的国家行政组织而存在的，部落首长节度使是由国家任命的官员。

<hr>

① 张正明：《契丹史略》，中华书局，1979年，142—143页。
② 据《辽史》卷三三《营卫志下》记载：特里特勉部，"初于八部各析二十户以成奚……圣宗以户口蕃息置为部"；稍瓦部，"初取诸宫及横帐大族奴隶置稍瓦石烈……圣宗以户口蕃息置部"；曷术部，"初取诸宫及横帐大族奴隶置曷术石烈……圣宗以户口蕃息置部"。可见这三个部落与氏族组织毫无关系。
③ 《遼の制度の二重體系》，见《津田左右吉全集》第12卷，东京岩波书店，1964年，381—382页。

第二种是宫帐,包括诸斡鲁朵(十二宫一府)、遥辇九帐、横帐三父房、国舅五房。宫帐与部落的本质区别在于它是由世袭首长统领的氏族组织,这些氏族首长的身份是头下世袭领主。如上所述,宫帐和部族(即部落)在辽代文献中截然有别,绝不混同,因此《辽史·营卫志》"族而不部"的说法是完全可以接受的。

第三种是部族,包括五院部、六院部及奚王府等。这里所说的"部族"被我赋予了特殊的涵义,乃是指那些虽以部落的形式存在,但其中包含有若干帐族的部族组织。

五院部和六院部系由迭剌部分置,《辽史·营卫志》记其得名之由曰:"析五石烈为五院,六爪为六院。"《辽史·国语解》做了更详细的诠释:"五石烈:即五院,非是分院为五,以五石烈为一院也;六爪:爪,百数也,辽有六百家奚,后为六院,义与五院同。"这里只是解释了五、六的来历,并没有说明何以称"院"。《辽史·耶律颇德传》云:"旧制,肃祖以下宗室称院。"这个"院"就是辽朝汉文文献中所谓的宫院、帐院,契丹小字中的"院"与斡鲁朵、宫同是一个字,这都说明院与宫帐义近。五院部、六院部既以"院部"连称,当是表明部落中有帐院。辽代石刻材料为此提供了明确的证据,《萧袍鲁墓志》云:"次娶耶律氏,北大王帐、故静江军节度使陈家奴女。"[1]"北大王帐"就是指五院部内的帐分。又《萧孝忠墓志》:"第三夫人,南大王枨(帐)分女。"[2]"南大王帐分"是指六院部内的帐分。五院部和六院部之所以会有帐分存在,大概是因为其中有二院皇族的缘故。

奚王府与五院、六院的情况类似。《辽史·营卫志》谓"奚王

---

①向南编著:《辽代石刻文编》,河北教育出版社,1995年,425页。
②《辽代石刻文编》,416页。

府六部五帐分"，《圣宗纪》统和二十年十二月有"奚王府五帐六节度献七金山土河川地"的记载，《地理志》则说"五帐院进故奚王牙帐地"。这说明在奚六部之外还另有五个帐族存在。奚王和朔奴统和八年上疏曰："臣窃见太宗之时，奚六部二宰相、二常衮，诰命大常衮班在酋长左右，副常衮总知酋长五房族属。"①《金史·奚王回离保传》谓"奚有五王族，世与辽人为昏"。由此可知奚王府内五帐分就是奚王五房族属。如果将所谓"族而部者"和"部而族者"理解为部落兼有帐族之意，那么五院部、六院部以及奚王府确实都符合这种情况(《营卫志》将室韦也列入"部而族"一类，因辽代室韦的部族组织不详，故略而不论)。

以上对辽代部族制度的梳理，主要是为探讨横帐问题作一个铺垫，同时也希望能够为分析契丹社会组织结构建立起一个基本框架。

二 释"横帐"

横帐一词的涵义，是一个迄今未有定论的问题。各种解释众说纷纭，归纳起来大致有四种意见。

(一)宫帐东向说

《辽史》卷四五《百官志》解释横帐一词的由来说："辽俗东向而尚左，御帐东向，遥辇九帐南向，皇族三父帐北向。东西为经，南北为纬，故谓御营为横帐云。"根据这种说法，横帐乃是因为御

---

① 《辽史》卷八五《奚和朔奴传》。

帐东向而得名,那么三父帐既然北向,按理就不应属于横帐,可是辽代文献中三父房称横帐的记载却屡见不一见,仅仅根据这一点即可断定《辽史》的解释不足凭信。

不过有的学者并不反对以宫帐的排列方向来解释横帐的由来。葛华廷先生指出,汉文化历来是以东西为纬、南北为经,《辽史·百官志》混淆了经纬纵横的概念,由此引起对横帐的误解。因此他认为东向的御帐并非横帐,而南北向的三父帐和遥辇九帐才是横帐①。这种意见显然不能自圆其说,因为横帐包括诸斡鲁朵皇族在内,这在《辽史》中有明确的记载,再说将遥辇九帐归入横帐之列更是毫无根据。

(二)黄帐说

最早提出这种意见的是白鸟库吉。箭内亘在发表于 1920 年的《元朝斡耳朵考》一文中曾经说道:"白鸟博士曾以斡耳朵之语义亲教余曰:'ordu(斡耳朵)有中央之意。……据五行说,中央表示土德,天子之居处也。土色黄……则辽之横帐,为黄帐之意,殆相当于元之 Sira ordu。'"②今遍检《白鸟库吉全集》,不见此说,估计这只是白鸟氏的私下揣测,姑妄言之,所以没有形诸文字。我觉得这一假说不能言之成理,因为辽朝的斡鲁朵只是横帐的一部分,而不能等同于横帐,用黄帐之说怎么去解释横帐三父房呢?

后来另一位日本学者稻叶岩吉也主张横帐当作黄帐解,但他的依据与白鸟库吉不同。稻叶氏指出,辽金两朝遣使高丽、西夏

①葛华廷:《辽代"横帐"浅考》,《北方文物》2000 年第 4 期。
②箭内亘:《元朝斡耳朵考》(一),原刊于《东洋学报》10 卷 1 号,1920 年 4 月。此段引文据陈捷、陈清泉汉译本《元朝怯薛及斡耳朵考》,商务印书馆,1934 年,62 页。

有横赐使和横宣使的名目,此"横"字义同于横帐之"横"。《契丹国志》卷二三云:"至阿保机变家为国之后,始以王族号为横帐,仍以所居之地名曰世里著姓。世里者,上京东二百里地名也(原注:今有世里没里,以汉语译之,谓之耶律氏)。"稻叶氏谓世里没里(耶律氏)是契丹语袅罗箇没里(潢河)的对音,世里(耶律)即蒙古语之 Sira(黄),故阿保机建国后以皇族耶律氏号为黄帐。至于为何将黄帐称为横帐,稻叶氏的解释是,此"横"字当系契丹字(指契丹大字),可能是直接借用汉字字形来表达契丹语"黄"的音和义。横既为黄(即耶律氏),故知横赐、横宣即敕赐、敕宣之意[①]。

　　稻叶岩吉对横帐的解释极为牵强。首先,以"世里"与"袅罗箇"对音,这在音韵上的不合理性是显而易见的;其次,将世里(耶律)比定为蒙古语的 Sira(黄)也有问题,《契丹国志》的那段史料出自《新五代史·四夷附录》,钱大昕对其中的"世里"一词曾提出过疑问:"世与耶声不相近,疑当为'也'字,也里与耶律正相转。"[②]如此说能够成立,那么"也里"一词就与蒙古语的 Sira 相去太远了。而最异想天开的莫过于将"横"视为契丹字,想必是由于当时人们对契丹字还缺乏基本的了解,所以有此大胆的假设。

(三)特帐说

　　这是金毓黻先生的主张。元人徐元瑞《吏学指南》一书所记宋元官场用语有横造、横收两词,横造"谓额办数外增役也",横收"谓非额办正课之数者"[③]。横字为额外之意。金毓黻先生认为横帐之"横"与此义同,"盖横字之义,起于额外,故横赐可释为特赐,

---

① 稻叶岩吉:《契丹の横宣横赐の名称》,《史林》17 卷 1 号,1932 年 1 月。
② 《廿二史考异》卷六六。
③ 分见《吏学指南》"征敛差发"和"钱粮造作"门。

横进可释为特进、别进，横班可释为特班，横帐可释为特帐，如是则无不可通"①。

（四）大帐说

这种观点最初也是由金毓黻先生提出来的。他在1939年3月3日的日记中，根据宋琪《平燕蓟十策》"契丹主头下兵谓之大帐，有皮室兵约三万"的记载，对横帐提出了另一种解释："所谓大帐，即为辽之横帐，即契丹国主所居之帐，是知横字含有大义。《辽史·兵卫志》亦称大帐皮室军，是为袭用琪言之证，实则应改称横帐。"②陈述先生也持这种观点，谓"横帐又有大帐、大部落之称，……所谓'契丹主头下'即契丹皇帝所属大帐即横帐之异名"③。

这一解释也存在明显的漏洞。大帐、大部落是当时对皇帝御帐的俗称，而横帐乃是对某些宫帐的专称。况且大帐专指御帐而言，横帐则包括三父房，两者之间显然不能划等号。

以上诸家对横帐的释义多属臆测之辞，如果仅仅从汉文文献中去求索横帐的本义，恐怕很难得出一个既合理又可信的结论，

---

① 1939年2月25日日记，见金毓黻：《静晤室日记》第6册，辽沈书社，1993年，4295页。同年1月2日金毓黻致陈述信中也说："愚谓横帐之义正同特别之帐，正如唐以来之横赐为例外赏赐之称。"见《静晤室日记》第6册，4267页。

② 《静晤室日记》第6册，4299页。

③ 《契丹舍利横帐考释》，《燕京学报》新8期，2000年5月。其实陈述先生对横帐之释义并无定见，故此文又谓"因其东向曰横故曰横帐，因其帐大故曰大帐。俗相称用，已为专名。并以北向亦曰横，或即特设曰横，不分东向、北向，并可通释。不然，即初皆东向，已有横名，继而族帐蕃衍，又有北向，横帐之名则仍旧"云云。

在这种情况下，就很有必要参考契丹字石刻材料中的相关记载。

1999 年出土的《耶律奴墓志》，其中第 1 行和第 4 至第 5 行都有如下一段记载墓主出身的文字：

　可汗之　横帐　　族系　兄　弟之　仲　父（房）之　人

这里标注的释文见石金民、于泽民《契丹小字〈耶律奴墓志铭〉考释》①，此段文字的考释结论基本正确，惟有"横帐"一词还值得商榷。既称"横帐"，已经表明是宗室，前面就没有必要再加上"可汗"一词，而且后面的第三个词又与横帐之"帐"同义（此处释作"族系"，不如释为"帐族"准确），这样叠床架屋的表述肯定是有问题的。

其实在《许王墓志》第 1 行中就已经出现过上面这个词组：

与此完全相同的一段文字也见于《耶律迪烈墓志》第 2 行，记载的是该墓志作者耶律固的出身。王弘力先生最初将这个词组释作"帝系高祖帐"②，现在看来很不可取。后来即实先生改释为"皇族帐季父房"或"横帐季父房"③，我认为是一个正确的结论。按照这种解释，这行文字中前三个词所组成的一个词组，就是契丹小字中的"横帐"。其中第二词词义不详，即实作"帷帐"解尚有疑问，但这并不妨碍我们对这个词组的整体意义的判定。

另外，《许王墓志》第 52 行、《耶律仁先墓志》第 6 行和《金代

---

① 《民族语文》2001 年第 2 期。此文代表刘凤翥先生的观点。
② 见前揭《契丹小字墓志研究》。
③ 即实：《〈森讷墓志〉释读》，见《谜林问径》，139—140 页。

博州防御使墓志》第 45 行均有 ⿰ ⿰这样一个词组,直译是"可汗之帐"(帐字后面有一个所有格附加成分),我怀疑这也许是横帐的简称。又《故耶律氏铭石》第 1 行开头的三个词,刘凤翥、于宝林和王弘力先生都释为"大耶律帐"[1],如果"帐"字不错的话,我想这个词组应该意译为"大横帐"。

以上考述结论表明,契丹小字中"横帐"一词的全称应该是"可汗之××帐族",其中的第二词虽然我们还不知道它是什么,但却知道它不是什么:它既不是"黄",也不是"大",也不会是纵横之"横"。汉文和契丹字的横帐显然不能直接对译,而只能意译,从契丹字横帐一词的涵义来考虑,我觉得金毓黻先生的"特帐"说比较合理,也比较可信。

三　横帐的范围

横帐究竟包括哪些宫帐?辽代文献中的有关记载相当混乱而且互相矛盾。按《辽史》的正式说法,横帐就是太祖子孙,即诸斡鲁朵皇族。《辽史·百官志》谓横帐乃是因为御帐东向而得名,就清楚地说明了这一点。《百官志》"北面皇族帐官"条则更为明确地解释说:"玄祖伯子麻鲁无后,次子岩木之后曰孟父房;叔子释鲁曰仲父房;季子为德祖,德祖之元子是为太祖天皇帝,谓之横帐;次曰刺葛,曰迭剌,曰寅底石,曰安端,曰苏,皆曰季父房。此

---

[1] 刘凤翥、于宝林:《〈故耶律氏铭石〉跋尾》,《文物资料丛刊》第 5 期,1981 年 12 月;王弘力:《契丹小字墓志研究》,《民族语文》1986 年第 4 期。

一帐三房,谓之四帐皇族。"按照这种说法,所谓的一帐三房,一帐即横帐,三房即三父房,显然横帐是不包括三父房在内的。《辽史·皇子表》也在太祖诸子之后注明"已下并系横帐",即以太祖以下九帝子孙为横帐。

但是辽代文献中有大量证据表明,横帐的范围并非只限于诸斡鲁朵皇族。《辽史·国语解》对横帐有一个解释:"横帐:德祖族属号三父房,称横帐,宗室之尤贵者。"《耶律颇德传》也说:"旧制,肃祖以下宗室称院,德祖宗室号三父房,称横帐。"葛华廷先生认为这两条史料中的"德祖"均应为"玄祖"之误①,我看未必,三父房分别是德祖的兄长和儿子,故可以将"德祖族属"、"德祖宗室"理解为德祖之兄弟子侄。总之,这两条史料明确告诉我们,三父房也属于横帐。另外,《辽史·皇族表》有"横帐孟父房"一系,《耶律朔古传》称朔古为"横帐孟父之后",《耶律资忠传》曰:"系出仲父房。……弟昭为著帐郎君,坐罪没家产,至是(开泰九年),乃复横帐。"又契丹小字《耶律智先墓志铭》第6行说②:

| 可汗之 | □□ | 帐族之 | 三 | 父(房) |

这句话直译就是"横帐之三父房"。以上汉文文献和契丹小字石刻史料都说明了同一个问题,即辽朝的三父房确实属于横帐。

为了调和史料的矛盾,陈述先生提出一个假说,认为横帐可能有两层涵义:一是指帐,即御帐,只包括诸斡鲁朵皇族;二是指

---

① 见前揭《辽代"横帐"浅考》。
② 赵志伟、包瑞军:《契丹小字〈耶律智先墓志铭〉考释》附录一,《民族语文》2001年第3期,38页。

谱,即宗室谱、玉牒,包括四帐皇族(一帐三房)①。此说的主要依据是《契丹国志》卷一八《耶律隆运传》对横帐的下述解释:"契丹横帐,犹宋朝玉牒所也。"这个解释可谓不伦不类,玉牒所是宋朝修玉牒的官署名称,怎能与横帐相比附?《契丹国志》是杂抄宋人记载而成的一部伪书,这句话反映了宋人对辽朝横帐的一种似是而非的理解。如果根据这种理解去探寻横帐的真相,那就必定要误入歧途了。《辽史》一书的错误比比皆是,有关横帐的矛盾记载不足为奇,我们大可不必为元朝史官开脱责任。

与横帐概念有关的还有一个相当棘手的问题,这就是"大横帐"和"第二横帐"之所指。辽代文献中除了横帐这一通称之外,时见大横帐一词,第二横帐的说法则仅见于耶律仁先汉文墓志:"远祖曰仲父述刺实鲁于越,即第二横帐,太祖皇帝之诸父也。"②仁先之子耶律庆嗣墓志曰:"远祖于越蜀国王讳述列实鲁,即太祖大圣天皇帝之伯父也。"③据《辽史·皇子表》,太祖伯父释鲁字述澜,这两方墓志中所说的"实鲁"就是释鲁,述刺、述列即述澜之异译。释鲁系仲父房(《辽史·耶律仁先传》和《皇族表》均误以仁先为孟父房之后),而被称为第二横帐,杨若薇博士据此推断说,孟父房理应称作第一横帐,季父房则应称作第三横帐,并根据《辽史·百官志》"大横帐常衮司,掌太祖皇帝后九帐皇族之事"的记载,得出太祖子孙称大横帐,大横帐即诸斡鲁朵皇族的结论④。

这个观点还颇有商榷的余地。《辽史·耶律隆运传》和《营卫

①见前揭《契丹舍利横帐考释》。
②《辽代石刻文编》,352页。
③《辽代石刻文编》,456页。
④杨若薇:《辽代斡鲁朵所在地探讨——兼谈所谓"横帐"》,《北京大学学报》1985年第5期。

志》均谓韩德让"赐国姓，出宫籍，隶横帐季父房"，而《耿延毅墓志》和《耿知新墓志》却都称韩德让之侄韩直（制）心为大横帐，杨若薇认为《辽史》的记载有误，但近年在内蒙古巴林左旗韩氏家族墓地发现的契丹小字《韩敌烈墓志》也说墓主为横帐季父房①，这就证明《辽史》的记载是无可置疑的。类似的情况还可以举出几例。《创建静安寺碑铭》碑额题"大辽大横帐兰陵郡夫人建静安寺碑"，而据罗继祖先生考证，这位兰陵郡夫人萧氏之夫耶律昌允是太祖弟剌葛的四世孙②，即属季父房，但也可称大横帐。又契丹小字《许王墓志》第1行称墓主为横帐季父房（经长田夏树考定，此墓墓主为耶律斡特剌，《辽史》本传称其为"许国王寅底石六世孙"，可见确属季父房），该墓志右侧有五行残阙的汉字，其中的第1行，刘凤翥、于宝林先生在《契丹小字〈许王墓志〉考释》一文中提供的录文是这样的：

右搏(？)□□□翊圣佐理奉国保义（下残）③

后来贾敬颜和黄振华先生撰文指出，前两字作"右搏"有误，应为"大横"，其下当为"帐"字④。经与拓片相比勘，我认为他们的更正是可信的。那么这又是季父房可称大横帐的一个例证。再有

---

① 《韩敌烈墓志》尚未发表，此据刘凤翥先生告知。
② 罗继祖：《辽史校勘记》，上海人民出版社，1958年，34页。
③ 刘凤翥、于宝林：《契丹小字〈许王墓志〉考释》，《文物资料丛刊》第1期，1977年12月。
④ 贾敬颜、黄振华：《关于契丹文〈许王墓志〉的若干问题》，见贾敬颜《东北古代民族古代地理丛考》附录，中国社会科学出版社、新西兰霍兰德出版有限公司联合出版，1993年，241页。

一个例子是，《耶律习涅墓志》志盖正面刻有"大横帐节度副使墓志"九个汉字，其汉文墓志谓习涅为"大横帐乙信直鲁姑郎君之子"，据金永田先生考证，习涅为耶律鲁不古六世孙[1]，《辽史·耶律鲁不古传》称其为"太祖从侄"，《皇族表》将鲁不古附在玄祖一系孟父房和仲父房的后面，谓"太祖从侄，不知所出"。既然是太祖从侄，可知不是孟父房就是仲父房，却照样可称大横帐。

以上事实表明，不仅太祖子孙可称大横帐，三父房也可称大横帐，可见杨若薇对大横帐的定义是错误的。我非常赞同葛华廷先生的见解："大横帐之大字，当不是表示序列，而是表示尊贵之意。"[2]将横帐尊称为大横帐，就像把国舅五房尊称为大国舅一样。既然大横帐只是一种尊称，可以通用于四帐皇族，那么第二横帐又当作何解释呢？愚意以为，若诸斡鲁朵皇族可称第一横帐的话，则第二横帐当统指三父房。

辽朝除了四帐皇族之外，还有所谓的二院皇族，《辽史》卷四五《百官志》记载说："肃祖长子洽眘之族在五院司，叔子葛剌、季子洽礼及懿祖仲子帖剌、季子裹古直之族皆在六院司。此五房者，谓之二院皇族。"辽朝文献中没有二院皇族属于横帐的记载，但我在《辽史》里发现了一条值得注意的史料。《道宗纪》清宁九年七月有"耶律良密告重元变，命籍横帐夷离堇房"的记载，耶律良本为著帐户，因告发皇太叔耶律重元的叛乱阴谋而被特许隶籍"横帐夷离堇房"。据《皇子表》和《皇族表》，二院皇族中的洽眘

---

① 金永田：《契丹大字"耶律习涅墓志"考释》，《考古》1991 年第 4 期。
② 见前揭《辽代"横帐"浅考》。但葛文误以为大横帐只能用于三父房，诸斡鲁朵皇族不属横帐，这是因为他太拘泥于《辽史·百官志》以宫帐的排列方向来解释横帐的说法。

子孙为五院夷离堇房,帖剌子孙为六院夷离堇房,耶律良所隶夷离堇房不知是这两房中的哪一房,但称二院皇族为横帐这一点是明确的。由于这仅是一条孤证,我们还不能肯定二院皇族究竟是否为横帐。

关于横帐的外延,有一个误解需要澄清。葛华廷先生在《辽代"横帐"浅考》一文中按照宫帐的排列方向来解释横帐,认为南北向的三父房和遥辇九帐均应属于横帐之列;对于耶律仁先墓志第二横帐的说法,他提出两种推论,一是三父房分别称为第一、第二、第三横帐,二是三父房皆称第二横帐,而遥辇九帐则称第一横帐。这种观点是我所不能接受的。辽代文献中没有任何史料能够证明遥辇九帐属横帐之列,有的学者将遥辇九帐视为皇族,其实也是一种误解。《辽史·营卫志》云:"涅里相阻午可汗,分三耶律为七。……三耶律:一曰大贺,二曰遥辇,三曰世里,即皇族也。"杨若薇博士根据这一记载,认为遥辇九帐在辽朝也属于皇族①。我对这条史料有不同理解,"即皇族也"四字应是专门注解"三曰世里"一句的,大概是怕读者不知道世里就是辽朝宗室耶律氏的异译;如果说三耶律都是辽朝皇族的话,辽代文献中哪里有什么大贺氏的影子?宋人余靖曾三度出使辽朝,堪称一位契丹通,据他说,辽朝"宗室为横帐,庶姓为摇辇"②,明确指出遥辇氏既非横帐,也非皇族。《辽史·耶律庶成传》的一条史料也很能说明问题,耶律庶成为"季父房之后","以罪夺官,绌为'庶耶律'。……帝知其诬,诏复本族"。庶耶律就是遥辇,从这个故事中可以看出横帐与遥辇九帐之间的明显区别。总而言之,遥辇九帐在辽朝虽然始

---

① 《契丹王朝政治军事制度研究》,80 页。
② 余靖:《契丹官仪》,《武溪集》卷一八。

终是以帐分的形式存在的,但却并不属于横帐。

四 横帐形成的社会历史背景

辽代契丹人的社会组织为何会分为部族和宫帐两个部分?辽朝诸宫帐是如何形成的? 这是我们在讨论横帐时不能不考虑的问题。

首先是斡鲁朵。《辽史·兵卫志》云:"太祖以迭剌部受禅,分本部为五院、六院,统以皇族,而亲卫缺然,乃立斡鲁朵法。……世建宫卫,入则居守,出则扈从,葬则因以守陵。"由此可知,太祖创立斡鲁朵制度的初衷是想设立一支禁卫武装。契丹建国后,过于强大的迭剌部对皇权构成了威胁,于是太祖采纳耶律曷鲁的建议,在天赞元年(922)将迭剌部一分为二,斡鲁朵的创立就是为了取代迭剌部的作用。自此以后,皇室便从部族中独立出来,组成一个新的游牧集团,诸斡鲁朵实际上就是属于历朝皇帝私人所有的宫帐。有关斡鲁朵的创立及其职能问题,杨若薇博士已经做了精湛的研究,兹不赘述。

关于横帐三父房的形成时间及其历史背景,还需要做深入的探讨。《辽史·营卫志》云:"至于辽太祖,析九帐、三房之族,更列二十部。"所谓析九帐、三房,就是指把遥辇九帐和三父房从契丹部族中独立出来,组成新的宫帐。但《营卫志》将此事与整合二十部相提并论,似乎暗示着这是太祖建国以后的事情,在时间上是不够确切的。《辽史·太祖纪》太祖八年(914)七月丙申有这样一条史料:"有司上诸帐族与谋逆者三百余人罪状,皆弃市。"这里记载的是平定诸弟之乱后镇压反叛者的措施,所以"诸帐族"一语应该就是指三父房。这说明三父房可能早在太祖称帝建国之前就已形成。

岛田正郎对三父房的创置原因有过一个推测，他认为阿保机尊三父房为皇族，大概是在诸弟之乱以后为安抚叛乱者而采取的一项措施，其证据是，参与叛乱的诸弟均被列入季父房，而没有卷入叛乱的皇弟撒剌和皇弟素却不在季父房之列①。需要指出的是，在岛田氏的这个论点中存在着一个很大的误解。耶律阿保机总共只有五个弟弟，即剌葛、迭剌、寅底石、安端、苏，他们均属季父房。皇弟撒剌仅见于《辽史·太祖纪》太祖二年正月："始置惕隐，典族属，以皇弟撒剌为之。"而《皇子表》剌葛条下有记载说："太祖即位，为惕隐。"可见撒剌就是剌葛。皇弟素仅见于《太祖纪》太祖三年三月："沧州节度使刘守文为弟守光所攻，遣人来乞兵讨之，命皇弟舍利素、夷离堇萧敌鲁以兵会守文于北淖口。"而《皇子表》太祖皇弟苏一栏有记载说："沧州节度使刘守文求救，太祖命往救，解沧州围。"可见皇弟素就是苏。

尽管岛田正郎的上述见解很不严密，但他的思路还是富有启发性的。历代中原王朝的所谓宗室，都只包括开国皇帝以下的子孙，而辽朝横帐除诸斡鲁朵皇族外，还包括由太祖的两个伯父和五个弟弟的族属所构成的三父房，这究竟说明了什么问题？我认为，三父房正是阿保机取代遥辇氏出长契丹部落联盟以后，耶律氏家族内具有世选可汗资格者的大致范围。

世选制度是契丹遥辇氏时代以来一项悠久的政治传统，世选范围下至小吏，上至可汗。契丹建国后，官吏的世选制在辽朝北面官的选官制度中仍具有举足轻重的地位，可汗的世选制虽已被

①《辽代社会史研究》，122—123 页。

皇帝制度所取代，但辽朝前期的帝位承袭中还残存着明显的世选制痕迹。太祖至景宗五朝屡屡发生的帝位之争，就是由于皇位继承人不确定的缘故。直到圣宗以后，皇权世袭制才最终确立①。从辽朝中后期的柴册仪中仍可看到契丹选汗制度的遗迹，《辽史·礼志》记载说：

> 置柴册殿及坛……皇帝诣高阜地，大臣、诸部帅列仪仗，遥望以拜。皇帝遣使敕曰："先帝升遐，有伯叔父兄在，当选贤者。冲人不德，何以为谋？"群臣对曰："臣等以先帝厚恩，陛下明德，咸愿尽心，敢有他图。"

柴册仪是遥辇氏时代以来契丹部落联盟首领的即位仪式，这段记载虽然系以道宗朝的柴册仪为蓝本，但其中的君臣对答透露了契丹选汗制度的一些消息，"伯叔父兄"就是世选可汗的基本范围。

耶律阿保机取代遥辇氏担任可汗后，他的两个伯父和五个弟弟均有世选可汗的资格，由于阿保机不肯让位，从而引起了以诸弟为主的三次叛乱，太祖伯父释鲁之子滑哥也是诸弟之乱的重要参预者，太祖说："诸弟作乱，皆此人教之也。"②对于这些具有世选可汗资格的"伯叔父兄"，阿保机必须采取非常手段加以怀柔，才能巩固自己的王权。所以大概就在他担任可汗期间，便将两个伯

---

① 参见陈述：《契丹政治史稿》第四篇"选汗大会与帝位继承"，人民出版社，1986 年；李桂芝：《契丹贵族大会钩沉》，《历史研究》1999 年第 6 期。
② 《辽史》卷一一二《逆臣·耶律滑哥传》。

父和五个弟弟列为三父房,尊为横帐,允许他们拥有独立的世袭帐分①。清代学者在谈到他们对辽朝横帐地位的理解时说:"帐分诸部族,则如今之有上三旗也。"②达种比拟是很不准确的。清朝的上三旗、下五旗之分,犹如金代猛安谋克之分上中下三等而已③,而辽朝的横帐则是独立于契丹部族之外的头下世袭宫帐。

辽朝建国后,由于传统世选制观念的顽固影响,三父房始终保有其特殊地位。兴宗重熙间,耶律义先拜大内惕隐,告诫族人说:"国家三父房最为贵族,凡天下风化之所自出。"④《辽史·礼志》所载祭山仪有这么一个仪式:"皇帝率孟父、仲父、季父之族,三匝神门树;余族七匝。"由此也可看出三父房的尊贵地位。《圣宗纪》开泰八年(1019)十月癸巳,"诏横帐三房不得与卑小帐族为婚,凡嫁娶,必奏而后行",可见三父房与其他帐族的界限是很分明的。

关于三父房在辽朝中后期的变化,有一些问题值得探讨。津田左右吉认为,《辽史》纪传中明确称为三父房某人子孙者,才可确定为三父房之族裔;凡称"系出某父房"或"某父房之后"者,可

---

①《辽史·百官志》云:"大内惕隐司,掌皇族四帐之政教。……太祖有国,首设此官,其后百官择人,必先宗姓。"据《太祖纪》记载,阿保机即可汗位的次年就"始置惕隐,典族属,以皇弟撒剌为之",如果这条史料可靠的话,说明三父房可能早在这个时候就已形成。
②乾隆朝官修《历代职官表》卷四四,影印文渊阁《四库全书》本,第602册,46页。
③据《金史·兵志》记载,皇统五年,"分猛安谋克为上中下三等,宗室为上,余次之。至海陵庶人天德二年……削上中下之名,但称为诸猛安谋克"。
④《辽史》卷四五《百官志》"北面朝官"。

能只是属于三父房的部民①。岛田正郎完全接受了这一推论，并对此加以发挥，认为后者是指那些原为三父房部曲，后来解除了与领主之间人身依附关系的部民，这种情形的出现，说明三父房已和部族没有实质性区别。他又进一步推断说，考虑到圣宗时期对部族的整顿，辽朝中后期的横帐可能都已逐渐部族化了，横帐一名仅仅代表一种荣誉称号②。

上述推论是建立在对史料的错误理解之上的。《辽史》称"系出某父房"或"某父房之后"者，究竟是指三父房的后裔还是指三父房的部民？在此姑举几例。其一，《辽史·耶律和尚传》云："系出季父房。……重熙初，补祗候郎君。时帝笃于亲亲，凡三父之后，皆序父兄行第，于和尚尤狎爱。"其二，《耶律仁先传》称仁先为"孟父房之后"，而《耶律仁先墓志》云："远祖曰仲父述剌实鲁于越。"则当为仲父房后裔。其三，《耶律燕哥传》云："季父房之后，四世祖铎稳，太祖异母弟（《辽史》校记疑铎稳即太祖异母弟苏）。"以上诸例，证明津田氏和岛田氏的推论是站不住脚的。三父房在辽朝中后期确实发生了一些变化，比如随着皇权的逐渐强化，横帐的特权开始受到某些限制，《辽史·圣宗纪》就有这样一条记载：统和二十九年（1011）五月，"诏帐族有罪，黥墨依诸部人例"。但有关辽朝中后期横帐已逐渐部族化的猜测是没有根据的。从辽代文献来看，我认为横帐三父房在整个辽朝一代始终保持着世袭帐分的地位，而没有与部族相混同。

最后附带谈谈二院皇族的问题。岛田正郎认为二院五房的

①前揭《遼の制度の二重體系》，见《津田左右吉全集》第 12 卷，328 页。
②岛田正郎：《遼の皇族帳について》，《历史学研究》第 91 号，1941 年 9 月；《遼代社會史研究》，124—125 页。

皇族身份很可疑,其理由有二:第一,《辽史》说二院皇族是耶律阿保机四世祖肃祖和三世祖懿祖的后裔,而这两位先祖是否实有其人还很难说;第二,《太祖纪》称阿保机为"契丹迭剌部霞濑益石烈乡耶律弥里人",可见其家族并非迭剌部夷离堇,所谓的二院皇族可能是在耶律氏崛起后失去其世袭地位的迭剌部长以及其他迭剌部内旧势力的后裔,太祖天赞元年(922)把迭剌部一分为二后,为了怀柔迭剌部的显贵而将他们尊为二院皇族①。

这是一个大胆的假设,但其论据是经不起推敲的。《太祖纪》的那句话无非是说明阿保机具体属于迭剌部内的哪个部族单位,不能据此否定辽代文献有关阿保机家族世为迭剌部夷离堇的大量记载②。二院皇族在《辽史》中有传者多达十一人,且多任迭剌部夷离堇或北南院大王,如果二院皇族真是原迭剌部内旧势力的后裔,怎么可能在迭剌部被分为二院后仍屡屡出任两院大王呢?

二院皇族在辽朝之所以被尊为皇族,拥有世袭帐分,与其家族在遥辇氏时代的政治地位有关。肃祖长子洽眘和懿祖次子帖剌都曾担任过迭剌部夷离堇,其中帖剌先后九任夷离堇,所以他们分别被称为五院夷离堇房和六院夷离堇房。这说明二院皇族在遥辇氏时代都是耶律氏家族内具有世选迭剌部夷离堇资格的人选。阿保机即可汗之位时曾与帖剌之子辖底相互谦让,可见当时辖底也有担任可汗的资质,故阿保机即位后尊之为于越。后来

①见前揭《遼の皇族帳について》。
②据蔡美彪《契丹的部落组织和国家的产生》一文(载《历史研究》1964年第5、6期合刊)统计,阿保机家族自肃祖以下任迭剌部夷离堇者共计十三人、二十四任。

以肃祖、懿祖后裔为二院皇族,可能是对他们的一种补偿。——归根结蒂,二院皇族的形成仍与世选制传统有关。

原载《北大史学》第 8 辑,
北京大学出版社,2001 年 12 月

辽朝的头下制度与头下军州

　　头下制度是辽朝历史上的一个重要问题，本文对头下制和头下军州进行了比较深入的研究。内容涉及头下制的渊源，头下的形态和性质，辽朝头下军州的起源及其演变过程，以及头下军州制度层面的诸问题，并对文献和考古材料中所能见到的头下军州作了较为系统的考证。作者认为，头下制渊源于北方民族，与唐代的头下户无关；头下军州制度早在辽朝建国之初就已创立；金朝既不存在头下制度，也没有头下的概念。

　　头下制是契丹王朝颇具特色的一种民族文化，历来深受辽史研究者的关注。然而由于史料的过分匮乏，迄今为止，人们对这种制度还了解甚少。如果本文的研究结果能够在某种程度上丰富我们有关辽朝头下制度以及头下军州的知识，并有助于加深对于这个北方民族王朝的历史特性的理解，那将令我感到十分欣慰。

一 "头下"一词的语源语义及头下制的渊源

"头下"一词的语源及其语义,是一个至今尚未解决的问题。王国维在谈到元朝的"投下"时,谓"此语本出契丹"①,亦即认为"头下"是契丹语的译音。陈述先生也倾向于"头下"为译音说,并推测它源于夫余语。据《后汉书》《三国志》等典籍记载,夫余诸族以六畜名官,部落首领有"马加"、"牛加"、"猪加"等称号,其官名后所缀的"加"字,汉义为"王"、"首领",陈述先生认为"加"可能就是"头下"二字的合音,且进而推论说:"头下之初义为王,亦即首领……继则用以名私甲、私城,犹言部曲也。"②

关于元代的"投下",学者们也就其语源进行过很多探索。虽然元人记载中已有"投下"即"爱马"的说法,但仍有一些日本学者对此持怀疑态度,并试图从蒙古语中寻找"投下"一词的词源③,他们的意见不为学界所认同。目前比较有代表性的一种看法是,"爱马"是蒙古语"ayimaq"一词的音译,而"投下"则是它的意译;蒙古语中的"爱马",其本意是部、部落,引申为军事游牧集团或王公贵族的封地封民④。

①《黑鞑事略笺证》,载《王国维遗书》第 13 册,上海古籍书店,1983 年。
②陈述:《头下释义》,《东北集刊》第 1 期,1941 年 6 月。
③参见安部健夫:《元代投下の語原考》,《东洋史研究》3 卷 6 号,1938 年8 月,463—480 页;岩村忍:《モンゴル社會經濟史の研究》,京都大学人文科学研究所,1968 年。
④参见李治安:《元代分封制度研究》,天津古籍出版社,1992 年,5—15 页。

此外还有一种意见，认为"头（投）下"的语源可能出自汉语。1939年，陈述先生在写作《头下考》一文时，曾与金毓黻先生通过书信进行切磋，《静晤室日记》中保存有金毓黻给陈述的复信，就头下的语义提出两种推测性意见，一说"所谓'头'者，其义或如首领，头下即在首领之下之义"。又一说谓"清代之视投充户亦犹俘掠，或者辽、元之世亦视俘掠如投户。投下之义，即谓所投之下，以头、投音同，故亦谓之头下"[①]。宋代文献中往往用"头项"一词来指称兵马单位，故陈述先生也怀疑辽之"头下"或者本为汉语亦未可知[②]。日本学者周藤吉之氏引证宋元文献中"头项"一词的大量用例，力主"头下"与"头项"同义[③]。周良霄先生亦持有类似的看法，他在谈到元代"投下"的语源时说："在早期的蒙古史料中，我们找不到'投下'或'头下'一词。这里似乎也证明，'投下'、'头下'是一个汉语词，义即'头项之下'。"[④]

由于对契丹语言文字的了解十分有限，直到今天，学者们仍难以对"头下"一词的语源及语义做出确切的论断。关于"头下"的语源，我认为王国维的判断是正确的，即它是契丹语的译名。源于夫余语说纯系一种猜测，并没有什么语源学和历史学的依据，故很难令人相信。源于汉语说则迹近附会，尽管彭大雅《黑鞑

---

① 1939年1月2日日记，见金毓黻：《静晤室日记》第6册，辽沈书社，1993年，4264页。同年3月3日日记（第6册，4300页）又说："惟'头下'二字当为属于头目以下之义，而以投充之义释之则误。"即取其前一说。

② 见前揭陈述：《头下释义》。

③ 周藤吉之：《唐宋の資料に見える頭項・頭下と探馬——遼・元の投下との関聯に於いて》，原载《駒沢史学》第4号，1954年1月31日；收入同氏《宋代史研究》，东洋文库，1969年，657—684页。

④ 《元代投下分封制度初探》，《元史论丛》第2辑，1983年。

事略》有称蒙古"投下"为"头项"的例子,但正如王国维指出的那样,彭大雅所说的"头项"实际上是"投下之音讹",并不能证明汉语中的"头项"一词与契丹人和蒙古人所说的"头(投)下"有何渊源关系。至于"头下"的语义,则更是一个悬而未决的问题。不过我想蒙古人既然以"投下"作为"爱马"一词的意译,那么契丹语中的"头下"理应与蒙古语中的"爱马"语义相同或相近;但是,在我们从契丹语中发现"头下"的词源之前,这也仅仅是一个猜测而已。

众所周知,头下制度仅见于契丹和蒙古两朝,但陈述先生曾提出一种与众不同的看法。淳熙四年(1177)作为宋使张子正的随员到过金朝的周煇,在他此行留下的行记《北辕录》中,有这样一段记载:"(二月)十六日,至邯郸县。……路逢一细车,盖以青毡,头段人家也。'头段'者,谓贵族及将相之家。"①陈述先生认为这段文字中的"头段为头下之讹",他的推论是:"疑头段者为'头叚'之讹舛。周氏原文当作'头叚',不作'头段'。头段者则传抄或版刻之误,而头叚者则头下之同音异译。……辽所谓头下军州即宗室外戚大臣所建之军州也,反之则称其建军州之宗室外戚大臣曰头下,实甚自然之事。金沿辽旧,故犹以头下谓贵族将相之家。'叚'、'下'音同,'叚'、'段'形似,故误为头段也。"②陈述先生的这种推测得到了一些学者的认可,蔡美彪先生在《元代白话碑集录·济源十方大紫微宫圣旨碑》的一条注文中如是说:"'头下'或写作'投下'……辽、金两代均有此制。"③张博泉先生

————————

① 见涵芬楼本《说郛》卷五四。
② 见前揭陈述:《头下释义》。
③ 科学出版社,1955年,7页。

也在《辽金"二税户"研究》一文中这样写道:"辽、金、元三朝都有头下,金代称之为'头假',其详细情况史无记载,但它在金代不是作为一种特定制度而存在。"①需要指出的是,陈述先生推测"头段"为"头叚(xiá)"之讹,乃是因为"叚"、"下"音同的缘故,而张文却将"头段"误解为"头假",不知"头假"与"头下"何干?

在我看来,陈述先生的上述假说颇有斟酌的余地。首先,不能不佩服在陈述先生的怀疑之中所表现出来的深厚功力,我逐一查对了《北辕录》的各个版本,发现涵芬楼本《说郛》中的"头段"一词,在《历代小史》《续百川学海》《碎锦汇编》和宛委山堂本《说郛》四个本子中确实都作"头段";《古今说海》本作"头叚","叚"也应是"段"字的异体。但即便如此,我仍觉得陈述先生的上述假说很难成立。按"叚",《广韵》古疋切,见母马韵,显然与"下"字读音风马牛不相及;又《集韵》异读何加切,匣母麻韵开口二等(金韩道昭《五音集韵》同),而"下"字《广韵》胡雅切,匣母马韵开口二等。两者相较,韵部、等呼虽同,但韵类不同,一为平声,一为上声("叚"字原为平声,因匣母浊音而变为阳平;"下"字原为上声,因匣母为全浊声母而变为去声)。其次,最令人难以理解的是,既然是一个译语词,而且宋人也早已习惯于"头下"或"投下"的译法,为何周煇却偏要用"叚"这样一个有异读且又十分偏僻以至于在《广韵》中都查不到与"下"相近的读音的字? 这不符合翻译的常规。再说涵芬楼本《说郛》是《北辕录》的最佳版本,切不可轻易对"头段"一词加以否定。

我之所以这么说,是因为在金代文献中可以找到金人使用

---

① 《历史研究》1983年第2期。此文修订本后来收入《金史论稿》第2卷(吉林文史出版社,1992年),仍保留了这段文字。

"头段"一词的证据。《大金德运图说》收录的宣宗朝讨论德运的案牍中，有四处地方使用了"头段"一词：贞祐二年（1214）正月尚书省判云："明昌四年十二月十一日，奉章宗敕旨'本朝德运仰商量'，当时本部为事关头段，呈乞都省集省、台、寺、监七品以上官同共讲议。"又云："缘事关头段，自章宗朝选集众官，专委讲究，前后十年，才始奏定。"同一省判引承安五年章宗敕旨云："商量德运，事属头段，莫不索选本朝汉儿进士知典故官员集议。"又贞祐二年二月省札曰："奉圣旨'本朝德运公事教商量'事，缘为事关头段，拟乞选官再行详议。"[1]从这几段话的文意来看，"头段"当为"紧要"、"贵重"之意。周煇《北辕录》谓"头段人家"指"贵族及将相之家"，也正是此意。可见"头段"应该是流行于金代社会的一个汉语词，它与辽之"头下"并不相干[2]。总之，根据我对金代文献的了解，我认为金源一代既不存在头下制度，也没有头下的概念。

除了"头下"的语源之外，关于头下制度的渊源问题，也存在着某些分歧。自王国维以来，不管是认为"头下"一词源于契丹语者，还是主张源于夫余语、蒙古语、汉语者，有一点基本上是一致的，即一般不否认它是来自北方民族的一种制度。而向达先生在20世纪50年代末编写的一份《中西交通史教学大纲》中却提出一种新的看法："敦煌发现的卷子中常见头下户、团头的名称，这就是《辽史·地理志》和《食货志》所说俘掠来的人口，又名投下，即

---

①影印文渊阁《四库全书》本，648册，312—313页。
②康鹏《"头段"考》（《北大史学》第11辑，2005年8月）对本文的上述结论做了重要补充，他列举大量文献及石刻史料，证明"头段"一词是宋金时期的汉语词汇，尤为金人所习用；"段"是"段"字的俗体，"头段"与"头段"可以相通。

是一种奴隶。"①李锡厚先生受此启发,近年撰文重新探讨了头下制度的渊源问题。他的基本观点是,"头下不是契丹固有的制度",而是渊源于中原汉族社会。根据他的解释,唐代头下户的概念,是把若干人户团结为团、保等组织,为首者称团头、保头,其下属即谓之"头下户"。北京图书馆所藏三件敦煌寺院借贷文书中,就有"团头"、"头下户"、"头下人户"等字样,这是寺户中的一种连保借贷组织。李锡厚先生认为辽朝的头下制度即源于此,契丹军事贵族团结被俘掠的汉人建为汉城,并将他们编制为团,设团头进行管辖,于是便把团头下的汉人称为头下户。根据这种解释,他对辽朝的头下军州也作了新的定义:凡是由俘户(即头下户)构成的州,不管其隶属关系如何,均应视为头下州;也就是说,头下州和汉城基本上是一个概念②。

上述观点恐怕很难引起学者们的共鸣。在我看来,唐朝的"头下户"与辽朝的"头下"一词只不过是一个偶然的巧合,前者是汉语词,而后者是契丹语的译音,两者之间没有任何关系,就像葡萄与葡萄牙毫不相干一样。辽朝的"头下",《辽史·地理志序》亦作"投下",宋代文献中"头下"、"投下"兼用,元朝则多作"投下",用唐朝的头下户如何去解释"投下"一词?既然"头下"和"投下"可以通用,就证明它是一个译语词。李锡厚先生对辽朝头下户的解释,是在假定头下制度源于唐代的前提之下,基于唐朝头下户的概念而进行的一种推断,并没有什么史料凭据。他对头下军州的解释更是我所不

①北京大学历史学系油印本,14—15 页。前揭周藤吉之《唐宋の資料に見える頭項・頭下と探馬——遼・元の投下との関聯に於いて》也持有类似观点,见《宋代史研究》,678—681 页。
②李锡厚:《头下与辽金"二税户"》,《文史》第 38 辑,1994 年。

能接受的,因为这种说法忽视了一个基本的事实,即头下军州必须具有私城的性质,这在辽代文献及考古材料中已经得到了充分的证明。

二 辽朝的头下军州

关于契丹头下制度的早期形态,宋琪的如下一段记述常为人们所引用:

> 晋末,契丹主头下兵谓之大帐,有皮室兵约三万,皆精甲也,为其爪牙。国母述律氏头下谓之属珊,属珊有众二万,乃阿保机之牙将,当是时半已老矣。(每)南来时量分借得三五千骑,述律常留余兵为部族根本。其诸大首领,有太子、伟王、永康、南北王、于越、麻荅、五押等,大者千余骑,次者数百骑,皆私甲也。[1]

虽然宋琪所说的是太宗时代的情形,但皮室军和属珊军早在太祖建国之初就有了。当时从皇帝到宗室大臣,契丹军事贵族们都拥有一支被称为头下兵的私甲,而他们所拥有的私奴(部曲)则被称为头下户。估计至迟到遥辇氏时代的后期,已经有了头下兵和头下户的概念;陈述先生认为,迭剌部实际上就是遥辇氏的头下[2]。但由于当

---

[1] 宋琪:《平燕蓟十策》,兹据《历代名臣奏议》卷三二二御边门,以《宋会要辑稿》蕃夷一之一四参校。篇名从邓广铭先生所拟。

[2] 陈述:《头下考》(上),《历史语言研究所集刊》8 本 3 分册,1939 年10 月。

时契丹尚未建立城镇,所以头下城的出现是比较晚的事情。

　　唐朝末年,日益强大起来的契丹族屡屡南下侵扰汉地,并以俘掠的汉人建置城寨,这些早期的城寨大都隶属于各级军事贵族们,这就是头下城。《辽史·地理志序》在解释头下州的缘起时说:"以征伐俘户建州襟要之地,多因旧居名之,加以私奴,置投下州。"《新五代史》卷七二《四夷附录》也说:"是时,刘守光暴虐,幽、涿之人多亡入契丹。阿保机乘间入塞,攻陷城邑,俘其人民,依唐州县置城以居之。"一般以为,太祖伯父于越王释鲁在祖州附近建置的越王城,是见于文献记载的最早的一个头下城。《辽史·地理志》曰:"于越王述鲁(即释鲁)西伐党项、吐浑,俘其民放牧于此,因建城。"其时约为9世纪末叶。

　　契丹建国后,宗室、外戚所拥有的头下城,凡由朝廷赐给州、军称号者,便成为头下军州。《辽史》是这样解释头下军州的:"头下军州,皆诸王、外戚、大臣及诸部从征俘掠,或置生口,各团集,建州县以居之。横帐诸王、国舅、公主许创立州城,自余不得建城郭。朝廷赐州县额。"①头下军州制度始创于何时,《辽史》中缺乏记载。《辽史·地理志》曰:"川州,长宁军。……太祖弟明王安端置。会同三年,诏为白川州。"《太宗纪》亦云:会同三年(940)八月戊申,"以安端私城为白川州"。岛田正郎据此认为:"白川州是有明确年代可考的、建置最早的头下军州,头下军州制度的创立恐怕也距此不远。"②这种说法今天已成为学术界的定论③。

①《辽史》卷三七《地理志一》"头下军州"。
②《遼代社會史研究》,京都三和书房,1952年,226页。
③参见《中国大百科全书·中国历史》,"头下军州"条,中国大百科全书出版社,1992年。

然而,根据辽代石刻材料所提供的线索来看,头下军州制度的创立远早于太宗会同三年。现藏辽宁省博物馆的《陈万墓志》,其中有这样一段文字:"年卌,奉大圣皇帝宣命□□从故国舅相公入国。寻授圣旨,除豪刺军使。……年五十五,皇帝知司徒(即陈万)战伐功高,改军为豪州,除司徒为刺史官。"[1]豪州为头下军州,《辽史·地理志》"头下军州"条记载说:"壕州:国舅宰相南征,俘掠汉民,居辽东西安平县故地。"此壕州即豪州之误[2]。据阎万章先生考证,《陈万墓志》所说的"国舅相公"和《辽史·地理志》所说的"国舅宰相",都是指的述律后弟北府宰相萧阿古只;《辽史·太祖纪》神册二年(917)三月有"以后弟阿骨只为统军,……东出关略燕赵"的记载,阎万章先生认为陈万可能就是阿古只此次南侵时被俘入辽的,《墓志》所谓"奉大圣皇帝宣命□□从故国舅相公入国"云云,实乃"国舅宰相南征,俘掠汉民"的饰词,此年陈万三十九岁,与《墓志》所说的四十岁稍有出入,许是《墓志》小有差错[3]。根据上引《陈万墓志》可知,陈万在神册二年入辽后不久,就被任命为豪刺军使——显然,豪刺军是萧阿古只的头下军,而陈万则是以萧阿古只私奴的身份担任这一职位的。至陈万 55 岁时,即太宗天显八年(933),辽朝改豪刺军为豪州,也就是将头下军改为头下州,仍由陈万任州刺史。

---

①向南编著:《辽代石刻文编》,河北教育出版社,1995 年,15—16 页。
②豪州,《辽史·地理志》、《兵卫志》作"壕",《契丹国志》和《亡辽录》所载投下州作"濠",《辽史·圣宗纪》《天祚皇帝纪》《耶律唐古传》及《金史·太祖纪》均作"豪",《刘承嗣墓志》《萧仅墓志》和《陈万墓志》也都作"豪",故当以"豪"为准。
③阎万章:《辽〈陈万墓志铭〉考证》,《辽金史论集》第 5 辑,文津出版社,1991 年。

另外一件可举以为证的石刻材料，是出土于 1983 年的《张建立墓志》。该《墓志》谓张氏为平州卢龙人，"奈边境多虞，因滋向化，身浴沐先皇眷泽。遍历诸难后，任榆州刺史、兼番汉都提辖使。天显五年十月十六日染疾卒于公府，春秋四十有七"①。榆州为头下军州，《辽史·地理志》云："榆州，高平军，下，刺史。……太宗南征，横帐解里以所俘镇州民置州。"据邓广铭先生考证，横帐解里即宋琪在《平燕蓟十策》一文中提到的麻荅，亦即太祖弟剌葛之子耶律拔里得②。张建立大概是在太祖时被解里俘掠入辽的，后来遂以解里家奴的身份担任其头下州榆州刺史，于太宗天显五年卒于任上。故榆州之赐额建州，应该是天显初年的事情。

综上所述，创建于太祖神册初年的豪剌军是目前可以知道的最早的头下军，而创建于太宗天显初年的榆州则是有据可考的最早的头下州。据此可以得出结论：辽朝的头下军州制度，早在耶律阿保机建国之初就已创立。

辽朝究竟建立过哪些头下军州？这是一个值得考究的问题。《辽史》卷三七《地理志一》"头下军州"中仅列出以下十六个头下军州：徽、成、懿、渭、壕、原、福、横、凤、遂、丰、顺、闾、松山、豫、宁。此外在《地理志》五京州县和《圣宗纪》中还提到以下七个头下军州：贵德州、双州、白川州、榆州、乌州、宗州、全州，大概是因为这七个州后来大多因故被籍没，改隶于五京州县，所以没有列入"头下军州"中。

除《辽史》之外，《契丹国志》卷二二《州县载记》中也列有"诸

---

① 《辽代石刻文编》，42 页。
② 《〈辽史·兵卫志〉中"御帐亲军"、"大首领部族军"两事目考源辨误》，见《邓广铭治史丛稿》，北京大学出版社，1997 年，15—17 页。

藩臣投下州二十三处",即微、濠、骦、卫、荆、问、随、和、澄、全、义、遂昌、豫、员、福、荣、唐、粟、黑、河、茂、麓、宗。首先需要考察这条史料的来源。根据我在点校《三朝北盟会编》时查考的结果，发现《契丹国志》卷二二《州县载记》的内容全都抄自《会编》卷二一所引《亡辽录》。但问题是《亡辽录》的这条事目，《会编》诸本均作"下州二十三"，并无"投"字，据我估计，可能为明人妄删。《契丹国志》系元人所作，元人自然不会对投下感到陌生，故抄引《亡辽录》仍作"投下州"，而明人则不然，明人不谙辽制，加之又有好改古书的恶癖，盖误以为"投"字系衍文，故率尔涂乙。我可以举出一个旁证。《契丹国志》卷二三"兵马制度"条，系抄自《续资治通鉴长编》卷二七雍熙三年正月戊寅所引宋琪上太宗疏，其中有两处"投下"，自明以后诸本均误作"部下"，但北京图书馆藏元刻本《契丹国志》却不误。盖明人不知"投下"为何物，故臆改为"部下"耳。

以《会编》所引《亡辽录》与《契丹国志》对校，其列出的投下州只有二十一个，与其总数不符，所缺荆、和二州，显系脱漏。此外，两书所记州名还有某些出入。微州，当据《亡辽录》改作"徽"；问州，当据《亡辽录》改作"间"；粟州，当据《亡辽录》改作"肃"。卫州，《亡辽录》误作"衡"；全州，《亡辽录》误作"金"：当据《契丹国志》改正。员州，《亡辽录》作"圆"；唐州，《亡辽录》作"康"；黑州，《亡辽录》作"里"：两者必有一误。

那么，《亡辽录》有关投下州的记载是否可靠呢？《亡辽录》全称为《金人亡辽录》，《直斋书录解题》卷五伪史类云："《金人亡辽录》二卷，燕山史愿撰。或称《辽国遗事》。"又据《建炎以来系年要录》卷四三绍兴元年四月庚辰条载："朝议大夫、添差通判衢州史愿直秘阁。愿，燕山人，有学问，上召见而命之。愿尝著《金人亡辽录》,行于世。"史愿原为辽朝进士,宣和四年(1122)入宋,宋金和议订立后,于绍兴十五年(1145)被遣返金国①。从《系年要录》的记载来看,《亡辽录》一书大概即作于辽朝甫亡之时。史愿既为辽朝士人,他的记载必定是有所凭据的。《亡辽录》所记载的二十三个投下州,仅有七个见于《辽史》的头下军州,其余的十六个州虽于《辽史》无征,但我相信它们都是靠得住的,因为其中的几个州已经得到了证实。如卫州,见于胡峤《陷虏记》;澄州,于《辽史》无考,据沈括《熙宁使虏图抄》,知丰州于道宗咸雍间改名澄州,而《辽史》谓丰州是耶律阿没里的头下州;义州,《辽史》未言义州为头下州,而据《创建静安寺碑铭》②,知义州是耶律昌允的头下州;骓州,亦《辽史》所无,1966年出土于辽宁阜新的《大辽国懂州西会龙山碑铭》,证明辽朝有懂州,考古文物工作者认为,懂州就是《亡辽录》所记载的头下骓州③。

在《辽史》和《亡辽录》之外,还有以下几个头下州可考。《金史》卷二四《地理志上》云:"抚州,下,镇宁军节度使。辽秦国大长公主建为州。"辽世宗长女耶律和古典、圣宗次女岩母堇都曾受封为秦国长公主,不知孰是。又《武经总要》前集卷一六下"戎狄旧地"记载说,晖州、禄州、穆州"并曰于越王城;耶律逊宁者,虏中大将也,蕃语谓之于越王。不知创立之因"。耶律逊宁即辽朝名将于越耶律休哥,这三个州可能是景宗时耶律休哥以他在对宋战争中俘掠的汉民而建立的头下州。

此外,还有一条宋代史料也值得注意。李攸《宋朝事实》卷二

<hr />

① 见《宋会要辑稿》兵一七之二〇、《三朝北盟会编》卷二一四。
② 《辽代石刻文编》,361页。
③ 参见冯永谦:《辽代懂州、顺州考》,《北方文物》1985年第2期。

○"经略幽燕"备列辽朝诸京州军,其中有"下州三十四":睦、集、卫、泉、宗、银、岩、慈、陈、通、化、麓、朝、长春、钤、泽、叶、严、温、润、般、兰、番、闾、双、铁、晖、渭、还、元、福、乌、金(当为"全"之误)、懿。在这三十四个州中,至少有十二个是见于《辽史》或《亡辽录》的头下州,因此我颇疑心其"下州"或当为"头下州"之误。《宋朝事实》是乾隆开四库馆时从《永乐大典》中辑出的本子,因此亦有可能是被明人删去了"头"字。此书作于南宋初,这段记载的史料来源无从查考,姑且存疑。

根据上述考证结果,现将辽朝头下军州列为表一:

表一 辽朝头下军州一览表

州名	军号	建州年代	头下主	头下户来源	户数
	豪刺军	神册初年	国舅	俘掠汉民	不详
榆州	高平军下刺史	天显初年	横帐	俘掠汉民	不详
豪州	刺史	天显八年	国舅	俘掠汉民	6000
白川州	长宁军中节度	会同三年	横帐	俘掠汉民	不详
遂州	刺史	约太宗朝	横帐	俘掠汉民	500
顺州	不详	约太宗朝	横帐	俘掠汉民	1000
贵德州	宁远军下节度	太宗朝	横帐	俘掠汉民	不详
双州	保安军下节度	太宗朝	横帐	俘掠汉民	不详
卫州	不详	世宗以前	不详	俘掠汉民	不详
原州	不详	约太宗朝	国舅	俘掠汉民	500
福州	不详	约太宗朝	国舅	俘掠汉民	300
乌州	静安军刺史	约太宗朝	横帐	俘掠汉民	1000
晖州	不详	约景宗朝	横帐	俘掠汉民	不详
禄州	不详	约景宗朝	横帐	俘掠汉民	不详

州名	军号	建州年代	头下主	头下户来源	户数
穆州	不详	约景宗朝	横帐	俘掠汉民	不详
全州	不详	统和九年	汉臣	俘掠汉民	不详
宗州	下刺史	圣宗朝	汉臣	俘掠汉民	不详
丰(澄)州	刺史	统和十三年	遥辇之后	俘掠汉民	500
抚州	不详	约圣宗朝	公主	媵臣	不详
徽州	宣德军节度	圣宗朝	公主	媵臣	10000
成州	长庆军节度	圣宗朝	公主	媵臣	4000
懿州	广顺军节度	太平三年	公主	媵臣	4000
渭州	高阳军节度	圣宗朝	公主	媵臣	1000
横州	不详	约圣宗朝	国舅	部下牧人	200
肃州	信陵军刺史	兴宗以前	不详	不详	不详
义州	不详	道宗以前	横帐	不详	不详
骦州	不详	道宗以前	不详	不详	不详
松山州	不详	不详	横帐	不详	500
豫州	不详	不详	横帐	不详	500
宁州	不详	不详	横帐	不详	300
闾州	不详	不详	横帐?	不详	1000
凤州	不详	不详	不详	不详	4000
荣州	不详	不详	不详	不详	不详
河州	德化军	不详	不详	不详	不详
麓州	下刺史	不详	不详	不详	不详
唐(康)州	不详	不详	不详	不详	不详
随州	不详	不详	不详	不详	不详

州名	军号	建州年代	头下主	头下户来源	户数
遂昌州	不详	不详	不详	不详	不详
圆(员)州	不详	不详	不详	不详	不详
黑(里)州	不详	不详	不详	不详	不详
茂州	不详	不详	不详	不详	不详
荆州	刺史	不详	不详	不详	不详
和州	不详	不详	不详	不详	不详

表一总计四十二个头下军州(豪刺军后改豪州,不另计),但辽朝一代先后建立的头下军州肯定不止这些,至于没有获得州军称号的头下私城就更是无从统计了。《辽史》卷四八《百官志》云:"其间宗室、外戚、大臣之家筑城赐额,谓之头下州军。……不能州者谓之军,不能县者谓之城,不能城者谓之堡。"这段话涉及各种头下私城的形式和名称问题,需要做一点解释。辽朝的头下州很多都有军号,节度州自不必说,就连某些刺史州也有军号,故一般通称为头下军州,亦称头下州军。那么,所谓"不能州者谓之军"又当作何解释?上文曾谈到萧阿古只在神册初年建立的头下城豪刺军,后于太宗天显八年(933)改为豪州,因此我估计辽初可能曾一度对某些头下城赐以军号,次于州一等,大概从太宗以后就只封赐带军号或不带军号的头下州,而不再设置这种无州额的头下军了。

"不能县者谓之城,不能城者谓之堡",指的是没有得到朝廷承认并获得州军称号的各种头下私城。这些头下城、寨、堡大都不见于历史记载,但也并非毫无踪迹可寻。据宋人记载说,宋真宗咸平元年(998)七月,"契丹于越王下五寨监使马守玉与其弟租子寨使守琛、雕翎寨使王知遇等百七十五人,挈族来归"①;咸平五年七月,"契丹于越部下大林寨使王昭敏等归附"②。于越或于越王即耶律休哥,这里说的"寨"就是指耶律休哥的头下寨。在内蒙古昭乌达盟喀喇沁旗发现的辽景宗保宁十一年(979)《耶律琮神道碑》中,有"故太师令公(即耶律琮)授赐人户一百八十三户"的记载,碑铭最后的立碑人题名,有"马盂山庄主首李琼美、凌河庄主首李琼营"等③。耶律琮是太祖弟迭剌之孙(即《辽史》卷八六之耶律合住),碑铭中说的"授赐人户一百八十三户",就是景宗赐给他的头下户,马盂山庄和凌河庄则是耶律琮的头下庄园。1980年发现于内蒙古巴林右旗乌苏图山的《崇善碑》,碑文中有上后妃寨、下后妃寨等地名,而它下面的题名又大都为汉人④,我想这可能也是头下寨的痕迹。又,据《辽史·地理志》载,析津府漷阴县有延芳淀,"辽每季春,弋猎于延芳淀,居民成邑,……国主、皇族、群臣各有分地"。而据清人考证说:"通州东南四十里,有村名太子府,州西二十二里,有村名大王庄。考《金史·胥持国传》:'上书者言民间冒占官地,如太子务、大王庄,非私家所宜有。持国言:此地自异代已为民有,不可取也。'务与府音相近,每多互讹。则二村得名,当自辽代始矣。"⑤辽代的延芳淀正位于清代通州的东南方向,故张正明先生认为这两个村庄在辽朝可能是头下军州

---

① 《宋会要辑稿》蕃夷一之二三。
② 《续资治通鉴长编》卷五二,真宗咸平五年七月壬戌条。
③ 李逸友:《辽耶律琮墓石刻及神道碑铭》,载《东北考古与历史》第 1 辑,文物出版社,1982 年。
④ 《辽代石刻文编》,720 页。
⑤ 刘锡信:《潞城考古录》卷上"太子府考"条,《丛书集成初编》本。

性质的庄园①。1979 年出土的《梁援墓志》,谓其曾祖梁廷嗣因与景宗有"龙潜之旧",景宗即位后遂以"大水泊之侧地四十里、契丹人凡七户皆赐之"②。梁廷嗣被赐的土地和人户,实际上也具有头下的性质。

从另一个方面也能看出辽朝存在着大量的头下城寨。据《辽史·地理志序》称,辽朝总计"京五,府六,州、军、城百五十有六,县二百有九"。但考古文物工作者指出:"仅从考古调查所发现的辽代城址来讲,其数量超过《地理志》所列州县军城何止一倍!"③没有获得州军名号的头下城寨,自然不见于《地理志》的记载,这大概就是辽代城址如此之多的原因之一吧。

不过,辽朝的州一般规模都很小,钟邦直《宣和乙巳奉使金国行程录》有这样一段描述:"出榆关以东,山川风物与中原殊异。所谓州者,当契丹全盛时,但土城数十里("十"字疑为衍文),民居百家,及官舍三数椽,不及中朝一小镇,强名为州。经兵火之后,愈更萧然。自兹以东,类皆如此。"④头下州通常规模更小,像圣宗时那种数千户甚至上万户的公主头下州实在是很罕见的,而一般的头下州,如胡峤所见的卫州,仅有"居人三十余家"⑤;沈括笔下的澄州是如此的萧条:"州有土垣,崇六、七尺,广度一里,其

---

① 《契丹史略》,中华书局,1979 年,116 页。
② 《辽代石刻文编》,520 页。大水泊,"虏中呼为撒得袅",是契丹人的一个捺钵场所,见《武经总要》前集卷一六下"蕃界有名山川"条。
③ 冯永谦:《〈辽史·地理志〉考补——上京道、东京道失载之州军》,《社会科学战线》1998 年第 4 期。
④ 《靖康稗史笺证》,崔文印笺证,中华书局,1988 年,17 页。
⑤ 《新五代史》卷七三《四夷附录二》,引胡峤《陷虏记》。

中半空,有民家一、二百,屋多泥墁,间有瓦覆者。"①迄今已发现的辽朝头下州城约十来个,其城址长、宽多在三五百米左右;那些不见于记载的头下城、寨就可想而知了。因此我们便不难理解,为什么辽朝的人口密度虽不及金朝,但目前发现的辽代城址却远比金代城址要多得多。

辽朝头下军州的地埋分布状况也值得注意。根据文献记载可以知道,辽代的头下军州均分布在上京道、中京道和东京道境内,尤以潢河流域最为集中。从考古文物工作者的调查结果来看,这些头下州基本上是沿着草原的边缘地带建立起来的②。这是因为构成头下户的汉人们不能脱离农耕区域,而这些头下州的契丹领主们又不可能把他们的私城建在远离草原的汉地,所以就选择这样一个农耕和游牧的结合部来建立他们的头下私城。

三 头下的性质及头下军州制度层面的诸问题

辽朝的头下制度与中原王朝普遍存在的食邑制度有何区别?这是一个必须予以澄清的问题,因为它关系到头下的性质。

与中国历代王朝一样,辽朝也有爵封制度。据王曾瑜先生考证,辽爵从两字国王至开国县男凡十四阶,各有相应的食邑;其中自开国县侯(第8阶)以上有食实封。但辽朝官员食实封的具体规定已不可考③。我们知道,汉魏时代那种食租税的采邑制,自隋

①《熙宁使虏图抄》,《永乐大典》卷一〇八七七"虏"字条。
②参见冯永谦:《辽代头下州探索》,《北方文物》1986年第4期。
③《辽朝官员的实职和虚衔初探》,《文史》第34辑,1992年。

唐以降已经有了很大的变化,不妨参考一下宋朝的食实封方式。赵昇《朝野类要》卷三爵禄门"食邑"条云:"官序及格合封诸县开国男以上者,随有食邑户数,盖比古之小大诸侯得国也。若又及格,则有食实封几百户。旧制,每实封一户,随月俸给二十五文。其加封则自有格法。"如此看来,宋代的所谓食实封已经完全俸禄化了。

不管是汉魏时期的食租税方式,还是唐宋以后的食邑俸禄化,爵封食邑制所体现的无非是经济意义,而辽朝的头下制度则是一种封建领主制,头下户与头下领主之间具有严格的人身隶属关系,他们不是国家的编户齐民,而是头下主的私奴和部曲。这就是头下制度与食邑制度的主要区别所在。路振《乘轺录》在介绍辽朝官僚的俸入时曾说:"其在廷之官则有俸禄,典州县则有利润庄。陈述先生认为这种利润庄实际上就是州县官的头下,称其"与头下军州不过大小之别,性质上殆无或异"[1]。贾敬颜先生亦谓"此投下制度之施于汉地州县者"[2]。这显然是将头下制度与食邑制度混为一谈了。路振说的这种利润庄,充其量不过是一种食租税方式的食邑制,或是类似于宋代的职分田,与"在廷之官"的俸禄只是形式不同而已,怎么能与头下相提并论呢?

研究辽朝的头下制度,还必须涉及斡鲁朵的性质问题。自津田左右吉以来,中外学者早已形成一种共识:就其实质而言,斡鲁朵可谓皇室之头下,故隶属于斡鲁朵的州县就是皇室的头下城,隶宫州县民户就是皇室的头下户[3]。这种传统观点近年来受到了

---

[1] 见前揭陈述:《头下考》(上)。
[2] 《〈乘轺录〉疏证稿》,《历史地理》第 4 辑,上海人民出版社,1986 年。
[3] 参见津田左右吉:《遼の制度の二重體系》,《満鲜地理历史研究报告》第 5 册,1918 年;田村实造:《遼代に於ける徙民政策と都市·州县制の成立》,《满蒙史论丛》第 3 辑,1940 年;及前揭陈述:《头下考》(上)。

挑战。杨若薇教授指出,只有隶宫籍并扈从皇帝四时捺钵的宫分户才是皇室的私有人户,而隶宫州县民户与宫分户有别,他们虽负有向行宫提供徭役的义务,但却并非以皇室头下户的身份、而是以国家编户齐民的身份来承担由地方州县统一调发的此类徭役。因此她认为隶宫州县不是皇室的私城,隶宫州县民户也不是皇帝的头下户①。这的确是一个值得重新检讨的问题。不过对于隶宫州县与斡鲁朵的关系,我们目前能够知道的情况非常有限,故很难准确判断它与头下军州的异同。尽管存在上述不同看法,但这并不能改变我们对斡鲁朵的基本性质的认识,因为至少宫分户的身份是明确的。余靖《契丹官仪》曰:"自阿保机而下,每主嗣位即立宫置使,领臣僚,每岁所献生口及打房外国所得之物尽隶宫使。每宫皆有户口、钱帛,以供房主私费,犹中国之内藏也。"②显然,这与宗室、外戚的头下并没有什么本质的不同。

现在需要探讨的是有关头下军州的制度层面的问题。首先,关于头下军州的领主资格,《辽史·地理志》的说法是:"横帐诸王、国舅、公主许创立州城,自余不得建城郭。朝廷赐州县额。"这里说的横帐乃是泛称,包括诸斡鲁朵皇族以及三父房,即所谓一帐三房,亦称四帐皇族;国舅即外戚萧氏。从文献记载的头下军州领主的身份来看,除了横帐、国舅和公主,还有三个州主当属例外。一个是丰州的建立者耶律阿没里,据《辽史》本传,阿没里为"遥辇嘲古可汗之四世孙……性好聚敛,每从征所掠人口,聚而建城,请为丰州,就以家奴阎贵为刺史,时议鄙之"。时议何以鄙之?

①《契丹王朝政治军事制度研究》,中国社会科学出版社,1991年,39—62页。
②《武溪集》卷一八。

或许就是因为他本不具有建立头下军州的资格。不过丰州之得以赐额建州，还有一个特殊情况。据《辽史·地理志》说，丰州"本辽泽大部落，遥辇氏僧隐牧地"，可能因阿没里建立的私城是在其先人的领地之内，所以才特许立为头下军州吧。另外两个特例是韩匡嗣建立的全州和其子韩德让建立的宗州。全州是景宗时韩匡嗣以他在辽宋战争中俘掠的汉民而建立的私城，后于统和九年（991）赐额建州："以秦王韩匡嗣私城为全州。"①宗州，"耶律隆运以所俘汉民置，圣宗立为州，隶文忠王府"②。这两个头下州的建立，都是在统和间韩德让辅政、韩氏势力臻于极盛之时。试想，韩德让以一个汉臣，甚至可以"拟诸宫例"建立斡鲁朵，那么韩氏父子的私城能够立为头下军州，自然也就不足为奇了。

辽朝的头下军州实行严格的世袭制度。《资治通鉴》卷二八二晋高祖天福四年（939）闰七月有这样一条记载："初，义武节度使王处直子威，避王都之难，亡在契丹。至是，义武缺帅，契丹主遣使来言：'请使威袭父土地，如我朝之法。'"这就是指的契丹传统的头下世袭制。从文献记载来分析，头下军州大概只有在两种情况下才会被朝廷籍没，一是叛逆，一是绝嗣。如耶律察割因弑君僭立之罪，他名下的贵德州、双州以及其父安端召下的白川州都同时被收归国有。因绝嗣而被籍没的例子，如《辽史·地理志》所记遂州，系"采访使耶律颇德以部下汉民置，穆宗时，颇德嗣绝，没入焉。隶延昌宫"。此外榆州和乌州缘何"没入"，《辽史》语焉不详。

关于头下军州的世袭制度，辽代石刻中有两条史料可供参

---

①《辽史》卷一三《圣宗纪四》。
②《辽史》卷三八《地理志二》。

考。道宗咸雍八年（1072）《创建静安寺碑铭》云："天邑之北，仅余百里，则公（耶律昌允）之故地焉。岚凝翠叠曰佛山，山之足，民屋聚居，若郡邑之大，曰义州。今兰陵郡夫人萧氏主之，即太师公之妻也。"①头下军州原则上由子孙继承，但在其夫先卒的情况下，应以其妻为第一继承人。义州是太祖玄孙耶律昌允的头下州，昌允死后，其妻萧氏遂成为头下军州领主。又据《耶律元妻晋国夫人萧氏墓志》记载，耶律元为于越耶律休哥之子，无子，且先夫人而卒，及其妻晋国夫人萧氏死后，"国家念先太师（指耶律元）凤负忠勤，素无胤嗣，虑阙蒸尝之礼，特行锡赉之恩，所有晋国夫人一帐户籍，付弟前启圣军节度使、金紫崇禄大夫、检校司徒耶律忠主之"②。前面曾经提到，耶律休哥至少拥有三个头下州，死后便由其子继承。按惯例，耶律元绝嗣，其所属的头下军州理应收归国有，但却改由其弟耶律忠继承；既云"特行锡赉之恩"，可见这是一个特例。

某些迹象表明，头下领主与其头下军州之间有着非常密切的关系。出土于 1975 年的《北大王墓志》，谓墓主耶律万辛重熙十年（1041）"薨于上京南之私地，……葬于旧郡之丁地"③。契丹人没有汉人那种乡梓观念，所谓"旧郡"者，我以为就是指万辛世袭的头下军州，故他死后归葬于此。韩匡嗣家族的例子可能更有助于说明问题。据《辽史》记载，自韩知古入辽后，玉田韩氏就一直定居于霸州霸城县（今辽宁省朝阳市），而且过去出土的韩瑜、韩橚、韩瑞等人墓志也都是在朝阳境内发现的。但近年却在内蒙古

①《辽代石刻文编》，361 页。
②《辽代石刻文编》，212 页。
③《辽代石刻文编》，224 页。

赤峰市巴林左旗白音罕山相继出土了韩匡嗣夫妇及其子孙韩德威、韩德冲、韩制心、韩遂忠、耶律元佐、韩敌烈等人墓志，据称在这片韩氏家族墓地中，总共有一百七十多座墓葬。而在韩氏家族墓地东南约二十公里处，曾发现一座辽代城址——四方城遗址，考古文物工作者认为这就是韩匡嗣的头下私城全州①。全州本是韩匡嗣在景宗时建立的一座私城，在他去世九年后，被朝廷承认为头下军州。估计自这座头下私城建成以后，韩匡嗣家族就世代聚居于此，所以才会在这附近发现其家族墓地。

《辽史》卷四八《百官志》"南面方州官"条在谈到头下军州的职官制度时，只是说"唯节度使朝廷命之，后往往皆归王府。……其设官则未详云"。《地理志》也说："其节度使朝廷命之，刺史以下皆以本主部曲充焉。"这一规定可以从某些头下军州的官员署置情况中得到证明，如《辽史·圣宗纪》载：统和十三年（995）六月，"以宣徽使阿没里私城为丰州"；次年正月，"以宣徽使阿没里家奴阎贵为丰州刺史"。又《陈万墓志》记载他神册初年入辽后，"寻授圣旨，除豪刺军使"；太宗时"改军为豪州，除司徒为刺史官"。阎贵和陈万都是以头下领主私奴的身份出任头下军州刺史的，只是形式上由朝廷加以任命而已。就官员署置的自主权限来说，蒙古国时期漠北的投下官制与此很是相似，据《元史》卷一一八《特薛禅传》说，在弘吉剌部所属分地中，应昌、全宁等路"自达

---

① 参见金永田：《辽代全州考》，《阜新高专学报》14 卷 3 期，1997 年 9 月。不过值得注意的是，宋人黄裳作于绍熙二年（1191）的《地理图》，将全州标记于兴中府东南（见《中国古代地图集（战国—元）》图版 72，文物出版社，1990 年），而兴中府即辽朝前期之霸州，照此说来，全州似应在玉田韩氏入辽后所定居的霸州附近。不知宋人的这一记载是否可信，姑备参考。

鲁花赤总管以下诸官属,皆得专任其陪臣,而王人不与焉"。

　　但是,上述规定是否适用于所有的头下军州,并且是否为辽朝一代的定制呢? 这实在是很值得怀疑的。《辽史·太宗纪》载:会同三年(940)八月戊申,"以安端私城为白川州";乙卯,"置白川州官属"。陈述先生对此的理解是:"按官属者,义当僚众,必非节度使一职。"因此他怀疑"唯节度使朝廷命之"的说法是否可靠①。这种怀疑不能说没有道理。除此之外,还可以举出几桩有疑问的事例。《辽史·兴宗纪》:重熙十九年(1050)十一月,"出南府宰相韩知白为武定军节度使……翰林学士王纲泽州刺史、张宥徽州刺史"。徽州是景宗女秦晋大长公主所建头下州,《地理志》谓自"节度使以下,皆公主府署"。而张宥为太平八年(1028)进士,并且是从翰林学士任上出任徽州刺史的,显然,他决不可能是秦晋大长公主的部曲②。又,《辽史·耶律唐古传》谓唐古在圣宗时曾任豪州刺史,豪州为头下州,而唐古乃于越耶律屋质之庶子,肯定不会是头下户。

　　以上数例,说明头下军州"刺史以下皆以本主部曲充焉"的制度未必是一成不变的。至于《百官志》所说的"唯节度使朝廷命之,后往往皆归王府",恐怕与事实相去更远。在辽代文献和考古材料中,没有一个由头下领主的部曲担任头下军州节度使的例子。我相信,就总体发展趋势来说,头下领主的自主权应该越来越小,而朝廷对头下军州的控制权应该越来越大,这样的一消一

_____

①见前揭陈述:《头下考》(上)。
②不过,这条史料中还存在着某些未知因素。据《秦晋国大长公主墓志》,公主卒于重熙十四年(1045),其一子、二女均已先公主而殁,仅存孙辈。因此不能不考虑,在公主死后,徽州是否已被朝廷籍没? 徽州原为节度州,缘何降为刺史州?

长才符合历史的逻辑。

凡以"本主部曲"充任头下军州官吏者,与头下领主之间均有着明确的人身依附关系。宋人记载说,咸平元年(998)七月,契丹于越王下五寨监使马守玉等举族来归,"帝召见,因问守玉事于越月廪几何,对:'岁给粟百斛,亦虚名耳。暴剑(敛?)重役,不任其苦。'"①于越即耶律休哥,马守玉是以休哥部曲的身份担任其头下寨官员的,故由头下主支付其俸禄,明显有别于国家官员。

从某些辽代石刻中可以看出,头下军州官僚具有明显的世袭倾向。上文所引《陈万墓志》,谓陈万先后担任头下军州豪刺军使和豪州刺史,而其长子延煦后亦任豪州提举使。又据《张建立墓志》记载,张建立入辽后,于太宗天显间担任横帐解里的头下军州榆州刺史,其次子彦英(917—969)"亦曾任榆、惠二州刺史",庶子彦胜(927—965)亦"曾任榆州刺史、兼充南路乣使"②。榆州于圣宗开泰间被朝廷籍没,而彦英、彦胜均卒于穆宗应历年间,所以他们担任的肯定还是头下军州刺史。张氏父子三人先后担任榆州刺史,对头下军州官僚的世袭性是一个很好的说明。

另外还有一种情况也值得注意。《宋匡世墓志》谓墓主匡世"乃故榆州刺史太傅之子,今长庆军节度使太尉之弟",圣宗太平初年,"改授晋国公主中京提辖使",太平五年卒,"归窆于榆州南和乡余庆里鹿鸣山先茔之左"③。匡世之父任榆州刺史约在景宗时期,当时榆州仍是头下军州,且宋氏世居榆州,估计原本也是榆州头下户。匡世之兄为长庆军节度使,长庆军是头下军州成州的

①《宋会要辑稿》蕃夷一之二三。
②《辽代石刻文编》,43页。
③《辽代石刻文编》,180—181页。

军号,《辽东行部志》云:"成州,长庆军节度使,始建于辽,圣宗女晋国公主黏米以从嫁户置城郭市肆,故世传'公主成州'者是也。"①黏米即圣宗次女秦晋国长公主岩母堇。墓志谓匡世"改授晋国公主中京提辖使",这里说的晋国公主可能也是指的岩母堇,中京提辖司所管辖的民户大概是属于这位公主的头下户②。以上分析表明,匡世之父为横帐解里的头下军州榆州刺史,而匡世兄弟均为晋国公主的头下官员;虽然父子三人都曾在头下军州任职,但却隶属于不同的头下领主,这种情况究竟说明了什么问题,还有待于进一步研究。

关于头下军州官僚的世袭倾向,我们很有必要参考一下元代的投下官制。钱大昕曰:"元时各投下不设节度使……其余大约与辽制同。"③至少在这一点上确有某些相似之处。元制,"宗王之有分地,官府而保任之者……或身终其官,或世守其业,不得迁他官"④。至元十九年(1282)四月,中书左丞耿仁等建言:"诸王公主分地所设达鲁花赤,例不迁调,百姓苦之。依常调,任满,从本位下选代为宜。"⑤但此后这种情况并未有所改变。洪金富先生指出,元代宗室诸王投下的大小官吏"通常是投下领主的私人(家臣),他们不能参与常选,转任国家官职。……投下达鲁花赤且往

---

① 贾敬颜:《五代宋金元人边疆行记十三种疏证稿》,中华书局,2004年,270—271页。
② 按诸斡鲁朵均设提辖司,《辽史·国语解》称为"诸宫典兵官",杨若薇认为这种解释不对,猜测它所管辖的民户是介于宫分户与隶宫州县民户之间的蕃汉转户,参见《契丹王朝政治军事制度研究》,62—73页。
③《潜研堂文集》卷一三"答问十"。
④《经世大典序录·入官篇》,《元文类》卷四〇。
⑤《元史》卷一二《世祖纪九》。

往终身在任,子孙世袭,封建色彩相当浓厚。终元一代,投下选与常选泾渭分明,截然二途"①。辽朝是否也存在头下选与常选的严格区别,史无记载;但从辽代石刻材料来看,似乎两途可以通融,即头下官员与国家官员是可以相互转任的,尤其是到了辽朝中后期。

辽朝头下军州的赋税制度,是一个相当棘手的问题,因为它涉及到辽金史上很有争议的"二税户"。《辽史·地理志》云:"官位九品之下及井邑商贾之家,征税各归头下,唯酒税课纳上京盐铁司。"《食货志》则说:"凡市井之赋,各归头下,唯酒税赴纳上京,此分头下军州赋为二等也。"这就是辽代文献中有关头下军州赋税制度的全部记载②。二税户的说法,见于元好问《中州集》卷二《李晏传》的一段文字:"初,辽人掠中原人,及得奚、渤海诸国生口,分赐贵近或有功者,大至一二州,少亦数百,皆为奴婢,输租为官,且纳课给其主,谓之二税户。"对于这段史料,学者们持有不同看法。一种意见认为,头下军州"征税各归头下",只有酒税才由国家征收,因此头下户并非二税户,辽朝的二税户是专指寺院二税户而言的。另一种意见认为,《辽史·食货志》说的征税"各归头下"是指"市井之赋"(即商税),与田赋无关,不能因此否定元

---

①《从"投下"分封制度看元朝政权的性质》,《"中研院"史语所集刊》58本4分册,1987年。

②《续资治通鉴长编》卷四七咸平三年十二月甲子:"契丹税木监使黄颙,茶酒监使张文秀,关城使刘继隆、张显等,各挈其属归顺。……颙等皆敌帅于越之族也。"这里说的于越即耶律休哥,黄颙等人都是耶律休哥头下军州的税务官员,这条史料可以为《辽史》的记载做一个很好的注脚。尤其值得注意的是"茶酒监使",这说明就连"酒税课纳上京盐铁司"的规定也不是一成不变的。

好问的说法。还有的学者解释说,《辽史·食货志》所谓"分头下军州赋为二等",与元好问所说的输租于官、纳课于主的二税户原本就是一回事。由于史料过于单薄,这些解说都难惬人意。在发现新的材料之前,继续讨论二税户的问题显然是毫无意义的。

辽朝中后期的头下军州如何变迁以至于消亡,在辽代文献中很难得到明确的答案。从总的发展趋势来看,辽朝对头下军州的政策肯定是有过一个变化过程的。辽朝前期的头下军州几乎全是以战争中的俘掠人口建立起来的,但自澶渊之盟以后,依靠战争获取的头下人户大大减少了,而且辽朝政府对头下部曲也开始加以限制,据《辽史·圣宗纪》载,统和十三年(995)四月,"诏诸道民户应历以来胁从为部曲者,仍籍州县"。在有明确年代可考的头下军州中,统和十三年赐额的丰州是最后一个用战争中的俘掠人口建立的头下私城。圣宗时期建置的公主头下军州,其头下户的来源与传统的头下私城截然不同,它们都是以皇帝赐予的媵臣(从嫁户)建立起来的。自圣宗以后,我们在文献和考古材料中就再也找不到任何一个新建的头下军州。这一方面与头下部曲的来源减少有关,另一方面可能也说明辽朝对头下军州的政策发生了一个重要的转变。岛田正郎对辽朝的头下军州政策有着与众不同的理解。人们一般认为,辽朝对贵族们的私城赐额而使之成为头下军州,乃是对他们的一种优待政策,岛田氏不同意这种看法。他认为,私城的头下军州化,是伴随着中央集权的加强,为了将过去权贵们纯封建领主制的权力收回到中央而采取的一种策略;在他看来,头下军州实际上是从贵族的私城发展到国家的州县制的一个中间过渡阶段[1]。用这种说法来解释辽朝前期的头

---

[1] 见前揭岛田正郎:《遼代社會史研究》,225—228 页。

下军州政策可能过于牵强,但辽朝中后期的头下军州确有向国家州县制过渡的趋势,尽管由于史料的不足,我们对这种演变趋势还缺乏详细的了解。

有关辽朝头下军州的最后消息,是在天祚帝天庆五年(1115)。是年二月,饶州渤海人古欲聚众反辽,《辽史·萧陶苏斡传》记载此事说:"饶州渤海结构头下城以叛,有步骑三万余,招之不下。陶苏斡帅兵往讨,擒其渠魁,斩首数千级。"饶州附近有两个头下军州,一是丰州(澄州),一是松山州。这里说的"头下城",不知是指这两个头下州呢,还是指别的头下私城?在当时辽朝统治已面临土崩瓦解的情势下,头下城与渤海人的联合反辽,是不值得奇怪的。

最后还有一条史料也值得一提。《辽史》卷三〇《天祚皇帝纪》附《耶律大石传》,谓大石"西至可敦城,驻北庭都护府,会威武、崇德、会蕃、新、大林、紫河、驼等七州"及大黄室韦等十八部王众云云,梁园东先生在他译注的《西辽史》中,首先提出一种猜测,谓此七州既不见于《辽史》记载,当是耶律大石建立的头下军州[1]。后来陈述、唐长孺、魏良弢等诸位先生都一致采纳了这种意见[2]。我觉得单凭《辽史》的这句话,要下这样一个结论未免造次。辽朝的地方行政建制相当混乱,这与辽的国家特色有关。契丹王朝是一个农业社会与游牧社会的复合体,契丹统治集团始终保持着车马为家的游牧生活方式,因而被称为行朝。正是由于这个原因,

---

[1] 布莱资须纳德著,梁园东译注:《西辽史》,中华书局,1955年,25—27页。
[2] 见前揭陈述:《头下考》(上);唐长孺:《耶律大石年谱》,《国学论衡》第1卷第7、8期,1936年;魏良弢:《西辽史研究》,宁夏人民出版社,1987年,63页。

辽朝对于州县的设置相当随意（譬如常见重名的州），再加上《辽史·地理志》的记载又很不清晰，所以谁也说不清辽朝究竟有多少个州。近年有学者根据各种文献和考古材料对不见于《辽史》记载的州军进行考订，增补的州军达七十个之多（其中头下军州十二个）[1]。因此，怎么能够仅仅因为《耶律大石传》提到的七个州名不见于《辽史》的记载，就贸然断定它们是头下军州呢？

原载《中国史研究》2000 年第 3 期

---

①冯永谦:《〈辽史·地理志〉考补——上京道、东京道失载之州军》,《社会科学战线》1998 年第 4 期;《〈辽史·地理志〉考补——中京道、南京道、西京道失载之州军》,《北方文物》1998 年第 3 期。

契丹族的历史记忆

——以"青牛白马"说为中心

在契丹本民族的历史传说中,最广为人知的是青牛白马故事以及见于《契丹国志》的三汗传说,作者试图从这些古老的传说中去发掘契丹族早期历史的若干信息。本文主要讨论了青牛白马故事的传承,它对契丹人所具有的图腾崇拜意义,以及这个传说所反映的契丹婚姻制度等问题,并尝试通过契丹人的郡望概念去解读他们的根的意识。

自公元 4 世纪末叶以后,契丹族就在汉文文献中留下了活动踪迹,这些出自汉人的间接记载对于今天的历史学家了解一个民族的历史来说当然是远远不够的。契丹建国前没有本民族的文字,也没有留下本民族的历史记载,但是从契丹人的某些古老的传说中,可以发掘出这个民族早期历史的若干信息。在契丹本民族的历史传说中,最广为人知的是青牛白马的故事。早在 1930年代,日本学者田村实造就对这一传说进行了初步的梳理[1],80

①田村实造:《唐代に於ける契丹族の研究——特に开国傳説の (转下页)

年代国内学者也曾撰文探讨过这个问题①,但今天看来仍有进一步研究的余地。除了青牛白马说之外,牵涉契丹族历史的其他一些传说也值得我们注意。本文将通过这些传说去探寻契丹族的历史记忆。

一 "青牛白马"故事的传承

尽管青牛白马的故事流传很广,但在辽朝方面的史料中却鲜有记述,仅有的一条记载见于《辽史》卷三七《地理志一》上京道"永州"条:

> (永州)有木叶山,上建契丹始祖庙,奇首可汗在南庙,可敦在北庙,绘塑二圣并八子神像。相传有神人乘白马,自马盂山浮土河而东,有天女驾青牛车由平地松林泛潢河而下。至木叶山,二水合流,相遇为配偶,生八子。其后族属渐盛,分为八部。每行军及春秋时祭,必用白马青牛,示不忘本云。

这无疑是有关青牛白马传说的最权威、最准确的记述。虽然在目前传世的辽代文献中找不到更原始的史料依据,但我相信这一口头传说的文本化应该是相当早的。据《辽史·太宗纪》,会同四年

(接上页)成立と八部組織に就いて》,原载《满蒙史论丛》第 1 辑,1938年 8 月;修订本收入同氏《中国征服王朝の研究》上册,京都大学东洋史研究会,1964 年,59—112 页。

①赵光远:《试论契丹族的青牛白马传说》,《北方文物》1987 年第 2 期。

（941）二月丁巳，"诏有司编《始祖奇首可汗事迹》"，青牛白马传说大概就是在此时初次见诸文字记载的。但元朝修《辽史》时，恐怕已无从见到《始祖奇首可汗事迹》一书，《辽史》有关青牛白马的记述应是出自耶律俨《皇朝实录》。

在目前所见辽朝传世文献及石刻资料中，我只发现两条与此传说直接相关的史料，《兴宗仁懿皇后哀册》铭辞曰："昔年偶圣，仙軿从水以下流；今日辞凡，龙辔拂霄而高驾。"① 此处上一句显然是用青牛白马典，"軿"是后妃所乘的一种有帷盖的车，这里用来比拟天女所驾青牛车。又《耶律宗愿墓志》谓"越自仙軿下流于潢水"云云②，用典亦同。值得注意的是，这两方哀册、墓志的作者都是汉人，前者是耶律孝杰（即张孝杰），后者是赵孝严，说明辽朝汉人对青牛白马的故事也是非常熟悉的。

宋代文献中有关青牛白马的记载，最早见于范镇《东斋记事》卷五：

> 契丹之先，有一男子乘白马，一女子驾灰牛，相遇于辽水之上，遂为夫妇。生八男子，则前史所谓迭为君长者也。此事得于赵志忠。志忠尝为契丹史官，必其真也。前史虽载八男子，而不及白马灰牛事。契丹祀天，至今用灰牛白马。予尝书其事于《实录·契丹传》，王禹玉恐其非实，删去之。予在陈州时，志忠知扶沟县，尝以书问其八男子迭相君长时，为

---

① 向南编著：《辽代石刻文编》，河北教育出版社，1995 年，376 页。
② 盖之庸：《内蒙古辽代石刻文研究》，内蒙古大学出版社，2002 年，222 页。

中原何代。志忠亦不能答,而云"约是秦汉时",恐非也。①

《东斋记事》撰述于熙宁、元丰间。范镇既谓"此事得于赵志忠",则很可能是出自赵志忠(或作"赵至忠")所撰《虏廷杂记》。据《续资治通鉴长编》卷一三三庆历元年八月载:"以契丹归明人赵英为洪州观察推官……更名至忠。至忠尝为契丹中书舍人,得罪宗真,挺身来归,言庆历以前契丹事甚详。"赵志忠于庆历元年(1041)八月叛辽投宋,撰有多种介绍辽朝情况的杂史、笔记、舆图等,其中最重要的一种是嘉祐二年(1057)四月献上朝廷的《虏廷杂记》十卷②,宋人有关辽朝的许多知识都来自此书。《东斋记事》所称《实录》即《仁宗实录》,《仁宗实录》由王珪、范镇、宋敏求奉诏编纂,成书于熙宁二年(1069)七月③。据范镇说,他曾将赵志忠所述青牛白马的传说写入《仁宗实录·契丹传》,但后来被王珪(禹玉)删去了。另据范镇介绍,他在陈州时,还与时任开封府扶沟县知县的赵志忠通信讨论过青牛白马的问题,这大概是治平三年(1066)的事情④。

从宋代文献来看,宋人有关青牛白马的记载,都是或直接或间接地来自赵志忠。除上引《东斋记事》外,这一故事还见于两种宋人著作,一是《类说》,一是《东都事略》。曾慥《类说》卷二二"灰牛白马"条与《东斋记事》的文字相当接近,此书系抄撮群书

①此段文字又见于《宋朝事实类苑》卷七八"安边御寇"门。
②见《续资治通鉴长编》卷一八五嘉祐二年四月辛未条。
③见《直斋书录解题》卷四起居注类"《仁宗实录》"条。
④据《长编》卷二〇七治平三年正月壬申条和《苏东坡集》卷三九《范景仁墓志铭》,范镇于治平三年正月以翰林侍读学士出知陈州,神宗即位,召还。

而成,我怀疑这条内容就是抄自《东斋记事》。《东都事略》卷一二三附录一《契丹传》的记载则与《东斋记事》略有不同:"初,契丹之先,有一男子乘白马,一女子驾灰牛,相遇于辽水之上,遂为夫妇,生八男子,一男子即大贺氏也。八子为八部。"这或许是出自《虏廷杂记》,但更有可能是出自《两朝国史·契丹传》。

最后需要讨论的是见于《契丹国志》卷首《契丹国初兴本末》的一段文字:"古昔相传,有男子乘白马浮土河而下,复有一妇人乘小车驾灰色之牛,浮潢河而下,遇于木叶之山,顾合流之水,与为夫妇,此其始祖也。是生八子,各居分地,号八部落。……立遗像(原注:始祖及八子)于木叶山,后人祭之,必刑白马杀灰牛,用其始来之物也。"《契丹国志》是元人所作伪书,但其成书早于《辽史》①,上述记载应该是取资于宋代文献。从这段引文本身来看,也能够说明一点问题:凡有关青牛白马的记载,辽朝方面的史料均作"青牛",而宋朝方面的史料均作"灰牛",《契丹国志》则同于后者。所以不妨将《契丹国志》的这条史料也列入赵志忠《虏廷杂记》的系列。

在青牛白马的故事形成为文本之前,它显然已经在契丹人中间流传了很久。那么这一传说究竟出现于何时?赵志忠认为这个故事发生的时代大约相当于秦汉时期,不过是姑妄言之,故范镇就不以为然。蔡美彪先生提出这样一种推断:"这个传说显然没有他们的历史那么古老,至多是反映着父权制时代迁来这里的一段记忆……我们可以推断,传说的产生,当是在北魏初年或者

---

① 《契丹国志》和《大金国志》均成书于元成宗大德十年(1306)之前,参看拙文《〈契丹国志〉与〈大金国志〉关系试探》,《中国典籍与文化论丛》第1辑,中华书局,1993年。

较早一些时候。"①这个推论从时间上来看仍嫌太早,因为北魏时代的契丹部落主要游牧于白狼水(今大凌河上游)一带,还没有迁至潢河和土河流域。台湾学者王民信先生则认为青牛白马的故事最早不会早于开元、天宝之际,最晚可以晚到阿保机时代,并对这一故事的产生背景做了如下解释:在阿保机取代遥辇氏担任可汗之后,"畏惧其他部人不服,遂捏造'神人'、'天女'的故事,以示迭剌与回纥人的合作完全是顺天应人"②。按他这种解释,似乎认定了"青牛白马"是阿保机时代凭空杜撰出来的故事。此说带有较多的臆想成分,青牛白马是契丹人的图腾崇拜,像这样一个流传甚广、影响深远的传说,很难相信是由阿保机随意编造出来的;况且从"神人"、"天女"的故事联想到迭剌部与回鹘人(指述律后)的合作,也未免有些牵强附会。

田村实造认为,从青牛白马故事中所包含的契丹人住地、八部同源说和木叶山信仰三个要素来看,这则传说大致出现于公元8世纪中叶③。我觉得这个意见比较可取。其一,既谓神人、天女生八子而衍生为八部,则理应在唐初大贺氏八部部落联盟形成以后(所谓的"古八部"是后起的说法,7世纪以前的契丹未必正好是八部,而且在契丹形成部落联盟之前也不大可能有八部同源的意识);其二,契丹人迁至潢河和土河流域大概是在开元、天宝间,所以这一传说只能是在这之后形成的,但决不会晚到阿保机时代。

---

① 蔡美彪:《契丹的部落组织和国家的产生》,《历史研究》1964年第5、6期合刊。

② 王民信:《契丹古八部与大贺遥辇迭剌的关系》,原载《史学汇刊》第4期,1972年3月;收入同氏《契丹史论丛》,台北学海出版社,1973年,46—47页。

③ 田村实造:《中国征服王朝の研究》上册,101页。

二 "青牛白马"的图腾崇拜意义

青牛白马故事中乘白马浮土河而下的神人,就是传说中的契丹始祖奇首可汗。《辽史》曰:"契丹之先,曰奇首可汗,生八子。其后族属渐盛,分为八部,居松漠之间。……潢河之西、土河之北,奇首可汗故壤也。"①《辽史》卷二《太祖纪·赞》说:"奇首生都庵山,徙潢河之滨。"都庵山不知在何处,《辽史·地理志》上京道龙化州下谓"契丹始祖奇首可汗居此,称龙庭"云云,想必都庵山与龙化州不会相去太远。太祖七年(913)六月甲申,"上登都庵山,抚其先奇首可汗遗迹,徘徊顾瞻而兴叹焉"②。可见这一传说也是由来有自的。"奇首"在契丹语中究为何义,目前还无法给予解释。乾隆朝官修《辽史语解》根据满洲语将此词改译为"奇善",谓"奇善,鲜明也"③,正所谓强为解人。方壮猷先生则谓奇首之"奇"与契丹之"契"音通,并解契丹之"丹"为"斯坦",大概是将"契丹"一词理解为"奇首之领地"了吧④。这恐怕比《辽史语解》的附会更不着边际。

学界普遍认为,青牛白马是契丹人的部落图腾。但它们究竟具有什么象征性意义呢?《辽史》卷七一《太祖淳钦皇后传》记有这样一个故事:"(淳钦皇后)尝至辽、土二河之会,有女子乘青牛

①《辽史》卷三二《营卫志中》"部族上"。
②《辽史》卷一《太祖纪上》。
③《钦定辽史语解》卷一"君名"。
④方壮猷:《契丹民族考》(上),《女师大学术季刊》1 卷 2 期,1930 年 6 月。

车,仓卒避路,忽不见。未几,童谣曰:'青牛妪,曾避路。'盖谚谓地祇为青牛妪云。太祖即位,群臣上尊号曰地皇后。"田村实造根据这条史料,指出青牛代表地祇,象征女性;白马代表天神,象征男性①。我们从辽代文献中可以找到更多的证据来支持这种观点。

据《辽史·太祖纪》记载,太祖元年(907)正月庚寅,"燔柴告天,即皇帝位……群臣上尊号曰天皇帝,后曰地皇后"。这条史料将耶律阿保机即可汗位误记为即皇帝位,天皇帝、地皇后的尊号未必是此时所上,但这两个尊号却绝非后人杜撰。兴宗重熙十三年(1044)萧韩家奴上疏云:"昔我太祖代遥辇即位,乃制文字,修礼法,建天皇帝名号。"②《宋史·真宗纪·赞》也说:"契丹其主称天,其后称地,一岁祭天不知其几。"辽朝举行祭山仪时,须"设天神、地祇位于木叶山"③,这是因为传说中神人(白马)、天女(青牛)相遇于木叶山而结为佳偶的缘故。《辽史·圣宗纪》统和十六年五月甲子有"祭白马神"的记载,白马神就是天神。《辽史·地理志》上京道怀州条讲述了一个太宗的传奇故事:"太宗崩,葬西山,曰怀陵。大同元年,世宗置州以奉焉。是年,有骑十余,猎于祖州西五十里大山中,见太宗乘白马,独追白狐,射之,一发而毙;忽不见,但获狐与矢。是日,太宗崩于栾城。后于其地建庙,又于州之凤凰门绘太宗驰骑贯狐之像。"④这个故事虽荒诞不经,但它

---

①《中国征服王朝の研究》上册,99—100页。
②《辽史》卷一〇三《文学上·萧韩家奴传》。
③《辽史》卷四九《礼志一》"吉仪·祭山仪"。
④《契丹国志》卷三《太宗嗣圣皇帝下》所引《纪异录》也记载了这个故事。《纪异录》即《洛中纪异录》,宋初秦再思所作,《郡斋读书志》卷三下小说类有著录,谓此书"记五代及国初谶应杂事"。涵芬楼(转下页)

可能暗示着这样一个事实：在契丹人的心目中，白马神是契丹可汗的化身。

在研究契丹族的婚姻制度时，不免要牵涉到青牛白马的传说。关于契丹族的婚姻形态，学界意见非常纷歧，主要有部落外婚制、氏族外婚、部落内婚制、胞族外婚制、两姓直接交换婚制等不同观点。蔡美彪先生认为，契丹人的先祖出自以白马和青牛为象征的两个原始氏族，它们各自发展，到大贺氏时代，白马氏族繁衍分裂为互为兄弟的八个兄弟部落，它们之间禁止通婚，而是与八部之外的青牛氏族的部落通婚，因此是一种部落外婚制①。向南、杨若薇教授则认为，不应将青牛白马的传说作为部落外婚制的依据，因为这个传说反映的是契丹族进入父系氏族社会以后的情况，不能说明契丹族的起源问题，只能在一定程度上反映契丹人的原始宗教信仰；在大贺氏和遥辇氏部落联盟时代，并没有游离于八部之外的契丹部落，与大贺氏世代通婚的孙氏（审密）氏族也是八部部落联盟的组成部分，而且从辽朝的情况来看，迭剌部及后来的五院部、六院部和乙室部、突吕不部都兼有耶律氏和萧氏二姓，说明契丹族实行的是氏族外婚制、部落内婚制②。孙进已先生认为上述两种观点都没有阐明契丹婚姻制度的实质，契丹人

（接上页）本《说郛》卷三和卷二〇均有此书节文，但没有这段文字（参见阮廷焯：《秦再思洛中记异录辑》，载《大陆杂志》66 卷 6 期，1983 年 6 月 15 日）。《辽史》记载的这个故事与《契丹国志》所引《纪异录》有所出入，当另有所本。

① 见前揭蔡美彪《契丹的部落组织和国家的产生》一文，以及蔡美彪等著《中国通史》第 6 册（人民出版社，1979 年），3—4、8 页。

② 向南、杨若薇：《论契丹族的婚姻制度》，《历史研究》1980 年第 5 期。赵光远《试论契丹族的青牛白马传说》（《北方文物》1987 年第 2 期）也持类似观点。

凡是同一胞族（耶律或萧氏）之内的各氏族，不论是否同一部落都不能通婚；凡不是同一胞族之内的各氏族，不论是否同一部落都可以通婚。所以既有部落内婚，也有部落外婚，实质上是胞族外婚制①。还有学者认为，契丹人的两姓婚制是直接交换婚姻制的变异形态，其婚姻界限不是氏族、胞族或部落，而是同姓之外、两姓之间的任何一种社会集团②。

其实早在蔡美彪先生提出部落外婚制说以前，日本学者爱宕松男氏就已对青牛白马传说所反映的契丹婚姻制度提出了一套完整的构想。他根据《辽史》纪传的材料对遥辇八部内的姓氏分布情况做了一个统计，结果如下③：

部落名	耶律氏	萧氏	部落名	耶律氏	萧氏
迭剌部	103	6	突举部	1	
乙室部	1	40	楮特部		3
突吕不部	3	3	乌隗部		1
品部	2		涅剌部		1

对于这一统计结果，爱宕松男解释说，迭剌部和乙室部分别属于耶律氏、萧氏，它们之中的少数异姓应视为例外；突吕不部虽然耶律氏、萧氏各三例，但考虑到属于耶律氏的突举部是从突吕不部中分析出来的，因此突吕不部也应属于耶律氏。他的最终结论是，契丹族是由耶律、审密两个胞族及八个氏族（八部）组成的，其中迭剌、突吕不、品、突举四部属耶律氏胞族（半族），乙室、楮

---

① 孙进己：《契丹的胞族外婚制》，《民族研究》1983 年第 1 期。
② 席岫峰：《关于契丹婚姻制度的商榷》，《历史研究》1993 年第 2 期。
③ 具体例证可参看朱子方《从出土墓志看辽代社会》（《社会科学辑刊》1979 年第 2 期），但朱文列举的材料不如爱宕松男的统计结果全面。

特、乌隗、涅剌四部属萧氏胞族（半族），两个半族之间世代通婚，白马、青牛分别是这两个半族的图腾①。

上述论点实际上是另一种部落外婚制。两说的区别在于，蔡美彪先生认为八部均为白马（父系）氏族，青牛（母系）氏族在八部之外，而爱宕松男氏认为八部中青牛、白马氏族各半，但他们的共同出发点是同部不婚。用青牛白马的故事来解说契丹族的部落外婚制，其主观架构的痕迹较为明显。从前述统计结果来看，迭剌部虽以耶律氏为主，但萧氏多达六例，似乎很难用例外来解释；把突吕不部归入耶律半族更是显得极为勉强；至于品、突举、楮特、乌隗、涅剌五部，虽然在《辽史》中都只能见到一个姓氏，但也很难说不是史料匮乏所致，因为这些部落比较弱小，其部人很少见于历史记载，根据每部仅有的一两个例证，难以断定它们是否真的只有一个姓氏。如果不能解释这些问题，部落外婚制说就难以成立。

关于青牛白马与耶律氏、萧氏两个半族的关系，爱宕松男还做了进一步的发挥。他认为契丹语中"耶律"和"审密"两词，即是分别出自这两个半族的图腾马和牛。请看他的论证过程：

"耶律"的中古音：ia-ljiuĕt→蒙古语"驯马"（应指牡马）：Jala-ga

"审密"的中古音：siəm-miĕt→蒙古语"牝牛"：sir-mut

由此得出契丹语"耶律"即牡马、"审密"即牝牛的结论②。

这项论证很不严密。首先，蒙古语"驯马 Jala-ga"是一个动

---

①爱宕松男：《契丹古代史の研究》，京都大学东洋史研究会，1959 年，85—105 页。

②《契丹古代史の研究》，33—38、134—145 页。

词,不能附会为牝马;其次,耶律、审密的中古音与蒙古语驯马、牝牛的音值有十分明显的差距。

在20世纪50年代,学界对契丹语言文字所知甚少,故爱宕松男不得不借助于蒙古语对耶律、审密的音义加以推测,而今天我们已经可以直接利用契丹小字的研究成果来讨论这个问题。目前契丹小字中的十二生肖均已得到解读,其中马(午)作**又化**,此字由两个原字组成,已知第一个原字的音值为[m],第二个原字的音值为[ri][1]。牛(丑)在契丹小字中作**夲**,刘凤翥先生将此字的音值构拟为[ni][2]。而契丹小字中耶律作**万充**或**万充**,审密作**夬夬**,尽管我们还不知道这两个词的原意是什么,但可以肯定的是,在契丹语中,耶律、审密的音义与马和牛真正是风马牛不相及。

虽然关于青牛白马的具体阐释还存在分歧,但谁也不否认它对契丹人所具有的图腾崇拜的意义。以青牛白马作为祭祀时的牺牲,是契丹人的一种传统习俗[3]。《辽史》曰:"每行军及春秋时祭,必用白马青牛,示不忘本云。"[4]《契丹国志·契丹国初兴本末》谓辽朝立奇首可汗及其八子遗像于木叶山,"后人祭之,必刑白马杀灰牛,用其始来之物也"。从这些记载中可以清楚地看出青牛白马所具有的原始宗教信仰形态下的图腾崇拜性质。

---

①清格尔泰、刘凤翥等:《契丹小字研究》,中国社会科学出版社,1985年,152—153页。

②刘凤翥等:《契丹小字解读五探》,《汉学研究》13卷2期,1995年12月,324—326页。

③不过我也注意到这样一条史料:《辽史·太祖纪》天赞三年(924)九月,"破胡母思山诸蕃部,次业得思山,以赤牛青马祭天地"。以赤牛青马为牺牲不符合契丹人的传统,这应视为一个特例。

④《辽史》卷三七《地理志一》上京道永州条。

在契丹礼俗制度中，以青牛白马祭天地是一种很隆重的大典。辽朝前期，凡国有大事，尤其是兵戎之事，照惯例都要行此祭礼。《辽史》卷三四《兵卫志上》说："凡举兵，帝率蕃汉文武臣僚，以青牛白马祭告天地、日神，惟不拜月，分命近臣告太祖以下诸陵及木叶山神，乃诏诸道征兵。"宋代文献中也有一段与此类似的记载："将举兵，必杀灰牛、白马，祠天、地、日及木叶山神。"①又《辽史》卷五一《礼志三》记皇帝亲征仪曰："将出师，必先告庙……刑青牛白马以祭天地。"直到西辽时代仍能看到这种传统的孑遗，耶律大石康国元年（1134）三月遣兵东征时，即"以青牛白马祭天"②。

从辽代文献来看，以青牛白马祭天地当是契丹人的一种古老的传统礼俗，并不是辽朝建国以后的发明。《辽史》中有关这种祭仪的最早记载，见于《太祖纪》太祖七年（913）五月丙寅，当时辽朝尚未建国——实际上，这种祭仪很可能是自遥辇氏时代以来相沿已久的旧俗，只不过当时没有留下记载罢了。

据冯家昇先生统计，辽朝用青牛白马祭天地者共计二十四次，其中太祖朝三次，穆宗朝一次，景宗朝六次，圣宗朝十二次（实际应为十一次），另西辽德宗朝二次。值得注意的是，自圣宗统和二十三年（1005）以后直至辽朝末年，包括兴宗、道宗、天祚帝三朝在内，却再也看不到这种记载③，这当作何解释？冯氏认为这与契

---

① 《续资治通鉴长编》卷一一〇仁宗天圣九年六月。据李焘自注，知此条史料出自《仁宗实录·契丹传》。

② 《辽史》卷三〇《天祚皇帝纪四》附《耶律大石传》。

③ 范镇《东斋记事》卷五引赵志忠之说，谓"契丹祀天，至今用灰牛白马"，赵志忠入宋虽在兴宗重熙十年（1041），但他这里所说的应是圣宗以前的情形。

丹人的佛教信仰有关①。辽朝佛教的发达,圣宗时期是一个分水岭②。辽朝前期,契丹族甚至有人殉之俗,而自圣宗统和以后,却屡屡见到禁止杀生的诏令③。从冯文的统计结果中可以看到,辽朝前期除了以青牛白马祭天地之外,也常以黑白羊或其他野兽野禽作为祭祀的牺牲,而兴宗、道宗、天祚帝三朝却仅有一次用动物(黑白羊)祭天地的例子。这说明冯家昇先生的解释是可信的。

三 木叶山与"青牛白马"传说

在青牛白马传说中,木叶山占有重要的地位。木叶山是契丹族的发祥地,也是契丹先祖的象征,在辽朝被称之为"帝山"④。据《辽史·太祖纪》载,天赞三年(924)九月丁巳,"取金河水,凿乌

①冯家昇:《契丹祀天之俗与其宗教神话风俗之关系》,原载燕京大学《史学年报》1卷4期,1932年6月;收入《冯家昇论著辑粹》,中华书局,1987年。

②参看刘浦江:《辽金的佛教政策及其社会影响》,原载《佛学研究》第5辑,中国佛教文化研究所,1996年;收入同氏《辽金史论》,辽宁大学出版社,1999年。

③如圣宗统和十年正月丁酉,"禁丧葬礼杀马";兴宗重熙十一年十二月丁卯,"禁丧葬杀牛马及藏珍宝";又重熙十二年六月丙午,"诏世选宰相、节度使族属及身为节度使之家,许葬用银器,仍禁杀牲以祭";道宗清宁十年十一月辛未,"禁六斋日屠杀";咸雍七年八月辛巳,"置佛骨于招仙浮图,罢猎,禁屠杀"。以上均见《辽史》帝纪。

④《萧义墓志》谓"(乾统)六年,上方有事于帝山"(《辽代石刻文编》,623页),而《辽史·天祚纪》乾统六年十一月甲辰有"祠木叶山"的记载,可见"帝山"即指木叶山。

山石①,辇致潢河、木叶山,以示山川朝海宗岳之意"。这表明在契丹人的观念中,木叶山是一座具有特殊意义的圣山。圣宗时,"五院部民偶遗火,延及木叶山兆域,亦当死,杖而释之,因著为法"②。按圣宗以前的辽律,若在木叶山不慎失火,肇事者竟要被处以死刑,可见此山之非同寻常。

木叶山是契丹人祭祖的场所,《辽史》一书中屡见辽帝"祠木叶山"、"望祠木叶山"或"遣使祭木叶山"之类的记载,祭祠的对象主要是祖先。《辽史》卷三二《营卫志》说:"今永州木叶山有契丹始祖庙,奇首可汗、可敦并八子像在焉。"卷三七《地理志》也说:"木叶山,上建契丹始祖庙,奇首可汗在南庙,可敦在北庙,绘塑二圣并八子神像。"元人亦谓"始祖奇首汗之庙居其上,故凡有事则必先以白马青牛告之"③。关于木叶山祖庙中供奉祖先神位的情况,宋人王易《燕北录》中的一段文字透露了比较详细的消息:

> 清宁四年戊戌岁十月二十三日,戎主一行起离靴甸,往西北约二百七十余里地名永兴甸行柴册之礼。……(十一月二日)次第行礼,先望日四拜,次拜七祖殿、木叶山神,次拜金神,次拜太后,次拜赤娘子,次拜七祖眷属。……七祖者,太祖、太宗、世宗、穆宗、景宗、圣宗、兴宗也。赤娘子者,番语谓之"掠胡奥",俗传是阴山七骑所得黄河中流下一妇人,因生其族类。其形木雕彩装,常时于木叶山庙内安置,每一新戎主行柴册礼时,于庙内取来作仪注,第三日送归本庙。七祖

---

①"凿"、"取"二字原本互舛,据中华书局点校本《辽史》校勘记乙正。
②《辽史》卷六一《刑法志上》。
③陈桱:《通鉴续编》卷二,后唐天成四年九月。

眷属七人,俱是木人,着红锦衣,亦于木叶山庙内取到。[①]

这里记述的是道宗清宁四年(1058)举行的一次柴册礼。王易曾于庆历二年(1042)和皇祐四年(1052)两次以贺正旦副使的身份出使辽朝[②];辽道宗清宁四年为宋仁宗嘉祐三年,此年并没有王易使辽的记载[③],但核以《辽史·道宗纪》,是年十一月癸酉(六日)确有"行再生及柴册礼"之事,与《燕北录》所记仅相差数日而已,因此我估计王易是年可能也曾出使辽朝,《燕北录》对此次行柴册礼的整个过程描述得非常详细,理应是他亲眼所见。通过《燕北录》的介绍我们可以知道,木叶山庙内不但有奇首可汗、可敦及八子神像,还供奉着辽朝历代皇帝、皇后(即七祖眷属)以及赤娘子的木雕神位——这个所谓的"赤娘子",显然就是青牛白马传说中驾青牛车泛潢河而下的天女。

除了祭祖之外,在木叶山的祭祠活动还有一项重要的内容,那就是祭拜木叶山神。"辽国以祭山为大礼"[④],我们在《辽史》卷四九《礼志》中所看到的祭山仪是相当的隆重和繁缛,据说这是由遥辇胡剌可汗创制的。祭山的同时还要祭拜天神、地祇及辽河(即潢河)神。

关于木叶山的地望问题,长期以来存在着很大争议。迄今为

---

① 见涵芬楼本《说郛》卷三八。
② 见《续资治通鉴长编》卷一三七庆历二年八月壬辰、卷一七三皇祐四年八月癸巳条。
③ 刘挚《忠肃集》卷一二《宫苑使阁门通事舍人王公墓志铭》有"迁西头供奉官,再任,俄充契丹国信副使"的记载,但此事记在庆历末至皇祐初,与嘉祐三年时间不符,或许是墓志行文稍有差池。
④ 《辽史》卷五六《仪卫志二》"国服"。

止,大致有以下四种观点:

(1)主张应在今西剌木伦河与老哈河汇流处去寻找木叶山。持这种观点的有松井等、傅乐焕、金在满等①,《中国历史地图集》也倾向于这种意见。此说的主要依据是,辽代文献明确记载木叶山在潢河(今西剌木伦河)与土河(今老哈河)两河交汇之处,但问题在于今西剌木伦河与老哈河汇流一带为科尔沁沙地,根本就无山可寻。

(2)认为木叶山是西剌木伦河与少冷河汇流处的海金山(今属翁牛特旗白音他拉乡)。这种观点是20世纪80年代初由姜念思、冯永谦先生经实地调查后提出来的,主要是考虑到海金山以东直至西剌木伦河与老哈河汇流处均为沙漠草原地貌,地势平坦,无山可寻②。此说显然缺乏说服力。从辽代文献中可以知道,木叶山应在潢河与土河交汇点附近一带,和永州也相距不远,而海金山东距西剌木伦河与老哈河交汇处达115公里之遥,距永州城遗址也有80公里左右,与辽代文献的记载明显不符。

(3)认为木叶山即辽祖州祖陵所在之山。赵评春先生指出,宋绶《契丹风俗》、新旧《五代史》、《资治通鉴》、《契丹国志》等书均谓辽太祖葬于木叶山,故木叶山当即今巴林左旗林东镇西南约三十公里处的辽太祖陵所在之山③。近年还有学者提供新的石刻

<hr>

① 松井等:《满洲に於ける为辽の疆域》,《满洲历史地理》第 2 辑,1908年。傅乐焕:《辽代四时捺钵考五篇》,原载《历史语言研究所集刊》10本 2 分,1942 年;收入氏著《辽史丛考》,中华书局,1984 年,80—82 页。金在满:《契丹始祖传说与西喇木伦河、老哈河及木叶山》,《辽金西夏史研究》,天津古籍出版社,1997 年。
② 姜念思、冯永谦:《辽代永州调查记》,《文物》1982 年第 7 期。
③ 赵评春:《辽代木叶山考》,《北方文物》1987 年第 1 期。

材料来支持这种说法：1996年在巴林左旗辽上京遗址出土的辽代高僧圆慧大师碑，其中提到圆慧大师所在的顺孝寺位于木叶山前，证明木叶山确在辽上京附近①。

上述结论建立在宋人的记载之上，而宋人对木叶山之所在地众说纷纭，以至于胡三省竟怀疑辽朝有南北两座木叶山②。实际上，宋人关于辽太祖葬于木叶山的传闻毫不可信，因为这与辽代文献对于木叶山的方位记载相差太远，《辽史·地理志》谓潢河、土河至木叶山合流为一，《地理志》和《营卫志》又都说木叶山在永州，《辽史·国语解》和赵志忠《虏廷杂记》均称上京为西楼、木叶山为南楼，这些史料足以证明木叶山绝不会位于上京西南之祖州。至于有关木叶山的那则石刻材料，则完全是一个误解。《圆慧大师碑》首行称"顺孝寺前木叶山兴王论王圆慧大师赐紫沙门玄福"云云，这就是所谓顺孝寺位于木叶山前的依据所在。葛华廷先生指出，此句中的"前木叶山兴王论王"当为"前木叶山兴王寺论主"之误，这句话无非是说顺孝寺圆慧大师此前曾在木叶山兴王寺修行讲法而已，哪里有顺孝寺位于木叶山前的意思③？《内蒙古辽代石刻文研究》将此碑题作《木叶山顺孝寺碑》，显然也是对碑文有所误解④。

（4）认为木叶山即阿鲁科尔沁旗南面的天山。这是近年张柏

①张松柏：《木叶山考古的新发现》，《赤峰日报》1998年8月21日第3版；陈永志：《关于辽代木叶山的再考察》，《中国古都研究》上册，北京国际华文出版社，2001年。
②见《资治通鉴》卷二七五后唐明宗天成二年正月胡注。
③葛华廷：《关于圆慧大师玄福墓志之浅见》，《赤峰日报》2006年2月18日第3版。木叶山兴王寺，见《辽史》卷三七《地理志一》"永州"条。
④盖之庸：《内蒙古辽代石刻文研究》，417页。

忠先生提出来的一种观点,他认为木叶山的地理位置之所以众说纷纭,主要是因为一千多年来地貌的演变、自然景物的变化,尤其是辽代以后潢河、土河河道的变迁,使木叶山失去了原来的参照对象和地理坐标,因此必须从西辽河的水系变迁入手来讨论这个问题。他认为至少在辽代前期,潢河和土河还属于黑龙江水系而不是辽河水系,辽代的潢河即今乌力吉木伦河,潢河与土河在阿鲁科尔沁旗东南交汇后,东北注入松花江,所以在今天西剌木伦河和老哈河的汇流处是找不到木叶山的,木叶山应是阿鲁科尔沁旗南面的天山,其东南十余华里处就是乌力吉木伦河(即潢河)①。目前看来,这一结论可能是最具有说服力的。

在此附带谈一下木叶山的语源及语义问题。1995 年 8 月在北京召开的纪念陈述先生暨辽金西夏史学术研讨会上,刘凤翥先生曾提出一种看法,认为木叶山是契丹语的音译,义为"大山",其根据是契丹小字 **又及** 读作[mɑi],而"木叶"即其译音。我觉得这种解释还值得斟酌。在契丹小字中,**又及**用作大小之"大"、长子之"长"、伯父之"伯",此字第一个原字的音值为[m],已经获得多方验证,但第二个原字的音值尚有疑问,《契丹小字研究》曾构拟为[o]②,后来刘凤翥先生改拟为[ɑi]③,这还有待于进一步验证;其次,木、叶二字在中古音中均为入声字,显然与契丹小字**又及**的音值不合;再者,苏辙在元祐四年(1089)出使辽朝时所作的一首题为《木叶山》的诗中,有"兹山亦沙阜,短短见丛薄"之句④,可见

①张柏忠:《辽代的西辽河水道与木叶山、永、龙化、降圣州考》,《历史地理》第 12 辑,上海人民出版社,1995 年。
②见前揭《契丹小字研究》,153 页。
③见刘凤翥:《契丹小字解读再探》,《考古学报》1983 年第 2 期,267 页。
④《栾城集》卷一六《奉使契丹二十八首》。

木叶山并非什么大山,上文说到今西剌木伦河与老哈河汇流一带根本就无山可寻,如果木叶山是阿鲁科尔沁旗南面的天山的话,这座山的相对海拔也仅有二百米。总之,将木叶山附会为契丹语译音的说法是不能成立的。依我之见,木叶山很可能是一个汉语词。

四 《契丹国志》的三汗传说

除了以上讨论的青牛白马说之外,还有一个契丹族的历史传说也常为人们所引用,这个故事见于《契丹国志》卷首《契丹国初兴本末》:

> 后有一主,号曰迺呵,此主特一髑髅,在穹庐中,覆之以毡,人不得见。国有大事,则杀白马灰牛以祭,始变人形,出视事,已,即入穹庐,复为髑髅。因国人窃视之,失其所在。复有一主,号曰喎呵,戴野猪头,披猪皮,居穹庐中,有事则出,退复隐入穹庐如故。后因其妻窃其猪皮,遂失其夫,莫知所如。次复一主,号曰昼里昏呵,惟养羊二十口.日食十九,留其一焉,次日复有二十口,日如之。是三主者,皆有治国之能名,余无足称焉。

首先需要考虑的是这段文字的史料来源。据我查考的结果,这则传说仅见于此①,在我们今天所能看到的辽宋双方文献中都找不

①明王世贞《弇州山人四部稿》卷一六○说部《宛委余编五》也有这个故事,但显系抄自《契丹国志》。

到类似的记载。《契丹国志》一书基本上取材于宋人著作，这个故事想必也是从某部宋人书中抄来的，只是原书已经看不到了。尽管《契丹国志》的这段文字出处不明，但它一定也是契丹本民族的传说。理由有三：第一，这个故事中有以白马灰牛为牺牲的内容；第二，三主之名显系契丹语音译，后面将详细讨论这个问题；第三，正如下文杨维桢所言，像这样"荒唐怪诞"的故事，乃"中国之人所不道也"。

对于契丹人的这一传说，后人曾有不同的评价。《契丹国志》在叙述完这个故事之后发了一段感慨："异矣哉！毡中枯骨，化形治事；戴猪服豕，罔测所终。当其隐入穹庐之时，不知其孰为主也，孰为之副贰也，荒唐怪诞，讹以传讹，遂为口实，其详亦不可得而诘也。"元末杨维桢所作《正统辨》也对这个传说发表了类似的意见："吾尝究契丹之有国矣，自灰牛氏之部落始广，其初枯骨化形，戴猪服豕，荒唐怪诞，中国之人所不道也。"[1]显而易见，这种评价模式代表着汉人的立场和观念。而清高宗对这个传说却有着不同的见解，他在乾隆四十六年（1781）十月下诏改纂《契丹国志》时，针对其中的契丹先祖传说故事谈了他的看法："其志中之事迹，如祭用白马灰牛，毡中枯骨变形视事，及戴野猪头、披皮之类，虽迹涉荒诞，然与《诗》《书》所载简狄吞卵、姜嫄履武，复何以异。盖神道设教，古今胥然，义正如此，又何必信远而疑近乎。"[2]公允地说，乾隆的见解要比杨维桢辈显得通达，每个民族在它的文明时代早期都会出现类似的传说，商周时代的汉人也同样如此。乾隆认为这种传说是"神道设教"的结果，大概是指它含有后人润饰

---

①见《辍耕录》卷三。
②见《四库全书总目》卷首载乾隆四十六年十月十六日上谕。

加工的成分。

现代历史学家试图从这一传说中去寻绎契丹族早期历史的某些线索。日本学者八木奘三郎认为,这个故事中的三位人物各有所指,迺呵指帷幕之臣,喎呵指武功之臣,昼里昏呵指擅长供给兵粮者①。这种推论富于臆想而缺乏实证,故很难让人相信。陈述先生曾对有关迺呵的传说提出过一个很有意思的解释。据《新五代史·四夷附录》记载,辽帝死后,在其陵寝置寝殿学士,"岁时奉表,起居如事生",陈述先生认为,迺呵的传说就是契丹陵寝制度的反映,即由寝殿学士代先王言,作先王口气,以枯骨化形来治事②。这种解释可姑备一说。不过《新五代史》所记载的契丹陵寝制度牵涉到斡鲁朵制度中的某些有争议的问题,其可靠性如何还值得考虑。

上述传说中三主名号迺呵、喎呵、昼里昏呵的契丹语音义,是学者们讨论最多的问题。关于其语尾之"呵"字,人们的看法比较一致,即认为它是汗[xɑn]脱落了词尾辅音 n 的形式,正与契丹小字中的"凸[xɑ]"(可汗)相符③。至于三汗之名应如何对音释义,则众说纷纭。最早涉及这个问题的是清代学者,《四库全书》中的《钦定重订契丹国志》附有四库馆臣编纂的《译改国语解》一卷,以满洲语附会三主名号,分别释为"坑"、"冰"、"有义"④,这种解

_____

① 八木奘三郎:《遼金民族の古傳と文化》,《满蒙》第 16 年 9 月号,1935年 9 月。
② 陈述:《契丹政治史稿》,人民出版社,1986 年,43—47 页。
③ 参见王弘力:《契丹小字墓志研究》,《民族语文》1986 年第 4 期,58 页;即实:《从夨 丹为说起》,《内蒙古大学学报》1988 年第 4 期,56 页。
④ 《钦定重订契丹国志》卷二八《译改国语解》,影印文渊阁《四库全书》本,第 383 册,797—798 页。

释自然是不着边际的。白鸟库吉《东胡民族考》也谈到过这个问题，他根据《辽史·礼志》"耐，首也"之说，释"洒呵"为"头汗"，谓其乃一髑髅，故名；又通过与蒙古语族诸语言进行对比，指出"喝"应是"猪"的略译，谓因其戴猪头、披猪皮之故；至于"昼里昏呵"则置而未论[①]。后来方壮猷发表的《契丹民族考》一文，则全盘抄袭了白鸟库吉的上述考释结果[②]。

近年清格尔泰先生在《契丹语数词及契丹小字拼读法》一文中，再次讨论了三汗名号问题，他也主张释"洒"为头颅，因有《辽史》为据，这个结论问题不大；关于"喝呵"，清格尔泰虽未见过白鸟库吉的考释，但却通过不同的途径得出了与白鸟氏大致相同的结论。清文指出，在契丹小字十二生肖中，猪（亥）作**火**，此字的音值为[uei]，过去已有定论，"喝呵"之"喝"盖即此词之音译[③]。清格尔泰直接从契丹语出发来考释"喝呵"的音义，自然比白鸟库吉辗转通过蒙古语族其他亲属语言加以比附更有说服力。

最为棘手的还要算是"昼里昏呵"，这个王号从契丹语和蒙古

①《东胡民族考》之十"契丹篇"，见《白鸟库吉全集》第 4 卷，东京岩波书店，1970 年，262—264 页。
②方壮猷《契丹民族考》是一篇数万字的长文，连载于国立北平大学女子师范学院《女师大学术季刊》1 卷 2、3 期（1930 年 6、9 月），今查该文80% 以上的内容抄袭自白鸟库吉《东胡民族考·契丹篇》，只是文章结构做了若干变动而已。后方氏于 1934 年在商务印书馆出版的《东胡民族考》中译本，唯独删去了最后一节"契丹"，其中隐衷大概就在于此。方氏发表于《燕京学报》第 8 期（1930 年 12 月）上的《匈奴王号考》《鲜卑语言考》两文，曾被人指出有抄袭《东胡民族考》之嫌（见《燕京学报》第 9 期封三，1931 年 6 月），而《契丹民族考》一文的剽窃行为尚不为人所知，故附识于此。
③清格尔泰：《契丹语数词及契丹小字拼读法》，《内蒙古大学学报》1997年第 4 期。

语中都很难找到一个合理的解释。因此即实先生提出一个大胆的猜测,谓"昼"当为"画"之误,以"画里昏"对应蒙古语的"仅仅二十"①。清格尔泰先生则将"画里昏"解释为蒙古语的"二十只羊"②。显然,他们都是围绕着"昼里昏呵惟养羊二十口"一语来进行推论的。王弘力先生同样主张改"昼"为"画",但他的释读结论却与其他学者截然不同,他将三汗名号分别释为第一可汗、第二可汗、第三可汗,其解读根据主要是蒙古语③。这一结论很成问题。"迺"义为首、头,释为第一可汗似无不可;但"喝呵"如何与蒙古语第二可汗[xoir-xa]对音?"昼里昏呵"即便改为"画里昏呵",拿它与蒙古语的第三可汗[gwar-wan-xa]对音也颇为勉强。根据目前对契丹小字序数词的了解,我认为没有理由把三汗王号释为序数词。况且在没有任何文献或版本依据的情况下,任意改"昼"为"画",这种解读结论是很难取信于人的。因此我觉得"昼里昏呵"一词仍是一个有待继续探索的问题。

有关契丹族源起的历史传说,除了上面谈到的青牛白马说和三汗说之外,还应该提到黄帝说和炎帝说。《辽史·太祖纪赞》曰:"辽之先,出自炎帝,世为审吉国,其可知者盖自奇首云。"卷六三《世表序》亦曰:"考之宇文周之书,辽本炎帝之后,而耶律俨称辽为轩辕后。俨志晚出,盍从《周书》。盖炎帝之裔曰葛乌菟者,世雄朔陲,后为冒顿可汗所袭,保鲜卑山以居,号鲜卑氏。既而慕容燕破之,析其部曰宇文,曰库莫奚,曰契丹。契丹之名,昉见于此。"

---

① 即实:《关于契丹数词音读问题》,《内蒙古大学学报》1986 年第 4 期。
② 见前揭清格尔泰:《契丹语数词及契丹小字拼读法》。
③ 见前揭王弘力:《契丹小字墓志研究》。

以上所引《辽史·太祖纪赞》和《世表序》,都只能代表元朝史官的观点。他们主张契丹为炎帝之后,其史料依据出自《周书·文帝纪》。据《世表序》说,耶律俨《皇朝实录》原是称契丹为黄帝之后的,但《辽史》纂修者们认为此说无据,故改倡炎帝说。其实耶律俨的黄帝说并非空穴来风,《魏书》卷一《序纪》云:"昔黄帝有子二十五人,或内列诸华,或外分荒服,昌意少子,受封北土,国有大鲜卑山,因以为号。"这就是耶律俨黄帝说的根据所在①。不管是耶律俨的黄帝说,还是元朝史官的炎帝说,都是受汉文化影响的结果,与青牛白马说和三汗说这些契丹本民族的历史传说相比较,它们显然是后起的说法。

有意思的是,本是互不相干的这些传说,经过后人的整合,却最终合而为一了。近年在云南发现的契丹遗裔,保存有一部修于明代的《施甸长官司族谱》,卷首是一幅青牛白马图,并附一首七言诗,诗曰:"辽之先祖始炎帝,审吉契丹大辽皇。白马土河乘男到,青牛潢河驾女来。一世先祖木叶山,八部后代徙潢河。……"②这些契丹人的后代既保持着对青牛白马说的记忆,也认可了契丹为炎帝苗裔的说法。

五 漆水郡:契丹人的郡望概念

探寻契丹人的历史记忆,还有一个值得尝试的途径,那就是

①陈汉章《辽史索隐》卷七已有"耶律俨本《魏书》"之说。
②孟志东:《云南契丹后裔研究》,中国社会科学出版社,1995年,40—
　　41页。

通过契丹人的郡望概念去解读他们的根的意识。

辽代的契丹人仅有耶律氏和萧氏(审密)两姓,耶律氏的封号有漆水郡、混同郡和柳城郡,萧氏的封号为兰陵郡。前者的情况比较复杂,这里先说萧氏与兰陵郡的关系。辽朝与其他中原王朝的情况类似,汉人的封号多为其郡望,如王氏则封号为太原,李氏则封号为陇西,杨氏则封号为弘农,张氏则封号为清河;萧氏之封兰陵郡也是这种情况。兰陵是汉姓萧氏的郡望,敦煌残卷《唐贞观八年条举氏族事件》云:"徐州兰陵郡一姓,萧。"[1]另一份出自敦煌石室的《新集天下姓望氏族谱》载:"徐州兰陵郡出四姓:萧、缪、万俟、端木。"[2]《广韵》卷二下平声三萧:"萧,又姓,出兰陵、广陵二望。"契丹审密氏在辽朝称为萧氏,于是就采用汉姓萧氏的郡望兰陵郡为其封号,这对我们追寻契丹人的根没有什么意义。

耶律氏的封号一般为漆水郡,偶尔也有封混同郡或柳城郡者,不过从辽金文献和石刻资料来看,受封混同郡和柳城郡者并不限于耶律氏,还有萧氏、完颜氏乃至汉人,说明这两个封号不具有郡望的概念。惟一值得深究的是漆水郡,辽朝凡封漆水郡(县)者均为耶律氏,有许多证据表明,在辽金元三朝,漆水始终被契丹人视为耶律氏的郡望。辽《耶律庆嗣墓志》云:"公讳庆嗣,字袭美,其先漆水人也。"[3]耶律琮的封爵为漆水郡开国公,其神道碑曰:"公讳琮,字伯玉,姓耶律氏,世为漆水郡人也,与国同宗。"[4]

---

[1] 现藏中国国家图书馆,位字第 79 号。

[2] S. 2052 号。据王仲荦《〈新集天下姓望氏族谱〉考释》的意见,此谱大约编于唐德宗时,见《蜡华山馆丛稿》,中华书局,1987 年,365 页。

[3] 《辽代石刻文编》,456 页。

[4] 李逸友:《辽耶律琮墓石刻及神道碑铭》,载《东北考古与历史》第 1 辑,文物出版社,1982 年。

《耶律宗政墓志》曰:"王讳宗政,字去回,漆水同源,绛河析泒。"又铭曰:"昔我太祖,创业称皇。漆水源浚,银河泒长。"[1]金、元两代的耶律(移剌)氏,其封号也多为漆水。耶律楚材诗文中多以漆水相标榜,如《湛然居士文集》卷八《题恒岳飞来石》,末署"己丑清明日,湛然居士漆水移剌楚材晋卿题"。卷一三《楞严外解序》,末署"甲午清明后五日,湛然居士漆水移剌楚材晋卿序于和林城"。卷三《寄景贤一十首》之二曰:"龙冈漆水两交欢,纵意琴书做老闲。"诗中"龙冈"指楚材诗友郑景贤[2],景贤号龙冈居士,"漆水"即耶律楚材自称。

以上种种,足以证明这样一个事实,漆水确实是契丹人心目中的耶律氏郡望。但它与萧氏借用汉姓郡望的情况不同,辽朝的耶律氏译成汉姓为刘氏,而刘氏的郡望是彭城。更重要的是,漆水这个郡望与汉人的郡望有一个最大的不同之处——汉人的任何一个郡望都是得名于历史上的某一地方行政区,而中国历代王朝从来没有什么漆水郡或漆水县,所以这个郡望显然是得自水名,那么漆水究竟是指哪条河流呢? 目前学界有两种推测。

日本学者松浦茂认为,漆水可能是指滦河下游的支流青龙河。其依据是,《大清一统志》卷九谓青龙河一名漆水,实际上《辽史》中就有关于漆水的记载,而在《元史》一书中,漆水总是与滦河同时出现,说明青龙河当时已有漆水之名;滦河上游就是辽太祖耶律阿保机任可汗时居住的汉城,那一带大概是他的根据地,以

---

① 《辽代石刻文编》,305—306、308 页。
② 据刘晓《郑景贤的名字与籍贯》(《中国史研究》2001 年第 3 期)考证,郑氏名师真,字景贤。

漆水作为耶律氏的郡望,可能是出于纪念的目的①。

首先需要指出的是,滦河支流中的漆水与青龙河有别。《畿辅通志》卷二一永平府下引《永平府志》云:"漆河,在卢龙县西门外,源出口外,土人亦呼为乌填河。……南经燕河营,合青龙河……又南至虎头石,与滦河合。"后有作者按语:"青龙以出冷池,故兼凉河之称;漆水以合青龙,故又兼摄青龙之号。近志竟以青龙为漆水。"

将耶律氏郡望之漆水比定为滦河的这条支流,我认为是不合适的。

其一,漆水于《辽史》无考。遍览《辽史》,在耶律氏封号之外,"漆水"一名只出现过两次,一处见于《王鼎传》:"调易州观察判官,改漆水县令。"另一处见于《圣宗纪》:统和七年正月"乙巳,幸易州。……戊申,次漆水"。这两处"漆水"均为"涞水"之误,中华书局点校本业已改正。

其二,辽代滦河支流有无漆水之名尚不能肯定。如松浦茂氏所说,元代滦河下游确有一条名为漆河的支流,《元史·成宗纪》大德五年八月"平滦路霖雨,滦、漆、洫、汝河溢",又《顺帝纪》元统二年二月"滦河、漆河溢,永平诸县水灾",但不能据此证明此河在辽代就已有漆河之名。

其三,最重要的一点是,这个漆水只是滦河下游的一条很小的支流,其流域范围在长城以南的平州,与契丹人的活动区域相距甚远,实在想像不出它和耶律氏能够扯上什么关系。松浦茂谓

①松浦茂:《金代女真氏族の構成について——『金史』百官志にみえる封號の規定をめぐつて》,《东洋史研究》36卷4号,1978年3月,13、33页。

耶律阿保机任可汗时居住的汉城就在滦河上游云云,乃是一种牵强附会的解释。关于阿保机治汉城的故事,见于《新五代史》卷七一《四夷附录》:"其立九年,诸部以其久不代,共责诮之。阿保机不得已,传其旗鼓,而谓诸部曰:'吾立九年,所得汉人多矣,吾欲自为一部以治汉城,可乎?'诸部许之。汉城在炭山东南滦河上,有盐铁之利,乃后魏滑盐县也。"这段史料的可靠性如何还值得考虑。姚从吾先生曾撰文指出,汉城乃是一通称,炭山东南滦河上游的汉城只是阿保机时代诸多汉城中的一个①。从辽朝方面的记载来看,这个汉城对阿保机并没有什么特殊的意义,也不是阿保机长期的根据地,也许在他任可汗时期曾在炭山夏捺钵,所以会有上述传闻。即便阿保机治汉城的故事是真的,滦河上游的汉城与远在滦河下游的一条小小的支流漆水,它们之间究竟有什么相干?

近年都兴智先生又提出另一种推测,认为耶律氏的郡望可能是源于渭水支流漆水,此河在今陕西岐山县附近,这一带是周人勃兴之地,耶律氏以漆水为郡望,是为了把契丹人附会为黄帝之后,因为周人就是黄帝的苗裔②。

这一论断也极为牵强。首先,渭水支流漆水与契丹人毫无关系。据我所知,关中共有四条漆水,程大昌《雍录》卷六"雍地四漆水"条说:"雍境漆、沮,其在后世,地书名凡四出,而实三派:雍州富平县石川河,一也;邠州新平县漆水,二也;凤翔府普润县漆水,三也;郑白渠亦名沮漆,四也。"这四条漆水均属渭水水系,并且都

①姚从吾:《说阿保机时代的汉城》,《国学季刊》5 卷 1 号,1935 年。
②都兴智:《辽代契丹人姓氏及其相关问题考探》,《社会科学辑刊》2000年第 5 期。

是很小的支流,契丹人是否听说过远在关中的这几条河流都是问题,怎么可能以此为其郡望? 其次,耶律氏以漆水为封号,早在辽世宗天禄三年(949)就已经见于记载①,在辽朝前期契丹族汉化程度不高的情况下,不大可能将契丹人附会为炎黄子孙,上文说到耶律俨所主张的黄帝苗裔说,是在辽末天祚帝时纂修的《皇朝实录》中才出现的。

综上所述,我认为滦河支流的漆水和渭水支流的漆水都与耶律氏郡望无关,但限于现有史料,我还无法对此问题提供一个正确的答案。在目前所见辽朝文献及石刻材料中,找不到任何有关漆水的蛛丝马迹,不过我可以指出以下两点以供日后研究者参考:第一,漆水是一个汉语词,而不是契丹语译音。在契丹小字和契丹大字中,作为封号出现的"漆水"一词都是汉语借词,如契丹小字《许王墓志》第24行"漆水郡王",《故耶律氏铭石》第2行"漆水县开国伯"②;契丹大字《耶律祺墓志》"漆水郡王",《耶律昌允墓志》"漆水郡开国公"③。第二,被契丹人视为耶律氏郡望的"漆水",应该到契丹人早期的活动区域内去寻找。我觉得,漆水郡的得名之由,可能类似于女真完颜氏的郡望金源郡,金朝并没有一个称为金源郡的地方行政建制,这个郡望源于女真完颜部的发祥之地按出虎水,漆水也应该是这样的一条河。如果做一个大胆的猜测,漆水也许是潢河或土河的别名,或者是它们的某一支流?《萧德温墓志》曰:"公娶耶律氏,封辽水郡夫人。"④辽水郡这

①见《辽史》卷五《世宗纪》、卷七七《耶律颏昱传》。
②《契丹小字研究》,569、584页。
③以上两方契丹大字墓志尚未发表,此据刘凤翥先生告知。
④《辽代石刻文编》,372页。

个封号理应等同于漆水郡,而辽水实际上指的是潢河。不知这条材料是否能够说明一点问题?我期待发现新的史料,最终解开这一谜底。

原载《漆侠先生纪念文集》,
河北大学出版社,2002 年 10 月

契丹名、字研究

——文化人类学视野下的父子连名制

　　本文的学术价值主要体现在以下两个方面:第一,这是一篇运用跨学科方法研究中国民族史的作品。如果仅仅是研究契丹人的名字,其本身的学术意义是十分有限的;本文的旨趣,意在为民族史研究探索一条新的道路。因此,除了凭借我们所熟悉的汉文文献和传统史学方法之外,还尽可能充分地利用契丹语文资料以及文化人类学的知识和方法。作者通过这一途径揭开了从不为人所知的契丹族父子连名制的奥秘。第二,这是一篇运用契丹文字资料研究契丹史的作品。本文主要以契丹大小字石刻资料作为基本史料,扩大了契丹史和辽史研究的史料范围,代表着辽金史研究的一种新方向。

　　契丹小字石刻中所见契丹人名字通常包括小名和第二名,全称时则第二名在前,小名在后。通过对目前出土的所有契丹大小字石刻资料进行系统的梳理,作者发现契丹小字的第二名词尾分别由**伏**、**出**、**与**、**内**、**否**五个原字构成,在契丹大字中发现的第二名词尾用字**尒**则与契丹小字**伏**的用法相同,这说明契丹人的第二名词尾是由某些特定音节构成的一种附加成分。分析这些词尾用字的音值,进而发现契丹语中各种第二名词尾附加成分具有同样的语法功能,它们很可能是属格后缀。

在成功辨析出第二名词尾的附加成分之后,接下来作者从若干种契丹大小字墓志所记载的墓主世系里看出了一个有趣的规律:在契丹人的某些父子的第二名和小名之间,存在着词法意义上的相同形式的关联,即父亲的第二名与其长子的小名是同根词,前者的惯用词形均为后者添加属格附加成分的形式。这种情况提醒我们,在契丹族的历史上,一定存在某种从不为人知晓的父子连名制。但这究竟是一种什么类型、什么形式的父子连名制,则必须向文化人类学去寻求答案。

杨希枚认为亲子连名制理应具备以下两类四型:子连亲名之亲名前连型(某之子—某)、子连亲名之亲名后连型(某—某之子)、亲连子名之子名前连型(某之父—某)、亲连子名之子名后连型(某—某之父)。但他当时构想的亲连子名制,基本上还停留在理论假设的阶段,未能在人类学资料中找到相应的例证。关于亲连子名之子名前连型,目前能够看到的最典型的民族学资料当属佤族,佤族人的父子连名制可以表达为 BA—CB—DC 的公式,与杨希枚所设想的"某之父—某"型的亲连子名制基本吻合,只不过被省略为"某(之父)—某"的形式罢了。这一类型的连名制还见于瑶族和纳西族的少数地区,以及婆罗洲的肯雅族(Kenyah)和达雅族(Dayak)部落。

那么,上述契丹人第二名+小名的名字全称究竟表达的

是一种什么类型和形式的父子连名制呢？一种可能是子连
亲名之亲名后连型，即从子名的角度来看，不妨理解为"本名
后续属格后缀＋父名"的形式；另一种可能是亲连子名之子名
前连型，即从父名的角度来看，可以理解为"长子小名后续属
格后缀＋本名"的形式。作者认为契丹人的连名制应属后一
种类型，在"第二名＋小名"的连名形式中，实际上有一个省略
成分，即"第二名"之后省略了"父亲"一词，因此可将契丹人
的连名制形式准确地表达为"某之（父）—某"型。

中国北方民族史研究向为史家所看重，但由于受制于有限的
文献资料并深受传统史学方法的桎梏，迄今的民族史研究在深度
上尚难以企及早已相当成熟的断代史学。譬如说，即便是曾经深
入汉地建立过一个长达二百余年的大辽王朝的契丹族，人们今天
对它的了解仍是十分肤浅的。要想突破这种看似无奈的困境，势
须另辟蹊径。本文对契丹名字制度的探索，就包含着这样一种努
力意图。除了凭借我们所熟悉的汉文文献和传统史学方法之外，
本文还尽可能充分地利用契丹语文资料以及文化人类学的知识
和方法。结果我们很欣慰地发现，契丹史的研究其实还大有深入
的余地和展拓的空间。

一　揭开契丹人"第二名"的奥秘

在古代北亚民族中，契丹人的名字制度也许是最为复杂的。
但以往历史学家根据《辽史》等汉文文献对契丹人名字所作的种

种诠释,均未能揭示它的真谛①。直到近年契丹文字学家通过契丹小字石刻资料的解读,才逐渐看出了其中的一些门道,从而使我们有可能对契丹人的名字习俗获得比较深入的了解。

简而言之,契丹人的名字包括两个部分,按辽代汉文文献的说法,一是名(辽代译称小名或小字),契丹人的名多由一个单词构成,但也有两个或三个单词的名;二是字,所有人的字全都为一个单词②。契丹小字墓志介绍墓主名字时,在名和字之间常常会出现 🈂️ 一词,这是一个带有领属格词尾附加成分的序数词"第二",它是解读契丹人名字的关键所在。关于该词在这一特定语境下的含义,以往研究者们有两种猜测性意见,即实(巴图)、王弘力等人以为它是指墓主的排行,但令人奇怪的是,无论墓主排行第几,在记述其名字时却总是出现此词;刘凤翥先生过去多将该词释为"第二(等)的",并按此理解将它后面的词随机地释为国姓、宗室、横帐等等,而没有注意到出现在该词前后的单词往往都属于墓主名字的组成部分。现在看来,这些阐释都是不着边际的。

直到最近一两年,契丹文字学家才对这个词的解读提出了值得重视的意见。乌拉熙春教授认为,此词就是指契丹人的字,本义为"配对的、成双的",意指它后面的词是与小名配对的"大名"

---

① 参见都兴智:《契丹族的姓氏和名称》,《辽宁师范大学学报》1990 年第
5 期;张国庆:《略谈辽代契丹人的命名习俗》,《博物馆研究》1991 年第
2 期;冯继钦:《金元时期契丹人姓名研究》,《黑龙江民族丛刊》1992 年
第 4 期。
② 这里所说的是契丹男子的名字习俗。由于资料的匮乏,目前对契丹女
子的名字还很难有深入的了解,故本文的研究对象仅限于契丹男性的
名字问题。

云云①。此说虽然对该词的原意理解有误，但将它与契丹人的字联系起来，已是一个很大的进步。刘凤翥先生新近发表的《辽代萧乌卢本等三人的墓志铭考释》一文，终于澄清了 [契丹字] 一词的真实含义：当谈及契丹人的名字时，该词意指相对于小名而言的"第二个名字"。由此得以将《耶律（韩）迪烈墓志铭》第 2 行所记墓主人名字完整无误地译出：

[契丹字]	[契丹字]	[契丹字]	[契丹字]	[契丹字]
孩子	名	迪烈	第二的（名）	空宁

而志题所见墓主名字全称则作 [契丹字]，按刘文的意见，可直译为"空宁·迪烈"②。

　　对 [契丹字] 一词的正确解读，是迄今为止探索契丹语人名所取得的最重要突破，它奠定了我们这项研究的基础。像《耶律（韩）迪烈墓志》那样记述墓主的名字，乃是契丹文字石刻资料的一种通例。所谓的"孩子名"，亦可意译为"小名"，《辽史》列传通常将它当作传主的名；而契丹文字石刻中所称的"第二名"，在《辽史》里则被称为传主的字。按照契丹人的习惯，其名字的全称是"第二名"（字）在前，"小名"（名）在后。这就是目前学界对契丹人名制度

---

① 爱新觉罗·乌拉熙春：《〈耶律迪烈墓志铭〉与〈故耶律氏铭石〉所载墓主人世系考——兼论契丹人的"名"与"字"》，《东亚文史论丛》创刊号（庆祝金启孮先生八十五华诞纪念特集），2003 年 3 月，79—93 页；又载《立命馆文学》第 580 号，2003 年 6 月，1—16 页；收入同氏《辽金史与契丹、女真文》，京都大学东亚历史文化研究会，2004 年 7 月，69—84 页。

② 刘凤翥、唐彩兰、高娃：《辽代萧乌卢本等三人的墓志铭考释》，《文史》2004 年第 2 辑。按耶律迪烈本系玉田韩氏，汉名承窥，是辽代契丹化的汉人，故其契丹语名字完全遵循契丹族俗。

的最新认识。

上述解读结果带来的是更多的谜团：契丹人的"小名"与"第二名"是否类似于汉人名与字之间的那种关系？其人名的全称为何采取"第二名"在前而"小名"在后的形式？契丹小字石刻所称的"第二名"究竟意味着什么？抱着这些疑问，我对迄今出土的所有契丹大、小字石刻所涉及的人名资料进行了比较彻底的梳理，希望能够从中找到问题的答案。

让人意想不到的是，几乎所有的谜底都隐藏在这个"第二名"中！我发现，契丹人的第二名具有某种明显的特征，值得注意的是它的词尾音节。目前所见契丹小字人名资料，所有第二名的词尾均由伏、出、与、内、杏五个原字之一构成，与小名没有特定词尾的情况截然不同。下面分别举例说明，若字形或词义有疑问者则略加考释。

（一）以伏收尾者

分析契丹小字人名资料时，首先引起我注意的就是这个原字。如果做一初步估计，在契丹人的第二名中，词尾原字为伏者大约要占60%左右。上文说到耶律（韩），迪烈第二名为几杰伏，就是其中的一例。

又如契丹小字《耶律宗教墓志铭》第2行介绍墓主名字说：

火化　牛犬汁　杂化与利　雨伏

名　驴粪　第二的（名）　嘲隐

耶律宗教为圣宗弟耶律隆庆第四子。据阎万章先生考证，见于《辽史·皇子表》和《皇族表》的"驴粪"，以及《圣宗纪》和《兴宗纪》的"旅坟",都是耶律宗教的契丹语名①。此处的 **火化**（名），就是指 **丹为火 火化**（小名）。至于他的第二名，虽然汉文《耶律宗教墓志铭》有"王讳宗教，字希古"的记载，但这是指他的汉文名、字，而他的契丹语第二名却不见于汉文文献，参以《辽史》所见契丹人名译例，可译作"嘲隐"②。这个第二名的词尾原字为 **伏**。

再举《耶律智先墓志铭》为例，墓主名字见于4—5行：

业北	火化	万文 卒夊	朱化 与刋	北牛 丹伏
小	名	延留	第二的（名）	讹里本

该墓志录文目前已有刘凤翥和清格尔泰两个摹本发表③，而两个本子均将此句前两词合并为一词，且都未能解读。经与拓本相比勘，我认为这应该是两个独立的单词。由这两个单词所组成的词组，最初见于《许王墓志》第8行，但《契丹小字研究》将它误识为 **业北 火化**④，后经即实先生更正为 **业北 火化**，并指出其义为"小字"⑤。另外，在《耶律仁先墓志》第6行中也出现过这个词

---

① 阎万章：《契丹小字〈耶律宗教墓志铭〉考释》，《辽海文物学刊》1993年第2期。该墓志录文见刘凤翥等：《契丹小字解读五探》附录二，《汉学研究》13卷2期，1995年12月，337页。

② 如耶律韩八字嘲隐，见《辽史》卷九一。

③ 前者见赵志伟、包瑞军：《契丹小字〈耶律智先墓志铭〉考释》附录一，《民族语文》2001年第3期，38页；后者见清格尔泰：《契丹小字释读问题》，东京外国语大学亚非语言文化研究所刊行，2002年3月，233页。

④ 清格尔泰、刘凤翥等：《契丹小字研究》，中国社会科学出版社，1985年，563页。

⑤ 即实：《〈森讷墓志〉释读》，见同氏《谜林问径——契丹小字解读新程》（以下简称《谜林问径》），辽宁民族出版社，1996年，142页。

组,从上下文来看,亦当释为"小名"。按业扎一词可拟为 *p'-ə[1],
而⿱⿰丹力⿱乂一词拟音为 *p-xəi-i;我们知道,契丹小字中有许多同词异形
的现象,因此业扎很可能是⿱⿰丹力⿱乂的异体,也就是说,业扎 乂化与
⿱⿰丹力⿱乂 乂化是同义词,均为"小名"之意。上面引文中的第三词即是
耶律智先的契丹语小名,根据已知的四个原字音值,可以将它译
作"延留"。最后一词是耶律智先的第二名,这是契丹人的一个常
用名,辽代通行汉译作"讹里本"或"乌卢本",而该词的最末一个
原字也是伏。

(二)以出收尾者

在契丹人的第二名中,词尾原字为出者也很常见,其使用频率
大概仅次于以伏收尾者。

如《耶律迪烈墓志铭》第 4 行记述墓主名字曰:

乂化	尸令	衣化 与刋	仐木 圡出
名	迪烈	第二的(名)	撒懒

关于墓主人的小名"迪烈",尚有一点分歧需要解决。"迪烈"是
契丹人的常用名,在其他契丹小字石刻中通常作⿱仐用⿱彡⿰丿一或⿱⿰⿱丷丷用⿱彡⿰丿一(两词
的第一个原字音同,可通用),此处的"迪烈"虽是另一种完全不同
的写法,但已有学者论证它为该词之异体[2],我们对此没有异议。
分歧在于第二个原字的字形,刘凤翥和清格尔泰先生均将此词摹

---

①以往研究者为原字扎所构拟的音值均缺乏可信的依据,根据人名⿱扎⿱⿰丹伏
(讹里本)的译音来看,这个原字理当读 ə。
②卢迎红、周峰:《契丹小字〈耶律迪烈墓志铭〉考释》,《民族语文》2000
年第 1 期。该文代表刘凤翥先生的观点,下文所引刘说亦见于此。

写为**尺公**①，嗣经包联群博士指出，此词的第二个原字应是**令**而不是**公**，并因此对它是否墓主的小名"迪烈"产生了怀疑②。笔者仔细比对拓本之后，认定此词的正确写法是**尺令**。这一更正不但不会动摇原有的释读结论，反倒替"迪烈"的译音增添了一个有力的证据：已知原字**令**的读音为 t，而"迪烈"的"烈"，《广韵》作良薛切，是以 t 音收尾的入声字，故用以对译带有尾辅音 t 的**尺令**一词，实在是再合适不过了。

耶律迪烈的第二名，过去被刘凤翥先生误释为"第二横帐"。据他考证，这位耶律迪烈就是见于《辽史》卷九六的耶律敌烈，其本传称："耶律敌烈，字撒懒。"虽然他已依据这一记载将志题中出现的墓主姓名**万夾 令出**译作耶律撒懒，但却顾此失彼，把出现在第 4 行的同一个词**令出**臆解为"横帐"。专用为契丹人第二名的"撒懒"，亦见于《室鲁太师墓志碑》第 1 行：**令出 咒 尺为 夾化 尺用夾**，全句可译为"撒懒太师小名室鲁"③。这里的**令出**与《耶律迪烈墓志铭》的**令出**写法稍异，因两者的第三个原字读音相近，故可以肯定它们是同词异体的关系。而这两种不同的写法，都是以**出**收尾的。

再举一例。据《辽史·皇子表》，玄祖第三子释鲁，字述澜，是

---

① 刘凤翥摹本见《契丹小字〈耶律迪烈墓志铭〉考释》一文附录，清格尔泰摹本见《契丹小字释读问题》，224 页。

② 包联群：《〈南赡部洲大辽国故迪烈王墓志文〉的补充考释》，《内蒙古大学学报》2002 年第 3 期。

③《室鲁太师墓志碑》尚未发表，此据拓本录文。按该墓墓主为撒懒·室鲁，《辽史》卷九五有《耶律适禄传》，谓适禄字撒懒，但所记卒年略有出入，疑非一人。

为仲父房。契丹小字《耶律仁先墓志》第 3 行中记有他的名字,但仅能辨识出第一个词⿰字,下面的若干字词已残泐无考。诸家解读者均将此词释为"释鲁"[①],我认为这应该是释鲁的第二名"述澜"。理由有三:第一,从构成该词五个原字的音值来判断,与"述澜"的译音大致相符;第二,契丹小字的"释鲁"应作⿰字,已见上文所述;第三,就上下文来看,此处所记述者应是其全称"述澜·释鲁",在前者是述澜,而后面的释鲁一词已残。总而言之,此词当为释鲁的第二名述澜,而它也是以出收尾的。

(三)以与收尾者

原字与也是契丹人第二名的标志性词尾,这种情况在石刻材料中亦较为常见。

如金代契丹小字《萧仲恭墓志铭》第 2 行所记墓主名字:

⿰字	⿰字	□	⿰字	⿰字
第二的(名)	兀衍	小 名		术里者

这句话的内容曾被学者们反复讨论。虽然早在这方墓志刊布之初,王静如先生就已考定墓主为萧仲恭,但长期以来人们却一直弄不清楚究竟这段文字中的哪些词是墓主的名字。阎万章先生曾随意将第二词⿰字释为萧氏[②]。王弘力先生谓墓主本名是⿰字

①参见即实:《〈糺邻墓志〉释读》,《谜林问径》,203—204 页;刘凤翥:《契丹文字新研究》,未刊稿;爱新觉罗·乌拉熙春:《〈耶律仁先墓志铭〉与〈耶律智先墓志铭〉之比较研究》,《立命馆文学》第 581 号,2003 年 9 月。
②阎万章:《河北兴隆金墓出土契丹文墓志铭考释》,《东北考古与历史》第 1 辑,文物出版社,1982 年,118 页。

（即第一词去掉词尾的属格后缀），也就是《金史·萧仲恭传》所称的"本名术里者"，义为"第二"，正与萧仲恭汉名之"仲"字相符云云①。即实先生则说▢是萧仲恭的别名，但他同时又指出第二词是本名、最末一词是小字，这是迄今为止最接近于正确答案的说法②。根据目前对契丹人名字的认识，这段文字完全可以通读。与契丹小字石刻的一般行习惯所不同的是，这句话是先说第二名，后说小名。第三词漫漶不清，当是▢或▢。最后一词就是萧仲恭的小名术里者③。▢是他的第二名，即实译作"戈也昆"，未免相去太远，参照辽代译例，可将它改译为"兀衍"④。请注意，这个第二名是以原字▢收尾的。

《金史·萧仲恭传》又称其子萧拱"本名迪辇阿不"，此名亦见于《萧仲恭墓志》第 28 行，作▢ ▢。前者是第二名迪辇，后者是小名阿不⑤。迪辇是契丹人常用的第二名，如《辽史·皇子表》谓玄祖次子岩木，字敌辇，其名字全称见《耶律仁先墓志》第 2 行：▢ ▢。这个▢与《萧仲恭墓志》的▢写法略有不同，是因为它们的第一个原字音同可以相通的缘故。而这两种不同的写法，都是以▢收尾的。

---

① 王弘力：《契丹小字墓志研究》，《民族语文》1986 年第 4 期。
② 即实：《〈戈也昆墓志〉释读》，见《谜林问径》，104—105 页。
③《金史》本传原作"术里者"，而《辽史》卷三〇《天祚皇帝纪四》则称为
  "术者"，因知《金史》之"术里者"乃"术里者"之误。此"术"字恰与▢
  一词词首原字的音值相符。
④ 如萧图玉字兀衍，见《辽史》卷九三。
⑤ 此名由即实首先解读，见《谜林问径》，122 页。

（四）以**内**收尾者

在契丹小字中，还有一些人的第二名是以原字**内**收尾的，但这类例证不是很多。

以《耶律弘用墓志铭》为例，墓主名字见第 2 行：

丹力 夬	夬化	夬父	夫化 与内	夹子 廾及 内
小	名	隗因	第二的（名）	斡鲁宛

这方墓志最初由陈乃雄先生解读发表，但未能释出上述引文的意义①。后经刘凤翥先生重新考释，始得以通晓如上②。需要说明的是，第四词**夫化与内**的写法与一般写作**夫化与内**稍有出入，差别仅在于第一个原字的字形不同，它们通常被视为两个同音而独立的原字，但从大量的实际用例来看，**夫**很可能是**本**的异体。最后一词是墓主人的第二名，刘凤翥先生译为敖卢斡，根据辽代译例，宜改译为斡鲁宛。这个第二名是以**内**收尾的。

再举耶律信先的契丹语名字为例。《耶律仁先墓志》第 7 行逐一介绍其兄弟五人的情况，其中五弟信先的名字全称是：**令乍及内 伏本余**③。后一词是其契丹语小名，此名亦见《耶律智先墓志》

---

① 陈乃雄、杨杰：《乌日根塔拉辽墓出土的契丹小字墓志铭考释》，《西北民族研究》1999 年第 2 期。
② 刘凤翥、清格勒：《契丹小字〈宋魏国妃墓志铭〉和〈耶律弘用墓志铭〉考释》，《文史》2003 年第 4 辑。
③ 《耶律仁先墓志》先后有即实、刘凤翥、清格尔泰三个摹本发表，但此处的耶律信先名字均摹录有误，兹据刘凤翥《契丹文字新研究》（未刊稿）予以订正。

第 11 行,按其拟音,可译为涅鲁古①。前一词是第二名,即实先生译作"撒不椀"②,与辽代译例不符,《辽史》中常见撒班、撒版、撒板、萨板、撒本等契丹语名,当为此词之汉译。这个契丹人常用的第二名也是以**冉**收尾的。

（五）以**吞**收尾者

契丹人的第二名在契丹小字石刻中以原字**吞**收尾者,目前仅见到两例。

《萧图古辞墓志铭》第 2 行这样介绍墓主人的名字③:

火化	全余夾爻	禾化与朿	个火夾吞
名	图古辞	第二的(名)	勃鲁恩

据刘凤翥先生考证,这位墓主人就是见于《辽史·道宗纪》咸雍三年的知黄龙府事萧图古辞。上面引文中的最后一词是墓主的第二名,依已知原字拟音,暂且将它译为勃鲁恩④。墓志第 5 行记有墓主名字全称,作个火夾吞 全余夾爻,可译为勃鲁恩·图古辞。其第二名的词尾原字为**吞**。

又《耶律迪烈墓志铭》第 7 行追述墓主人的先祖时提到一个人名:

---

①耶律信先的契丹语名字不见于《辽史》。按《萧兴言墓志》称其女嫁给"涅鲁姑林牙"之子挞不也,盖之庸先生谓此涅鲁姑即耶律信先(见《内蒙古辽代石刻文研究》,内蒙古大学出版社,2002 年,281 页),其说是也。

②即实:《〈糺邻墓志〉释读》,见《谜林问径》,210 页。

③该墓志录文据刘凤翥摹本,见梁振晶《阜新四家子辽墓发掘简报》附录,《辽宁考古文集》,辽宁民族出版社,2003 年 7 月,121—133 页。

④《辽史》卷二《太祖纪》天赞二年三月有名勃鲁恩者。

葛鲁恩·匣马葛

据该墓志介绍,此人是帖剌的次子,亦即墓主耶律迪烈的第七代先人。后一词是其小名,乌拉熙春已释为"匣马葛"①。前一词是他的第二名,现已发表的摹本均错误地将其析分为上下两词②。按《辽史·太宗纪》天显十一年九月所见"葛鲁恩"和《圣宗纪》统和元年三月、开泰五年四月所见"葛鲁宁"者,大概就是此词的汉译。斟酌已知原字的音值,译作"葛鲁恩"更为准确。这个第二名也是以**杏**收尾的。

　　以上列举的是契丹小字石刻材料中分别以**伏**、**出**、**与**、**内**、**杏**五个原字为第二名词尾的情况。此外,我在契丹大字石刻有关人名的记载中,也发现了一个第二名的标志性词尾字**乔**,下面举例说明。

　　契丹大字《耶律习涅墓志铭》第2行有这样一个人名③:

习宁·卢不姑

---

① 爱新觉罗·乌拉熙春:《匣马葛考》,《立命馆文学》第582号,2004年1月,57—66页;收入同氏《辽金史与契丹、女真文》,京都大学东亚历史文化研究会,2004年7月,39—48页。由于《辽史》记载的混乱,自钱大昕以来的辽史研究者均将帖剌、蒲古只、匣马葛视为同一人,经乌拉熙春考订,知蒲古只和匣马葛分别是帖剌的长子和次子。

② 见前揭卢迎红、周峰《契丹小字〈耶律迪烈墓志铭〉考释》及清格尔泰《契丹小字释读问题》224页。乌拉熙春《匣马葛考》一仍其误。

③ 该墓志拓本和摹本发表于金永田《契丹大字"耶律习涅墓志"考释》(《考古》1991年第4期),本文所引录文及释文均据刘凤翥《契丹文字新研究》(未刊稿)。

此人系习涅六世祖,据同时出土的汉文《耶律习涅墓志铭》记载:
"于越王兵马大元帅讳习宁,小字卢不姑,即公之六世祖也。"[①]其
传又见于《辽史》卷七六,谓"耶律鲁不古,字信宁"。此"鲁不古"
即"卢不姑"之异译,"信宁"即"习宁"之异译。辽代汉文石刻对
契丹人名字的表述不像《辽史》那么规范,此墓志所称"小字卢不
姑"是指他的小名,而所谓"讳习宁"者,实际上是指他的第二名,
即《辽史》所称的"字"。按照契丹人的习惯,契丹大字对于其名
字全称的写法也是第二名在前,小名在后。其第二名的词尾字
是朲。

又如《耶律习涅墓志铭》第 5 行有这样一个人名:

夂朲　臭丂

应恩·观音

此人乃习涅曾祖,汉文《耶律习涅墓志铭》曰:"节度使讳应恩,小
字观音,即公之曾祖也。"《辽史》卷七九谓耶律贤适有子名观音,
亦即此人。观音乃其小名,应恩为第二名。这个第二名也是以朲
收尾的。

由于契丹大字的石刻材料相对较少,且现有的解读水平又远
不及契丹小字,因此目前在契丹大字中发现的可以肯定的第二名
词尾字仅有这一个。根据下文对第二名词尾音节语法意义的分
析,估计契丹大字中还应该有若干个第二名词尾字,这个问题有
待日后做进一步的研究。

综上所述,契丹小字及契丹大字石刻材料所提供的证据说明
了同样一个事实,即契丹人的第二名词尾是由某些特定音节构成
的一种附加成分。其实早就有学者注意到这个问题,近二十年

---

①盖之庸:《内蒙古辽代石刻文研究》,357 页。

前,王弘力先生就说过一句颇有见地的话:"契丹人的小字绝大多数带有 n 尾。"①按辽代汉文文献的一般说法,所谓"小字"是指契丹人的小名,带有-n 尾的实际上是契丹人的字(即第二名)而非小字。尽管表述不够准确,但说明他已看到了这种现象的存在,可惜未再做进一步的考究。近来乌拉熙春通过分析契丹小字人名的若干词尾,提出了更加明确的说法,她发现契丹人的名和字往往是同根词,构成"字"的语词一般是用于"名"的语词后续 in 或 n 辅音的形式②。

　　这一规律最初是由聂鸿音先生发现的。聂鸿音曾从汉语音韵学角度对《辽史》所见契丹人的字的词尾附加成分进行过分析,他认为,契丹人的字反映出契丹语有-n 和-in 两个名词附加成分,它们的分布表现为明显的互补关系:-n 只粘附在元音 a、e、i、o 之后,而-in 只粘附在元音 u 或辅音之后。他由此发现了一个非常耐人寻味的现象:契丹人的名和字之间一般没有汉人名、字之间那种词义上的联系,而大多仅表现为某种词尾的转换,"契丹人在取名时总是固定地使用一批词,而在取字时又总是固定地使用另一

①见前揭《契丹小字墓志研究》,57 页,该文发表于 1986 年。
②爱新觉罗·乌拉熙春:《契丹人的命名特征——兼论契丹语派生形容词的后缀》,见《契丹语言文字研究》,京都大学东亚历史文化研究会,2004 年 5 月,210—225 页。作者认为,伏、出、与、夬、夹、雨等原字都是契丹人名的后缀。由于未能正确区分契丹人的小名和第二名,她将作为小名使用的夲文 夬夬(谢十)、几夬 夬夬(高十)、几岽甫(瑰引),等都当作第二名来分析了,由此导出错误的结论。按韩谢十的第二名是历文身伏(延宁),见《耶律(韩)迪烈墓志铭》第 6 行;韩高十的第二名是夬(王宁),见《韩高十墓志铭》第 13 行;耶律瑰引的第二名是宅刃出(查懒),见《耶律仁先墓志铭》第 5 行。

批词,后者似乎是在前者的基础上利用某种语法手段造出来的"①。

聂文指出的这种现象与我在契丹文字石刻资料中发现的契丹人第二名词尾的规律性可谓相映成趣,两者所反映的其实是同一个问题。那么,上文列举的契丹大小字各种第二名词尾附加成分究竟有何共同点? 又有何不同之处? 这就需要逐一探讨它们的音值,并弄清其语法意义。

(1)契丹小字词尾附加成分之一:伏

《契丹小字研究》将这个原字的音值构拟为[nə],依据是契丹语称犬为"捏褐"(见《辽史·礼志》),而契丹小字十二生肖中的狗作伏为。这个拟音显然不够准确。据《辽史·营卫志》说,契丹语称孝为"赤寔得本",在契丹小字中,该词的词尾原字也是伏,这又该如何解释呢?

契丹小字人名资料中有关这个原字的例证相当丰富,可据以校正上述拟音。从《辽史》列传来看,辽代汉译契丹人的字,词尾多用"隐"或"宁"字,而这些第二名在契丹小字中通常都是以伏收尾的,如灮丙伏(留隐)、令和伏(乙辛隐)、血来伏(韩隐)、几尖雨伏(国隐)、令尖伏(遵宁,一译逊宁)等等。按聂鸿音的说法,这类名字的词尾附加成分均为-in。他举出的相关例证是:《辽史》有名柳者,亦有字留隐者,后者是-in粘附在u后;有名乙辛者,亦有字乙辛隐者,有名翰者,亦有字韩隐者,乙辛隐和韩隐都是-in粘附在n后。

① 聂鸿音:《契丹语的名词附加成分*-n和*-in》,《民族语文》2001年第2期。下引聂说均见此文,不再一一出注。

另有一类以 **伏** 收尾的第二名，似乎与-in 的拟音有所冲突，如 **㐅化丹伏**（讹里本）、**南丹伏**（曷鲁本）等。按辽代汉语音韵，此处的 **伏** 当拟作-ən 才合适。

这个看似矛盾的现象也许可以得到一个合理的解释。根据目前对契丹小字拼音规则的了解，用于拼写辅音的原字，往往都带有一个不确定的元音，至于这个元音究竟是什么，则主要看它与什么音相拼读。考虑到这些因素，作为第二名词尾附加成分使用的 **伏**，其音值范围可拟作 * in~ən；从实际用例来判断，它只粘附在辅音或元音 u 之后。关于这个原字的语法意义，清格尔泰等人曾提出过一个推测性意见，大致上肯定它是静词类的附加成分[①]。

（2）契丹大字词尾附加成分之一：**木**

契丹大字 **木**，刘凤翥先生给它构拟的音值是 in 或 ən，拟音根据是："可音译人名'留隐'的'隐'，亦可音译汉字'恩'。"[②]这个拟音还需要进一步讨论。各种迹象表明，此字与契丹小字的第二名词尾附加成分 **伏** 可以相通。如契丹小字《宋魏国妃墓志铭》第 4 行的 **业丙伏**，辽代汉译为留引、六温（即萧孝诚）[③]，而契丹大字《耶律昌允墓志铭》第 7 行的 **亢木**，即《辽史》卷八四《耶律海里传》所称"字留隐"，可见契丹大字的 **亢木** 与契丹小字的 **业丙伏** 是同一词，也就是说，**亢** 等同于 **业丙**，**木** 等同于 **伏**。又如契丹小字石

①见《契丹小字研究》，138 页。
②刘凤翥、王云龙：《契丹大字〈耶律昌允墓志铭〉之研究》附录一《契丹大字音值构拟表》，《燕京学报》新 17 期，北京大学出版社，2004 年 11 月，86 页。
③见汉文《宋魏国妃萧氏墓志铭》及《梁国太妃墓志铭》（尚未发表）。

刻中常见的第二名 ▢（乙辛隐），在契凡大字《耶律习涅墓志铭》第 9 行里写作 ▢①，知 ▢ 等同于 ▢，▢ 等同于 ▢。再如契丹小字《宋魏国妃墓志铭》第 4 行有 ▢ 一词，辽代汉译为解里、谐里、谐领（即萧和）②，而契丹大字《耶律昌允墓志铭》第 6 行的 ▢，即《辽史》卷七六《耶律拔里得传》所称"字孩邻"，"孩邻"和"谐领"显系同名异译，因知契丹大字的 ▢ 与契丹小字的 ▢ 同为一词，亦即 ▢ 等同于 ▢，▢ 等同于 ▢③。这些证据提示我们，在契丹大字中作为第二名词尾附加成分使用的 ▢，其读音及语法意义与契丹小字的 ▢ 是完全等同的④。

（3）契丹小字词尾附加成分之二：▢

这个原字的音值，目前还没有一致的意见⑤。《萧仲恭墓志》第 38 行有一个改刻的词，似乎是把 ▢ 改刻为 ▢，论者据此推断，认为这可能说明 ▢ 与 ▢ 在语法意义或发音上具有某些共同点，它

---

① 汉文《耶律习涅墓志》称"乙信"，是省译了词尾音节。
② 分别见于汉文《宋魏国妃萧氏墓志铭》、《耶律元妻晋国夫人萧氏墓志》、《秦国太妃墓志》（尚未发表）。前两种译名均系省译词尾辅音，"谐领"才是比较规范的汉译。
③ 又契丹大字《耶律昌允墓志》第 7 行之 ▢，《辽史·耶律海里传》译作海里；契丹大字《耶律习涅墓志》第 7 行之 ▢，汉文墓志译为解里，均可佐证这一结论。
④ 聂鸿音认为《辽史》中孩邻、海邻等名的词尾附加成分是 -n 粘附在 i 后，此说不确。从契丹小字 ▢ 一词来看，它的词尾附加成分应是 -in 粘附在 r 后。
⑤《契丹小字研究》读为 tʃʋ，沈汇《契丹小字石刻撰人考》（《考古与文物》1982 年第 6 期）读为 t~tɑ，清格尔泰《契丹小字释读问题》读为 sɑ，这些拟音均属猜测之词。

们似乎都是一种形动词的附加成分①。

从上文谈到的以**出**收尾的第二名来看，不论是 ⿱⿰令未⿰坴出、⿰令未⿰⿱古出（撒懒）还是 ⿱⿰⿰⿱⿰础幼（述澜），其词尾原字均应拟测为-n。聂文在分析契丹人的字时，也认为"撒懒"的词尾附加成分是-n 粘附在 a 后。清格尔泰先生指出，虽然**出**和**与**的读音一时尚难以断定，但有一点比较肯定的是：**出**大多出现在 a 类元音之后，而**与**大多出现在 ə 类元音之后，它们的区别使用当与元音和谐律有关②。这个结论与契丹人第二名词尾附加成分的规律性是基本吻合的。

（4）契丹小字词尾附加成分之三：**与**

关于这个原字的拟音问题，各家意见分歧很大：《契丹小字研究》拟为 tʃʊ，沈汇拟为 i，即实拟为 kun，王弘力拟作 dʒə，清格尔泰拟作 sə③，乌拉熙春拟作 əi④。这些拟音均属一家之言，缺乏可信的依据。

根据**与**在第二名词尾附加成分中的使用情况，可以基本确定它的音值范围。《萧仲恭墓志》第 2 行的 ⿱⿰⿰本金与，即《辽史·萧兀纳传》之"特免"；而《辽史·耶律章奴传》的"特末衍"和《皇弟秦越国妃萧氏墓志》的"（萧）特末宁"，也应该是它的异译。又如上文提到的 ⿱⿰令用与，汉译迪辇或敌辇；《萧义墓志》所称"迪烈宁"，经向南先生考证为萧敌鲁⑤，而《辽史·萧敌鲁传》称其"字敌辇"，知"迪

---

① 《契丹小字研究》，144—145 页。
② 清格尔泰：《契丹小字释读问题》，83—84 页。
③ 以上各家之说可参见《契丹小字释读问题》，96 页。
④ 爱新觉罗·乌拉熙春：《契丹小字的语音构拟》，《立命馆文学》第 577 号，2002 年 12 月，42—43 页。
⑤ 向南：《辽代石刻文编》，河北教育出版社，1995 年，623、625 页。

烈宁"乃"敌辇"之异译。按照这些对音汉字来推断，**与**的音值范围可拟测为 *in~ian。

（5）契丹小字词尾附加成分之四：**内**

迄今尚无人为这个原字构拟一个明确的音值。契丹小字中另有一个与它字形相近的原字**雨**，用于表示领属格的语法意义，因屡见于汉语借词，其读音大致可确定为 in。乌拉熙春对这两个原字的区别有一个解释：这是两个音字，它们处于音节末的场合往往只表示 n 辅音，不同之处则是**内**所接续的元音多为宽元音，而**雨**所接续的元音多是 i 元音①。

在此须附带澄清一个问题。乌拉熙春在新近发表的一篇论文中提出，原字**雨**也是契丹人取"字"所用的词尾附加成分之一，她举出的惟一一条例证，是见于《耶律奴墓志铭》第 26 行和《耶律仁先墓志铭》第 5 行的契丹语人名**𤫊**②。这是一个显而易见的误解，由于对小名和第二名混淆不清，她将作为小名使用的**𤫊**一词（辽代汉译为"国隐"或"瑰引"）的词尾原字误认作后缀成分了。实际上，以这个小名为词根的第二名是**𤫊**（见《耶律奴墓志铭》第 4 行，可译作"国宁"），其词尾附加成分是**伏**而非**雨**③。在迄今出土的契丹小字石刻资料中，尚未发现以原字**雨**为第二名词尾附加成分的例子，也没有证据表明**雨**和**内**可以通用。

---

① 爱新觉罗·乌拉熙春：《契丹蒙古札记》"北族人名的特点"条，《立命馆文学》第 586 号，2004 年 10 月，13 页。
② 见前揭《契丹人的命名特征——兼论契丹语派生形容词的后缀》，211—213、219 页。
③ 关于这对名、字的识别问题，此处不作详细论证，可参看本文第二节的辨析。

目前所见以内收尾的第二名,以《耶律仁先墓志》第 7 行的 令乇及内 较为典型,此名常见于《辽史》者,有撒班、撒版、撒板、萨板、撒本等异译。又《辽史·萧孝忠传》谓孝忠字撒板,而《兴宗纪》重熙七年十二月己巳称为"撒八宁";《耶律阿思传》谓阿思字撒班,《萧义墓志》则称为"撒巴宁"。考虑到这些异译,暂且将内拟测为 *n~in 较为稳妥。聂鸿音先生认为"撒班"的词尾附加成分是-n 粘附在 a 后,但在以内收尾的第二名中,内通常都是附缀于原字及之后,而及的音值大致可以确定为[o]。

(6)契丹小字词尾附加成分之五:否

该原字义为"牛",刘凤翥先生最早将它拟音为 ni,认为它是汉语借词,读音近于"牛"[1]。这个说法很难让人相信,因为契丹语中的十二生肖,除了龙为汉语借词外,其他均为契丹语词,况且牛这种动物对于契丹人来说并不陌生(契丹有青牛白马的传说,即是明证),为什么要借用汉语词汇呢?清格尔泰先生主张否读为 un,可能与蒙古语的 unijə(乳牛、母牛)同源[2]。我比较倾向于这种意见。以上文举出的《萧图古辞墓志铭》的 令火及否(勃鲁恩)和《耶律迪烈墓志铭》的 币天否(曷鲁恩)为例,其词尾附加成分很可能是-un 粘附在 u 后,因为在它前面的及,早已被明确地构拟为 u。这样的拼读形式也完全符合元音和谐律的要求。

以上讨论的契丹大小字第二名词尾附加成分的音值及其分布情况,可以归纳如下:

契丹小字伏和契丹大字夰:其音值范围可拟测为 *in~ən,只粘

---

①刘凤翥:《契丹小字解读四探》,《第三十五届世界阿尔泰学会会议记录》,台北联合报国学文献馆,1993 年。
②见《契丹小字释读问题》,38—39 页。

附在辅音或元音 u 之后；

契丹小字**出**：可拟音为 * -n，多出现在 ɑ 类元音之后；

契丹小字**与**：音值范围可构拟为 * in~ian，多出现在 ə 类元音之后；

契丹小字**内**：音值范围可暂拟为 * n~in，粘附在元音 o 之后；

契丹小字**否**：拟音为 * -un，可粘附在元音 u 之后。

尽管这仅仅是一份非常粗略的语音分析结果，但仍然可以从中看出两个显而易见的规律：第一，所有契丹大小字第二名词尾附加成分均含有一个基本音值-n；第二，目前发现的五种第二名词尾附加成分具有比较明显的互补关系，想必是为了契合元音和谐律的需要。这些现象暗示我们，契丹语中的各种第二名词尾附加成分应该具有同样的语法功能。聂鸿音先生曾经猜想，他从契丹人的字里发掘出来的两种词尾-n 和-in 也许是属格后缀。根据本文对契丹大小字第二名词尾附加成分的分析结果来看，这种猜想极有可能是正确的，不妨拿契丹语的亲属语言蒙古语和达斡尔语来做一个比较。

在今天的一些蒙古学家眼里，契丹语就是原始蒙古语，或者至少可以称之为蒙古语的底层语言之一，因此蒙古语与契丹语的比较自然是很有参考价值的。现代蒙古语的属格附加成分主要有三种：①yin，用于元音结尾的词后；②un，用在除 n 以外的辅音结尾的词后；③u，用于以 n 辅音结尾的词后。由于这三种属格附加成分都包括 n 音（第三种前接 n），因此在其语法意义进一步抽象化之后，就产生了一种简化形式的属格，即词尾只有一个-n 音的属格。这种现象目前在口语中正处于形成阶段，而书面上暂时还反映不出来①。

　　达斡尔族被许多历史学家视为契丹族裔,因此契丹语也被看作是蒙古语族中最接近达斡尔语的一种语言②,这两种语言的比较理应能够说明一些问题。达斡尔语名词的人称领属附加成分分为第一、二、三人称,每种人称又各分单数和复数,但不受元音和谐律的约束,所有这些人称领属附加成分具有一个共同特点,即尾音均为-n③。

　　由此看来,契丹语中的第二名词尾附加成分与蒙古语和达斡尔语的属格后缀十分相似,不管是否讲究元音和谐律,它们的基本音值都是-n。至此,契丹大小字各种第二名词尾附加成分的语法意义大致上可以得出一个比较明确的结论。于是一个新的疑问便接踵而至:契丹人的第二名为什么要无一例外地加上一个属格后缀呢? 它在契丹人的名字全称中所表达的究竟是什么意义? 这里面隐藏着一个不为人知的秘密,它将向我们诠释一种早已湮灭的民族文化内涵。欲知究竟,仍须求助于契丹文字石刻资料。

二　契丹文字石刻中所见父子连名现象

　　在对契丹人特有的第二名加小名的名字结构有了初步的认

---

① 清格尔泰:《蒙古语语法》,内蒙古人民出版社,1991 年,150、152 页。
② 参见刘凤翥:《略论契丹语的语系归属与特点》,《大陆杂志》84 卷 5 期,1992 年 5 月 15 日。
③ 拿木四来:《达斡尔语名词的领属附加成分》,《民族语文研究文集》,青海民族出版社,1982 年,453—457 页。

识,尤其是成功辨析出第二名词尾的附加成分之后,接下来的发现就顺理成章了。我从若干种契丹小字和契丹大字墓志所记载的墓主世系里看出了一个有趣的规律:在某些父子的名字之间,存在着相同形式的关联。请看下面的例证。

(一)耶律吼与耶律何鲁不

《辽史》卷七七《耶律吼传》曰:"耶律吼,字曷鲁。……子何鲁不。"后面有何鲁不的附传,谓"何鲁不字斜宁"。"何鲁不"一名,《辽史》亦作"曷里必",见《景宗纪》保宁七年七月。1990 年代中期在内蒙古扎鲁特旗被盗掘的契丹小字《耶律迪烈墓志》,经刘凤翥先生考证,其墓主系耶律吼五世孙①,故墓志中记有耶律吼父子的系谱。耶律吼的契丹语全名出现在第 8 行:☖ ☖(曷鲁本·吼),其子何鲁不的名字全称则见于第 10 行:☖ ☖ ☖ ☖(长子斜宁·何鲁不)②。实际上,耶律吼父子的名字在《故耶律氏铭石》第 5 行就曾出现过,并且早已被即实先生释出③。但我总觉得这对父子的名字不免有点蹊跷,耶律何鲁不的小名是☖,即《辽史》所称"何鲁不"或"曷里必";而其父耶律吼的第二名是☖,应读为'xol-p-ən,《辽史》译作"曷鲁"是省译了词尾音节,即实先生译为"曷鲁本",堪称最忠实的译法。这就是说,耶律何鲁

---

① 见《辽史》卷九六《耶律敌烈传》。
② 录文及释文均见卢迎红、周峰:《契丹小字〈耶律迪烈墓志铭〉考释》,《民族语文》2000 年第 1 期。
③ 即实:《〈铭石〉琐解》,见《谜林问径》,187—189 页。据乌拉熙春考证,《耶律迪烈墓志铭》与《故耶律氏铭石》的墓主系父女关系,故两方墓志都追述了其先人耶律吼父子的系谱,参见氏著《〈耶律迪烈墓志铭〉与〈故耶律氏铭石〉所载墓主人世系考——兼论契丹人的"名"与"字"》。

不的小名【契丹字】只比其父亲耶律吼的第二名【契丹字】少一个词尾附加成分而已;或者说,耶律吼的第二名【契丹字】是在其长子何鲁不的小名【契丹字】后面加上一个属格后缀【契丹字】构成的。如果没有契丹小字石刻史料的记载,从《辽史》里无论如何也看不出耶律吼父子之间名字上的这种微妙关系。

（二）耶律奴与耶律国隐

契丹小字《耶律奴墓志铭》第 4 行介绍墓主名字说:

【契丹字】	【契丹字】	【契丹字】	【契丹字】	【契丹字】
孩子	名	奴	第二的（名）	国宁

这句话里的最后一词【契丹字】,迄今还未能得到正确的解读,刘凤翥先生将它析分为上下两词,误读为"国姓",故将末两词释为"第二等的国姓"①。按该词亦见于首行志题,如果仔细比对一下拓本,不难看出两处出现的【契丹字】都是写成一个词的。按照今天对契丹人名字的认识,可以确认这就是耶律奴的第二名,依已知原字音值,姑且将它译作"国宁"。

耶律奴《辽史》无传,但其妻萧意辛见于《辽史·列女传》,谓"耶律奴妻萧氏,小字意辛。……子国隐"云云。而《耶律奴墓志铭》第 26 行记述其子嗣说:

【契丹字】	【契丹字】	【契丹字】	【契丹字】	【契丹字】
男	孩子	二人:	长子	国隐

① 见石金民、于泽民《契丹小字〈耶律奴墓志铭〉考释》(《民族语文》2001 年第 2 期),此文代表刘凤翥的观点。清格尔泰的摹本也犯了同样的错误,见《契丹小字释读问题》,242 页。

"国隐"是耶律奴长子的小名。比较一下耶律奴的第二名 (契丹字) 和他长子的小名 (契丹字) 即可看出,两者的区别仅仅是前者比后者多一个属格后缀 (契丹字) 罢了。

(三)耶律瑰引与耶律仁先

耶律仁先父汉名思忠,见于汉文《耶律仁先墓志》《耶律智先墓志》及《耶律庆嗣墓志》;契丹语名瑰引,见《辽史》卷九六《耶律仁先传》:"父瑰引,南府宰相,封燕王。"亦见于《辽史·皇族表》和《耶律信先传》。而在契丹小字《耶律仁先墓志铭》第 5 行中则可以看到他的契丹语名字全称:

（契丹文字）

查懒·瑰引　宰相

这个名字的字形及释义,目前契丹文字学家尚未取得共识,因此还需要做一点论证。刘凤翥先生将后两词释为"国之宰相",第一词存疑未释①。而即实先生则把这句话译作"查剌初瑰引宰相"②,除了头一词译音不确之外,这个解读结论基本上是可取的。上文说过,《辽史》谓耶律奴之子名国隐,而《耶律奴墓志铭》写作 (契丹字),此词恰与上面引文中耶律瑰引的小名相同,说明即实先生把 (契丹字) 释作瑰引是正确的——很显然,"瑰引"与"国隐"系同名异译。另外,耶律瑰引的名字还见于《耶律智先墓志铭》第 8 行:

---

①见前揭刘凤翥:《契丹小字解读四探》附录一,550 页;《契丹文字新研究》(未刊稿)仍持此说。
②即实:《〈糺邻墓志〉释读》,《谜林问径》,206—207 页。

查懒　燕　王　瑰引

此处的第一个词，在刘凤翥和清格尔泰先生的摹本中都被写作□，经与拓本相比对，可以判定该词的最末一个原字不是本而是出的草书。□在契丹小字石刻中常作第二名用，而□一词则不见于其他石刻材料。上面这句话，刘凤翥先生除第一词未释外，将后面三词连读为"燕王国"①，看来仍是把耶律瑰引的小名当作汉语借词来理解了。这句话在第二名与小名之间插入一个封号，确实很容易引起误解。其实像这样以"第二名＋官称或封号＋小名"的句式来指称人物，乃是契丹小字石刻的一种通例。即以《耶律智先墓志铭》为例，如第10行称耶律仁先为"糺邻尚父宋王查剌"，称其子为"胡独堇招讨令公挞不也"，均同此例。总之，耶律瑰引的第二名虽不见于汉文文献，但却见于契丹小字石刻，其规范字形为□，可将它译作"查懒"。

　　耶律仁先是耶律瑰引的长子，他的汉语名字和契丹语名字分别见于汉文《耶律仁先墓志铭》及《辽史》本传。墓志说："王讳仁先，字一得，姓耶律氏。"《辽史》卷九六云："耶律仁先，字糺邻，小字查剌。"这就是说，他的契丹语小名是查剌，第二名是糺邻。契丹小字《耶律仁先墓志铭》第6行这样介绍他的名字：

糺邻　王　小　名　查剌

又《耶律智先墓志铭》第10行在介绍墓主的兄弟姊妹时也提到耶律仁先的契丹语名字：

---

① 见前揭赵志伟、包瑞军：《契丹小字〈耶律智先墓志铭〉考释》附录一。

长（兄）　　糺邻　　尚　　父　　宋　　王　　查剌

耶律仁先的第二名〔糺邻〕是即实先生首先释出的，但该词的释读结果至今还存在分歧，本文不打算纠缠这个问题，容另文再作探讨。至于耶律仁先的小名查剌写作 ，则是毋需讨论的问题。试将耶律瑰引的第二名 与其长子耶律仁先的小名 作一比较，又再次发现了同样的规律，即父亲的第二名与长子的小名为同根词，只不过前者多了一个属格后缀 而已。

（四）萧挞不也与萧特末

据《金史》卷八二《萧仲恭传》说，其祖名挞不也，父名特末。挞不也一名萧兀纳，《辽史》卷九八有传，传云："萧兀纳，一名挞不也，字特免。"契丹小字《萧仲恭墓志铭》第2行记录了萧挞不也的契丹语全名：

祖　　父　　特免·挞不也

接下去第4—5行介绍萧挞不也的两个儿子，其长子即萧特末：

孩子　　二人：　长子　　兀古邻·特末

这对父子的名字，萧挞不也的小名 （挞不也）早已识出，萧特末的第二名 （兀古邻）系参考王弘力先生的解读意见改译①。惟

————————

① 王弘力《契丹小字墓志研究》将该词译作"兀古匿"，按《辽史》虽有此名，但却是当作小名使用的，在用作第二名时后续尾辅音，故应译（转下页）

"特末"和"特免"两词尚需稍加说明。按汉文《耶律庆嗣墓志》提到的"（萧）特末"，在契丹小字《耶律仁先墓志铭》第 63 行写作 〖契丹字〗，该词末尾原字是时位格附加成分，其词根 〖契丹字〗即"特末"之原形，因 〖契丹字〗、〖契丹字〗两个原字可以通用，故上面引文中的 〖契丹字〗一词可以肯定就是萧特末的小名。萧挞不也的第二名作 〖契丹字〗，它与 〖契丹字〗（特末）仅词尾原字不同，显然这就是《辽史·萧兀纳传》所说的"特免"。该词在辽代有多种异译，《耶律宗教墓志铭》21 行和 24 行提到的人名 〖契丹字〗，在同时出土的汉文墓志中译作"特每"。另外，《辽史·耶律章奴传》的"特末衍"和《皇弟秦越国妃萧氏墓志》的"（萧）特末宁"①，想必也都是它的异译。

　　萧挞不也的第二名 〖契丹字〗和其长子萧特末的小名 〖契丹字〗之间的异同，似乎与前面所举诸例不尽一致，这两个词的区别在于词尾原字不同，而不只是简单地在小名后面加上一个原字构成为第二名。尽管如此，仍可看出它们是同根词的关系，用作第二名的 〖契丹字〗是用作小名的 〖契丹字〗后续属格附加成分的形式。在契丹小字石刻中还可以看到其他一些与此形式类似的名、字，如用作小名的 〖契丹字〗（挞不也）与用作第二名的 〖契丹字〗（挞不衍），也是这样的对应关系。

　　（五）耶律拔里得与耶律海里

　　《辽史》卷七六《耶律拔里得传》曰："耶律拔里得，字孩邻，太

（接上页）为"兀古邻"，如《辽史》卷七三谓耶律颇德字兀古邻、卷八〇谓耶律八哥字乌古邻，又卷四八《百官志四》有"于骨邻"者，亦系该名之异译。

① 见《内蒙古辽代石刻文研究》，266 页，录文误作"特末宁"。

祖弟剌葛之子。"另据邓广铭、王民信先生考证，屡见于《辽史》及宋代文献的麻答（一作苔）、解里，也都是耶律拔里得的异称①。从史源来考察，这两个译名当源于五代实录，解里显然是孩邻的异译，麻答或是拔里得的一种不太准确的译法②。近年出土的契丹大字《耶律昌允墓志》，据考证，其墓主为太祖弟剌葛之四世孙，故在该墓志第 6 行中可以看到耶律拔里得的契丹语全名③：

戓夰　亠禾

孩邻·拔里得

耶律拔里得之子耶律海里，传见《辽史》卷八四："耶律海里，字留隐，令稳拔里得之长子。"其名字之全称见于《耶律昌允墓志铭》第 7 行：

夭　兆　亢夰　戓

长　子　　留隐·海里

耶律海里的小名作戓，这是一个常见的契丹人小名，该词在辽代汉文石刻中或译作"解里"。其父耶律拔里得的第二名戓夰是戓后续属格附加成分夰构成的，《辽史·耶律拔里得传》译作"孩邻"是比

---

① 邓广铭：《〈辽史·兵卫志〉"御帐亲军"、"大首领部族军"两事目考源辨误》，收入《邓广铭学术论著自选集》，首都师范大学出版社，1994 年；王民信：《〈辽史〉里的麻答是谁?》，载《辽金西夏史研究》，天津古籍出版社，1997 年。

② 耶律拔里得曾于会同末年率兵入汴攻灭后晋，故《资治通鉴》《新五代史》诸书多见麻答、解里之名，元人作《契丹国志》，遂抄取《通鉴》之文为麻答立传，《辽史》纪传中所见麻答、解里诸事，疑皆取资于《契丹国志》。是麻答、解里之汉译，最初当出自五代汉人之口，音讹亦在所难免。

③ 该墓志录文及释文均据刘凤翥等《契丹大字〈耶律昌允墓志铭〉之研究》，惟"拔里得"一词刘文未释，姑据上下文比定。

较规范的译法,而《辽史》及宋代文献称其为"解里"者,则是省译了属格后缀,这样一来就分不清小名和第二名了。但通过契丹大字石刻所留下的记载,可以很清楚地看出耶律拔里得与耶律海里父子名、字之间的关联。

(六)耶律解里与耶律直鲁姑

汉文《耶律习涅墓志铭》曰:"(公)讳习涅,小字杷八,即大横帐乙信直鲁姑郎君之子也。……太尉讳直鲁衮,小字解里,即公之祖也。"①据此记载,耶律习涅的祖父小名解里,这里所谓的"讳直鲁衮",实际上是指他的第二名。此人的契丹语全名见于契丹大字《耶律习涅墓志铭》第7行②:

𝇍𝇍   𝇍

直鲁衮·解里

据上引汉文墓志,耶律习涅父亲的名字全称是"乙信·直鲁姑",契丹大字墓志第9行写作:

𝇍𝇍𝇍𝇍 𝇍

乙信(隐)·直鲁姑

耶律解里的小名𝇍亦见于上文所引《耶律昌允墓志铭》,对译耶律海里之"海里",知"解里"与"海里"为同名异译。耶律直鲁姑的第二名𝇍𝇍𝇍𝇍,规范汉译应为"乙信隐",汉文墓志作"乙信",是因为没有译出词尾附加成分𝇍。再看看他们父子二人名、字之间的关联,耶律解里的第二名为𝇍𝇍,而其子耶律直鲁姑的小名是𝇍,前者仅比后者多一个属格后缀𝇍而已。虽然该墓志没有说明耶

————————

① 《内蒙古辽代石刻文研究》,357页。
② 此处所引录文及释文均据刘凤翥《契丹文字新研究》(未刊稿)。

律直鲁姑是否长子，但参考前面所举诸例来判断，他极有可能也是长子。

以上从契丹文字石刻资料中获得的六个例证（其中四例出自契丹小字石刻，两例出自契丹大字石刻），全都说明了同样的问题。根据已经掌握的规律，在辽代汉文文献中也不难发现类似的情况。

耶律李胡与耶律喜隐。《辽史》卷七二《章肃皇帝传》："章肃皇帝，小字李胡，一名洪古，字奚隐。……二子：宋王喜隐、卫王宛。"后面有耶律喜隐的附传，谓"喜隐，字完德"。李胡是太祖第三子，其长子小名喜隐，而李胡的第二名为奚隐。这对父子的名、字显然是有关系的，不过"奚隐"的译音可能不够准确，如果李胡的第二名是以其长子小名"喜隐"为词根、后续属格附加成分而构成的话，也许应该译为"喜宁"才合适。目前在契丹文字石刻材料中尚未识出这组名、字，所以暂时还不能下一个明确的结论。

耶律牙里果与耶律敌烈。据《辽史·皇子表》，太祖第四子牙里果，字敌辇；又谓牙里果有二子，长子敌烈，次子奚底。这对父子名、字间的关联是看得很清楚的，牙里果的第二名"敌辇"，在契丹小字石刻中写作，其长子小名"敌烈"，契丹小字一般写作，两者系同根词，用作第二名的是用作小名的后续属格附加成分的形式。

耶律隆祐与耶律胡都古。据《辽史·皇子表》记载，景宗第三子隆祐，"小字高七，一字胡都堇。……子三人：胡都古、合禄、贴不"。这条史料对耶律隆祐名字的表述比较混乱，既称"小字高七"，又称"一字胡都堇"，不免让人糊涂。准确地说，隆祐是他的汉名(此外还应该有一个汉语的字,但未见记载),高七是契丹语小名,胡都堇则是契丹语第二名。耶律隆祐的长子小名为胡都古,契丹小字的写法是□,而隆祐本人的第二名胡都堇,契丹小字写作□。父子二人名、字间的关系也十分明显①。

耶律铎轸与耶律低烈。《辽史》卷九三《耶律铎轸传》曰:"耶律铎轸,字敌辇。……子低烈。"这对父子名、字之间的关系,与上面说到的耶律牙里果和耶律敌烈的情况完全相同。

现将以上考述内容加以整理归纳,列为表一:

表一　契凡人父子连名之例证

	长子第二名	长子小名	父亲第二名	父亲小名
耶律吼父子	□ (斜宁)	□ (何鲁不)	□ (曷鲁本)	□ (吼)
耶律奴父子		□ (国隐)	□ (国宁)	□ (奴)
耶律瑰引父子	□ (糺邻)	□ (查剌)	□ (查懒)	□ (瑰引)
萧挞不也父子	□ (兀古邻)	□ (特末)	□ (特免)	□ (挞不也)
耶律拔里得父子	□ (留隐)	□ (海里)	□ (孩邻)	□ (拔里得)

---

①按聂鸿音先生的说法,契丹人常用名胡笃、胡睹或胡都古与常用字胡独堇、胡笃堇、胡都堇、胡睹堇之间存在着如下对应关系:后者是在 qudug 之后粘附一个名词附加成分-in 构成的(见前揭《契丹语的名词附加成分＊-n 和 -in》)。实际上就是说的这种情况。

	长子第二名	长子小名	父亲第二名	父亲小名
耶律解里父子	（乙信隐）	（直鲁姑）	（直鲁衮）	（解里）
耶律牙里果父子		（敌烈）	（敌辇）	牙里果
耶律隆祐父子		（胡都古）	（胡都堇）	高七
耶律铎轸父子		（低烈）	（敌辇）	铎轸
耶律李胡父子	完德	喜隐	奚隐（宁?）	李胡

综上所述,依据辽金时代的契丹大小字石刻资料以及汉文史料所提供的丰富例证,可以得出一个明确的结论:虽然契丹人的小名和第二名被辽代汉文文献分别称之为"名"和"字",实际上并不具有汉人名、字之间那种词义上的相关性;但值得注意的是,在契丹人的某些父子的第二名和小名之间,存在着词法意义上的相同形式的关联,即父亲的第二名与其长子的小名是同根词,前者的惯用词形均为后者添加属格附加成分的形式。这种情况提醒我们,在契丹族的历史上,一定存在某种从不为人知晓的父子连名制。但这究竟是一种什么类型、什么形式的父子连名制,则必须向文化人类学去寻求答案。

三 从文化人类学解读契丹族的父子连名制

连名制是广泛分布于世界各民族的一种文化现象,概而言之,主要包括父子连名制、母子连名制、祖孙连名制、甥舅连名制、夫妻连名制诸类型,其中尤以父子连名制最为普遍。众所周知,藏缅语民族具有较为显著和典型的父子连名制,故中国人类学家有关连名制的研究成果相对比较丰富。20世纪30年代中期以后,由于丁文江先生《爨文丛刻》的刊布,藏缅语民族的父子连名制开始受到人类学家和语言学家的关注①。1938年,凌纯声先生首先发表《唐代云南的乌蛮与白蛮考》一文②,探讨六诏的父子连名制,认为这种制度可能是藏缅语民族特有的一种文化现象。后来,随着人类学资料的陆续刊布和研究的不断深入,人们逐渐认识到连名制的存在远不限于藏缅语民族。杨希枚先生指出,连名制是一种具有世界性的民族文化因子,它广泛分布于亚、非、欧各洲及近东、新几内亚等地,既见于现代的原始民族,也见于文明民族的古代,据他考查的结果,目前只有美洲尚未发现连名制的材料③。

关于父子连名制的类型,在20世纪60年代以前,人类学家大

① 另外,自昭和初年以来,日本学者陆续发表若干有关台湾原住民(日本学者称为"高砂族")的人类学田野调查报告,其中披露了不少连名制资料,但这些资料被广泛运用于连名制的研究也是1930年代以后的事情。
② 中央研究院历史语言研究所《人类学集刊》1卷1期,1938年12月。
③ 杨希枚:《联名与姓氏制度的研究》,《"中研院"史语所集刊》28本下册《庆祝胡适先生六十五岁论文集》,1957年5月。

抵只知道有子连亲名的亲子连名制,而几乎都不知道还有亲连子名的亲子连名制。1961 年,杨希枚先生在《从名制与亲子联名制的演变关系》一文中,根据他所设想的从名制向连名制的演变过程,推导出亲子连名制理应具备以下两类四型的结论[①]:

Ⅰ. 子连亲名之亲子连名制	a)子连亲名之亲名前连型(某之子—某)
	b)子连亲名之亲名后连型(某—某之子)
Ⅱ. 亲连子名之亲子连名制	c)亲连子名之子名前连型(某之父—某)
	d)亲连子名之子名后连型(某—某之父)

对于这四种类型的连名制,需要结合杨文的论证分别加以说明。

(1)子连亲名之亲名前连型 子连亲名是亲子连名制的普遍形式,以致于许多人类学家至今仍误以为这是亲子连名制的惟一形式。子连亲名可分为亲名前连和亲名后连两种类型。其中亲名前连型包括藏缅语民族,历史上的六诏(彝族、白族、纳西族的先人),部分苗瑶语民族,春秋时代的华夏族及楚人、越人[②],印度诸族,古代日本等等。

(2)子连亲名之亲名后连型 这种类型的亲子连名制,在世界各民族的分布也相当普遍。如台湾原住民诸族群:泰雅人、萨斯特人(赛夏人)、阿美人、平埔人;突厥语民族;喀喇汗王朝时代

①杨希枚:《从名制与亲子联名制的演变关系》,《"中研院"史语所集刊》外编第 4 种《庆祝董作宾先生六十五岁论文集》下册,1961 年 6 月,758—776 页。

②前揭杨希枚《联名与姓氏制度的研究》一文认为,春秋时代所谓的"孙以王父字为氏",实际上包括子、孙以父、祖名或字为氏的种种情况,这是从连名制向固定姓氏制度演变过程中的一种中间形态,形式上属于子连亲名之亲名前连型。参见 713—724 页。

的回鹘族;部分苗族;欧洲诸族;非洲诸族;阿拉伯人;新几内亚的巴布亚人;等等。

(3)亲连子名之子名前连型　相对于子连亲名的亲子连名制来说,亲连子名的亲子连名制可以说是比较罕见的。杨希枚先生认为应该存在这一类连名制度,并将它分为子名前连和子名后连两种类型来加以分析。关于亲连子名之子名前连型,杨文仅提供了两个不确定的线索:第一,春秋时代的某些人名,如公父文伯、皇父充石、富父终甥、公叔文子之类,如果单从形式上看,似是属于"某之父—某"型的亲子连名制,但由于文献不足,还不能肯定它们就是连名制;第二,婆罗洲达雅族(Dayak)的连名制,按凌纯声先生的说法,是从"某之父"型的亲从子名制演变为"某之父—某"型的亲连子名制,若依此说,这便是亲连子名之子名前连型①。

(4)亲连子名之子名后连型　杨文认为,在摩洛哥人、阿拉伯人、英格兰人以及古代巴比伦人社会中,应存在此种类型的亲子连名制。但他举出的证据都建立在推论之上,没有提供可靠的人类学资料。

杨希枚先生关于亲子连名制的两类四型说无疑是一个值得重视的创见,但实事求是地说,他当时构想的亲连子名之亲子连名制,基本上还停留在理论假设的阶段——子名后连型所举出的证据缺乏说服力,子名前连型则只提供了两个难以自圆其说的线索。故杨文最后的结论说:"亲子联名制可分为亲名前联和后联、子名前联和后联四型,但目前所知的亲联子名制则均属子名后联

---

① 作者在同一篇文章中力主婆罗洲达雅族的连名制属"某—某之子"型的子连亲名制,此处为了给其"亲连子名之子名前连型"提供论据,又转而附和凌纯声先生之说,是不免自相矛盾。

型,且远不如子联亲名制分布之广泛。"

直到今天,上述亲子连名制类型说仍是一个有待求证的理论构想。根据我们目前掌握的人类学资料,可以就这个问题得出一个肯定的结论。

先说亲连子名之子名后连型。其实在中国的民族学资料中就有很好的例证,这种类型的连名制见于藏缅语民族拉祜族。拉祜族既有子连亲名制,也有亲连子名制。亲连子名的形式是:父母本名+长子(女)小名+巴(或耶)——拉祜语称父亲为"巴",称母亲为"耶"。如父名扎妥,母名娜倮,长女名娜斯,那么父亲与女儿连名后的全称是"扎妥娜斯巴"(意为娜斯之父扎妥),母亲与女儿连名后的全称是"娜倮娜斯耶"(意为娜斯之母娜倮)①。显而易见,这种连名制正符合杨希枚先生构拟的"某—某之父(母)"型的亲连子名制。

接下来需要重点讨论的问题是亲连子名之子名前连型,因为它与契丹人的连名制有直接的关系。这一类型的连名制,目前能够看到的最典型、最具说服力的民族学资料当属佤族。佤族属南亚语系孟—高棉语族,它的连名制是极富特色的。佤族人的小名由排行名加本名组成,排行名有性别之分,男性第一至第八的排行名分别是艾、尼、沙姆、赛、奥、洛克、加特、伯特,女性的八个排行名依次是叶、依、阿姆、欧克、雅特、佛、依普、午;本名通常以出生日的天干或地支来命名,也有取用某些吉祥语词的。以小名"艾刀"为例,"艾"表示男性长子,"刀"表示生于壬日。男子结婚

①和即仁:《拉祜族》,见张联芳主编《中国人的姓名》,中国社会科学出版社,1992年,349—350页;王正华、和少英:《拉祜族文化史》,云南民族出版社,1999年,140页。

生子后,便不再称其小名,而是改用父子连名。父子连名的形式是:长子本名+本人本名。如艾刀长子小名艾戛,那么艾刀的父子连名便是"戛刀"①。

云南省西盟佤族自治县的阿佤山区堪称佤族民族文化之渊薮,比较完整地保留了这种连名制的传统。在建国后进行的少数民族社会历史调查中,由民族学家记录下来的许多佤族人的谱系,非常清楚地反映了这种连名制的历史痕迹。现选取两个比较典型的谱系转载于此。

一份是西盟县岳宋寨永铺擂氏艾怪家谱,自始祖里卯至怪仿,共计二十三代②:

怪仿(23)←仿散(22)←散桃木(21)←桃木行(20)←行昂(19)←昂赛(18)←赛抗(17)←抗康尼(16)←康尼宋(15)←宋查因(14)←查因仅(13)←仅铺鹿埃(12)←铺鹿埃玛特(11)←玛特孩因(10)←孩因怪(9)←怪格郎(8)←格郎耙特(7)←耙特标(6)←标恩(5)←恩普特(4)←普特岗(3)←岗里(2)←里卯(1)

据调查者说,这份谱系由艾怪提供,艾怪一族(姓永铺擂)世为岳宋寨大头人,并谓怪仿即艾怪。我怀疑调查者此处记录有误。按佤族人的连名制来判断,怪仿小名当作艾仿,故其父名仿散,怪仿

<hr>

① 参见魏德明:《佤族文化史》,云南民族出版社,2001年,155—156页;李道勇:《佤族》,见《中国人的姓名》,334—342页。

② 引自田继周等:《西盟县岳宋佤族社会经济调查》,见《佤族社会历史调查》(二),云南人民出版社,1983年,2页及35页注④。

是他结婚生子以后的父子连名;而艾怪应是怪仿的长子。可能艾怪当时尚未结婚生子,故仍称其小名。

另一份是西盟县中课乡中课大寨散姓家谱,自始祖立委其至艾翠,凡二十六世①:

艾翠(26)←翠腊(25)←腊耕(24)←耕康(23)←康松(22)←松可恩(21)←可恩伙(20)←伙朵埃(19)←朵埃果阿(18)←果阿来(17)←来散(16)←散章(15)←章敖(14)←敖芬(13)←芬欧克(12)←欧克峭士(11)←峭士克立阿(10)←克立阿克鲁恩(9)←克鲁恩贡(8)←贡托(7)←托腊(6)←腊格拉特(5)←格拉特普依(4)←普依司岗(3)←岗立(2)←立委其(1)

这份谱系中,除了末代艾翠是小名,其他二十五代均为父子连名。

这些佤族人的谱系是非常珍贵的连名制资料,从上面转录的两份世系表可以看出,佤族人一直实行严格的亲连子名制,谱中所见父子连名全都符合已知的佤族连名制规则,没有一代例外。此类连名制可以表达为 BA—CB—DC 的公式,这与杨希枚先生所设想的"某之父—某"型的亲连子名制是基本吻合的,只不过在这里被省略为"某(之父)—某"的形式罢了。另外,佤族人的谱系还有一点很值得注意。在子连亲名的亲子连名制社会中,人们的世谱都是从始祖往下按正序排列的,而目前看到的数十份佤族人的世谱,却全是上溯式的,亦即按逆序排列。这是因为在实行亲

①引自罗之基等:《西盟佤族姓氏调查报告》,载《佤族社会历史调查》(四),云南人民出版社,1987 年,34—35 页。

连子名制的情况下,须由下辈的小名推导出上辈的连名,这样的排列顺序显然更便于子孙记忆。

除了佤族之外,这一类型的连名制还存在于瑶族和纳西族的少数地区。在贵州省黎平县滚董乡平茶村的瑶族中,同时伴存着两种类型的连名制。结婚生子之前,实行祖父孙三代连名制,其连名形式为:姓+本名+父名+祖父名。如"卜老和王保英",卜是姓,老和是本名,王保是父名,英是祖父名。而在结婚生子之后,则实行亲连子名制。其连名形式是:姓+补(瑶语"父亲"之意)+长子(女)小名+本名。如卜老和的长女小名妹生,那么卜老和的连名就是"卜补妹生和"[①]。这后一种连名制也就是杨希枚先生所设想的亲连子名之子名前连型。

纳西族社会一般实行子连亲名制,与大多数藏缅语民族的情况相似。但云南丽江县南溪、吉子村一带的纳西族地区,却存在一种独特的亲连子名制。其连名形式为长子(女)小名+爸+本人小名,如吉子村有人小名阿国兴,其长子小名阿福,那么阿国兴的父子连名则为"福爸兴"[②]。这种看似简单的连名制,实际上也属于亲连子名之子名前连型。

在国外的人类学资料中,同样可以看到这种类型的连名制。据英国人类学家霍斯(C. Hose)等人在婆罗洲进行的田野调查,称当地的肯雅族(Kenyah)和达雅族(Dayak)部落有一种独特的亲连子名制,其连名形式为:Tama(意为父亲)+长子小名+本名。如Jau的长子小名为Obong,他的父子连名全称即为Tama-Obong-

---

[①] 胡起望:《瑶族》,见《中国人的姓名》,198页。
[②] 和即仁:《纳西族》,见《中国人的姓名》,361页。

Jau,但平时仅简称为 Tama-Obong(意为 Obong 之父)①。肯雅族马当(Madang)部落酋长的全名为 Tama Kajan Odoh,据他口述其家族谱系如下②：

19. Kajan	09. Giling Sinjan
18. Tama Kajan Odoh	08. Sinjan Putoh
17. Sigo	07. Putoh Ati
16. Apoi	06. Ati Aiai
15. Baun(♀)	05. Jalong
14. Odoh Sinan(♀)	04. Balari
13. Along	03. Umbong Doh(♀)
12. Apoi	02. Kusun Patu
11. Laking	01. Balingo
10. Laking Giling	

据调查者说,该家族谱系一共十九代,但原书将第一、二两代连写为 Kusun Patu Balingo,将五、六两代连写为 Ati Aiai Jalong,这样算起来就只有十七代了,兹据凌纯声先生的意见予以更正③。衡以肯雅族的亲连子名制,可以明显看出此谱六至十一代、十八至十九代存在父子之间的连名关系。其他各代多只记录本名,大概是被口述者略去其连名的缘故。如果我们将省略的连名完整地加以复原,便可以得到下面这样一个更加明晰的谱系：

---

① C. Hose & W. McDougall, *The Pagan Tribes of Borneo*, London, 1912, Vol. 1, pp. 79—82.

② *Ibid*, Vol. 2, pp. 11—12.

③ 凌纯声:《东南亚的父子连名制》,原载《大陆杂志特刊》第一辑,1952年,171—220 页;收入作者论文集《中国边疆民族与环太平洋文化》上册,台北联经出版事业公司,1979 年,442 页。

19. Kajan	09. <u>Tama</u> Giling Sinjan
18. Tama Kajan Odoh	08. <u>Tama</u> Sinjan Putoh
17. <u>Tama</u> Odoh Sigo	07. <u>Tama</u> Putoh Ati
16. <u>Tama Sigo</u> Apoi	06. <u>Tama</u> Ati Aiai
15. Baun(♀)	05. <u>Tama</u> Aiai Jalong
14. Odoh Sinan(♀)	04. <u>Tama Jalong</u> Balari
13. Along	03. Umbong Doh(♀)
12. Tama Along Apoi	02. Kusun Patu
11. Tama Apoi Laking	01. <u>Tama</u> Patu Balingo
10. <u>Tama</u> Laking Giling	

此谱之连名,下面划横线的语词是参照肯雅族的连名制规则补入的。照这个复原的谱系来看,除了二、三两代和十四、十五两代之外,其他各代全都符合肯雅族的亲连子名制;而没有连名的几例也可以得到合理的解释,第三代因是女性,故与第二代不相连,十四、十五两代也是因为女性的缘故未见连名。总之,这份谱系表明,肯雅族的亲子连名制显然应属于杨希枚先生提出的亲连子名之子名前连型。

不过,杨希枚先生本人倒是对肯雅族和达雅族的连名制另有一套截然不同的解释。按他的理解,Tama-Obong 是亲从子名,即从长子的本名 Obong;Tama-Obong-Jau 也是亲从子名,即从长子的连名 Obong-Jau。这就是说,他把 Obong-Jau 看作是 Obong 与其父 Jau 的父子连名,即属于子连亲名之亲名后连型。于是他得出了这样一个结论:肯雅族和达雅族既存在亲从子名制(可从其子本名,亦可从其子连名),也存在亲名后连型的子连亲名制。根据这种理解,他认为在上面这个谱系中,只有 Tama Kajan Odoh 是亲从子名,余者多为亲名后连型亲子连名①。

上述观点存在着诸多纰漏,令人难以苟同,仅就三个问题质疑如下:

第一,我们所知道的肯雅族和达雅族的连名制,是霍斯等人实地调查的报告,作者并未说当地存在亲名后连型的子连亲名制,杨氏认为 Obong-Jau 是 Obong 与其父 Jau 的父子连名,这一推测并无根据。

第二,调查者交代得很清楚,Tama-Obong-Jau 这一连名形式,是在亲从子名(Tama-Obong)的基础之上,后续本名 Jau 而形成的父子连名全称,这正符合"某之父—某"型的亲连子名制,而杨氏却把它理解为一种子连父名加父从子名的复式连名制。在同一个民族中固然有子连父名和父连子名并存的情况,但从未听说还有这种叠加型的复式连名制:先是子连父名,然后父亲再回过头去与儿子的父子连名相连,即成为"(某—某之子)—之父"的形式。这种叠床架屋的连名制实在令人匪夷所思。

第三,Tama Kajan Odoh 口述的谱系原是按逆序排列的,与上文谈到的佤族人的谱系相同,这正是亲连子名制的特征。杨氏将它改为按正序排列,以求合乎泰雅人等台湾原住民的亲名后连型子连亲名制,这完全违背了口述者的原意。即便按他颠倒过来的这个谱系来看,仍有多处不符合亲名后连型亲子连名制,对于这些矛盾之处,他都以"异名"来解释,如谓第三代的 Doh 可能是 Kusun 的异名,第五代的 Jalong 可能是 Aiai 的异名,第十三代的

————————

① 见前揭杨希枚:《从名制与亲子联名制的演变关系》,753—755 页。前面说过,杨氏在论证他提出的"亲连子名之子名前连型"时,又转而附和凌纯声先生之说,但那并非他的本意。

Along 可能是 Sinan 的异名等等。这样的解释未免过于随意了。

　　总之，杨希枚先生对上述连名制的理解显然是不可取的，这种连名制其实正是他苦于找不到例证来证明的亲连子名之子名前连型。

　　由肯雅族和达雅族的连名制现象，凌纯声先生得出了亲连子名制起源于亲从子名制的结论，其演变过程可示例如下：

Tama-Obong→Tama-Obong-Jau→Obong-Jau

凌先生解释说，第一个阶段是纯粹的从名制，即亲从子名；因从名制易于重名，又不便于谱系的记忆，故发展到第二阶段，既从子名又连本名，这是从名制向连名制演进的中间形态；最后发展到第三阶段，不从子名而亲子连名，这就是严格意义上的连名制[1]。

　　其实像 Tama-Obong 这种形式的亲从子名制，在许多人类学资料中都可以见到。如台湾原住民雅美人，在长子出生之后，父亲改称"Shiaman（父）+长子小名"，母亲改称"Shina（母）+长子小名"，祖父母改称"Shiapun（祖父母）+长孙小名"[2]。这可以称之为子名后置型亲从子名制。另外，侗台系民族如壮、傣、侗、水族以及部分瑶族支系（主要是盘瑶和白裤瑶）也存在类似的从名制。照凌纯声先生的推论，这些民族的从名制最终都有可能演变为连名制，亦即肯雅族和达雅族的那种亲连子名之子名前连型。

　　以上论述的最终目的，是为了求证杨希枚先生关于亲子连名

---

[1] 见《东南亚的父子连名制》，458—460 页。

[2] 移川子之藏等：《台湾高砂族系统所属の研究》，台北帝国大学土俗·人种学研究室 1935 年刊行，东京凯风社 1988 年影印再版，第一册《本篇》，548 页。此书第二册《资料篇》收入作者采录的两个雅美人的谱系（见 131 页，第 308、309 谱），在总共六十个名字中，有十个为该类型的亲从子名。

制的两类四型说,这个目的可以说已经达到了。遗憾的是,直到今天,国内民族学界对父子连名制的认识还停留在 1960 年代以前的水平,即只知道有子连亲名的亲子连名制,而不知道还有亲连子名的亲子连名制。80 年代出版的《中国大百科全书·民族卷》将父子连名制分为三类:一是正推顺连法,即父名在前,子名在后;二是逆推反连法,即子名在前,父名在后,"采用这种方式连名的有佤族、贵州台江的苗族和新疆的维吾尔、哈萨克等族";三是冠姓连名法,即在名字之前或名字之后加上姓氏①。这里说的第一种属子连亲名之亲名前连型,第三种与第一种实际上属同一类型,只是多一个姓氏而已;第二种是指子连亲名之亲名后连型,但其中的佤族实为亲连子名之子名前连型,这两种连名形式恰巧相反的连名制在这里被混为一谈了。又如近年出版的纳日碧力戈的博士论支《姓名论》,将连名制分为亲名前连型和亲名后连型两类,并谓后一类包括台湾原住民泰雅人、萨斯特人(赛夏人),佤族,苗族,欧洲诸族,近东诸族,非洲民族,巴布亚人等等②。看得出来,作者仍然是把佤族实行的亲连子名制误解为子连亲名制了。

　　现在要把话题拉回到契丹连名制上来。上文指出,按照契丹语的习惯,契丹人的名字全称是第二名在前,小名在后;而契丹大小字石刻资料所反映出来的契丹人父子连名的通例,是父亲的第二名与其长子的小名为同根词,前者系后者添加属格附加成分的形式。那么,这究竟是一种什么类型、什么形式的父子连名制呢?

①《中国大百科全书·民族卷》"父子连名制"条(作者詹承绪),中国大百科全书出版社,1986 年,124 页。
②纳日碧力戈:《姓名论》,社会科学文献出版社,1997 年,74—76 页。

无非有两种可能性,一种可能性是子连亲名之亲名后连型,即从子名的角度来看,不妨理解为"本名后续属格后缀+父名"的形式;另一种可能性是亲连子名之子名前连型,即从父名的角度来看,可以理解为"长子小名后续属格后缀+本名"的形式。我认为契丹人的连名制应该是后面这种类型,理由如下:

(1)契丹小字墓志中"小名"和"第二名"的说法,表明契丹人的连名制是父连子名。

前面说过,契丹小字石刻资料通常将契丹人的一个名字称之为 ᠵᠠ ᠭᠢᠯ或ᠵᠢᠯ ᠭᠢᠯ,直译是"孩子名",意译为"小名";将另一个名字,即由长子小名后续属格后缀组成的名字称之为ᠵᠢᠯ,直译是"第二的(名)"。这样的表述非常清楚地暗示了两个名字的区别:"小名"显然是先有的本名,"第二名"则是后来由父连子名而次生的名。《辽史》将前者称作契丹人的"名",将后者视为契丹人的"字",也同样可以看出二者的先后顺序。既然由子名生成的名字被称为"第二名",说明只能是父连子名。

(2)契丹人惟有长子与父亲连名,说明不可能是子连父名。

目前发现的契丹人父子连名的实例,大都有证据表明,与父亲连名的子嗣是长子,只有耶律解里与耶律直鲁姑、耶律铎轸与耶律低烈两例没有明确记载是否长子,但估计也不会例外。因此大致可以得出这样一个结论:契丹人的父子连名制,与父亲连名者仅限于长子。这一现象究竟说明了什么问题?在我所见到的国内外人类学资料中,凡子连父名者,所有的子女均与父亲连名;而父连子名者,则是与长子或长女连名,只有在长子(女)早夭或被其他部族俘虏的情况下,才会与次子或次女连名。据此判断,契丹人的连名制理应是父连子名,而不可能是子连父名。

（3）从契丹人的名字全称来看，应属子名前连型亲连子名制。

如上所述，在契丹大小字石刻史料中，契丹人规范的名字全称均为"第二名+小名"，亦即"长子小名后续属格后缀+本名"的形式。从这种连名形式来分析，理应属于杨希枚先生提出的"某之父—某"型的亲连子名制。

不过，这一结论仍需加以必要的论证才能令人信服。因为严格说来，契丹人的名字全称实际上仅仅表现为"某（子名）之某（父名）"的外在形式，这种连名形式既有可能属于父连子名，亦有可能属于子连父名。譬如台湾原住民萨斯特人（赛夏人）的父子连名，往往在子名之后、父名之前加入一个表示领属意义的助词a，以明确两者之间的亲子关系，如达乌斯·阿·厄茂，即指厄茂之子达乌斯①。如果单从其外在形式来看，萨斯特人的连名形式与契丹人的名字全称其实是一模一样的，然而它却是亲名后连型子连亲名制。为什么这一同样的形式会表达出两种截然相反的连名制度呢？关键就在于这两个民族的语言具有不同的语法结构。

这个问题涉及到对连名制与语言之间关系的认识。杨希枚先生在分析连名制的规律性时曾提出一种看法，认为同一语系或相近语系的民族大抵具有相同类型的连名制，如以单音节为特征的汉语及藏缅语各族一般为亲名前连型亲子连名制，而以多音节为特征的印欧语、印尼语及非洲各族则多为亲名后连型亲子连名制②。对于这种说法，纳日碧力戈先生表示了不同意见，他认为连

①杨希枚：《台湾赛夏族的个人命名制》，台北《"中研院"院刊》第3辑，1956年，325页。

②参见前揭杨希枚：《从名制与亲子联名制的演变关系》，759—760页。

名制的类型与该民族语言是单音节语言或多音节语言没有关系，连名的形式——前连还是后连，最初主要取决于该语言中的名词性定语相对于中心词的位置，"如果撇开次生的社会因素不论，我们可以说，名词领属性定语位于中心词前面的语言对应于亲名前连型的亲子连名制，名词领属性定语位于中心词后面的语言则相应于亲名后连型的亲子连名制"①。这种解释显然比杨说更有说服力。我们知道，南岛语系印度尼西亚语族正是名词领属性定语位于中心词后面的语言，故萨斯特人"某之某"的连名形式所表达的是亲名后连型亲子连名制，其实际内涵为"本名+属格助词+父名"；而阿尔泰诸语言均是名词领属性定语位于中心词前面的语言，故契丹人"某之某"的连名形式所表达的是子名前连型亲子连名制，其实际内涵为"子名+属格后缀+本名"——至于今天突厥语民族通行的亲名后连型亲子连名制，则是伊斯兰化以后受波斯语和阿拉伯语影响的结果，因为波斯语和阿拉伯语都是名词性定语后置的语言。

既然如此，就会生出一个新的疑问。按照上面的结论，在契丹人"某（子名）之某（父名）"的连名形式中，位于前面的子名应是名词领属性定语，位于后面的父名应是中心词，用这样一种从属关系来表达父亲的连名，似乎不大合乎情理。这里的关键症结仍系于契丹人第二名词尾的属格后缀。其实聂鸿音和乌拉熙春已经从不同的角度看出了契丹人的"字"所带有的词尾附加成分，但却不知道名字中的这种后缀究竟起什么作用。聂鸿音说，目前还没有可靠的历史文献证据能揭示它们的实际作用，我们甚至不

①纳日碧力戈：《民族姓名的语言制约因素析要》，《民族语文》1990年第4期；参见前揭《姓名论》，177—178页。

知道契丹人把它们粘到名词后面是要表示名词的格还是要造出一个新的名词①。乌拉熙春也有类似的困惑,她认为词尾辅音 n 在契丹语中具有表示名词属格后缀的功能,但这种人名用词的词末所出现的 n 究竟属于构词后缀还是格后缀,仍需进一步研究②;后来她又倾向于认为此类后缀应属一种构词后缀,其功能是使词干形容词化③。这种假说无法解释一个疑问,契丹人为何都要取一个形容词化的"字"?现在,当我们对契丹人的连名制有了明确的认识之后,这个问题可望得到一个圆满的解释:在契丹人"第二名+小名",亦即"长子小名后续属格后缀+本名"的连名形式中,实际上有一个省略成分——即"第二名"之后省略了"父亲"一词,这就是契丹人的第二名词尾为何总有一个属格附加成分的缘故④;这就意味着,子名与父名在这里其实并不是名词性定语与中心词的关系,与子名构成从属关系的应是被省去的"父亲"一词,而后续父亲的本名则只是为了避免重名而已。至此,我们可以将契丹人的连名制形式准确地表达为"某之(父)—某"型,即属子名前连型亲连子名制,与佤族和部分瑶族、纳西族支系以及婆罗洲的肯雅族、达雅族所实行的连名制当属同一类型。按杨希枚先生的构想,这种类型的连名制应是"某之父—某"的模式,契丹人

①见前揭聂鸿音《契丹语的名词附加成分﹡-n 和﹡-in》一文。
②见前揭乌拉熙春《〈耶律迪烈墓志铭〉与〈故耶律氏铭石〉所载墓主人世系考——兼论契丹人的"名"与"字"》一文。
③见前揭乌拉熙春:《契丹人的命名特征——兼论契丹语派生形容词的后缀》,222—223 页。
④契丹语中常常可以见到将限制性定语后面的中心词加以省略的现象,譬如上文屡屡提到的   一词,意为"第二的(名)",但并没有出现"名"这个中心词。

的连名形式与之非常接近。

　　尚需补充的一点是,以长子小名后续属格后缀构成的第二名,在契丹人名字习俗中的意义可能并不仅限于连名制。倘依凌纯声先生的说法,亲连子名制是由亲从子名制演变而来的,拿契丹人"第二名+小名"的连名形式来说,如果后面不连小名,单称第二名的话,不就是亲从子名的形式么? 只不过因为省去了"父亲"一词,已经很难看出这个第二名里所隐含的从名制的意味了,尤其是在汉文文献里。

　　契丹人虽然兼有小名和第二名,但一般情况下是很少以第二名和小名连称的。那么,按照契丹族俗,他们平常究竟是以"名"行还是以"字"行呢? 先从历史文献说起。按《辽史》的惯例,一般是称契丹人的小名,只有在列传中才会介绍传主的字(第二名),但也偶有例外,如辽太祖耶律阿保机就是以第二名著称于世的。《辽史·太祖纪》曰:"姓耶律氏,讳亿,字阿保机,小字啜里只。"这里说得很清楚,耶律亿是太祖的汉名,啜里只是他的契丹语小名,而阿保机则是契丹语第二名。另据赵志忠《虏廷杂记》说:"太祖讳亿,番名阿保谨。"[1]可见作为第二名的"阿保机"一词,原来是省译了词尾的属格后缀,准确的译名应是"阿保谨"。辽太祖以其第二名称于世、载于史,只能视为一个特例。

　　至于辽代石刻究竟是称契丹人的小名还是第二名,似乎没有一定之规。以萧罕为例,《萧仅墓志铭》谓"父讳罕",《韩匡嗣墓志铭》谓其第三个女儿"适大国舅弟萧罕",都是称其小名;《韩匡

---

①见《资治通鉴》卷二六六后梁太祖开平元年五月考异所引。

嗣妻萧氏墓志铭》称为"萧流宁",则是称其第二名了①。不过总的来看,不管是汉文石刻还是契丹大小字石刻,称第二名的情况较为常见。尤其是在与官名、爵号连称时,基本上都是称其第二名。

但这并不能说明太多的问题,道理很简单,因为见诸文字记载的契丹人名字未必就是他们在日常社会生活中惯用的称呼。不妨以文化人类学的经验加以佐证。我们知道,在实行亲子连名制的民族中,一般的通例是,如果一个人在成年之后还被人称其小名,就会认为是对他的不尊重。这个规律理应同样适用于契丹人。如此说来,契丹人的小名可能主要是幼年用于族内的称呼,而第二名则是成年后广泛用于社会交际的称呼,不难想象,以"某之(父)"的形式而存在的第二名,自然会被视为一种象征身份和地位的尊称。这一推论与《辽史》习称契丹人小名的现象并不矛盾,因为史书或墓志在介绍契丹人时,必须指出本名才能明确其身份,而不至于张冠李戴。

由于过去学界对契丹族的连名制一无所知,所以人们往往对契丹人的"字"的来历发生误解。聂鸿音先生推测说,契丹人幼时取"名",成年后取"字","这大约是直接或间接地受了中原汉文化的影响"。乌拉熙春也认为,契丹人的字"有可能仿自汉人习俗"②。现在我们总算明白了,原来契丹人的"字"植根于一种纯

---

① 《萧仅墓志铭》,见《辽代石刻文编》,191 页;《韩匡嗣墓志铭》和《韩匡嗣妻萧氏墓志铭》,均见刘凤翥、金永田:《辽代韩匡嗣与其家人二墓志铭考释》,香港中文大学《中国文化研究所学报》新第 9 期,2000 年。
② 见前揭聂鸿音《契丹语的名词附加成分*-n 和*-in》、乌拉熙春《〈耶律迪烈墓志铭〉与〈故耶律氏铭石〉所载墓主人世系考——兼论契丹人的"名"与"字"》。

正而地道的民族文化。有史料表明,契丹族的连名制是一项具有悠久历史的民族传统。遥辇氏始祖阻午可汗,"契丹名迪辇俎里"①。迪辇(契丹小字写作 🔲 或 🔲,是辽代契丹人常用的带有属格后缀的第二名,这说明至迟在大贺氏时代晚期,契丹族已经在行用子名前连型亲连子名制了。从理论上说,自契丹族进入父系氏族社会以后,就有可能产生父子连名制②。

　　至于父子连名制的产生原因,过去有一种解释,认为连名制与姓氏制度之间具有某种替代关系,或者说是一种代用的姓氏制度,而今这种观点已被证明是错误的,人类学家的研究表明,连名制与姓氏制度常常并存于同一社会。杨希枚先生对两者间的关系做过比较深入的探讨,他认为连名制是姓氏制度可能的起源途径之一,以台湾原住民为例,从连名制向姓氏制度的演变大致经历了三个阶段:连名制(原姓氏制度)——可变姓氏制度——固定姓氏制度。其演变过程,最初是亲子世代间呈交替的连名制,继而历代后嗣同依某一祖名为姓氏,最终形成固定的姓氏制度。不过他也承认,即便经由连名制的演变而产生固定姓氏制度之后,两者仍可并存不废,因为它们具有不同的功能,连名制大抵属于一种族内称用的制度,而姓氏制大抵属于一种族外称用的制度③。

　　就契丹族的连名制而言,目前还看不出它与姓氏制度之间有

①《辽史》卷六三《世表》。
②笔者曾试图从古代阿尔泰诸民族中追寻契丹连名制的源流,但由于种种原因没有找到令人满意的答案。鲜卑人和突厥人是否存在连名制,因文献不足征,目前尚无法作出确切判断;回鹘人虽有亲名后连型亲子连名制,但那是伊斯兰化以后的产物,与契丹人的连名制没有逻辑上的联系;至于蒙古、女真和满族,可以肯定其历史上都不存在连名制度。
③参见前揭杨希枚:《联名与姓氏制度的研究》,698—725页。

什么关系,而且似乎也没有演变为姓氏制度的趋势。众所周知,在契丹族的历史上,始终只有耶律和萧两个姓氏,但这并不是连名制存在的原因。辽兴宗重熙年间,耶律庶箴"上表乞广本国姓氏曰:'我朝创业以来,法制修明,惟姓氏止分为二,耶律与萧而已。始太祖制契丹大字,取诸部乡里之名,续作一篇,著于卷末。臣请推广之,使诸部各立姓氏,庶男女婚媾有合典礼。'帝以旧制不可遽釐,不听"①。由此可知,即便要推广姓氏,也是"取诸部乡里之名",而毋需借助于连名制。更何况是亲连子名的连名制度,显然不能替代姓氏的作用。

关于连名制的功能,比较可信的解释是,除了表示族属世系以外,主要是为了明确辨别身份的需要,故显著的同名现象常与连名制伴生于同一社会②。这个解释十分切合契丹族的实情,因为在契丹人社会中,同名现象是相当普遍的。仅凭《辽史》和辽代汉文石刻史料,即可明显感觉到契丹人名字用词单调的问题,如果再翻检一下契丹大小字石刻资料,这种印象尤为深刻,因为辽代汉文文献中的契丹人名字存在着大量异译,经过勘同之后,我们发现契丹人常用的名字不过数十个而已。在这种情况下,连名制的存在自有其必要性。

亲连子名是辽代契丹连名制的通例,但值得注意的是,在这种连名制中还存在着某些特例。要讨论这个问题,仍需借助于文化人类学的知识。据英国人类学家罗斯(H. L. Roth)介绍说,婆罗洲达雅族部落实行亲连子名制,按常规理应与长子或长女连名,

---

① 《辽史》卷八九《耶律庶箴传》。
② 参见前揭杨希枚:《联名与姓氏制度的研究》,723—725 页;《从名制与亲子联名制的演变关系》,776 页。

但有时达雅人尚未成年而急于称某某之父,即可与其从兄弟连名①。又如在盛行亲从子名制的马来人社会中,其惯例是有子女者从长子(女)小名,无子女者亦可从其弟名②。契丹人也有类似的情况。《辽史》卷七五《耶律觌烈传》曰:"耶律觌烈,字兀里轸。"后附其弟耶律羽之传说:"羽之,小字兀里,字寅底哂。"耶律觌烈的字,《耶律羽之墓志铭》称为"汗里整"③,《册府元龟》称为"污整"④,都是"兀里轸"一词的异译。从《辽史》的记载可以看出,耶律觌烈的第二名"兀里轸"应是以其弟耶律羽之的小名"兀里"为词根,后续属格附加成分构成的。之所以会出现这种特例,无非有两种可能,或是耶律觌烈无子嗣⑤,或是在他尚未成为父亲之前就取了这个第二名。据《耶律羽之墓志铭》介绍,羽之兄弟六人,长兄曷鲁,次兄汗里整,羽之排行第四;三兄及两个弟弟均早夭。这么说来,在耶律觌烈的四个弟弟当中,惟有耶律羽之一人

---

① H. L. Roth,*The Natives of Sarawak and British North Borneo*,London,1896,Vol. 2,p. 274.

② 弗雷泽(J. G. Frazer):《金枝》,徐育新等译,大众文艺出版社,1998年,369页。

③ 见内蒙古文物考古研究所等:《辽耶律羽之墓发掘简报》,《文物》1996年第1期。

④《册府元龟》卷九八○外臣部通好门:后唐明宗长兴二年(931)五月,"青州上言:'有百姓过海北樵采,附得东丹王堂兄京尹污整书,问(李)慕华行止,欲修贡也。'"据《辽史·耶律觌烈传》,谓觌烈天显二年留守南京(按东平郡天显三年十二月才升为南京,此"二年"当为"五年"之误,天显五年即公元930年),故这里说的"京尹污整"当是指时任南京留守的耶律觌烈,至于称他为"东丹王堂兄",则是南人的误传。

⑤《辽史·耶律觌烈传》虽未言及他有无子嗣的问题,但据《辽史》卷八二《耶律虎古传》说:"耶律虎古,字海邻,六院夷离堇觌烈之孙。"按耶律觌烈曾任迭剌部夷离堇,故耶律虎古或许就是他的孙子。

得以长大成人,故觊烈与羽之连名亦在情理之中。此类兄弟连名的例子可以视为契丹人亲连子名制的一种变例。

根据种种迹象来判断,在辽朝建国以后,契丹人传统的亲连子名制可能在很大程度上已经流于形式。尽管辽朝的契丹男子几乎人人都有一个带有属格后缀的第二名,尽管我们可以举出不少父子连名的实例,但同时也不难找到许多反证——即父亲的第二名与其长子的小名之间并不存在任何关联。这说明,辽代契丹人的名字习俗虽仍保持着传统连名制的基本特征,但亲连子名制的规则可能已不再被人们严格遵循,许多契丹人恐怕只是徒具父子连名的形式而已。这种习俗之所以能够部分地保存下来,除了辨别身份的实际需要之外,恐怕还兼有别的社会功效,因为以“某之(父)”的形式而存在的第二名,在契丹人的观念中想必是一种身份和地位的象征,所以每个成年男子都要有一个第二名,但这个第二名却不见得非要以其长子的小名作为词根,没有子嗣也好,尚未婚娶也罢,都不妨碍他取一个“某之(父)”形式的第二名。《辽史》卷七三《耶律斜涅赤传》有这样一个例子:“耶律斜涅赤,字撒刺。……始字铎盌,早隶太祖幕下,尝有疾,赐樽酒饮而愈,辽言酒樽曰‘撒刺’,故诏易字焉。”按契丹传统的连名制来说,第二名既是从长子小名而称,岂有随便更改的道理? 这个故事说明,早在辽代初期,传统的亲连子名制可能已趋于形式化,大概很多契丹人尚未成年就已早早地取了第二名——当然,这样的第二名既不可能与其长子的小名有任何瓜葛,甚至也毋需与其胞弟或从兄弟连名,只要是一个符合传统连名制形式的第二名就行了。惟其如此,第二名才可以随便改来改去,甚至像耶律斜涅赤那样随意选用一个什么词也能当作第二名。不过我也注意到,即便到辽朝末年,仍然有一些恪守传统的契丹人严格遵循着父子连名制的准则,譬如前面提到的萧挞不也与萧特末。

四 余论:不同文化背景之下的名字问题

自公元 9 世纪末叶以后,契丹人与汉文化的接触越来越频繁。尤其是燕云十六州的入辽,给两种民族文化创造了直接交流和相互融合的机会。特殊的历史环境和不同的文化背景对富有民族特色的名字习俗所造成的影响是可想而知的:一方面,辽代契丹人的名字不可避免地打上了汉文化的烙印;另一方面也有充分的历史文献证据可以表明,辽朝治下部分汉人的名字具有明显的契丹化倾向。这类问题向为辽史研究者所关注,但只有在对契丹人的名字习俗有了真正的了解之后,才有可能就其反映出来的文化融合现象给予一个正确的解释。

族际间的交流,首先遇到的一个问题便是契丹语名字的汉译,或者说是汉人对契丹人名字的认识和理解问题。在我们今天所能看到的有关辽代历史的汉文文献中,以《辽史》一书对契丹人名字的汉译最为规范。《辽史》纪传通常将契丹人的小名称作"名"(或明确称为"小名"、"小字"),将其第二名称作"字"[1]。借用汉人名和字的概念分别译称契丹人的小名和第二名,应该说是一种此较妥帖的译法。因为契丹人的小名与汉人的名同样都是本名,而契丹人的第二名与汉人的字又同样都是成年后才获得的

---

[1]《辽史》一书中"小字"和"字"的含义截然不同,绝不混用。今天的辽史研究者常常将两者混为一谈,是因为对契丹人的名字习俗缺乏基本的了解。

一种新的指称符号——只不过两者来历不同而已。元朝官修《辽史》，主要依据的是耶律俨《皇朝实录》和陈大任《辽史》，其中前者是最原始的史料来源。今本《辽史》中契丹人名字的规范译法，很可能是经过耶律俨等辽朝史官处理加工过的史料。

相比之下，辽代石刻中的契丹人译名则显得比较随意，不够严谨。其中常见的一种译法是直译法，即将契丹语名字全称按原来第二名在前、小名在后的词序径直翻译出来，而不管它什么是名、什么是字。如仲父房释鲁的名字全称，契丹小字应作，按《辽史》的规范说法是"释鲁，字述澜"①，而《耶律仁先墓志铭》译作"述剌实鲁"，《耶律智先墓志铭》译作"述烈实鲁"，《耶律庆嗣墓志铭》译作"述列实鲁"，都是按契丹语直译的。又如韩匡嗣曾孙涤鲁，其契丹语名字全称见于契丹小字《耶律(韩)迪烈墓志铭》第7行，写作②，《辽史》本传译称"涤鲁，字遵宁"，而《萧乌卢本娘子墓志铭》则直译为"逊宁迪里姑"③。这种译法固然省事，但对契丹人的小名和第二名毫无区别，很难将当事人的身份介绍清楚，译者对契丹人的名字习俗究竟有多少了解，也很值得怀疑。

除了采取上述直译法之外，更多的情况下还是将契丹人的小名和第二名按汉人的习惯分别译出，但从辽代石刻的译名来看，每当采用这样的译法时，往往就会暴露出译者对契丹人的名字习俗缺乏真正的了解。如《宋魏国妃萧氏墓志铭》介绍墓主的先人

①《辽史》卷六四《皇子表》。
②见唐彩兰等：《契丹小字〈韩敌烈墓志铭〉考释》附录，《民族语文》2002年第6期，34页。
③见前揭刘凤翥等：《辽代萧乌卢本等三人的墓志铭考释》附录一。

说:"曾祖名解里,小名桃隈……祖名六温,小名高九……父名时时里,小名迪烈。"根据《辽史》及汉文、契丹字石刻的相关史料可以得知,宋魏国妃的曾祖汉名萧和,契丹语小名桃隈(《辽史》译作陶瑰),第二名解里(亦有石刻作谐里或谐领);其祖父汉名萧孝诚,契丹语小名高九,第二名六温(石刻或作留引);其父汉名萧知玄,契丹语小名迪烈,第二名时时里①。该墓志作者将他们的第二名都称作"名",可能是把契丹人的第二名理解为与小名相对应的"大名"或"学名"了。更有甚者,还有不少辽代石刻甚至将契丹人的第二名称之为"讳"。如《耶律习涅墓志铭》说:"于越王兵马大元帅讳习宁,小字卢不姑,即公之六世祖也;枢密使、西平王讳奥聒只,小字贤圣,即公之高祖也;节度使讳应恩,小字观音,即公之曾祖也;太尉讳直鲁衮,小字解里,即公之祖也。"②耶律习涅的六世祖,《辽史》卷七六有传,称"耶律鲁不古,字信宁";其高祖传见于《辽史》卷七九,谓"耶律贤适,字阿古真";其曾祖亦见于《耶律贤适传》,称其小名观音;而且从六世祖卢不姑到祖父解里的小名和第二名,均见于契丹大字《耶律习涅墓志铭》。由这些记载可以知道,此汉文墓志作者所称的"小字"是指契丹人的小名,而契丹人的第二名则被他称为"讳"。这真是对契丹人名字的莫大误解。汉人所说的"讳"乃是指其本名而言,如果将契丹人的小名称为"讳"倒也相去不甚远,但契丹人的第二名是无论如何也不应该称之为"讳"的。凡此种种,说明一般辽代汉人对于契丹文化总还

---

① 参见前揭刘凤翥、清格勒:《契丹小字〈宋魏国妃墓志铭〉和〈耶律弘用墓志铭〉考释》;魏奎阁、袁海波:《辽外戚萧和家族世系表新补》,《辽宁工程技术大学学报(社科版)》2003 年第 3 期;爱新觉罗·乌拉熙春:《高九大王世系考》,《东亚文史论丛》(京都)创刊号,2003 年 3 月。
② 盖之庸:《内蒙古辽代石刻文研究》,357 页。

是存在着一层隔膜。

　　自契丹建国后,尤其是在它占有燕云十六州之后,汉文化在辽朝开始成为一种强势文化,这就不可避免地要为契丹传统的名字习俗注入许多新的元素。且不说契丹人习以为常的汉语名字,即便在契丹语名字中也能看出华夏文明给它带来的潜移默化的影响。譬如契丹人的名字用词就很能说明问题。民族学家的调查研究表明,阿尔泰民族的名字用词具有某些共同特征,在蒙古族、达斡尔族、满族、赫哲族等民族的早期历史上,人名用词多为动植物名或某些常见器物名,后来随着与汉文化之间的接触日渐增多,才开始改用抽象词汇来命名①。考察契丹族人名用词的变化,不妨以此作为参照。虽然大贺氏和遥辇氏时代的契丹族几乎没有留下什么人名资料可供研究,但根据当时契丹族的渔猎生活方式及社会发展阶段来推想,其人名用词的特点很可能与上述阿尔泰民族早期的情况比较相似。那么辽代契丹人的名字用词又是怎样一种状况呢? 如果对契丹大小字石刻资料及汉文文献所见契丹语名字做一个粗略统计的话,我们就会发现,辽代契丹人名字中使用频率最高的两个词分别是斗桑(胡都古)②和令利(乙辛)③,前者意为"福",后者意为"寿"。汉文化的影响由此可见一斑,就连契丹人的契丹语名字都充满了汉民族的价值观念。

　　当然,汉文化给契丹名字习俗带来的最直接的影响,主要还

──────────

①参见前揭《中国人的姓名》,90—96、115—126、147—151 页;凌纯声:《松花江下游的赫哲族》,中央研究院历史语言研究所单刊甲种之十四,1934 年,上册,213 页。

②以该词为词根的第二名是斗桑伏(胡都堇)。

③以该词为词根的第二名是令利伏(乙辛隐)。

是表现在契丹人普遍采用的汉语名字上。辽朝一代频繁的族际交往和文化接触,使得很大一部分契丹人生活在汉语和契丹语的双重语言环境之下,而双语制往往伴存着双名制。从辽代汉文文献及石刻资料可以看出,契丹人拥有汉名在当时是司空见惯的一种现象。照理说,严格意义上的双名制应同时拥有两套名字,即契丹语的小名、第二名和汉语的名、字。以耶律合住为例,《辽史》卷八六《耶律合住传》曰:"耶律合住,字粘衮。"合住是他的契丹语小名,粘衮是契丹语第二名,他的汉语名字则未见《辽史》记载。据罗继祖先生考证,耶律合住与见于《续资治通鉴长编》等宋代文献的耶律琮系同一人①。《耶律琮神道碑》完整地记录了他的汉语名字:"公讳琮,字伯玉,姓耶律氏。"②不过像这样汉语名、字俱全的契丹人并不具有普遍性,大多数契丹人似乎只有汉语的名,而少见有汉语的字,这里面当然有史料缺略的原因,然而更多的情况下可能是原本就只有一个汉名。

契丹人汉语名字的用词也很值得考究,这里面隐含着两种文化取向,一是儒家文化,一是佛教文化。辽朝一代,儒、释二教可以说是旗鼓相当,不相上下。从契丹人的汉语名字用词来看,似乎有内释外儒的微妙区别。何以谓"内释外儒"? 一方面,辽代契丹人所用的正式汉名,往往具有浓郁的儒家文化色彩,比较典型的例子是,耶律仁先兄弟五人的汉名分别为仁先、义先、礼先、智先、信先③,萧德温兄弟五人的汉名分别为德温、德良、德恭、德俭、

---

① 罗继祖:《辽史校勘记》,上海人民出版社,1958 年,20 页。
② 李逸友:《辽耶律琮墓石刻及神道碑铭》,《东北考古与历史》第 1 辑,文物出版社,1982 年,181 页。
③《耶律仁先墓志》,《辽代石刻文编》,354 页。

德让①。另一方面,在许多契丹人家庭内部,常常以具有佛教意义的汉语借词作为小名来使用,如圣宗小字文殊奴,其弟隆庆小字普贤奴,另一弟小字药师奴;圣宗仁德皇后小字菩萨哥;道宗宣懿皇后小字观音;萧孝忠有一子小名药师奴、一女小名观音女②;耶律元宁三子,小名分别为观音奴、慈氏奴、释迦奴③。这种有趣的现象究竟说明了什么问题? 对于契丹人来说,佛教是一种虔诚的信仰,儒教则主要是一种现实的需要。就名字而言,取自佛教人物的小名让人觉得亲切,标榜儒家理念的名字则显得比较庄重。不过,契丹人接受佛教信仰,是以汉文化作为媒介的,所以他们即便在使用含有佛教意味的小名时,也依然用的是汉语借词。

　　辽朝的民族融合绝非单向的“汉化”趋势,因此双语制和双名制也不仅仅是契丹人所面临的问题。事实上,辽朝治下亦有相当数量的汉人表现出明显的契丹化倾向,玉田韩氏就是一个典型的例子。近年在内蒙古巴林左旗白音罕山韩匡嗣家族墓地先后出土十二种墓志,其中包括两盒契丹小字墓志(即《耶律(韩)迪烈墓志铭》和《韩高十墓志铭》),而且据当地公安部门透露,该墓地还有更多的契丹小字墓志曾被人盗掘。汉人墓葬以契丹文字刻写墓志,无疑是双语制的最明确证据。由这两方契丹小字墓志提供的信息可以知道,自韩知古以下的玉田韩氏家族,几乎每人都有契丹语名字——既有小名,又有第二名,与契丹人的名字习俗

①《萧德温墓志》,《辽代石刻文编》,372 页。
②《萧孝忠墓志》,《辽代石刻文编》,416 页。
③《耶律元宁墓志》,《内蒙古辽代石刻文研究》,21 页。

毫无二致①。这是研究辽代民族融合的一个很有价值的标本。

从汉文石刻中也可以看到，在辽朝契丹化的汉人家庭中，孩子们从小就有两种语言的名字。如《耶律元佐墓志铭》说："生子一，小字度刺，汉儿小字药师奴，时年五岁。"②耶律元佐即《辽史》所称韩谢十，亦属玉田韩氏家族。他的儿子同时拥有两个小名，"度刺"是契丹语小名，所谓"汉儿小字药师奴"即是指汉语小名。另外还有迹象表明，在某些契丹化的汉人家庭中，未成年的孩子甚至可能只有契丹语小名，而他们的汉语名字大概是成年以后才有的。按辽代石刻惯例，汉文墓志一般都记载汉语名字，但有时也有例外，如《韩德昌墓志铭》在提到其先人及兄弟时均称汉名，而在记其子嗣时却称契丹语名字："有子二人：郭三、解里阿钵。"③一种可能的解释是，韩德昌死时年仅二十九岁，他的两个儿子当时尚未成年，所以还没有汉语名字。《赵匡禹墓志》进一步证实了我的这一推测，该墓志逐一罗列墓主十个儿子的名字，其中九个已成年者均为汉名，惟独在介绍第八子时说："次曰辖麦，早卒。"④辖麦是常见的契丹语小名，或译辖麦哥、匣马葛，契丹小字写作 𘰷𘱂。可以肯定地说，辖麦当是因为年幼早夭的缘故，才没有留下

---

① 参见刘凤翥：《契丹小字〈韩高十墓志〉考释》，《揖芬集——张政烺先生九十华诞纪念文集》，社会科学文献出版社，2002 年；前揭刘凤翥等：《辽代萧乌卢本等三人的墓志铭考释》。据乌拉熙春统计，以上两方墓志所述韩知古家族八代子孙，有契丹语名字可考者共计五十二人，参见氏著《契丹小字墓志综考》，收入《契丹语言文字研究》，京都大学东亚历史文化研究会，2004 年 5 月，288—292 页。

② 见金永田：《韩德威和耶律元佐墓志铭考释》，《文物》1998 年第 7 期。

③ 见刘凤翥、清格勒：《辽代〈韩德昌墓志铭〉和〈耶律（韩）高十墓志铭〉考释》，《国学研究》第 15 卷，北京大学出版社，2005 年。

④ 《辽代石刻文编》，300 页。

汉语名字。我们注意到,这种情况通常发生在与契丹人通婚的汉人家庭中,他们基本上生活在一个契丹人的社会圈子里,被契丹文化的氛围所笼罩,估计契丹语是这些家庭内部的第一语言,所以每个孩子都必有一个契丹语小名,等到他们长大成人,需要与汉人社会进行交流时,这才需要取一个汉名。当他们死后,如果是写给汉人看的汉文墓志,就记载他们的汉名;如果是写给契丹人看的契丹字墓志,就记载他们的契丹语名字。辽朝契丹化汉人群体的双语制和双名制,大致就是这样一种情况。

除了这种已经完全融入契丹社会的汉人,还有另外一类处于两种文化夹缝中的人群,也不应该被忽视。例如在刻于辽代中后期的《崇善碑》中可以看到下面这样一些题名:王特末、李乌特剌、田查剌、王移剌、杨撒八、戴苏斡、高□鲁斡、张酉勾末里、曹达鲁古等等。此碑发现于内蒙古巴林右旗罕山南麓,地处契丹腹地,但碑上的题名绝大多数是汉人,苏赫先生认为可能是某个斡鲁朵所属的宫分户①。这些长期生活在草原地区的汉人,似乎表现出较为明显的契丹化倾向,但却并没有真正融入契丹文化。因为他们的姓名还带着汉文化的标记,只不过拥有一个契丹语形式的名字罢了;从译音来看,这些名字都是契丹语小名,估计他们并没有像契丹人那样再取一个第二名。考虑到这些汉人的社会地位较低,他们很可能一生中就只有这样一个简单的契汉合璧式姓名,它既不是汉名,也不是真正意义上的契丹名。严格说来,这并不能算是一种双名制。

在古代阿尔泰民族中,契丹族的名字制度相对来说是比较复

①苏赫:《崇善碑考述》,《辽金史论集》第 3 辑,书目文献出版社,1987 年。

杂的。幸运的是,契丹人给我们留下了如此丰富的石刻资料,才使得这种早已湮灭的民族文化能够重新为世人所知。相信随着契丹文字资料的不断发现以及研究的日渐深入,这个古老民族的历史文化面貌将会越来越清晰地呈现在我们眼前。

原载《文史》2005 年第 3 辑,并由
早稻田大学饭山知保博士译为日文,发表于
日本《唐代史研究》第 10 号,2007 年 8 月

从《辽史·国语解》到《钦定辽史语解》

——契丹语言资料的源流

　　过去的一个世纪里,中外学者在搜集传世文献中的契丹语言资料方面付出了很多努力,但对于这些资料的来龙去脉却从来无人予以深究。本文致力于探索汉文文献中保存下来的契丹语言资料的源流问题,其中《辽史·国语解》、《钦定辽史语解》以及《钦定重订契丹国志》所附《译改国语解》等三种文献,是作者重点分析的对象。本文还对几位中外学者搜集整理或辨析考释契丹语言资料的研究成果进行了介绍和评述。

　　契丹语文学的诞生,是 20 世纪阿尔泰语言学所取得的最重要的学术进展之一。这一新兴研究领域的形成,缘于 1922 年庆陵契丹字哀册的发现。半个多世纪以来,经过中外学者的不懈努力,契丹大小字已经得到初步解读。契丹文字被认为是中国民族古文字中最难破译的文字之一,这主要有两个方面的原因:其一是缺乏对译的文字资料,迄今发现的契丹大小字石刻为数已逾四十,但除了一个不足百字的《郎君行记》外,其他都不是与汉文对译的;其二是缺乏活的语言资料,契丹自公元14世纪以后就不再以单一的民族形态而存在,它的语言早已消亡。今天的契丹语文学家在解读契丹文字时往往不得不借助于阿尔泰语系中的某些亲属语言,如达斡尔语、蒙古语、土族语、东乡语、保安语、东部裕固语(恩格尔语)甚至满语等等,但大量的解读实践告诉我们,契丹语是一种独立的语言,在它与上述诸语言中的任何一种语言之间都存在着相当程度的差异,对这些亲属语言的过分依赖,很可能会影响解读结论的正确性①。相对于亲属语言来说,汉文文献中保存下来的契丹语言资料显然要可靠得多。如果说前者的价值主要体现在探索契丹语语音、语法特征和规律等方面,那么后者却可以直接应用于契丹字的拟音和释义。过去的一个世纪里,中外学者在搜集传世文献中的契丹语言资料方面已经付出了很多努力,但对于这些资料的来龙去脉却无人予以深究,本文拟就契丹语言资料的源流问题做一初步探讨,希望能够丰富我们有关契丹语文学的知识。

一

就目前所知,最早留意搜集整理契丹语言资料的是宋人,在宋代目录学著作中可以检索到以下三种记录契丹语言资料的书籍。

(1)《辨鴂录》。据《直斋书录解题》卷五"伪史类"著录:

---

① 比如某些研究者有将契丹语视同于蒙古语的倾向,往往在没有其他依据的情况下,直接将蒙古语应用于契丹字的拟音和释义,爱宕松男、即实、黄振华、王弘力等人尤为明显。

"《辨鴃录》一卷,不著名氏。契丹译语也。凡八篇。"此书编者估计是北宋时代的归正人或归明人①。目前能够看到的有关该书的最早著录见于《通志·艺文略》②,《通志》成书于绍兴年间,但其中的《艺文略》均抄自各种官私书目,《辨鴃录》一书最有可能是出自徽宗政和间官修的《秘书总目》或高宗绍兴初年秘书省颁行的《四库阙书目》。至于该书亡佚于何时,也大致有据可查。有记载表明,直至明朝末年,《辨鴃录》一书仍存于世。陈第《世善堂藏书目录》卷上史部四译载记类:"《辨鴃录》一卷,译契丹人语。"③此书目编成于万历四十四年(1616)。可以确知的是,陈氏世善堂藏书至乾隆以前已散佚无存,《知不足斋丛书》本有跋云:"乾隆初年,钱塘赵谷林先生(昱)赍多金往购,则已散佚无遗矣。"据此推断,《辨鴃录》可能亡佚于清初。

　　(2)《夷语录》。《秘书省续编到四库阙书目》卷一传记类:"僧惟古译《夷语录》一卷,阙。"④对于这条著录需要做点解释。北宋丰富的馆阁藏书,经靖康兵火后"荡然靡遗",及至高宗南渡,遂大力搜访民间藏书,绍兴间编纂的《秘书省续编到四库阙书目》,就是用于搜访遗书的一份书目,故凡是秘书省不备者皆注一"阙"字。这部《夷语录》也见于《通志》卷六三《艺文略一》,但郑

---

① 《宋会要辑稿》职官三六之四一有"奉旨差归朝人教习译语"的记载,我颇疑心像《辨鴃录》这类的书籍也许在当时曾被用作契丹语通事的教科书。

② 《通志》卷六三《艺文略一》仅著录为"《辨鴃录》一卷",亦不详编者名氏。

③ 《知不足斋丛书》本。

④ 此书目罕有传本,光绪间叶德辉得丁氏迟云楼抄本,并加以考证,刊入《观古堂书目丛刻》。1957年商务印书馆编辑出版的《宋史艺文志·宋史艺文志补·宋史艺文志附编》即据此本排印。

樵的著录稍有不同:"《译夷语录》一卷(小注:僧惟古)。"这想必也是抄自《秘书总目》之类的书目,但郑樵将"译"字当成了书名,显然是一个误解。关于此书编译者惟古的情况,只能暂且提供一条很不明朗的线索:《续传灯录》卷十八"百丈元肃禅师法嗣"下列有"瑞州百丈维古禅师"("维古",卷首目录作"惟古")①。但不知此"惟古"与彼"惟古"是否一人?惟古编译的《夷语录》,既然南宋初年馆阁藏书中已经阙佚不存,且除了《通志·艺文略》,后来也未见其他官私书目著录,由此看来,大概已毁于两宋之际。

(3)《北虏方言》。尤袤《遂初堂书目》地理类著录有《北虏方言》一书,作者、卷数均不详,这是由《遂初堂书目》的体例所决定的,并非意味着该书作者当时已经无从查考。尤袤为南宋前期人,约卒于光宗绍熙五年(1194)②,他所收藏的《北虏方言》一书,其"北虏"理应是指契丹,因此我想此书大概也是记录契丹语言资料的一种文献。据魏了翁说,尤氏遂初堂藏书于理宗宝庆元年(1225)厄于火③,《北虏方言》可能即毁于此时。

遗憾的是,宋人记录契丹语言资料的上述三种书籍都未能保存下来。而在辽朝方面,大概不曾有人有意识地对契丹语言资料进行搜集整理,因此在辽代文献中丝毫看不出曾经有过类似著作的迹象。不过有一个与此相关的传说值得一提。据傅乐焕先生介绍,1953年中央民族学院研究部调查组赴黑龙江和内蒙古的达呼尔人聚居区进行民族识别工作时,听到当地的一个传闻,据称

---

① 《大正藏》第51册,586页。

② 尤袤的卒年是一个有争议的问题,此姑取《宋史》本传的说法。

③ 《鹤山先生大全文集》卷六三《跋尤氏遂初堂藏书目录序后》,《四部丛刊》本。

过去曾有人见过"辽时账本",其中记载的契丹人名字和语言与达呼尔语相同;同年内蒙古呼纳盟统战部提供的材料中也有类似说法。但傅乐焕先生对此传说颇不以为然[1]。以常识判断,辽朝的契丹语言资料以这种形式保存至今,似乎是不大可能的。

今天我们尚能看到的最有价值的契丹语言资料,是《辽史》卷一一六《国语解》。元人所修《辽史》,主要取材于耶律俨《皇朝实录》、陈大任《辽史》及题名叶隆礼的《契丹国志》三书。据冯家昇先生的研究,耶律俨《皇朝实录》和陈大任《辽史》并没有契丹"国语解"之类的内容[2]。可见《辽史·国语解》确是元朝史官的创举。那么,我们首先要追究的一个问题便是,《国语解》中的契丹语言资料究竟来源于何处?

据《国语解序》说,辽之"官制、宫卫、部族、地理,率以国语为之称号,不有注释以辨之,则世何从而知,后何从而考哉。今即本史参互研究,撰次《辽国语解》以附其后,庶几读者无龃龉之患云"。冯家昇先生遂于《〈辽史〉源流考》中下一断言:"则本卷全出自本书也。惟《语解》次序与目录次序不同。……此卷必系出自众手,绝非一人所为,故名目有异,次序不同,编排时不知检对,亦潦草之甚矣。"[3]

其实问题并非如此简单。我对《国语解》中的全部 198 条词目进行了逐条检索,发现其中有 15 条不见于《辽史》本文:

阿点夷离的、崦里(《国语解》列在《太祖纪》下,以下各条括

①傅乐焕:《关于达呼尔族的民族成份识别问题》,载中央民族学院研究部编《中国民族问题研究集刊》第 1 辑,1955 年。
②冯家昇:《〈辽史〉源流考》,载《冯家昇论著辑粹》,中华书局,1987 年。
③《冯家昇论著辑粹》,147—148 页。

号中的篇目均为《国语解》所注出处);

解洗礼(《兴宗纪》);

卓帐(《礼志》);

知圣旨头子事(《百官志》);

象吻(《营卫志》);

胡木鑊、鞦马、白耗(《仪卫志》);

捉马(《兵卫志》);

杂丁黄、柢柜、珠二琲、座中、临库(《列传》)。

据我判断,这些不见于《辽史》的条目应该全都出自耶律俨《皇朝实录》或陈大任《辽史》①,虽然今天已见不到它们的原始出处,但丝毫不影响这些语言材料的可靠性。姑举一例。"阿点夷离的"条释文云:"阿点,贵称;夷离的,大臣夫人之称。"这条释文已得到辽代石刻材料的佐证。按《耿知新墓志》称其外祖母"封陈国迪逦免夫人"②,《北大王墓志》谓耶律万辛娶"奚王·西南面都招讨·大王、何你乙林免之小女中哥。……六年内加北大王,封为乙林免"③。刘凤翥先生指出,这两方墓志中的"迪逦免"和"乙林免"与"夷离的"词干相同,乃是辽朝贵妇人的一种封号④。《国

---

① 按《辽史·仪卫志》除了取资于《皇朝实录·仪卫志》和陈大任《辽史·礼仪志》之外,还参考过元太常卿徐世隆家藏《辽朝杂礼》(见《辽史》卷五八《仪卫志四》),所以也不能排除上述列入《仪卫志》、而又不见于今本《辽史》的条目有出自《辽朝杂礼》的可能性。

② 向南编著:《辽代石刻文编》,河北教育出版社,1995年,185页。

③ 《辽代石刻文编》,223页。

④ 刘凤翥:《释契丹语"迪逦免"和"乙林免"》,《沈阳师专学报》1980年第1期。又,近年内蒙古敖汉旗出土的《耶律元宁墓志》谓元宁夫人萧氏"封乙失娩,从夫贵也",内蒙古宁城县出土的《办集胜事碑》所记功德主有"乙里免"(分别见于盖之庸《内蒙古辽代石刻文研究》 (转下页)

语解》既然将"阿点夷离的"列在《太祖纪》下,说明它不是出自《皇朝实录·太祖纪》,就是出自陈大任《辽史·太祖纪》。

除了不见于《辽史》本文的条目之外,《国语解》中还有不少条目所注篇目与它们在今本《辽史》中的出处不符。按照冯家昇先生的解释,之所以出现这种情况,乃是因为《国语解》出自众人之手,"编排时不知检对",史臣之敷衍潦草造成的。但如果对此类条目进行具体分析,就会发现实际情况并不尽然。

如《国语解》在《太祖纪》下列有"紾辖"条,释文云:"紾,军名;辖者,管束之义。"按"紾辖"一词两见于《辽史》本文,一处是《兵卫志序》:"天赞元年,以户口滋繁,紾辖疏远,分北大浓兀为二部,立两节度以统之。"另一处见于卷五九《食货志上》:"太祖平诸弟之乱,弭兵轻赋,专意于农,尝以户口滋繁,紾辖疏远,分北大浓兀为二部。"《太祖纪》虽无"紾辖"一词,但天赞元年十月记有同一件事:"诏分北大浓兀为二部,立两节度使以统之。"根据这种情况,我们不难做出如下判断:在耶律俨《皇朝实录》或陈大任《辽史》的《太祖纪》中,必定有"紾辖"一词,由于元修《辽史·太祖纪》只叙述了"分北大浓兀为二部"的事实,却未说明其缘由,所以才没有出现"紾辖"一词。

《国语解》在《太祖纪》下还列有"神纛"一词,谓"从者所执,以牦牛尾为之,缨枪属也"。而此词仅见于今本《辽史》卷五八《仪卫志四》"仪仗·国仗"条:"遥辇末主遗制,迎十二神纛、天子旗鼓置太祖帐前。"这种情况看似属于《国语解》的编排错误,实际上可能另有原因。《辽史》卷一《太祖纪》在唐天祐三年(906)十

(接上页)110、435页,内蒙古大学出版社,2002年),"乙失娩"、"乙里免"亦为"迪逦免"和"乙林免"的异译。

二月下记载说："痕德堇可汗殂，群臣奉遗命请立太祖，曷鲁等劝进。太祖三让，从之。"我估计，耶律俨《皇朝实录·太祖纪》或陈大任《辽史·太祖纪》在记述此事时本是有"十二神纛"一段文字的，到元修《辽史·太祖纪》时将其略去了。

《国语解》在《游幸表》下有这样一条内容："女瓌，虞人名。"查《辽史·游幸表》并无此名，而《穆宗纪》应历十四年八月乙巳条有云："如碨子岭，呼鹿射之，获鹿四，赐虞人女瓌等物有差。"据我们所知，耶律俨《皇朝实录》和陈大任《辽史》都只有纪、志、传而没有表①，尽管如此，我仍然觉得这不像是史臣们敷衍潦草而造成的一般编排错误。最大的一种可能性是，《国语解》的作者原以为穆宗应历十四年的这条记事理应修入《游幸表》，但后来完成的《辽史·游幸表》却未列入此事，于是便出现了《国语解》所注出处与《辽史》本文出处不符的情况。

通过以上诸例的分析，可以得出如下两点基本结论：其一，《国语解》的取材范围不仅仅限于元修《辽史》本文，还包括耶律俨《皇朝实录》和陈大任《辽史》，《国语解序》所谓"今即本史参互研究"云云，不可信以为真；其二，《国语解》不是在《辽史》成书之后才着手编纂，而是与《辽史》的纪、志、表、传同时开始修纂的，冯家昇先生所谓"名目有异、次序不同"，亦即《国语解》部分条目出处与《辽史》本文出处不符的问题，不全是编排草率造成的。

不过，《国语解》确实存在着许多体例方面的问题乃至内容的乖舛谬误。《辽史》之粗率，在二十四史中可谓首屈一指，《国语解》自然也不例外。总的来说，主要存在以下三类问题。

第一，词条的选择相当随意。《国语解》共计收入 198 条词

---

① 参见冯家昇：《〈辽史〉源流考》，《冯家昇论著辑粹》，118—125 页。

汇,其中真正的契丹语词,即使算上姓氏、人名、地名、官名等在内,也不过七八十条,其他的一多半倒都是汉语词汇。故冯家昇先生批评说:"既云'国语解',当就辽语之不可解者诠释之,然后制度、名物、方言、奇字可以一览而周知矣。乃不出此,而因陋就简,信手摘来,美其名曰'国语解'。"①若与《金史·国语解》相比较,《辽史·国语解》内容庞杂的问题显得更为突出。《金史·国语解》总计收词 125 条,基本上全是女真语汇,释文也简练而得其要领,不像《辽史·国语解》释文之随意。为什么辽、金二史的《国语解》会有如此大的差异? 我想可能有两个原因,一是元代史官对契丹语的了解远不如对女真语的了解多,当时分撰《辽史》的四位纂修官是兵部尚书廉惠山海牙、翰林直学士王沂、秘书省著作佐郎徐昺、国史院编修官陈绎曾②,我曾试图从元代文献中寻找他们具有某种程度契丹语言修养的证据,结果一无所获;二是《辽史》的纂修非常仓促,从至正三年(1343)四月到四年三月,前后不过十一个月而已。

第二,内容的编排缺乏条理。《辽史·国语解》基本上按照《辽史》纪、志、表、传的顺序编排,头绪显得凌乱,体例没有章法,在这一点上也远不如《金史·国语解》。《金史·国语解》按词汇内容分类编排,分为官称、人事、物象、物类、姓氏五类,眉目非常清楚。除了体例本身的问题之外,《辽史·国语解》的编排错误确实也不少见,这是部分条目与其在《辽史》本文中出处不符的一个重要原因。如"剋释鲁"条列入《太祖纪》,实见于《太宗纪上》,作

---

① 冯家昇:《辽史初校》之"国语解",见《辽史证误三种》,中华书局,1959年,329 页。
② 见中华书局点校本《辽史》书后所附《进辽史表》。

"剋实鲁";"挞林"条列入《太祖纪》,实见于《太宗纪下》,作"阒林";《世宗·穆宗纪》下共列有五条,其中三条见于《穆宗纪》,两条见于《太祖纪》,而《世宗纪》一条也没有;"堕瑰"条列入《地理志》,实见于《营卫志下》,等等。

第三,部分条目存在硬伤。举一个显著的例子,《国语解》在《景宗·圣宗纪》下有这样一条内容:"万役陷河冶:地名。本汉土垠县,有银矿。太祖募民立寨以专采炼,故名陷河冶。"今查此条出处见《圣宗纪》开泰元年七月:"进士康文昭、张素臣、郎玄达坐论知贡举裴玄感、邢祥私曲,秘书省正字李万上书,辞涉怨讪,皆杖而徒之,万役陷河冶。"末句"万役陷河冶"之"万"指秘书省正字李万,而《国语解》居然将整个句子作为词目,令人啼笑皆非。

尽管《辽史·国语解》存在着以上种种不如人意的问题,但它毕竟是汉文文献中保存至今的最集中、最原始的契丹语言资料,对于契丹文字的解读及契丹语文学的研究具有无可取代的价值。

二

乾隆间编纂的《钦定辽金元三史国语解》,虽然历来颇遭学者诟病,不论对契丹、女真、蒙古语言学还是对辽、金、元历史学的研究,几乎都没有什么价值可言,然而它在当时却是一部影响甚大、在今天的学术界也仍是一部知名度甚高的著作。《三史国语解》中的《钦定辽史语解》,是我们在梳理契丹语言资料源流时必须弄明白的一个关节。

关于清高宗下令改译辽、金、元三史及编纂《三史国语解》的动机,乾隆四十三年(1778)四月五日的一道上谕说得很明白:"前以辽、金、元三史内人名字义多未妥协,因命编纂诸臣遵照《同文韵统》所载,详加更正。盖缘辽、金、元入主中国时,其人既未必尽晓汉文,以致音同误用;而后此之为史者,因非本国之人,甚至借不雅之字,以寓其诋毁之私。是三史人名,不可不亟为厘定,而示大公之本意也。"[1]在乾隆四十七年为改译辽、金、元三史所作的序中,高宗再次表示了他对三史译名"谬寓嗤斥"的不满:"夫《春秋》一字之褒贬,示圣人大公至正之心。若辽、金、元三国之译汉文,则出于秦越人视肥瘠者之手,性情各别,语言不通,而又有谬寓嗤斥之意存焉。此岂《春秋》一字褒贬之为哉!"[2]对于乾隆朝编修的《四库全书》,学界历来毁誉参半,其中的批评意见主要集中在两个方面,一是借修《四库全书》之机大肆禁毁违碍书籍,二是肆意篡改辽、金、元史籍。尽管高宗一再声称改译辽、金、元三史之主旨是"传信示公"[3],但我们从中看到的却分明是他狭隘的民族立场[4]。

《三史国语解》是高宗"钦定"的一部官书,但关于它的成书时间,当时的各种记载却颇多分歧。据《国朝宫史续编》卷九二书籍门一八"字学"载:"《钦定辽金元三史语解》一部,乾隆三十六

①军机处上谕档,见中国第一历史档案馆编:《纂修四库全书档案》上册,上海古籍出版社,1997年,810页。
②清高宗:《御制文二集》卷一七《改译辽金元三史序》,影印文渊阁《四库全书》本,第1301册,390页。《高宗实录》卷一一五四将此文系于乾隆四十七年四月辛巳。
③清高宗:《御制文二集》卷三五《读金史》,影印文渊阁《四库全书》本,第1301册,496页。
④关于清高宗改译辽、金、元三史的因由,请参看何冠彪:《乾隆朝重修辽、金、元三史剖析》,载《蒙古学信息》1997年第1期。

年奉敕校正。"①《四库全书总目》谓"乾隆四十六年奉敕撰",文渊阁《四库全书》本《三史国语解》的书前提要则称"乾隆四十七年奉敕撰",《四库全书简明目录》又说"乾隆五十年奉敕撰"②,而文渊阁《四库全书》本《简目》则作"乾隆五十一年奉敕撰"。

　　一部《三史国语解》,其成书时间何以竟有这么多的说法? 这要从该书的编纂过程说起。高宗朝之改译辽、金、元三史,最初缘于乾隆十二年对《金史·国语解》的加工。《高宗实录》卷二九五录有乾隆十二年七月丙午的一篇上谕:

> 　　近因校阅《金史》,见所附《国语解》一篇,其中讹舛甚多。……即如所解之中,或声相近而字未恰合,或语似是而文有增损;至于姓氏,惟当对音,而竟有译为汉姓者。今既灼见其谬,岂可置之不论。爰命大学士讷亲、张廷玉、尚书阿克敦、侍郎舒赫德,用国朝校定《切音》,详为辨正,令读史者咸知金时本音本义,讹谬为之一洗,并注清文,以便考证。即用校正之本,易去其旧,其坊间原本,听其去留。③

乾隆十二年校刊完成的武英殿本《金史》,书末所附《钦定金国语解》基本上仍维持《金史·国语解》的原有结构,只是每条下注明满洲语音,并据此加以考证而已。但大约从乾隆三十三年以后,高宗就不再满足于过去对《金史·国语解》进行的局部加工,在他

---

①左步青点校本,北京古籍出版社,1994年,下册,903页。
②此据上海古籍出版社1985年排印本,系以同治七年(1868)粤刻本为底本。
③《清实录》,中华书局1985年影印本,第12册,863页。

此年所作的一首题为《于波罗河屯咏东山笔架峰》的诗中,有一段指斥辽人"捺钵"译音不当的小注,并谓"即如金、辽、元三史中类此者难以枚举,将悉为改译"云云①。据我所知,这是高宗第一次明确表示要全面改译辽、金、元三史。

为了实现改译辽、金、元三史的既定目标,高宗决定首先重修三史《国语解》。乾隆三十六年十二月戊寅的一篇上谕对此事原委有比较详细的交待:

> 前以批阅《通鉴辑览》,见前史所载辽、金、元人地官名,率多承讹袭谬,展转失真,又复诠解附会,支离无当,甚于对音中曲寓褒贬,尤为鄙陋可笑。盖由章句迂生,既不能深通译语,兼且逞其私智,高下其手,讹以传讹,从未有能正其失者。……每因摛文评史,推阐及之。并命馆臣就辽、金、元史《国语解》内人、地、职官、氏族及一切名物、象数,详晰厘正,每条兼系以国书,证以《三合切韵》,俾一字一音,咸归吻合,并为分类笺释,各从本来意义,以次进呈,朕为亲加裁定,期于折衷至是,一订旧史之踳驳。今金《国语解》业已订正蒇事,而诸史原文尚未改定,若俟辽、元国语续成汇订,未免多需时日,著交方略馆,即将《金史》原本先行校勘,除史中事实久布方策,无庸复有增损外,其人、地、职官、氏族等,俱依新定字音确核改正。其辽、元二史,俟《国语解》告竣后,亦即视

---

① 清高宗:《御制诗三集》卷七六,影印文渊阁《四库全书》本,第 1306 册,514 页。按本卷共收入古今体诗 112 首,均作于戊子岁,即乾隆三十三年(1768)。

《金史》之例,次第厘订画一。①

这篇上谕给我们提供了很多信息。重修三史《国语解》的工作大概就始于乾隆三十六年,至当年年底,新编《金史语解》即已率先告成,这主要是因为有乾隆十二年的《钦定金国语解》作为基础。高宗因令先将《金史语解》交予方略馆(此时尚未开修《四库全书》,官修史籍主要由方略馆负责),用它来改译《金史》中的女真译语,待《辽史语解》和《元史语解》完成后,也全都照此办理。

那么《辽史语解》和《元史语解》究竟完成于何时呢?何冠彪先生指出,乾隆四十二年三月军机大臣等奏报"承办未竣书籍"十六种,其中就包括《辽史》和《元史》②,按照《金史》的校改程序,当时《辽史语解》和《元史语解》必已完成,才会开始进行对《辽史》和《元史》的改译工作③。这种说法似乎很有道理。但从后来发生的情况来看,《三史国语解》的编纂与改译三史的程序完全悖离了当初的设想,以致《三史国语解》的实际编纂过程竟长达十年以上。

根据近年面世的档案材料,我们现在可以确知改译辽、金、元三史和《三史国语解》的最后完成时间。乾隆四十六年十月二十六日《军机大臣和珅等奏辽金元三史办理全竣折》有下面一段文字:

①《高宗实录》卷八九八乾隆三十六年十二月戊寅,第 19 册,1099—1100 页。
②见《高宗实录》卷一〇二九乾隆四十二年三月乙未,第 21 册,800—801 页。
③何冠彪:《乾隆朝重修辽、金、元三史剖析》,《蒙古学信息》1997 年第 1 期,28 页。

臣等奉命改译辽、金、元三史人地官名，轮卯进呈，节次进过《金史》一百三十五卷、《元史》二百十卷，又续进过《辽史》本纪、传、志一百零七卷，此次将《辽史》表八卷改对校正，缮写、装潢进呈，所有辽、金、元三史现在全行告竣。……所有三史人、地、职官、氏族及一切名物、象数，俱依原文字义，触类比音，并详加笺释，以次分帙呈进。……应请将《钦定辽金元三史国语解》重行编次，分刊于原史之前，并恭请御制序文，冠于卷首，用昭一统同文之盛。其旧史内原有之《国语解》，概行撤去。①

　　按照高宗的最初设想，这项工程的进行步骤应该是首先编纂完成《三史国语解》，然后再根据《三史国语解》对辽、金、元三史进行改译。如果真是照此计划进行的话，那么《三史国语解》应该早就完成了，而现在我们知道的实际情况却是，直到乾隆四十六年十月二十六日将辽、金、元三史全部改译完毕之时，和珅等人仍在奏请要"将《钦定辽金元三史国语解》重行编次"。这种情况应当作何解释呢？不妨替古人设想一下，如果史臣们按照事先编好的《三史国语解》去改译辽、金、元三史，在实际操作过程中一定会遇到很多《三史国语解》里没有列入的词汇，所以高宗预想的工作程序事实上是行不通的。由此看来，从乾隆三十六年到四十六年，《三史国语解》的编纂与辽、金、元三史的改译工作应该是同步交叉进行的，在后一项工作完成之前，即便已经编出了《三史国语解》，也只能是一个很粗疏的稿本而已；只有在辽、金、元三史的改译工作全部结束之后，才能把所有改译的词汇全都吸收进《三史

①军机处原折，见《纂修四库全书档案》下册，1426—1427页。

国语解》。乾隆五十二年六月二日，监察御史祝德麟的一封奏折谓"臣于乾隆四十六年编修任内，经总裁八阿哥奏充纂修，偕在事满汉各员逐卷改译，并辑成《三史国语解》恭呈乙览"云云①，这段话把改译辽、金、元三史与编纂《三史国语解》的前后因果关系交待得再清楚不过了，所谓"辑成"者，与和珅等人说的"重行编次"是一个意思。总之，辽、金、元三史的改译工作完成在前，《三史国语解》的编纂成书在后。

那么，《三史国语解》的最后编纂成书究竟是在什么时候？乾隆四十七年二月二十七日，军机大臣"尊旨将各馆纂办书籍已、未完竣及曾否刊刻、写入《四库全书》"的情况向高宗做一汇报，其中在"纂办全竣现在缮写、刊刻各书单"内，列有"辽金元三史"和"辽金元国语解"②。这说明在辽、金、元三史的改译工作完成之后不到半年，《三史国语解》即已编纂成书。不过乾隆四十七年编成的《三史国语解》，是否就是我们今天所看到的《钦定辽金元三史国语解》的这个样子，还是一个值得考究的问题。

首先，我们今天看到的此书刻本或写本都是比较晚的。关于此书的刻本，《故宫所藏殿本书目》卷二有一条著录："《钦定辽金元三史语解》四十六卷，清乾隆三十六年敕撰，四十六年刊本，十八册。"③这一记载肯定有误。因为高宗在乾隆五十二年六月三日曾发布过一道上谕，谓"《三史国语解》于辽金元三史人名、地名译改颇为详核，久经修辑完竣，交武英殿刊刻。……著传谕八阿哥、

①《掌湖广道监察御史祝德麟奏请将三史国语解刊刻完竣呈览折》，见《纂修四库全书档案》下册，2018 页。
②王重民辑：《办理四库全书档案》上册，国立北平图书馆排印本，1934 年，82—83 页。
③故宫博物院图书馆排印本，1933 年。

金简将现在武英殿所刻《三史国语解》赶紧刊刻完竣,先刷印一部寄至热河,以便校对"①。同年十月二十四日,纪昀还在为覆核文津阁本催促此事:"惟是文渊、文源二阁校正册籍,俱为刘墉、彭元瑞留为校理三分全书之用,其订正译语册档亦未付臣,所有辽金元人地名俱无从查改。应奏明请旨敕下刘墉、彭元瑞,将二阁翻译册档,以一分留京备用,以一分移送热河照改,庶两无贻误。"②这里说的"译语册档"、"翻译册档"都是指《三史国语解》的稿本,这说明《三史国语解》的初刻本直至乾隆五十二年十月尚未问世。今天所能见到的此书最早的写本,则是文渊阁《四库全书》本,卷首提要署"乾隆五十四年二月恭校上"。

其次,此书的书名可能直到乾隆五十二年尚未最后确定。中国国家图书馆藏有一部《文宗阁四库全书装函清册》,其中史部最后一种书名为《辽金元国语义》③,显然这是《钦定辽金元三史国语解》的别名。据黄爱平教授的研究,南三阁《四库全书》于乾隆五十二年四月"缮校全竣",但还留有少数空函待补④。《辽金元国语义》既然置于史部之末,可见是后来补入的。这一事实说明,起码到乾隆五十二年四月,《钦定辽金元三史国语解》连书名都尚未最后确定。

---

① 《寄谕八阿哥永璇等将武英殿所刻三史国语解赶紧刊刻完竣》,见《纂修四库全书档案》下册,2019—2020 页。

② 《礼部尚书纪昀奏请将文渊阁翻译册档移送热河一分等事折》,见《纂修四库全书档案》下册,2081 页。

③ 王菡:《〈文宗阁四库全书装函清册〉说略》,《文献》2002 年第 3 期,160 页。按,此《清册》系莫友芝在同治四年(1865)五月踏访文宗阁时得于煨烬之余。

④ 参见黄爱平:《〈四库全书〉纂修研究》,中国人民大学出版社,1989 年,157 页。

再次,有证据表明,在乾隆四十六年以后,辽、金、元三史的改译工作实际上仍在继续进行。冯家昇先生对《辽史》的二十三种版本进行过比较,他发现在清人改译本中以道光四年殿本的改译最为完备:"名辞之改译,始自四库本,惟库本未尽改,至道光殿本始一律改为今名。"据他说,道光殿本的底本上书有校者姓名,计有章宗瀛、李尧栋、邱庭漋、平恕、黄寿龄、陈嗣龙、王仲愚七人①。我们检索一下纂修《四库全书》档案就可以知道,这七人全都是一直参与辽、金、元三史改译工作的纂修官②。前面说过,《三史国语解》在乾隆四十七年二月已经"纂办全竣现在缮写、刊刻",这样一部篇幅并不算大的书,为何直到乾隆五十二年六月尚未"刊刻完竣"呢? 我估计是由于辽、金、元三史的改译工作在乾隆四十六年以后仍在继续进行,所以《三史国语解》迟迟不能最后定稿。

这里须附带澄清一个疑问。李学智先生认为,根据《四库全书总目》的记载,现存之《三史国语解》系乾隆四十六年奉敕撰,《满洲源流考》系乾隆四十三年奉敕撰,然而《满洲源流考》卷一八国俗三语言门却已引及《三史国语解》,可见在乾隆四十六年成书的《三史国语解》之前,必定还有另外一种成书更早的本子③。据我查证档案的结果,《满洲源流考》实于乾隆四十二年九月开始

①冯家昇:《辽史初校序》,见《辽史证误三种》,82—83 页。
②分别见于乾隆四十二年四月十二日《刑部尚书英廉等奏拟再添派编修平恕等赶办三史折》、四十六年十一月三日《谕内阁纂修辽金元史之呈麟等准以在京应升之缺分别叙用》、四十七年四月十五日《谕辽金元三史承办官平恕等俱著加一级纪录三次》、五十五年十二月二十三日《军机大臣阿桂等奏遵旨议奏添纂八旗通志情形折》,载《纂修四库全书档案》上册,585 页,下册,1432、1555、2226 页。
③参见李学智:《金史语解正误初稿》,《新亚学报》5 卷 2 期,1963 年 8月,382—384 页。

篡修①,但最后之成书已在乾隆四十八年二月②。另外在乾隆四十七年六月二十六日军机大臣的奏折中附有一份"各馆现办各书酌定完竣日期清单",其中《满洲源流考》下注明:"已进过十四卷,未进约七卷,计期于本年十二月完竣。"③《满洲源流考》之最后定稿为二十卷,则李学智先生举以为证的第十八卷到乾隆四十七年六月尚未完稿,故引及《三史国语解》也就顺理成章了。

　　根据上文的考述结果,我们现在可以对有关《三史国语解》成书时间的各种不同记载给出一个说法。《国朝宫史续编》所称"乾隆三十六年奉敕校正",是指高宗下达敕令、正式开始编纂此书的时间;《四库全书总目》所谓"乾隆四十六年奉敕撰",是指辽、金、元三史改译工作完成之后,和珅等人奏请"将《钦定辽金元三史国语解》重行编次"的时间;文渊阁本《三史国语解》书前提要之"乾隆四十七年奉敕撰",则是指该书正式编纂完成的时间;至于《四库全书简明目录》的乾隆五十年说和乾隆五十一年说,是否指《三史国语解》的最后修改定稿时间,目前还缺乏明确的证据。

　　乾隆时代整理编纂的契丹语言资料,除了《三史国语解》中的《钦定辽史语解》之外,还有一件不大为人所知的东西,这就是附在《钦定重订契丹国志》之后的《译改国语解》。此事的来历,要

---

① 见乾隆四十二年九月八日《军机大臣阿桂等奏遵旨篡办满洲源流情形折》,载《篡修四库全书档案》上册,718—721 页。《四库全书总目》的记载肯定有误。
② 乾隆四十八年二月二日军机大臣奏折附"各馆篡办书籍清单",内有"《满洲源流考》,篡办已竣,现在缮写正本进呈"的记载,见《办理四库全书档案》上册,92 页。
③《军机大臣奏遵旨将各馆篡修拟定各书完竣日期等清单进呈片》,见《篡修四库全书档案》下册,1586—1587 页。

从《四库全书》对《契丹国志》的改编说起。乾隆四十六年十月，当第一份《四库全书》文渊阁本即将全部抄缮完毕之际，高宗抽查《契丹国志》时发现了他认为非同小可的问题，其一是宋辽金的正统问题，其二是他认为书中的某些议论偏颇而存有华夷之见，馆臣遂请撤出此书，但高宗不同意这种处置办法，遂于十月十六日传出一道上谕，命馆臣改纂《契丹国志》①。在高宗的这份上谕中虽然没有提到契丹语词的改译问题，但既然此时辽、金、元三史已经全部改译一过，《三史国语解》也即将编纂成书，所以在对《契丹国志》进行改编的过程中，自然也将契丹语词统统加以改译，并仿照《三史国语解》之成例，将所有改译的词汇辑为《译改国语解》一卷，附在《钦定重订契丹国志》书后，是为卷二八。《译改国语解》共计 196 条，拿它与《三史国语解》中的《钦定辽史语解》加以对照，发现两者相同的条目出入不大，可以肯定前者是参照后者编纂而成的。不过也有个别条目例外，如《译改国语解》曰："果勒齐，蒙古语中心也。原作高七，今改正。"而《钦定辽史语解》卷一皇子部则说："古齐，蒙古语三十，数也。卷六十四作高七。"两者的歧异说明什么问题呢？据文渊阁本《四库全书》的书前提要，《钦定重订契丹国志》抄校完成于乾隆四十九年十一月；不妨作一假设：我们今天看到的《钦定辽史语解》中的这条释文，也许是乾隆四十九年以后修改而成的。

关于《三史国语解》中的《钦定辽史语解》，有一个最大的谜团需要破解，这就是所谓的索伦语问题。《三史国语解》号称"以

---

① 乾隆四十六年十月十六日《谕内阁契丹国志体例书法讹谬著纪昀等依例改纂》，见《纂修四库全书档案》下册，1417—1419 页。

索伦语正《辽史》"、"以满洲语正《金史》"、"以蒙古语正《元史》"①,后两句话自然有它的道理,惟有"以索伦语正《辽史》"不免让人疑惑。问题的根源要追溯到清高宗,因为正是高宗首先提出索伦人为契丹之苗裔的观点。在他作于乾隆三十三年的一首诗中,有一自注云:"按辽之后即今索伦,其语与满洲有相同者。"②自此以后,清朝的官书都采纳了这种说法。如《清太宗实录》卷二〇天聪八年(1634)十月壬辰有记载说:"索伦部长京古齐……等率三十五人来朝。"③而到了乾隆三十八年奉敕编纂的《皇清开国方略》中,这条记载就变成了"索伦部(小注:辽后裔)入贡"④。

　　高宗没有详细解释他认定索伦为契丹苗裔的理由,但根据我们今天对索伦人的了解,可以断言这种说法实属无稽之谈。清朝人所称的索伦部,有广义、狭义之分。在 17 世纪中叶以前,满人将居住在黑龙江上游地区的民族统称为索伦人,大致包括今天的鄂温克族、鄂伦春族和达斡尔族。康熙以后,从索伦部中分化出"打虎儿"(达斡尔)和"俄罗春"(鄂伦春),此后索伦便专指鄂温克族而言⑤。不过需要说明的是,今天的鄂温克包括历史上的索伦、通古斯、雅库特等族,1957 年将它们统一改称为鄂温克族;康

---

① 《四库全书总目》卷四六。
② 清高宗:《于波罗河屯咏东山笔架峰》,《御制诗三集》卷七六,影印文渊阁《四库全书》本,第 1306 册,514 页。
③ 中华书局影印本,第 2 册,270 页。
④ 《皇清开国方略》卷一九,太宗天聪八年十月壬辰条,影印文渊阁《四库全书》本,第 341 册,287 页。
⑤ 参见王锺翰:《达呼尔人出于索伦部考》,载《清史杂考》,人民出版社,1957 年,99—116 页;李治亭:《清初索伦人》,《社会科学战线》1986 年第 4 期,163—170 页。

熙以后所称的索伦则仅指现今分布在嫩江流域及内蒙古呼伦贝尔盟鄂温克族自治旗一带的鄂温克人。

关于鄂温克族的族源，主要有两种不同观点，一种意见认为鄂温克族大部来源于靺鞨①，另一种意见认为鄂温克族早期属于室韦之一部②。但关于鄂温克语的语言谱系问题，学者们的看法比较一致，即都把它归属于阿尔泰语系满—通古斯语族通古斯语支③。我们知道，今天学术界对契丹语的语系归属也已基本上达成共识，认为契丹语是阿尔泰语系蒙古语族中比较接近达斡尔语的一种语言④。由此看来，索伦语与契丹语之间显然存在着相当大的距离。清人说："索伦语多类满洲，达呼尔（即达斡尔）语多类蒙古。"⑤这种说法可以为我们的判断提供一个佐证。

尽管索伦为契丹苗裔说毫无根据，但只因其为高宗所首倡，便理所当然地成为后来编纂《钦定辽史语解》的指导思想。今本《钦定辽史语解》在每卷卷目下都有一条题注，声称"辽以索伦语为本"，而《四库全书总目》则谓《三史国语解》"以索伦语正《辽史》"。编入《四库全书》的一些官书也为之大事张扬，如《皇朝文献通考》卷二一九《经籍考九》称《三史国语解》"于索伦旧语辨别

---

① 陈玉书（述）：《略论鄂温克族的来源问题》，《民族团结》1962 年第 5、6 期合刊，32—38 页。

② 吕光天：《谈鄂温克族的来源》，《民族团结》1962 年第 5、6 期合刊，39—40 页。

③ 参见胡增益、朝克：《鄂温克语简志》，民族出版社，1986 年，2 页。

④ 参见刘凤翥：《略论契丹语的语系归属与特点》，《大陆杂志》84 卷 5 期，1992 年 5 月 15 日，19—26 页。

⑤ 西清：《黑龙江外记》卷六，《丛书集成初编》本。按此书作者为满人，系鄂尔泰之曾孙。

尤精"①。当时甚至有将《三史国语解》中的《钦定辽史语解》径称为"辽史索伦语解"者,辑本《旧五代史》卷首《编定凡例》云:"凡纪传中所载辽代人名、官名,今悉从《辽史索伦语解》改正。"②又《续通典》卷首凡例云:"辽金元人名、地名、官名,对音旧多讹误,兹悉遵《钦定辽史索伦语解》《金史满洲语解》《元史蒙古语解》,另为译正。"③四库馆臣对索伦语与契丹语之间的渊源,有一种普遍的认同。《韵语阳秋》卷二载有余靖用契丹语作的一首诗,文渊阁《四库全书》本加了一条小注说:"案余靖所用契丹语,多与今索伦语不合,盖辗转讹舛,无足深考,今姑存原文。"④

　　那么,《钦定辽史语解》究竟是如何以索伦语来正《辽史》的呢? 首先需要对该书的体例做一说明。此书按类编排,分为十卷,每卷都有一条内容相同的题注:"按辽以索伦语为本,《语解》内但释解义,概不复注索伦语。"这就是说,凡是按照索伦语改译者,仅解释其词义,不再说明其依据,如:"迪里:头也。卷六十四作敌烈。"(卷一)而凡是按照其他语言改译者,均一一注明其依据,如:"苏库:满洲语皮革也。卷三十三作速古。"(卷二)这与《钦定金史语解》凡以满洲语改译者不加说明、《钦定元史语解》凡以蒙古语改译者不作说明,在体例上是完全一致的。

　　根据已知的体例,很容易看出《钦定辽史语解》在多大程度上依赖于索伦语来改译《辽史》。根据我的统计结果,此书共计 1639 条,除部分姓氏按《八旗姓氏通谱》改译、部分地名按清代地名改

①影印文渊阁《四库全书》本,第 637 册,145 页。
②影印文渊阁《四库全书》本,第 277 册,6 页。
③影印文渊阁《四库全书》本,第 639 册,8 页。
④影印文渊阁《四库全书》本,第 1479 册,94 页。

译外,其他依据各种语言改译的条数分别为:

满洲语:697 条;

蒙古语:609 条;

唐古特语:109 条;

索伦语:38 条;

梵语:8 条;

回语(即维吾尔语):1 条。

这个结果真是出乎我的意料。在这部号称"辽史索伦语解"的书中,根据索伦语改译的词汇居然只有区区 38 条,仅占总数的2.3%;而根据满洲语和蒙古语改译的词汇倒有 1306 条,占到总数的 80% 以上!这还不算按照《八旗姓氏通谱》及清代地名改译的姓氏和地名,这部分条目共计 177 条,如果要追究它们的语言渊源,实际上也大多是出自满洲语和蒙古语。

再看看我对《钦定重订契丹国志·译改国语解》所作的统计。在总计 196 条词汇中,依据各种语言改译的条数分别为:

满洲语:80 条;

蒙古语:68 条;

唐古特语:8 条;

索伦语:6 条;

梵语:1 条。

(另有姓氏和地名 33 条,系根据《八旗姓氏通谱》和清代地名改译。)

从这个统计结果来看,根据索伦语改译的词汇也只占总数的3%,而根据满洲语和蒙古语改译的词汇仍占绝大多数。

至此终于可以揭开《钦定辽史语解》的谜底了。因高宗早已认定"辽之后即今索伦",故"以索伦语正《辽史》"理所当然地成为《钦定辽史语解》的编纂原则,但实际上这是做不到的。要知道,清代的索伦部只是一个文明程度不高的很小的部族,《三史国语解》的编纂者恐怕没有一个人通晓索伦语,所以他们只好用满洲语和蒙古语来改译《辽史》。根据档案材料提供的信息,先后参与过《三史国语解》编纂工作的,至少有呈麟、穆图、七德、巴达尔瑚、依期善、善庆、巴忠、达桑阿、朝乐等九位满人①,而清代的满人又普遍通晓蒙古语,这就是《钦定辽史语解》中充斥着满洲语和蒙古语的缘故。另外,根据上文的统计结果,在数量上仅次于满洲语和蒙古语的是唐古特语(清人所说的唐古特语就是藏语),这又应当作何解释呢? 我在乾隆四十二年四月十二日《刑部尚书英廉等奏拟再添派编修平恕等赶办三史折》中找到了答案,这份奏折在谈到增派人手参加《三史国语解》的编纂工作时说道:"查有唐古特学司业巴忠、内阁中书达桑阿二员,亦俱熟于翻译,应请添派协同办理。"②关于唐古特学,可参见《大清会典则例》卷二"内阁"的记载:"蒙古中书十六人,内四人归唐古特学出身之笔帖式选补。(小注:西藏皆用唐古特字,故特设唐古特学,委官教习,以备翻译属国章奏及颁行敕谕之用。)"③据《清通典》的解释,唐古特学司业"掌学习唐古特字,以译西藏章疏文移"④。可以肯定,《钦

① 见乾隆四十二年四月十二日《刑部尚书英廉等奏拟再添派编修平恕等赶办三史折》、四十六年十一月三日《谕内阁纂修辽金元史之呈麟等准以在京应升之缺分别叙用》,载《纂修四库全书档案》上册 585 页、下册1432 页。
② 见《纂修四库全书档案》上册,585 页。
③ 影印文渊阁《四库全书》本,第 620 册,73 页。
④《清通典》卷二六职官四"理藩院",影印文渊阁《四库全书》本,第 642册,345 页。

定辽史语解》及《钦定重订契丹国志·译改国语解》中那些根据唐古特语改译的条目,都是出自这位唐古特学司业巴忠之手。

在洞悉了《钦定辽史语解》的编纂内幕之后,令我们感到惊讶的是,像《三史国语解》这样一部号称"钦定"的官书,它对古籍的改译竟是如此的随意和敷衍①。所谓"以索伦语正《辽史》",不过是一个幌子和一种说法而已②,究竟依据什么语言来改译契丹语,实际上完全取决于这班编纂者自身的语言知识。用18世纪的满洲语和蒙古语去改译10至12世纪的契丹语,不用说是一件很荒唐的事情;更有甚者,将属于汉藏语系的唐古特语和属于印欧语系的梵语,也拿来作为改译契丹语的依据,足见编纂者之恣意妄为。

如此炮制出来的《钦定辽史语解》,其价值如何,可以想见。此书荒谬之处可谓指不胜屈,不值得一一指摘,今姑摭取一二,以窥一斑。

卷二宫卫部释"捺钵"条:"巴纳:满洲语地方也。卷三十一作捺钵。"③这条释文乃是直接承袭清高宗之说,高宗《御制诗三集》卷七六有一首《于波罗河屯咏东山笔架峰》,诗云:"天开地辟此遗踪,未许南人弄藻锋。笑彼珊瑚夸宝重,镇兹钵捺永提封。"后有

---

① 《三史国语解》中的《钦定金史语解》和《钦定元史语解》也同样是敷衍了事,谬误百出,可参见李学智:《金史语解正误初稿》,《新亚学报》5卷2期,1963年8月,377—429页;韩儒林:《关于西北民族史中的审音与勘同》,载《穹庐集》,河北教育出版社,2000年,226—232页。
② 然而现代学者仍有蒙蔽于《四库全书总目》之臆说者,如徐浩《廿五史述要》(台北世界书局,1956年)谓《钦定辽金元三史国语解》"《辽史》部分以索伦语正《辽史》,厘订讹讹,尤便学者"云云。
③ 影印文渊阁《四库全书》本,第296册,13页。

自注:"《文昌杂录》云:'契丹谓住坐处曰捺钵。'按辽之后即今索伦,其语与满洲有相同者。国语谓住处曰'巴纳',若作'钵捺',尚可云音译之讹,乃并颠倒其文,则失之益远矣。总由彼时中国人言语不相通习,信手妄书,不自知其舛谬。"①按"捺钵"一词,在辽、宋、金、元文献中或译作刺钵、纳拔、纳跋、纳钵、纳宝,"颠倒其文"根本无从说起。契丹小字中"捺钵"一词作𗇋,见《故耶律氏铭石》3—21、《兴宗哀册》2—13。王弘力先生将该词的读音构拟为[nooboo]②,清格尔泰先生认为应读作[now-bow]③。该词由四个原字组成,其中第一个原字所代表的辅音相当肯定,《契丹小字研究》构拟为[n]④,苏赫先生拟作[na]⑤;第三个原字的音值,即实先生构拟为[pu]⑥,也大致可信;第二、四两个原字,刘凤翥先生拟为[bu]⑦,即实先生拟为[ɔŋ]⑧,则有待进一步验证。总之,"捺钵"一词的音译无可置疑,高宗将其附会为满洲语"巴纳",并指责古人"信手妄书,不自知其舛谬",诚可谓夫子自道也。

———————

①影印文渊阁《四库全书》本,第 1306 册,514 页。
②王弘力:《契丹小字宫殿解》,《内蒙古大学学报》1990 年第 1 期,62 页。
③清格尔泰:《契丹语数词及契丹小字拼读法》,《内蒙古大学学报》1997 年第 4 期,9 页。
④清格尔泰、刘凤翥等:《契丹小字研究》,中国社会科学出版社,1985 年,153 页。
⑤苏赫:《〈故耶律氏铭石〉考释》,《文物资料丛刊》第 5 期,1981 年 12 月,172—173 页。
⑥即实:《从𤗄 𤔡为说起》,《内蒙古大学学报》1988 年第 4 期,56、67 页。
⑦刘凤翥:《契丹小字解读再探》,《考古学报》1983 年第 2 期,258—261 页。
⑧见前揭即实:《从𤗄 𤔡为说起》,62、67 页。

卷五职官部云:"塔玛噶赛特:蒙古语塔玛噶,印也;赛特,大臣也。卷一作挞马狨沙里,卷三十三作达马狨沙里。"①又卷十名物部云:"额珍锡哩:满洲语额珍,君也;锡哩,梵语威也。卷一作阿主沙里。"②按"沙里"一词,《辽史·国语解》已明确释为"郎君"③。这是契丹语里的一个常用词,契丹小字作��,在迄今出土的契丹小字石刻中出现过不下数十次,组成该词的三个原字的音值被分别构拟为[ʃ]、[a]、[li],这三个原字的拟音都经过反复验证,可以确定无疑④。最可笑的是,《钦定辽史语解》一处将"沙里"按蒙古语译为"赛特",作"大臣"解;而另一处又将"沙里"按梵语译为"锡哩",作"威"解。前后竟毫无照应,真乃是随心之所欲。

再举一个《钦定重订契丹国志·译改国语解》的例子:"纳罕:满洲语坑也。原作迺呵,今改正。"⑤按"迺呵"一词,出自《契丹国志》卷首《契丹国初兴本末》所记载的一则历史传说:"后有一主,号曰迺呵。此主特一髑髅,在穹庐中,覆之以毡,人不得见。国有大事,则杀白马灰牛以祭,始变人形,出视事,已,即入穹庐,复为髑髅。因国人窃视之,失其所在。"关于"迺呵"的契丹语音义,中外学者多有讨论。一般认为,该词词尾的"呵"字是汗[xɑn]脱落了词尾辅音 n 的形式,正与契丹小字中的"��[xɑ]"(可汗)相符⑥。至于

———————————

①影印文渊阁《四库全书》本,第 296 册,57 页。
②影印文渊阁《四库全书》本,第 296 册,115 页。
③关于郎君(沙里),可参看费国庆:《辽朝郎君考》,《上海教育学院学报》1991 年第 1 期,60—65 页;李桂芝:《契丹郎君考》,《民大史学》第 1 辑,中央民族大学出版社,1997 年,267—291 页。
④见前揭《契丹小字研究》,117—118、152—153 页。
⑤影印文渊阁《四库全书》本,第 383 册,797 页。
⑥参见王弘力:《契丹小字墓志研究》,《民族语文》1986 年第 4 期,58 页;即实:《从 �� ��说起》,《内蒙古大学学报》1988 年第 4 期,56 页。

"迺"字,白鸟库吉和清格尔泰先生都根据《辽史·礼志》"耐,首也"之说,释为"头颅",因释"迺呵"为"头汗",谓其乃一髑髅,故名①。这一解读结论言之有据,比较可信。总的来看,《译改国语解》立论为文之率意,与《钦定辽史语解》并无二致。

尽管《三史国语解》充满臆说和谬论,但它在乾嘉时代却是一部影响很大的"钦定"之作,没有人敢于对它提出批评。成稿于乾隆六十年的《廿二史札记》,其中辽金元人地名尚多沿用旧称,后来赵翼专为此作"补遗"一篇,从《御批历代通鉴辑览》中辑出经高宗钦定改译的辽金元各代人名、地名,作为《廿二史札记》的附录,并谓:"臣纂辑《廿二史札记》时,第就坊刻辽、宋、金、元、明旧史为据。今蒙高宗纯皇帝《御批历代通鉴辑览》,所有人名、官名、地名,一一翻译改正,始知数百年以来皆承讹袭谬,今日方得本音,诚千古不刊之书,读史者宜奉为准的。"②这段话虽非直接针对《三史国语解》而发,但由此不难看出,当时学者对高宗极力倡导的辽金元人地名的改译是如何的诚惶诚恐。韩儒林先生指出,晚清一些学者曾使用各种托辞来抵制高宗钦定的《三史国语解》,如汪辉祖作《元史本证》,借口"僻处草茅,未由仰见";魏源撰《元史新编》,声称"钦定辽、金、元三史国语官书,即在京师亦难购觅,况南方下士乎"云云③。但毕竟还没有哪位学者敢于对它表示任何非议。

---

①白鸟库吉:《东胡民族考》之十"契丹篇",见《白鸟库吉全集》第4卷,东京岩波书店,1970年,262—263页;清格尔泰:《契丹语数词及契丹小字拼读法》,《内蒙古大学学报》1997年第4期,2—3页。
②王树民:《廿二史札记校证》下册,中华书局,1984年,856页。
③韩儒林:《关于西北民族史中的审音与勘同》《谈谈辽、金、元史籍中少数民族的译名等问题》,见前揭《穹庐集》,227、549—550页。

最早对《钦定辽史语解》提出严厉批评的是白鸟库吉氏。他在大正初年发表的《东胡民族考》"契丹篇"中，直言此书"极尽杜撰之能事，可信者很少"[①]。1933 年，冯家昇先生在《辽史初校序》中将《钦定辽史语解》存在的错误归纳为八类：一曰妄改人之姓名，二曰妄改古书，三曰妄为断离，四曰改译无标准，五曰失原意，六曰失原音，七曰不一致，八曰重误[②]。可以说全盘否定了该书的学术价值。

三

除了《钦定辽史语解》之外，自明朝以来，还有几位中外学者曾致力于搜集整理或辨析考释契丹语言资料，这些资料可以补充、订正《辽史·国语解》的内容，对契丹语文研究不无裨益，因此有必要在此加以介绍和评述。

（1）（明）陈士元《诸史夷语解义》

此书共两卷，汇辑历代正史中的民族语言资料。卷下《辽史》部分所录诸条，大都抄自《辽史·国语解》，只是未注明出处而已。虽然此书契丹语言资料的来源仅限于《辽史》，但它具有独特的版本价值。《辽史》一书向乏善本，元至正五年（1345）初刻本早已失传。1931 年商务印书馆影印的百衲本，系用几种元末明初翻刻本

---

①见前揭《白鸟库吉全集》第 4 卷，294 页。
②见前揭《辽史证误三种》，86—87 页。按《辽史源流考与辽史初校》作
　为《燕京学报》专号之五，于 1933 年 12 月由哈佛燕京学社出版。

的残本拼凑而成，"刊版粗率，讹字亦多"①，与明南监本、北监本相比，并没有明显的优长，而《诸史夷语解义》则可补其脱误。如《国语解》"属珊"条："应天皇后从太祖征讨，所俘人户有技艺者置之帐下，名属珊，盖比珊瑚之宝。"诸本均阙"有技艺者置"五字，惟《解义》不阙；又"龙锡金佩"条："太祖从兄铎骨札以本帐下蛇鸣，命知蛇语者神速姑解之，知蛇谓穴旁有金，铎骨札掘之，乃得金，以为带，名'龙锡金'。"诸本均阙"有金铎骨札掘之乃"八字，惟《解义》不阙。由此看来，陈士元所见《辽史》很可能是至正五年的初刻本。

该书有光绪十三年（1887）应城王承禧校刻本，北京大学图书馆有藏。

（2）（清）厉鹗《辽史拾遗》

厉樊榭穷毕生之力纂成《辽史拾遗》一书，堪称集辽史史料之大成。是书二十四卷，告成于乾隆八年（1743）。其中卷二三为"国语解"，征引各种文献记载对《辽史·国语解》中的若干条目加以补释；卷二四为"国语解补"，辑释不见于《辽史，国语解》的词汇计40条，"国语之外，风俗、物产，皆缀辑焉"，其内容之庞杂，一如《辽史·国语解》，其中真正的契丹语汇还不到一半。此书有道光二年钱塘汪氏振绮堂校刊本。

（3）（清）杨复吉《辽史拾遗补》

杨氏以《辽史拾遗》尚有遗漏，因纂辑《辽史拾遗补》五卷，以补厉氏之不备。书成于乾隆五十九年（1794）。卷五"国语解"部分共计35条，其中前11条是补充《辽史·国语解》和《辽史拾遗》已有条目的释文；后24条为杨氏新补入者，但大多是有关契丹名

————————

① 见百衲本《辽史》张元济跋语。

物、礼俗制度的汉语词汇,仅有个别条目才是真正的契丹语词。此书有道光五年钱塘汪氏振绮堂刊本。

(4)白鸟库吉《东胡民族考》

从明治末年至大正初年陆续刊布的《东胡民族考》①,是白鸟库吉的代表作之一,其中的"契丹篇"共辑录契丹语词 108 条,并作了周详的疏证。可贵的是,与《辽史·国语解》《辽史拾遗》《辽史拾遗补》诸书内容庞杂的情形不同,这些词汇基本上都是可以确认的契丹语词。《东胡民族考》"契丹篇"是第一次运用近代语言学方法对契丹语进行的科学考察,不过此文也存在着不少明显漏洞,由于作者有滥用历史比较语言学方法的倾向,使他的许多结论不免有牵强附会之嫌。这其实也是《东胡民族考》的一个通病②。

需要指出的是,在《东胡民族考》"契丹篇"所考释的 108 条契丹语词中,有 24 条采纳了《钦定辽史语解》的结论。白鸟库吉虽然对《钦定辽史语解》进行了严厉的批评,但并没有全盘否定它的价值,他认为尽管书中谬误百出,"然而在参与此书编纂工作的学者当中,想必不乏精通满洲语、蒙古语、索伦语、达呼尔语、回语、藏语等语言的专家,故偶或适得其解的情况也是有的",因此将其中他认为是正确的结论予以采纳③。在这 24 条语词中(即第 85 条至 108 条),有 18 条为人名,6 条为地名,《钦定辽史语解》均以满洲

①白鸟库吉《东胡民族考》从明治四十三年(1910)四月至大正二年(1913)七月连载于《史学杂志》21 编第 4 号至 24 编第 7 号,后收入《白鸟库吉全集》第 4 卷,63—320 页。
②请参看缪钺《北朝之鲜卑语》一文对《东胡民族考》"鲜卑篇"的批评,见同氏《读史存稿》,三联书店,1982 年,53—77 页。
③见前揭《白鸟库吉全集》第 4 卷,294—303 页。

语和蒙古语为其解读依据。白鸟库吉的考释方法是,每条先引《钦定辽史语解》的释文,然后以《辽史》为据,证明该词确系契丹语词,最后再引证现代蒙语、满语以及达呼尔语、索伦语、突厥语等,对《钦定辽史语解》的结论给予证实。问题在于,在完全不了解这些人名、地名的契丹语义的情况下,仅仅根据该词与某些阿尔泰语言中的某词语音近似而加以比附,这样的解读结论是很难取信于人的。

与《东胡民族考》相关的,还有一篇专门考证契丹语言资料的长文,亦须在此一并提及,这就是方壮猷的《契丹民族考》。此文连载于国立北平大学女子师范学院《女师大学术季刊》第1卷2、3期(1930年6月、9月)。据我核查的结果,方文80%以上的内容抄袭自《东胡民族考》"契丹篇",仅将文章结构做了很大变动,白鸟库吉原无分类,而方文将契丹语词分为七类(契丹国号考、契丹宫名考、王号官号及其他、地名及其他、物名及其他、动词及其他、数词考释),分门别类地加以考证。后来方氏于1934年在商务印书馆出版的《东胡民族考》汉译本,唯独删去最后一节"契丹篇",其中隐衷大概就在于此。方氏发表于《燕京学报》第8期(1930年12月)上的《匈奴王号考》《鲜卑语言考》两文,曾被人指出有抄袭《东胡民族考》之嫌①,而《契丹民族考》一文的剽窃行为尚不为人所知,故附识于此。

(5)傅海波《契丹语考》

德国学者傅海波(Herbert Franke)的《契丹语考》②,是西方汉

①见《燕京学报》第9期封三,1931年6月。

②H.福赫伯:《契丹语考》,原载德国《中亚研究》第3期,1969年,7—43页;黄振华汉译文,载《民族语文研究情报资料集》第5集,中国社会科学院民族研究所刊印,1985年6月,65—83页。

学家讨论契丹语言资料的一篇值得关注的文献。德国阿尔泰学家门格斯（Menges K. H. ）认为，在契丹语中可能存在若干通古斯语言成分，他的《通古斯与辽》（载《东方学术论丛》38 卷第 1 期，1969 年）即以此设想为基础来讨论《辽史》中的契丹语词。傅海波的《契丹语考》从汉学家的角度与门格斯进行商榷，文中对 30 多条契丹语词的词源作了考辨，修正了门格斯由于汉学知识的不足而造成的某些失误，如将"渤海"、"步摇冠"等汉语词也视为阿尔泰语词。不过傅海波在这方面似乎有矫枉过正之嫌，如把契丹语"林牙"当作汉语词看待，解为"翰林衙门"之类。总的来看，尽管作者一再声称自己不是阿尔泰学家，不懂通古斯语言，但由于他具有良好的汉学修养，对汉文文字、音韵、训诂以及史料文献源流等方面的知识都比较熟悉，因此此文有关契丹语言资料的考证仍有一定参考价值。

　　另一位德国学者 G. 道尔弗的《评福赫伯著〈契丹语考〉》也值得一提①。作者是阿尔泰学家，他曾给傅海波写过一封长信，讨论契丹语言问题。后应傅海波的要求，将这封信略加修改，附在《契丹语考》文后发表，这就是该文的来历。文章主要从阿尔泰学的角度探讨若干契丹语词与突厥语、蒙古语、女真语、满语的关系，可与《东胡民族考》"契丹篇"相互参阅。

　　（6）阮廷焯《〈辽史·国语解〉赓补》

　　此文载香港中文大学《联合书院三十周年纪念论文集》②。作

---

①G. 道尔弗：《评福赫伯著〈契丹语考〉》，原载德国《中亚研究》第 3 期，1969 年，45—49 页；黄振华汉译文，载《民族语文研究情报资料集》第 6 集，中国社会科学院民族研究所刊印，1985 年 12 月，139—141 页。
②香港中文大学刊行，1987 年，163—174 页。

者附记云:"《辽史》一书,于契丹文字虽略无考征,惟多存其音读,因于厉鹗《国语解拾遗》之外,为之赓补,庶存契丹文字音读资料于坠绪之百一云尔。"作者主要从宋金文献中钩稽契丹语言资料共计四十五条,以补厉氏之未备者。既以补苴《辽史·国语解》为名,所取当只限于契丹语词,但其中阑入的汉语词汇多达十三条,如喜帖、聒帐、惊鬼祟、熏天、打造馆等等;又辑自王寂《辽东行部志》的九条,大多是女真语词;真正的契丹语词大约只占半数,其中还有四条与厉鹗《国语解补》重复。

(7)于宝林《契丹民族语言的初步探查——以语词考为中心》

这是《契丹古代史论稿》一书的第五章①。作者在前人基础之上,对汉文文献中的契丹语词进行了比较系统的清理,共辑得 375 条(不包括契丹人名),可谓集契丹语言资料之大成者。缺点是考释内容过于简单,影响了它的参考价值。作者通过对这些契丹语词以及契丹人名译语用字的分析,总结出契丹语音的几个特点:第一,契丹语无送气音(或不分清浊);第二,契丹语无舌面音;第三,契丹语无卷舌音;第四,契丹语中存在着[n]、[l]不分的现象。该书附录之三为《契丹语词速检表》,可用来检索正文的内容。

原载《欧亚学刊》第 4 辑,中华书局,2004 年 6 月

---

① 见于宝林:《契丹古代史论稿》,黄山书社,1998 年,259—359 页。

辽《耶律元宁墓志铭》考释

内蒙古敖汉旗出土的《耶律元宁墓志铭》,其墓主为帖剌五世孙,与《辽史》中的耶律喜罗实为一人。耶律元宁统和十六年(998)曾任东京中台省左平章事,说明辽朝为统治渤海遗民而建立起来的东丹国,直到统和年间仍然存在。耶律元宁家族三代人中至少有四人担任过东丹国中台省官员,表明这是一个世选中台省官的家族,由此可以得出一个结论:辽朝的世选制不仅仅存在于北面官系统之中。

1990年6月,内蒙古赤峰市文博考古工作者在敖汉旗金厂沟梁镇姚家沟村清理一处被盗掘的辽代墓群时,发现耶律元宁墓志铭一盒。墓志录文刊布于盖之庸《内蒙古辽代石刻文研究》①,但错误较多,现据拓本重新录文(见附录一),并对该墓志的内容作一初步考释,以期有补于史。

----

①内蒙古大学出版社,2002年,109—111页。

一　关于墓主的世系

据墓志记载,墓主耶律元宁生于辽太宗会同二年(939),卒于圣宗统和二十六年(1008),享年七十。其父开里为"东京统军使、镇国军节度使、检校太师、同政事门下平章事",此人于史无考。又谓"自皇家兴王之始,先帝急贤之初,首拜国官夷离堇——即今北大王之秩,讳曷鲁辖麦哥,公之烈祖也"。该墓志说,耶律元宁祖父以上的世系俱载其父开里墓志之中,故"此不复书"。因此,要想揭开元宁的家世之谜,关键是弄清楚其先祖曷鲁辖麦哥是谁。

1992 年出土的《耶律羽之墓志》[①],为考证这个问题提供了重要线索。由于《辽史》记载的混乱,自钱大昕以来的辽史研究者,均将《辽史·皇族表》所载懿祖子帖剌、匣马葛,以及《辽史》纪传中屡屡出现的"六院部夷离堇蒲古只"视为同一人。《耶律羽之墓志》谓其"曾祖讳勤德迭列"、"祖讳曷鲁匣麦",乌拉熙春教授指出,勤德迭列即帖剌(《辽史》谓帖剌字痕得,全称则为痕得帖剌,勤德迭列系其异译),曷鲁匣麦即匣马葛,并参以契丹小字《耶律迪烈墓志》所记载的世系,得知蒲古只和匣马葛分别是帖剌的长子和次子[②]。耶律元宁与耶律羽之系出同族,那么《耶律元宁墓

---

①内蒙古文物考古研究所等:《辽耶律羽之墓发掘简报》,《文物》1996 年第 1 期。

②参见爱新觉罗·乌拉熙春:《匣马葛考》,《立命馆文学》第 582 号,2004年 1 月。

志》所说的"辖麦哥"显然就是"匣马葛"的异译,此名在契丹小字《耶律迪烈墓志》第7行中写作 𛰈𛰊𛱀,《耶律羽之墓志》作"匣麦",不过是在翻译时省去了词尾的舌根音而已①。

《耶律元宁墓志》铭词有云"太师公之子兮金云王之孙",其父开里为检校太师,故称太师公。金云王亦见于《耶律羽之墓志》:"列考讳沤思涅列、夷离堇、金云大王。"耶律羽之兄曷鲁于《辽史》卷七三有传,谓其祖为匣马葛,其父为偶思,偶思即沤思之异译。可知金云大王即匣马葛(曷鲁辖麦哥)之子、耶律羽之之父偶(沤)思。从耶律元宁的生卒年代来看,偶思不会是元宁的祖父,所谓"金云王之孙","孙"当作"裔孙"解,意谓元宁是金云大王的子孙。

据《耶律羽之墓志》记载,羽之兄弟共六人,其中三人早夭无后,另三人是长兄曷鲁、仲兄觌烈及羽之本人。那么耶律元宁究竟是这三人中谁的后代呢?首先应排除耶律羽之。1992—1993年,在内蒙古阿鲁科尔沁旗朝克图山发掘的耶律羽之家族墓地中先后出土了四方墓志,包括1号墓耶律羽之,12号墓耶律甘露(羽之之子),2号墓耶律元宁(甘露之子,此耶律元宁与本文所考证的墓主并非一人,下文再详细讨论这个问题),6号墓耶律道清(元宁弟延宁之子)②。从墓葬规格和墓地布局来看,耶律羽之是这个家族墓地的第一代主人。本文所考释的《耶律元宁墓志》出土于敖汉旗,与耶律羽之家族墓地所在的阿鲁科尔沁旗相距甚

①按 𛰈𛰊𛱀 一词的末尾原字 𛰊,发音方法是塞音还是擦音尚不清楚,但其发音部位肯定应属舌根音,与"哥"、"葛"的译音可以吻合。
②齐晓光:《近年来阿鲁科尔沁旗辽代墓葬的重要发现》,《内蒙古文物考古》1997年第1期。

远,因此这个耶律元宁肯定不是耶律羽之的后代。其次,耶律元宁也不会是曷鲁的后代。《辽史·耶律曷鲁传》称其子"惕刺、撒刺,俱不仕",而耶律元宁父开里仕至东京统军使,与《辽史》的记载不合。

这样看来,耶律元宁只能是耶律羽之仲兄觌烈的后人,《辽史·耶律觌烈传》谓觌烈卒于天显十年(935),享年五十六,但没有记载其子嗣的情况①。我估计元宁应是觌烈之孙,这一判断有两个依据:其一,元宁生于会同二年(939),已在觌烈死后,故不可能是觌烈之子;其二,这个耶律元宁比耶律羽之孙、耶律甘露子耶律元宁要年长四十岁,所以也不可能是觌烈曾孙。根据上述考证结果,参照《辽史》、《耶律元宁墓志》、耶律羽之及其三代子孙甘露、元宁、道清诸墓志的记载,我们可以列出这个家族的世系表来(见附录二)。

也许有人会提出疑问,为何耶律觌烈和耶律羽之兄弟二人的后代竟会重名? 这种情况是否可能? 其实这样的现象在辽朝并不少见,姑以玉田韩氏为例。据《韩匡嗣墓志》,匡嗣第九子名德昌,卒于统和二年,而《辽史·耶律隆运传》记载,匡嗣第四子德让统和十九年赐名德昌;又《韩德威墓志》称其长子名(耶律)遂忠,而在韩氏家族墓地出土的《耶律遂忠墓志》称其为韩德昌之子,是韩德威、韩德昌兄弟二人之子均名耶律遂忠;又据《耶律元佐墓志》,元佐为韩德威之孙、耶律遂正之子,而《耶律遂忠墓志》也说遂忠有子名元佐,则韩德威、韩德昌兄弟二人之孙又都名为耶律

①《辽史·耶律虎古传》云:"耶律虎古,字海邻,六院夷离堇觌烈之孙。"按耶律觌烈曾任迭刺部夷离堇,故耶律虎古或许就是他的孙子,但与耶律元宁不是一支。

元佐①。由此可见,在辽朝,同一家族从兄弟之间互相重名的情况实乃司空见惯,故耶律觌烈和耶律羽之兄弟二人之孙均名"元宁",也是完全可以理解的。

关于耶律元宁的世系,还有一个疑点无法解释。墓志称"其族系北大王府",北大王府即五院部,但元宁既是帖剌子孙,则理应属于二院皇族中的六院夷离堇房,不知为何隶属于五院? 姑存此疑,以俟高明。

二 有关东丹国的重要史料

耶律元宁之名虽不见于《辽史》,但此人在《辽史》中并非毫无踪迹可寻。《圣宗纪》统和十六年二月丙午有"以监门卫上将军耶律喜罗为中台省左相"的记载,而墓志中有这样一段文字:"不数岁,授金紫崇禄大夫、检校太保、守右监门卫上将军、兼御史大夫、上柱国。未几,迁东京中台省左平章事。"《辽史》说的中台省左相就是中台省左平章事的俗称,监门卫上将军即右监门卫上将军,墓志虽未明确记载元宁由右监门卫上将军迁中台省左平章事的时间,但这段文字记在统和十年对高丽用兵之后,而元宁卒于统和二十六年,中台省左平章事是他的最后一任官。根据这些情况判断,可以肯定耶律喜罗就是耶律元宁,大概元宁是其汉语名,

①参见金永田:《韩德威和耶律元佐墓志铭考释》,《文物》1998 年第 7 期;刘凤翥、金永田:《辽代韩匡嗣与其家人三墓志铭考释》,香港中文大学《中国文化研究所学报》新第 9 期,2000 年。

而喜罗为其契丹语名①。

这是有关东丹国的一条重要史料,也是这方墓志的最大价值之所在。辽朝为统治渤海遗民而建立起来的东丹国究竟存在到什么时候? 这是辽史和渤海史研究中一个迄今尚未解决的问题。一般认为,东丹国的存亡应以其统治机构中台省的存在与否作为判断标准。那么中台省是何时废除的呢?《辽史·圣宗纪》有这样一条记载:乾亨四年(982)十二月庚辰,"省置中台省官"。金毓黻先生据此得出结论说,是年"辽罢东京中台省,东丹国除"②。自此说一出,即被学术界视为定论,至今没有异议。其实这种说法完全是一个误解。上面所引《圣宗纪》和《耶律元宁墓志》的记载,说明直到统和十六年(998)以后,中台省仍然存在。那么乾亨四年十二月"省置中台省官"的记载又当作何解释呢? 这句话实际上是减省中台省官员的意思,不能把它误解为"省置中台省"。

另外,有关耶律元宁家族历任东丹国中台省官员的情况也很值得注意,它给我们提供了一个重要的信息。据《辽史·耶律羽之传》记载,东丹国建立之初,羽之即担任中台省右次相,《耶律羽之墓志》称为"中台右平章事",按中台省原置左、右大相和左、右次相,左、右次相后来改称为左、右平章事。《耶律羽之墓志》又称其"次兄汗里整,前北大王、东丹国大内相",汗里整即耶律觌烈(《辽史》本传谓其字兀里轸),大内相于《辽史》无考,但《契丹国志·东丹王传》有记载说:"凡渤海左右平章事、大内相已下百官,

---

①盖之庸先生也持有相同观点(见《内蒙古辽代石刻文研究》,114页),但需要说明的是,本文成稿于2000年,与其见解乃不谋而合,故此段文字仍予保留。
②《渤海国志长编》卷四《后纪》。

皆其国自除授。"可见东丹国确有大内相一职。又据《耶律甘露墓志》记载,耶律羽之子甘露官至东京中台省右相(即右平章事)①。最后是上文已经谈到的,觌烈孙耶律元宁在统和年间曾出任中台省左平章事。

以上考述结果表明,耶律元宁家族三代人中至少有四人担任过东丹国中台省官员,说明这是一个世选中台省官的家族。世选制是契丹遥辇氏以来具有悠久历史的一项政治传统,契丹建国后,世选制在辽朝北面官的选官制度中仍占有主导地位,但东丹国中台省是否也实行世选制度,文献中并没有留下任何记载。耶律元宁家族诸墓志的出土,使这个问题有了一个肯定的答案。

三 墓志涉及的其他诸问题

墓志中有关耶律元宁事迹及其妻子的记载,还有一些问题也值得一谈。

在耶律元宁任北大王府管军司徒时,曾参与过对宋朝的战争。墓志谓宋军"凌犯我都邑,景宗皇帝遂命诸将分御彼徒,北大王、惕隐备西轶之虞,以公扼东入之患"云云,这里记载的可能是景宗乾亨元年(979)宋军攻燕京一役,北大王、惕隐当是指辽军主将耶律休哥。

---

① 《耶律甘露墓志》尚未发表,此据齐晓光:《近年来阿鲁科尔沁旗辽代墓葬的重要发现》。又见《耶律道清墓志》:"祖讳迪列……东京中台省右相。"(《内蒙古辽代石刻文研究》,28页)迪列即耶律甘露。

耶律元宁权东京统军兵马都监时,曾经参与征高丽的战事。墓志谓"会高丽恃阻河海,绝贡苞茅",辽军出征高丽,元宁率军为前锋,结果辽军获胜,"故高丽岁时之贡不绝于此,由公之力也"。这段记载也没有系年。据《辽史·圣宗纪》,统和十年(992)十二月,"以东京留守萧恒德等伐高丽";十一年正月,高丽遣使奉表谢罪。墓志所记征高丽之役应该就是这次战事。

据墓志记载,耶律元宁妻父为西南路招讨都监、太尉萧公,此人于史无考。值得注意的是,耶律元宁娶萧公之女为妻,而他的第二个女儿渠劣迷则嫁给了萧公之孙耻哥。在辽代契丹人社会中,像这种中表通婚的现象是比较常见的。

墓志谓元宁夫人萧氏"封乙失娩,从夫贵也"。"乙失娩"是辽朝贵妇人的一种封号,在辽代石刻中时有所见,《耿知新墓志》作"迪逦免",《北大王墓志》作"乙林免"。《辽史·国语解》云:"阿点夷离的:阿点,贵称;夷离的,大臣夫人之称。"刘凤翥先生认为,"迪逦免"和"乙林免"与"夷离的"词干相同,语义应亦相同,即"大臣夫人之称";并进一步推断说,只有丈夫封王者其妻才能获得这个封号①。但耶律元宁并未封王,其妻也拥有这一封号,可见对获此封号的资格还应重新认识。

为便于学者们做进一步的研究,现将《耶律元宁墓志》的拓本照片和录文一并附录于后。墓志拓片承刘凤翥先生提供、李孝聪先生拍摄,康鹏同学曾帮助查阅部分资料,并致谢忱。

---

①刘凤翥:《释契丹语"迪逦免"和"乙林免"》,《沈阳师专学报》1980年第1期。

附录一　耶律元宁墓志录文

大契丹国故忠义奉节功臣、金紫崇禄大夫、检校太尉、东京中台省左平章事、上柱国、漆水县开国子、食邑五百户耶律公墓志铭并引。

朝议郎、行左补阙、充史馆修撰、赐绯鱼袋杨又玄撰。

公讳元宁,字安世。其先天祚我国,始分二姓,惟耶律、萧氏之谓。就而言之,则耶律得霸王之气,协图箓之谶,盛北方之大,启南面之尊,而为帝族也,公其与之共姓。自皇家兴王之始,先帝急贤之初,首拜国官夷离堇——即今北大王之秩,讳曷鲁辖麦哥,公之烈祖也。东京统军使、镇国军节度使、检校太师、同政事门下平章事讳开里,公之皇考也。兰陵郡夫人萧氏,公之皇妣也。小娘子,威卫大将军弟,子迷离已、阿钵等,公之爱弟也。粤高曾而上,名德之盛,则太师公之志文备矣,此不复书,从其简也。公即太师公之长子也,以其族系北大王府,始壮岁,隶于府下。属南夏作梗,皇朝出师,本府王以从祖弟故,于战阵山列之处,矢石星敷之际,告失旗鼓之利,求解兄弟之难。公奋雄勇之志,率骁果之骑,数不满百,威可当千,掠蛇矛以孤飞,突鹤鹅而深入,俄而俱得所遗兵器而还,因是军功达于睿听,宣署北大王府管军司徒。后以伪宋靡料不敌之势,载举无名之师,扰掠我边垣,凌犯我都邑,景宗皇帝遂命诸将分御彼徒,北大王、惕隐备西轶之虞,以公扼东入之患,两道齐进,一时夹攻,成败宋之雄名,立全燕之显效。因授奉国军节度管内观察处置等使、金紫崇禄大夫、检校司徒、使持节辰州诸军事、行辰州刺史、兼御史大夫、柱国。盖朝廷以居辰之民于海之滨,非得任于良牧,讵分忧于圣君。公乃奉诏而行,致理在下，未一年而俗变，越再考而改成。虽时喧襦袴之诗，□县民瘼，而国重军旅之事，须命将才，遂移权东京统军兵马都监。会高丽恃阻河海，绝贡苞茅，时与驸马兰陵王奉顺天之词，问不庭之罪。公躬率锐旅，首为前锋，始遇敌于建安之南，贼平，向三千余众，犄角绕旅，剪戮殆尽。我一贾于余勇，彼累上于降书，愿为藩臣，永事天阙，故高丽岁时之贡不绝于此，由公之力也。因是□□□之□建来远城，留公主之，为兵马都部署。复以仿翰之功，闻于宸极之上。不数岁，授金紫崇禄大夫、检校太保、守右监门卫上将军、兼御史大夫、上柱国。未几，迁东京中台省左平章事，加忠义奉节功臣，进封漆水县开国子，食邑五百户。后加检校太尉。抑所谓继（荫）阀之门，袭将相之位，崇高无匹，富贵不侔。方仰辅于域中，待永清于天下，无何，于统和二十六年夏六月二十九日遘疾薨于中京东南隅之（行）在，享年七十。其年冬十月二十日，归葬于黄柏岭之东原，先太师茔之西次，以兰陵郡夫人萧氏合祔焉，礼也。夫人先公三年而亡，即西南路招讨都监、太尉之长女，封乙失娘，从夫贵也。始女于室，以孝敬奉父母，暨妇于家，以柔顺事舅姑。有子三人：孟曰天王奴，仲曰叹阿钵，季曰宝奴。皆麟角参差，本匪池中之物；羽毛开展，终归天外之程。女二人：长曰蒲芦不，未笄而亡；次曰渠劣迷，已适西南路招讨都监、太尉萧公之孙耻哥。公风度严明，字量弘远，自隶于北府，至官于中省，向四十年，历八九任，皆以公忠许国，端方律人。尤通诸部之言，颇得小经之义。或罢宴乐，即专吟咏。诗书作将，自多郊谷之名；金石为臣，谁尚王常之操。诚千载之遇，为一时之豪者也。吁嗟乎，急景难停，逝波不再。飞梦遽摧于八翼，游魂永谢于九原。黄岭凝烟，堆远愁而不散；灵輀辗雪，引悲思以空长。嗣子天王奴等痛失所天，虑变深谷，辱示行状，托志墓铭。其词曰：

公之来兮实为贤臣,公之去兮空遗令闻。大系乎皇家族,盛
兴乎王公之门。封五百户止可以贵语,寿七十岁不得以夭论。嗟
壑舟之易失,痛石穴之难存。猫山日落,柏岭烟昏,封树峨峨兮谁
葬于此,太师公之子兮金云王之孙。

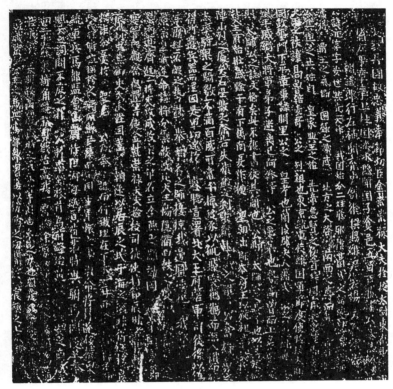

图一　耶律元宁墓志拓本之一

图二　耶律元宁墓志拓本之二

附录二　耶律元宁家族世系表

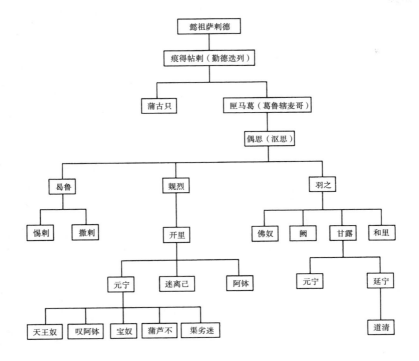

原载《考古》2006 年第 1 期

"糺邻王"与"阿保谨"

——契丹小字《耶律仁先墓志》二题

　　本文就契丹小字《耶律仁先墓志》中的两个问题进行了专题探讨:第一,关于墓主仝丙刁伏 杰之释义,是该墓志解读过程中争议最大的一个问题,作者对此做了周密的论证,使"糺邻王"一说得以成为定论;第二,迄今为止在契丹大小字石刻资料中尚未发现耶律阿保机的名字,本文认为,《耶律仁先墓志》中丹九伏一词的正确译名应是"阿保谨",此即辽太祖耶律阿保机第二名的契丹小字词形。

　　在迄今发现的契丹小字石刻资料中,《耶律仁先墓志》以其篇幅之长、内容之丰富而最为学界重视①,据我所知,目前已经发表及尚未刊布的该墓志摹本就有五种,而有关的研究论文已不下十

_____

① 截至 2005 年底,已发现契丹小字碑志 31 种,其中 1983 年出土的《耶律仁先墓志》总计 5100 余字,现存约 4500 余字,在现有契丹小字石刻中是字数最多的一种;而且由于墓主身份非同一般,该墓志内容之丰富也是其他墓志所无法比拟的。

篇。尽管如此,这方墓志中的大部分内容目前尚未得到确切的解读,已有的部分释读结果也存在着诸多争议。本文仅就其中两个问题做一专题性探讨,以就教于契丹语文学家。

一 关于墓主之 𘱢𘴾 𘬊

契丹小字墓志通常以官称、封号等身份性符号来指称墓主。《耶律仁先墓志》通称墓主为 𘱢𘴾 𘬊,这一称谓在整篇墓志中先后出现了二十九次。该词组中的 𘬊 即汉语借词"王",但 𘱢𘴾 一词究为何意,却存在着很大分歧,这是该墓志解读过程中争议最大、可以说是一个"大是大非"的问题。

关于墓主称谓之所指,大致有以下几种释读意见。

(1)"于越王"说

汉文《耶律仁先墓志》志题作"大辽国尚父于越宋王墓志铭",仁先之子耶律庆嗣墓志又有"烈考尚父于越晋王讳仁先"之语①,阎万章先生认为,若将 𘱢𘴾 𘬊 释为"宋王"或"晋王",则读音不谐,因"疑'王'字前面那个契丹字可能是'于越'二字的契丹语读音"②。

这一推论显然是难以令人信服的。契丹小字中的 𘰡𘬞(于越)

---

① 见向南编著:《辽代石刻文编》,河北教育出版社,1995 年,352、456 页。
② 阎万章:《北票出土契丹小字〈耶律仁先墓志铭〉考释》,《辽海文物学刊》1992 年第 2 期,78 页。

一词最初见于《许王墓志》，早已为刘凤翥先生释出①。况且《耶律仁先墓志》首行作□□　□□　□　□□　□□　□□　□□（于越尚父守太傅××王)②，此句前面既已称"于越"，后面不应复称"于越王"。

（2）"德王"说

韩宝兴先生谓□□　□意为"德王"③，虽未说明理由，但不难推知他的依据是来自契丹小字中的天德年号。按《萧仲恭墓志》将金海陵王天德年号写作□　□□，因□、□两个原字可以通用，故不妨认为□□就是□□一词的词根，于是他截取"天德"之"德"，遂释□□　□为"德王"。关于此说之是非，下文再作评判。

（3）"康王"说

此说为刘凤翥先生所主张，其依据是契丹小字石刻中的大康年号。辽道宗大康年号的契丹小字写法是□　□□或□　□□，他认为□□、□□是□□的词干，故释□□　□为"康王"④。这种见解或许在某种程度上受到了韩宝兴"德王"说的启发或暗示，两者的思路基本上是相同的。

---

① 刘凤翥、于宝麟：《契丹小字〈许王墓志〉考释》，《文物资料丛刊》第 1 期，1977 年 12 月，90 页。

② 该墓志颇有残泐，此句中的□□一词不甚清晰，但仔细比对拓本，尚可勉强辨识。

③ 韩宝兴：《契丹小字〈耶律仁先墓志〉考释》，《内蒙古大学学报》1991 年第 1 期，71 页。

④ 刘凤翥：《契丹小字解读四探》，《第三十五届世界阿尔泰学会会议记录》，台北联合报国学文献馆，1993 年，545 页。作者新作《契丹文字新研究》（未刊稿）仍持此说。

不管是把⿰⿱令丙习伏⿰⿱朩释为"德王"还是"康王",无非都是将它作为汉语封号来理解,我觉得这两种说法都不能成立。

首先,这种解读思路是有问题的。我们知道,契丹小字的年号都是汉文年号的意译,⿰⿱令丙习或⿰⿱公丙习用作年号时是取其义,故既可译为"大康",亦可译为"天德";而如果用作汉语封号的话则应取其音,也就是把它当作汉语借词看待。所以,既然把⿰⿱令丙习伏视为汉语封号,那就不能根据"大康"或"天德"年号来释其义。另外还需要说明的一点是,年号前面加又或父是契丹小字表述年号的惯例,其语法意义虽不清楚[1],但可以肯定的是,与汉文年号对译的是又或父之后的那个词。也就是说,契丹小字⿰⿱令丙习或⿰⿱公丙习是年号"大康"或"天德"的完整意译,不能单单抽出一个"德"字或"康"字用于转释⿰⿱令丙习伏的词义。

其次,墓主耶律仁先未曾受封为"德王"或"康王"。汉文《耶律仁先墓志》称其"凡命将六、封王五"[2],据《辽史》卷九六《耶律仁先传》,知其先后受封吴王、隋王、许王、宋王、辽王、晋王,此外契丹小字墓志第23行还有受封郑王的记载,则是先后七次封王,但其中并无"德王"或"康王"。

(4)"糺邻王"说

此说是由即实(巴图)先生首先提出的。《辽史·耶律仁先传》称其"字糺邻,小字查剌",即实认为⿰⿱令丙习伏即是仁先之字(即第二

---

[1] 最近吴英喆先生提出一种观点,认为这两个原字分别用于表示年号的阳性或阴性,但在历史学家看来,这种解释实在令人难以理解:年号为何要分阴阳? 按什么标准来分阴阳? 参见吴英喆:《契丹语静词语法范畴研究》,内蒙古大学博士论文,2005年12月。

[2] 《辽代石刻文编》,353页。

名)"糺邻"的契丹语拼法,并因此主张将契丹小字《耶律仁先墓志》改称为《糺邻墓志》①。即实的这一解读结论得到了一些学者认同,如清格尔泰②、吴英喆③、乌拉熙春④等人都倾向于接受"糺邻王"之说。日本学者丰田五郎氏则释作"主因王",并谓"主因"即"糺邻"之异译⑤。按王国维谓"主因亦儿坚"即乣军,实以"主因"与"乣军"对音,丰田五郎误解其意,乃以"主因"与"糺邻"对音⑥。其说虽不确,但已将 令雨刃伏 与"糺邻"联系到一起,与即实的观点并没有什么根本区别。

即实、丰田五郎等人所主张的"糺邻王"或"主因王"说,仅仅是从 令雨刃伏 一词的拟音得出的结论,由于证据不够充分,直到今天仍未能取得学界共识。根据目前所掌握的资料,我觉得这个众说纷纭的问题完全可以定谳,下文从三个方面加以分析论证。

---

① 参见即实:《〈糺邻墓志〉释读》,见其《谜林问径——契丹小字解读新程》(以下简称《谜林问径》),辽宁民族出版社,1996年,202页。按此文写成于1989年,文章的基本观点最初以《〈糺邻墓志〉释读述略》为题发表于《东北地方史研究》1991年第4期,有关"糺邻王"之说见该文第26页所附《新解词义表》。
② 参见清格尔泰:《契丹小字释读问题》,东京外国语大学亚非语言文化研究所刊行,2002年3月,53、145页。
③ 参见吴英喆:《契丹小字〈耶律仁先墓志〉补释》,《内蒙古大学学报》2002年第5期,50页。
④ 参见爱新觉罗·乌拉熙春:《〈耶律仁先墓志铭〉与〈耶律智先墓志铭〉之比较研究》,《立命馆文学》第581号,2003年9月,15—17页。
⑤ 丰田五郎:《契丹小字〈仁先墓誌〉の新釈》,未刊稿,成稿于1991年4月29日。
⑥ 丰田五郎有关主因亦儿坚的解释,引自村上正二译注《モンゴル秘史》,似未见王国维《元朝秘史之主因亦儿坚考》一文,故有此误解。

（一）令丙刀伏一词肯定是名字而非封号

除《耶律仁先墓志》之外，令丙刀伏一词还见于《许王墓志》第 22 行和《耶律智先墓志》第 10 行，后者在记述墓主的兄弟姊妹时这样介绍其长兄耶律仁先①：

又及	令丙刀伏	又先	父	伞氺	杰	坙为
长（兄）	糺邻	尚	父	宋	王	查剌

从这句话来看，令丙刀伏一词显然不可能是耶律仁先的封王之号，因为后面已经提到了他的封号"宋王"，可见此句中的第二词和最后一词理应是他的第二名和小名。

（二）以名字与"王"连称合乎契丹人的礼俗

若将《耶律仁先墓志》的墓主称谓释为"糺邻王"，人们不免会产生一个疑问：以墓主名字与"王"连称，这样的称谓岂不是有点奇怪吗？究竟有没有这种可能呢？

确实，"名字+王"式的称谓显然不合乎汉人的习惯，但在契丹小字石刻中却可以找到这样的用例。契丹小字《耶律迪烈墓志》志盖正面刻有十四个篆体汉字"南瞻部洲大辽国故迪烈王墓志文"②。耶律迪烈，《辽史》卷九六有传，称其名敌烈，字撒懒。《故耶律氏铭石》第 23 行铭文有坙杰（撒懒王）之称，据乌拉熙春考

---

① 赵志伟、包瑞军：《契丹小字〈耶律智先墓志铭〉考释》，《民族语文》2001 年第 3 期，39 页。

② 见卢迎红、周峰：《契丹小字〈耶律迪烈墓志铭〉考释》，《民族语文》2000 年第 1 期，43 页。

证,《耶律迪烈墓志》与《故耶律氏铭石》的墓主系父女关系①,故这里说的"撒懒王"显然就是指耶律迪烈。按耶律迪烈曾于大康四年(1078)出任南院大王,上述汉文志盖所称"迪烈王"和契丹小字墓志所称"撒懒王",都是指南院大王而言。

《耶律迪烈墓志》第37行铭文又有 丙丹伏 杰(曷鲁本王)之称,因墓主迪烈系耶律吼五世孙,可知这里说的曷鲁本王是指耶律吼。曷鲁本是耶律吼的第二名(《辽史·耶律吼传》谓其字曷鲁,乃是省译了词尾音节),他之所以被称为"曷鲁本王",是因为曾于会同六年(943)担任过南院大王的缘故。

《耶律仁先墓志》所谓的"糺邻王",与上述称谓之用例完全相同。据《辽史·耶律仁先传》,他曾于重熙十六年(1047)和清宁六年(1060)两任北院大王,而《兴宗纪》还有重熙十五年十一月迁南院大王的记载。可见"糺邻王"之"王"并非汉语封号之王,而是特指两院大王,只不过省去了一个"大"字而已。两院大王在辽朝非常受人看重,对于曾经担任过两院大王者,以其名字与"王"连称,大概是契丹社会里的一种习惯称谓,甚至可能是被契丹人引为荣耀的一种美称。耶律迪烈、耶律吼及耶律仁先都曾历任北、南院大王,是以被契丹人称为撒懒王(或迪烈王)、曷鲁本王、糺邻王。

这里还需附带说明一个问题。刘凤翥先生之所以不赞同"糺

---

① 爱新觉罗·乌拉熙春:《〈耶律迪烈墓志铭〉与〈故耶律氏铭石〉所载墓主人世系考——兼论契丹人的"名"与"字"》,《东亚文史论丛》创刊号(庆祝金启孮先生八十五华诞纪念特集),2003年3月,79—93页;又载《立命馆文学》第580号,2003年6月,1—16页;收入同氏《辽金史与契丹、女真文》,京都大学东亚历史文化研究会,2004年7月,69—84页。

邻王"的说法,其中一个重要原因是他对该墓志直呼墓主名字感到不可理解,认为这种不讲究避讳的称谓是对墓主的不敬,不合乎碑志文体的习惯。其实,契丹人并不像汉人那样讲究避讳,陈述先生说,辽帝"避讳限于汉名,契丹名不避"①。重熙十三年,萧韩家奴建言追封辽帝先祖,谓是时"自夷离堇湖烈以下,大号未加,天皇帝之考夷离堇的鲁犹以名呼"②。这就是说,直到兴宗时代,就连对辽太祖父撒剌的·的鲁,依然是直呼其名。如此看来,《耶律仁先墓志》称墓主为"紃邻王"其实是很正常的,况且上文说过,以名字与"王"连称的形式,可能是对曾任两院大王者的一种美称。另外还有一点也值得注意:紃邻是耶律仁先的第二名(即《辽史》所称的"字")而非小名。我在研究契丹人的父子连名制时,曾经分析过小名和第二名的功能区别:"契丹人的小名可能主要是幼年用于族内的称呼,而第二名则是成年后广泛用于社会交际的称呼,不难想象,以'某之(父)'的形式而存在的第二名,自然会被视为一种象征身份和地位的尊称。"③考虑到以上种种因素,可以肯定"紃邻王"之墓主称谓完全合乎契丹人的礼俗。

（三）令丙刅伏与"紃邻"之对音

在令丙刅伏一词的四个原字中,其中三个原字已有较为可信的拟

---

① 陈述：《辽史避讳表》,《辽金史论集》第 4 辑,书目文献出版社,1989 年,
　87 页。
②《辽史》卷一〇三《文学传上·萧韩家奴传》。
③ 刘浦江、康鹏：《契丹名、字初释——文化人类学视野下的父子连名制》,《文史》2005 年第 3 辑,248 页。

音:原字 令 被拟为 *t~t'，丙 拟作 *iou①，伏 的音值范围可拟测为 *in~ən②。因此各家对 令丙刃伏 一词的音读并没有多大出入，即实读为 tiouərnə③，清格尔泰主张读作 tiourən④，乌拉熙春则拼读为 d-ju-ir-in>djurin⑤。这就是他们认定 令丙刃伏 为"糺邻"的主要依据。

不过，仅凭契丹小字拟音这样一个单一的手段来下结论，其说服力尚嫌不够。问题的复杂性在于，"糺"字本身的音读就是一个十分棘手的难题。要想解决 令丙刃伏 与"糺邻"的对音问题，还必须提供历史文献学和汉语语料学的相关证据。

"糺"的读音牵扯到辽金元史上的一大难题——糺与糺军问题。先以糺的异读说起。按糺同纠，《广韵》居黝切，但前人在讨论糺军问题时常常提到《黑鞑事略》的一条史料，是书记蒙古兵制，谓"五十骑谓之一斜"，小注云："都由切，即一队之谓。"⑥按斜即纠(糺)之异体，都由切的特殊音读想必是 13 世纪时代的北方方音，所以作者才有必要特意注明。

《辽史》里的糺和糺军，《金史》均作乣。因"古今字书俱无乣字"⑦，

①以上两字拟音见清格尔泰、刘凤翥等:《契丹小字研究》，中国社会科学出版社，1985 年，153、152 页。
②参见刘浦江、康鹏:《契丹名、字初释——文化人类学视野下的父子连名制》，230 页。
③见即实:《〈糺邻墓志〉释读》，《谜林问径》，202 页。
④见清格尔泰:《契丹小字释读问题》，53 页。
⑤爱新觉罗·乌拉熙春:《契丹蒙古札记》"乣音 dju"条，《立命馆文学》第 586 号，2004 年 10 月，16 页。
⑥彭大雅、徐霆:《黑鞑事略》，《丛书集成初编》本。"五十骑"三字原夺，据王国维笺证本补。
⑦钱大昕:《潜研堂文集》卷三四《三答袁简斋书》，吕友仁点校《潜研堂集》，上海古籍出版社，1989 年，617 页。

故关于乣、糺二字之异同,前人意见极为纷歧。我比较倾向于王国维的判断:"其或作乣者,乃糺字之省。"①关于糺之音读,箭内亘氏已经证明,《金史·地理志》十二群牧之一的"糺斡",《徒单思忠传》译作"糺椀",《温迪罕蒲睹传》和《移刺窝斡传》均译作"迪斡";《金史·太祖纪》之"萧糺里",即《辽史·天祚皇帝纪》之"萧敌里"②。也就是说,在辽金时代,糺与迪、敌二字读音相同或相近。这一结论可以佐证彭大雅所称紏(纠、糺)为都由切的说法,因为它们的中古音是比较接近的。

此外,乣(糺)字音读还有"主(因)"一说。王国维指出,《元朝秘史》之所谓"主因亦儿坚"者,实即金末之乣军,因疑"主因"为"乣军"之对音③;并谓《辍耕录》所称汉人八种之竹因歹、竹温、竹亦歹"皆主因之异译"④。不过,由于乣军音义之纷歧迭出,他在写给藤田丰八的信中对上述结论表现出相当审慎的态度:"此文(指《元朝秘史之主因亦儿坚考》)但就文献上证明《秘史》之主因亦儿坚即金末之乣军,而于乣字之音义不敢赞一辞。然穷此文之结论,则主因自当为乣军之对音,与近日诸家所说乣字之音不能吻合。"⑤所谓"近日诸家所说乣字之音"者,除了上面提到的都由切、迪、敌、主、竹诸音读之外,还有音杳、音查之说,其说晚出,兹

①王国维:《致藤田博士书二》,《观堂集林》卷一六。
②箭内亘:《辽金乣军及金代兵制考》,陈捷、陈清泉中译本,商务印书馆,1932 年,4—6、31—34 页。
③王国维:《元朝秘史之主因亦儿坚考》,《观堂集林》卷一六。《秘史》原文之主因·亦儿坚,旁译为"种姓·百姓"。
④见前揭王国维:《致藤田博士书二》。按《元朝秘史》之主因,以及《辍耕录》之竹因歹、竹温、竹亦歹,乃是乣军一词译为蒙古语后,再由元明时代人转译为汉语的读法。
⑤王国维:《致藤田博士书一》,《观堂集林》卷一六。

不具论。

　　王国维虽从史实上判定主因亦儿坚即金末之乣军，但对乣（紏）字音主、音竹的说法却犹疑不决，耶律仁先的第二名正好可以为他的推论提供一个佐证。汉文《耶律仁先墓志》有这样一段记载："迁契丹诸行宫都部署，又拜尚（吴？）王，兴宗皇帝亲宣制曰：'唐室之玄龄、如晦，忠节仅同；我朝之信你、空宁，壮猷宜比。'"①这里说的"信你、空宁"，必有一人是耶律仁先。"信你"当是指耶律休哥，《辽史·耶律休哥传》谓其字逊宁，契丹小字《耶律奴墓志》第6行写作𝌆②，知"信你"即逊宁之异译。又《辽史·耶律仁先传》云："议者以为自于越休哥之后，惟仁先一人而已。"同样是将仁先与休哥相提并论，可证"信你"必是耶律休哥无疑。那么，"空宁"显然就是指耶律仁先了。据《辽史》本传，仁先契丹语小名为查剌，第二名为紏邻，"空宁"与查剌的读音相去太远，所以不可能是小名，只能是第二名。但这个名字还有点问题，陈述先生《全辽文》卷八据抄本转录，误作"室宁"，向南先生《辽代石刻文编》则作"空宁"。比对墓志拓本（图一）③，发现前一字确实很像"空"字，但因此字上部有一划痕，究竟是否"空"字尚有疑问。既然我们确信这个名字是耶律仁先第二名紏邻的异译，那么译作"空宁"肯定是不对的。经仔细辨识拓本，我们认为这个名字应该

①此处引文据《辽代石刻文编》，353页。
②石金民、于泽民：《契丹小字〈耶律奴墓志铭〉考释》，《民族语文》2001年第2期，65页。
③汉文《耶律仁先墓志》拓本照片见《辽宁省博物馆藏碑志精粹》，王绵厚、王海萍主编，北京文物出版社、东京日本中教出版株式会社合作出版，2000年，190页。

是"竺宁"（见拓本照片）①。"竺宁"与"糺邻"的译音可以相通，而且与王国维提出的糺（紎）音主、竹的推论可谓不谋而合。

图一　汉文《耶律仁先墓志》拓片局部

以上论证头绪纷繁，现将各家之说及笔者的考证结果加以条理，列为表一，表中拟音均据郭锡良《汉字古音手册》②。

表一

契丹小字	彭大雅说	箭内亘说	王国维说	王国维说	汉文墓志
令丙	纠（紎）	糺（紎）	糺＝主	糺＝竹	糺＝竺
tiou	都由切：tǐuɐ	音迪、敌：diek	主：tçǐu	竹：ȶǐuk	竺：ȶǐuk

综上所述，若按彭大雅纠（紎）字都由切的说法，与令丙刃伏一词前两个原字的拟音是非常接近的。至于箭内亘提出的糺音迪、敌之

---

①笔者在北京大学开设的"契丹小字石刻研读"课上，曾与学生共同讨论本文初稿，康鹏博士提出此名当为"竺宁"，此系采纳他的意见。
②北京大学出版社，1986年。

说，王国维提出的糺音主、竹之说，以及汉文《耶律仁先墓志》以"竺宁"为"糺邻"之异译，在读音上都没有根本的冲突。因此，我认为 [契丹小字] 与"糺邻"之对音是可以言之成理的。"糺邻王"，这正是契丹小字《耶律仁先墓志》通篇所用的墓主称谓。

二　耶律阿保机的名字问题

关于辽太祖耶律阿保机的名字，《辽史·太祖纪》是这样介绍的："姓耶律氏，讳亿，字阿保机，小字啜里只。"据此记载，知其汉名为耶律亿，啜里只为契丹语小名，阿保机则是契丹语第二名。另有记载表明，"阿保机"一名当时还有不同译法。欧阳修《归田录》卷二云：

> 契丹阿保机，当唐末五代时最盛。开平中，屡遣使聘梁，梁亦遣人报聘。今世传学士李琪《金门集》有《赐契丹诏》，乃为"阿布机"，当时书诏不应有误。而自五代以来，见于他书者皆为阿保机，虽今契丹之人，自谓之阿保机，亦不应有失。又有赵志忠者，本华人也，自幼陷虏，为人明敏，在虏中举进士，至显官。既而脱身归国，能述虏中君臣世次、山川风物甚详，又云："阿保机，虏人实谓之阿保谨。"未知孰是。此圣人所以慎于传疑也。

李琪，唐亡后"事梁太祖为翰林学士"[1]，其《赐契丹诏》所称"阿布

————————
[1]《新五代史》卷五四《李琪传》。

机"者,当是五代初年的译名,与后来通行的"阿保机"的译法其实并没有多大差别,不必深究。值得注意的是"阿保谨"一名,欧公所引赵志忠之说,出自《虏廷杂记》:"太祖讳亿,番名阿保谨,又讳斡里。"①赵志忠本为辽朝进士,兴宗重熙间官至中书舍人(一说翰林学士),他的说法当是无可置疑的。我们如道,契丹人的第二名都带有一个-n或-in尾的属格后缀,"阿保机"与"阿保谨"的区别,无非是前者省译了这个词尾附加成分而已,因此可以肯定地说,"阿保谨"才是最准确的译名。类似的译例在辽代文献中不难看到。如《辽史》中常见的"夷离堇"一词,在天赞二年(923)的《大王记结亲事碑》中被译为"夷离己"②,就是省译了阳声韵尾的缘故,这与"阿保机"的译法可谓如出一辙。另外,赵志忠《虏廷杂记》还提到太祖"又讳斡里"③,这里说的"斡里"或许是太祖小名"啜里只"的异译④,因与本文所要讨论的太祖第二名的主题关系不大,暂且从略。

迄今为止,在契丹大小字石刻资料中还没有发现耶律阿保机

---

① 见《资治通鉴》卷二六六后梁太祖开平元年五月考异所引。按赵志忠本名赵英,系辽朝归明人,入宋后著有《虏廷杂记》十卷。

② 李义:《辽代奚"大王记结亲事"碑》,《辽金西夏史研究》,天津古籍出版社,1997年,250页。

③ 《契丹国志》卷一《太祖大圣皇帝》曰:"太祖皇帝讳亿,番名阿保机,乃斡里小子也。父斡里,为夷离巾,犹中国刺史。"《契丹国志》系元人杂抄宋代文献而成,此说不知何据。又乾隆四年殿本《辽史》卷一《太祖纪上》有周长发考证曰:"按《北庭杂记》:太祖父讳斡里。《辽史》不载。"周氏所引《北庭杂记》,大概即出自《通鉴考异》所引《虏廷杂记》,"父讳斡里"恐系"又讳斡里"之误。据《辽史·太祖纪》和《萧韩家奴传》,知太祖父小名的鲁,第二名撒剌的,均与"斡里"一名相去甚远。

④ 《辽史》中常见的契丹人名啜里,当即"啜里只"之省译,故"斡里"与"啜里只"之勘同,需要解决的仅仅是斡、啜二字的对音问题。

的名字——至少目前尚未识别出来。契丹小字《耶律仁先墓志》第2行在叙述墓主先世时有这样一段文字：

业方	今夲	主	王	火化	乂丹	朱化 与刃	丹几 伏
玄	祖	皇	帝	名	匀德实	第二的(名)	□□

玄祖皇帝即太祖耶律阿保机祖父,其名匀德实见于《辽史·太祖纪赞》和《食货志》,从译音来看理应是他的小名,第二名则未见辽代汉文文献记载。在上面这段文字中,组成乂丹一词的两个原字都是新原字,其音值虽不详,但即实先生已据上下文意释为匀德实,想必没有什么问题。需要讨论的是玄祖的第二名丹几伏,即实先生最早将该词译为"孛堇",认为此名源于女真部族首长之孛堇(勃堇),"此处似已由官吏之称转化为贵人子弟之称"①。乌拉熙春亦取其说,读作 *begin②。刘凤翥先生在他的近著《契丹文字新研究》(未刊稿)中,根据该词三个原字的音值,将此名忠实地译为"保格宁"。

以上两种译法颇可斟酌。在辽代汉文文献中极少看到读音近似"孛堇"的契丹名字③,"保格宁"则只能看作是各个原字的独立音读,这种译法不合乎契丹小字作为一种拼音文字所具有的基本特性。我认为丹几伏一词的正确译名应是"阿保谨",这就是辽太祖耶律阿保机第二名的契丹小字词形。组成该词的三个原字,其音值基本上是清楚的,丹常用于对译汉语借词部、伯、保、仆、骠等

---

① 见即实:《〈糺邻墓志〉释读》,《谜林问径》,203 页。
② 爱新觉罗·乌拉熙春:《辽金史札记》"孛堇与勃极烈"条,《立命馆言语文化研究》15 卷 1 号,2003 年 6 月,141 页。
③《辽史》卷一○七《列女传》谓"耶律术者妻萧氏……国舅孛堇之女",这是辽代汉文文献中惟一名为"孛堇"者。"孛堇"一词常见于金代文献,当是女真语词。

字,故拟音为[p];**几**常用于对译汉语借词国、公、军、检等字,故拟音为[k]①;**伏**可拟音为[in],上文已经谈到。若按这样的拟音进行拼读,似乎应该读作"孛堇",但问题恐怕不是这么简单,我觉得对第一个原字**丹**的读音还需要重新认识。契丹人名字词首的元音,在契丹小字中往往难以察觉,如原字**生**的音值被拟为[pu],但用作人名时却读"阿不"②;原字**余**拟音为[s],但在契丹人常用名**余利**(乙辛、阿信)一词中,却又分明应该读作[əs]才对。乌拉熙春认为,同一个契丹小字原字在拼写契丹语词的场合与音译汉语词的场合,所表示的音值未必完全相同③,这种看法是有道理的。上面谈到的原字**丹**大概也属于这种情况,当用它拼写人名时,前面应该含有一个元音,故谓**丹几伏**一词应译为"阿保谨"。

在汉文契丹史料中有一些以 ap- 为词首的契丹人名,可能与"阿保谨"为同根词。如唐高宗显庆五年(660),因契丹叛唐,"行军总管阿史德枢宾等执松漠都督阿卜固献东都"④。阿卜固是大贺氏时代的契丹可汗,时任松漠都督,《辽史·世表》作"阿不固"。又《辽史·圣宗纪》开泰八年(1019)五月己卯有"曷苏馆惕隐阿不葛、宰相赛剌来贡"的记载,同年九月庚辰又谓"曷苏馆惕

---

① 参见清格尔泰:《契丹小字释读问题》,86、90 页。按军、检以及"阿保谨"之"谨"均属见母字,故应读作[k]。
②《金史·萧仲恭传》称其子萧拱"本名迪辇阿不",此名见于契丹小字《萧仲恭墓志》第 28 行,作**荅用与 生**。前者是第二名迪辇,后者是小名阿不。参见即实:《〈戈也昆墓志〉释读》,《谜林问径》,122 页。
③ 爱新觉罗·乌拉熙春:《契丹小字的语音构拟》,《立命馆文学》第 577 号,2002 年 12 月,2 页。女真字中也存在同样的情况。
④《新唐书》卷二一九《北狄·契丹传》,参见《高宗纪》显庆五年五月及十二月。

隐阿不割来贡"。曷苏馆指曷苏馆女真,但任惕隐者或许是契丹人。显然,这两条史料中的阿不葛和阿不割乃是同名异译①。按照契丹人父子连名制的规则,用作第二名的词与用作小名的词系同根词,即前者是在后者的词根上添加-in 或-n 的属格后缀构成的②。如果将作为第二名使用的〔丹几伏〕译为"阿保谨",那么就可以很清楚地看出,上面举出的"阿卜(不)固"和"阿不葛(割)"即是"阿保谨"的词根,它们是作为小名使用的,契丹小字当作〔丹几〕③。这项论据可以从一个侧面支持我的上述推论。

最后还有一个需要解释的问题是,若谓玄祖匀德实的第二名〔丹几伏〕应当译作阿保谨,那就意味着太祖阿保谨与其祖父的第二名完全相同,这种情况是否可能呢? 在辽代契丹人社会里,祖孙、叔侄之间小名或第二名雷同的现象极为普遍。如《辽史·耶律洼传》谓其"字敌辇,隋国王释鲁孙",按释鲁为玄祖第三子,玄祖次子岩木亦字敌辇,耶律洼为岩木之从孙,而两人第二名相同。又如圣宗次子侯古与兴宗第三子阿琏为伯侄关系,而两人的第二名均为讹里本④。下面两个例子也许更有说服力。上文说到玄祖小名为

---

① 《辽史·部族表》亦记有此事,是年五月、九月两条均作"阿不葛"。

② 详见刘浦江、康鹏:《契丹名、字初释——文化人类学视野下的父子连名制》。

③ 孙伯君袭《辽史语解》之旧说,谓"阿保"义为大,词缀"机"义为人,阿保机则大人之谓也云云(见《契丹语词缀 *-gin/ *-γin 及其他》,《民族语文》2005 年第 2 期),此说显系附会。如上所说,阿保谨一词的词根可译为"阿卜固"或"阿不葛",其属格后缀〔伏〕是 in 而非 gin。

④ 《辽史·皇子表》误以侯古为圣宗第六子,盖之庸《辽耶律宗愿墓志考释》一文(《中国历史文物》2002 年第 3 期)指出,侯古实为圣宗庶出之仲子,年长于兴宗,故与阿琏当为伯侄关系。

匀德实,而太祖四弟寅底石①,实即匀德实之异译②,是祖孙二人小名相同。又太祖父德祖小名的鲁,第二名撒剌的,分别见于《辽史·太祖纪》和《萧韩家奴传》,其契丹小字的名字全称则见于《耶律仁先墓志》第 3 行:

撒剌的·的鲁

据《辽史·太祖纪赞》说:"肃祖生萨剌德……是为懿祖。"懿祖之名萨剌德,汉文文献仅此一见,颇疑与德祖撒剌的同名。果不其然,契丹小字《耶律智先墓志》第 5 行将懿祖"萨剌德"一名写作 ,不过现已发表的两种摹本均将该词误析为 二字,且误 为 ③,经与拓本相比勘,可使这个单词得到正确复原。此词与德祖"撒剌的"的契丹小字词形完全相同,由词尾之属格后缀 可以看出这是懿祖的第二名④。懿祖即玄祖之父、德祖之祖父,这就是说,懿祖与德祖祖孙二人的第二名是重名的。

　　仅以耶律阿保机家族四代人为例,就可以看到玄祖匀德实与寅底石祖孙二人小名相同、懿祖萨剌德与德祖撒剌的祖孙二人第二名相同的情形,由此推想,如果太祖与其祖父玄祖的第二名都

①据《辽史·皇子表》,寅底石系小名,第二名为阿辛,即乙辛隐。
②《辽史》卷五八《仪卫志四》谓"诸弟剌哥等叛,匀德实纵火焚行宫"云云,此匀德实即太祖弟寅底石之异译。
③见赵志伟、包瑞军:《契丹小字〈耶律智先墓志铭〉考释》附录一(《民族语文》2001 年第 3 期,38 页),该摹本由刘凤翥先生提供;清格尔泰:《契丹小字释读问题》,233 页。
④按"撒剌的"和"萨剌德"都省译了词尾的属格后缀 ,此名准确的汉译虚是"撒剌丁"。

是"阿保谨"的话,不也是很有可能的吗?

　　综上所述,笔者的结论是:辽太祖耶律阿保机的契丹语第二名,契丹小字写作ᠠᠷ,它的准确汉译是"阿保谨"。

原载《文史》2006 年第 4 辑

女真的汉化道路与大金帝国的覆亡

应当如何评价金朝的汉化程度,中外学者历来各执一词。本文认为金朝是一个典型的北方民族汉化王朝,与农耕民族生活方式的接近,女真人的大量移民汉地,政治制度上采取的汉制一元化,以及汉地本位的确立,是决定女真汉化的主要因素。

金朝中期,世宗和章宗为了遏止女真人的汉化趋势,发起一场女真文化复兴运动,企图保存女真民族传统,但却未能达到其预期目的,最终不得不放弃了对汉文化的抵抗。

蒙元初期,人们曾以"金以儒亡"说来解释金朝的亡国原因。本文基本赞同这一结论,并提出作者对此的理解:其一,女真人的汉化改变了他们质朴的民族传统,养成懒惰奢靡的生活作风,使这个民族最终走向衰落;其二,女真人的汉化彻底销蚀了其传统的尚武精神,使得这个昔日强大无比的马上民族在蒙古人的铁蹄下变得不堪一击。

有关历史时期中国北方民族与汉民族的关系问题,历来受到来自东西方世界的广泛关注,然而时至今日,中外历史学家在这个问题上似乎还很难找到共同语言。主要的分歧在于,应当怎样估价那些曾经入主汉地的北方游牧民族或狩猎民族的汉化程度?

在西方学者及日本学者看来,除去鲜卑人建立的北魏等特例之外,中国历史上的北族王朝,如契丹人的辽朝,女真人的金朝,蒙古人的元朝,满族人的清朝等等,都始终没有被汉文明所同化,从而保持了"征服王朝"的特色,这些民族被称作"骑马民族"。近半个世纪以来,这种观点主宰了欧美各国的东方学界和日本、韩国的东洋史学界,于是当陶晋生教授在《十二世纪的女真人:汉化研究》一书中得出女真人全盘汉化的结论时,就招致了西方学者的普遍批评①。

与上述观点形成尖锐对立的是中国学者的立场。对于"征服王朝"、"骑马民族"之类的说法,中国学者历来是采取排斥和批判的态度,根本没有商榷的余地。我们的主流观点是,历史上入主汉地的任何北族王朝,最终都无一例外地要被先进的汉族文明所"同化"——换一个比较策略的说法,就是"融合"。就大多数中国学者来说,恐怕就连"涵化"(Acculturation)这样的概念也是不大容易接受的。

我们就面临着这样一个困难的处境:几乎没有对话的可能。一方是强调文化冲突,不能接受游牧民族被农耕民族同化的事实;另一方是强调文化融合,不能容忍北方民族抵制汉文明的说法。观点的分歧源于各自立场的不同,显然这已超出了学术的范畴。如果我们抛弃任何成见,回到学术上来考虑这一问题,可能就不会有如此相左的结论。事实上,北方民族的汉化是一种无可否认的历史趋

---

① 此书原名 *The Jurchen in Twelfth-Century China: A Study of Sinicization*,中文译本更名为《女真史论》,台北食货出版社,1981年。

势,但是否所有的北族王朝都被汉文明同化,却是一个值得斟酌的问题。本文讨论的女真汉化,只涉及这个命题的前一半答案。女真人建立的大金帝国,提供了北方民族汉化王朝的典型模式。通过对女真汉化的考察,我们可以看到一个北方民族被汉文明彻底征服的过程,以及它给这个王朝的命运所带来的决定性影响。

一 决定女真汉化的主要因素

在辽、金、元、清四个北族王朝中,女真人建立的金朝和满族建立的清朝属于典型的汉化王朝,尽管西方学者至今仍不肯承认这一点。女真人的汉化程度,用"全盘汉化"四个字来概括是并不过分的。那么,同样都是北方民族,为何有的对汉族文明全盘接受,有的却持一种抵制的态度呢? 所以我们首先应该解释的问题是,究竟是哪些因素导致了女真人的全盘汉化?

(一)生活方式

生活方式是决定北方民族汉化程度的首要因素。常见的公式是:与农耕民族的生活方式的差异越小,汉化就越容易、越彻底;与农耕民族的生活方式的差异越大,汉化就越困难、越肤浅。中国历史上的北族王朝,对汉文化是采取积极接受的态度还是采取消极抵制的态度,大抵上即取决于此。

从生活方式来考虑,我们很容易理解女真人的汉化选择[1]。

①陶晋生先生已经注意到女真汉化与其生活方式之间的关系,见前揭《女真史论》,12—14 页。

女真人主要生活在白山黑水的森林地带,这种地理环境使他们与生活在草原上的游牧民族有着明显的区别。建国前的女真族基本上是一个狩猎民族,他们的生活方式兼有渔猎、农耕和畜牧三种形态。需要说明的是,女真人的畜牧业与草原民族的游牧生活方式没有任何相似之处,据宣和七年(1125)出使金朝的宋人钟邦直描述说,金源内地会宁府一带,"一望平原旷野,间有居民数十家……更无城郭,里巷率皆背阴向阳,便于牧放,自在散居"①。这是作为渔猎和农耕经济补充成分的定居畜牧业。

女真人的基本生活方式早在其建国前一百多年就已形成。史称生女真"旧俗无室庐……迁徙不常",至献祖绥可,"乃徙居海古水,耕垦树艺,始筑室,有栋宇之制,人呼其地为纳葛里。'纳葛里'者,汉语居室也。自此遂定居于安出虎水之侧矣"②。献祖时代大约相当于 11 世纪初叶,从这个时候起,女真人开始定居生活,并且有了农业经济。

从文献材料中可以找到有关女真人农耕生活方式的不少证据。《高丽史》卷六靖宗八年(1042)四月条,有东女真酋长向高丽索求耕牛的记载③。金太祖天辅六年(1122),宗翰派人向宋使马扩交待说:"传语童太师(即童贯):昨来海上曾许水牛,如今相望

---

①《宣和乙巳奉使金国行程录》第三十九程,《靖康稗史》本。
②《金史》卷一《世纪》。
③《高丽史》称高丽东北方的女真人为"东女真",称高丽西北方的女真人为"西女真",东、西女真的北界原只限于今图们江和鸭绿江一带,但随着高丽势力的向北拓展,东、西女真的范围越来越大,至辽朝中后期,生女真也被视为东女真的一部分。参见蒋秀松:《"东女真"与"西女真"》,《社会科学战线》1994 年第 4 期。

甚近,欲觅千头,令送来。"①这说明海上之盟时金人曾向宋朝索要过水牛。据南宋归正人介绍说,金朝初年,女真人有"每春正击土牛"的习俗②,这也从一个侧面反映了耕牛在女真人经济生活中的重要性。

关于生女真的农耕生活,宋人有这样的描述:"其地则至契丹东北隅,土多林木,田宜麻谷,以耕凿为业,不事蚕桑。"③金初,宋使前往会宁府时,沿途所见的景象是:"州地平壤,居民所在成聚落,新稼殆遍,地宜稷黍。"④金朝初年,专门针对以女真人为主的猛安谋克实行了牛头地制度,可见当时女真社会中普遍存在着农业经济。

1949年以来的大量考古成果也为女真人的农耕生活方式提供了许多物证。在生女真的活动区域内,南起松花江,北至黑龙江,西起大兴安岭东麓的金东北路界壕边堡,东至三江平原,都发现了大量的金代农业生产工具。如1958年在黑龙江肇东县清理的一座金代城址,出土铁器700多件,其中就有各式农具50余件⑤。有人统计,黑龙江省境内历年来出土的金代铁器多达数万件,其中以农具最为普遍⑥。

不过应当说明的是,直到金朝初年,女真人的农业还处在原始的、粗放型的阶段,对农业经济在女真人经济生活中的重要性

---

①《三朝北盟会编》卷一二宣和四年十二月六日引马扩《茆斋自叙》。
②《三朝北盟会编》卷二四四引张棣《金虏图经·京邑》。
③《三朝北盟会编》卷三。
④《宣和乙巳奉使金国行程录》第二十九程。
⑤肇东县博物馆:《黑龙江肇东县八里城清理简报》,《考古》1960年第2期。
⑥王禹浪:《金代黑龙江述略》,哈尔滨出版社,1993年,83页。

不宜估计过高。《金史》在记载金太祖称帝建国的仪式时有这样一段文字，"收国元年春正月壬申朔，诸路官民耆老毕会，议创新仪，奉上即皇帝位。阿离合懑、宗翰乃陈耕具九"①，"祝曰：'使陛下毋忘稼穑之艰难。'太祖敬而受之"②。不少论著都以这条史料为据，谓金朝建国之初即以农业为本。我觉得这个结论未免有些造次。《金史》里的这条史料源于《大金集礼》③，而《大金集礼》是章宗明昌六年（1195）由礼部尚书张暐等人编修的一部官书，据它记载，太祖完颜阿骨打称帝建国时有一套相当复杂的仪式。我对此深表怀疑。《金史》以及它所依据的金朝官方文献如实录、《大金集礼》等等，其中关于金朝开国史的记载存在很多疑点，我已有专文加以指摘④。《大金集礼》里的这段记载，可能就有许多藻饰的成份。在金朝建国前后，渔猎经济在女真人的经济生活中仍占有很大比重，"毋忘稼穑之艰难"之类的理念，只有当后来女真人彻底汉化之后，才会从他们嘴里说出来。

　　根据我们所了解的女真人的生活方式来看，与其说它更接近于草原民族的游牧生活方式，毋宁说它更接近于汉民族的农业定居生活方式。姚从吾先生曾经有过这样的感慨：我们常有一种感觉，女真这个北方民族竟没有一种自成套数的自有文化，比如像契丹人的捺钵文化那样独具特色的民族文化⑤。其实这就是一个

①《金史》卷三六《礼志九》"国初即位仪"。
②《金史》卷七三《阿离合懑传》。
③见《大金集礼》卷一《帝号上》"太祖皇帝即位仪"。
④参见拙文《关于金朝开国史的真实性质疑》，《历史研究》1998 年第 6 期。
⑤姚从吾：《女真汉化的分析——联合国中国同志会第 63 次座谈会纪要》，《大陆杂志》6 卷 3 期，1953 年 2 月；又见《姚从吾先生全集》第 5 册，台北正中书局，1981 年，175 页。

生活方式的问题,由于女真人的生活方式与汉人的生活方式差异不大,所以就不像契丹人那样有一套迥异于汉文化的东西。正是由于这个原因,女真人接受起汉文化来就显得非常自然和特别容易,不存在什么先天的障碍。这就是女真人全盘汉化的基本背景。

(二)移民汉地

在促使女真人彻底汉化的诸多因素中,猛安谋克的大批南迁肯定在必须考虑之列。

生女真的传统居住区域是所谓的"金源内地"。金朝初年,女真人的分布范围仅限于上京、东京和咸平府三路。后来随着金朝的军事扩张,女真猛安谋克以军事屯田的方式逐步向辽朝的领地内迁徙,不过当时尚未进入长城以南的汉地。太宗时灭掉北宋后,原本没有长期占据中原汉地的意图,所以先后扶植起伪楚、伪齐两个傀儡政权。但由于汉人的傀儡政权在政治上和军事上都无法与南宋相抗衡,于是金朝只好改变策略,对中原汉地实施直接统治。这样一来,就势必要让部分女真人移居中原。从太宗末年起,开始将女真猛安谋克大批迁往长城以南汉地,宋代文献有"金左副元帅宗维(即宗翰)悉起女真土人散居汉地"的记载[1],这是天会十一年(1133)的事情。熙宗皇统初,当金朝从南宋手中重新夺取河南、陕西之后,又将大批猛安谋克迁入中原屯田,"凡屯田之所,自燕之南、淮陇之北俱有之"[2]。这可能是金代女真人规

---

[1]《建炎以来系年要录》卷六八,绍兴三年九月。
[2]《建炎以来系年要录》卷一三八,绍兴十年十二月。参见《三朝北盟会编》卷二四四引张棣《金虏图经》。

模最大的一次移民浪潮。海陵王正隆间，为了加强对女真贵族的控制，"不问疏近，并徙之南"①，除了少数安置在长城以北的北京路之外，其他均迁入中原汉地。

至海陵末年，猛安谋克的人口分布区域已从金初的上京、东京、咸平府三路扩展到上京、东京、咸平府、北京、西京、中都、河北东西、山东东西、大名府、南京等十二路。我在《金代猛安谋克人口状况研究》一文中，曾对金章宗泰和七年（1207）猛安谋克人口在全国各地的分布数量做过一个粗略的估计，其中长城以南各路的人口估计为360万左右，约占全部猛安谋克人口的47%②。这个数字大致可以代表金代女真人移居汉地的比例。

如此众多的女真人进入中原汉地，自然给女真族的彻底汉化提供了一个非常重要的机缘。迁居中原的猛安谋克多为永久性移民。女真人原有以其所居之山川命名的习俗，及至入居中原后，便多以中原地名命名，如完颜燕京、蒲察燕京、完颜绛山、裴满河西、蒲察西京、完颜鄱阳、乌古论兖州、粘哥荆山、尼庞古华山、徒单渭河等等，这说明他们并没有客居异土它乡的感觉，一种新的乡土观念很快就已经在他们的头脑中扎根。若是与契丹人和蒙古人相比较的话，女真人确实很容易融入汉人社会。这仍然可以用生活方式来加以解释，因为汉人的生活方式与女真人传统的生活方式并没有什么太大的差别；也正是由于这个缘故，才会有那么多的女真人迁入汉地并且长期定居下来。

---

① 《金史》卷八《世宗纪下》。
② 刘浦江：《金代猛安谋克人口状况研究》，《民族研究》1994 年第 2 期。

（三）体制一元化

辽朝的汉化色彩始终不明显,其中一个重要原因,就是它一直坚持实行二元政治。金朝初期虽也一度摹仿辽朝的北南面官制,同时奉行两套体制,但自熙宗改制以后,就完全抛弃了女真旧制,全盘采用汉制。政治体制的一元化,是女真人汉化很彻底的一个重要原因。

金朝建国之初,朝廷中枢权力机构实行女真传统的勃极烈制度,对于所占领的辽地,也一概搬用生女真旧制。如太祖收国二年(1116)占有辽东京州县以后,"诏除辽法,省税赋,置猛安谋克一如本朝之制"①。即不管是系辽籍女真,还是汉人、渤海人、契丹人、奚人,全都不加区别,"率用猛安、谋克之名,以授其首领而部伍其人"②。但一进入燕云汉地,这套女真制度便行不通了,于是只好因仍原有的汉官制度。元人称"太祖入燕,始用辽南、北面官僚制度"③,就是指同时奉行女真旧制和汉制的双重体制。金初的所谓"南面官",亦即汉地枢密院制度,故《金史》谓"天辅七年,以左企弓行枢密院于广宁,尚踵辽南院之旧"④。与此相对的"北面官",主要指当时实行于朝廷之内的勃极烈制度⑤。

————————

①《金史》卷二《太祖纪》。
②《金史》卷四四《兵志》。
③《金史》卷七八"传赞"。
④《金史》卷五五《百官志·序》。
⑤李锡厚《金朝实行南、北面官制度说质疑》(《社会科学战线》1989年第2期)不同意金初曾实行过南、北面官制的说法,按《金史》无非是借用辽朝北、南面官制的名词来代指金初的二元体制而已,此处不宜太拘泥于字面的意思。

金初的二元政治存在于 1123 至 1138 年。汉地枢密院系天辅七年(1123)始设于营州广宁(今河北省昌黎县),后迁平州,再迁燕京,天会间一度分设燕京和云中两枢密院,后又归并为一。至天眷元年(1138),改燕京枢密院为行台尚书省,结束了双重体制并存的局面,这是熙宗汉制改革的结果。

早在太宗天会初,就有一些女真贵族的上层人物积极主张摒弃女真旧制,全盘改用汉制。《金史》卷七八《韩企先传》曰:"斜也、宗幹当国,劝太宗改女直旧制,用汉官制度。"斜也即太祖弟完颜果,太宗时为谙班勃极烈,与国论勃极烈宗幹同主国政,可见当时支持汉化的势力已经相当强大。不过终太宗一代,仍维持着二元政治的局面。《金史》里虽有太宗天会四年(1126)建尚书省的记载,但人们一般认为当时的尚书省是设在燕云汉地,与后来建立的三省制度无关①。金朝政治制度的重大变革,直到太宗末年才提上日程,天会十二年(1134)正月,"初改定制度,诏中外"②。由于太宗一年后就死去了,所以实质性的汉制改革是在熙宗朝进

① 《金史》卷五五《百官志·序》称"天会四年,建尚书省,遂有三省之制";《韩企先传》亦谓"天会四年,始定官制,立尚书省以下诸司府寺"。这一记载与金朝中央官制的改革进程不符。三上次男认为这里说的尚书省是建在燕京或其附近地区,有其名而无其实(见《金史研究》第 2 卷《金代政治制度の研究》,270—272 页,中央公论美术出版,1971 年);李涵进一步推测说,天会四年可能是在汉地枢密院内设置"尚书省以下诸司府寺"(见《金初汉地枢密院试析》,《辽金史论集》第 4 辑,书目文献出版社,1989 年)。

② 《金史》卷三《太宗纪》。又《松漠记闻》卷下引天眷二年奏请定官制札子亦云:"太宗皇帝嗣位之十二载也……始下明诏,建官正名。"但迄至天会十三年正月太宗病卒,仍未见朝廷职官制度有何重大变化,不知太宗的这一诏令究竟是什么内容。

行的。熙宗天眷元年（1138）八月甲寅，"颁行官制"，是即"天眷新制"①。这是金朝政治制度史上的一个重要转折，自金初以来实行二十余年的女真勃极烈制度，"至熙宗定官制皆废"②，以三省六部制取而代之。同年九月丁酉，"改燕京枢密院为行台尚书省"③，这不只是简单地改换一个名称而已，它的性质已经发生了变化：汉地枢密院是作为双重体制中的一元而存在的，而行台尚书省则只是中央尚书省的派出机构。这两件事情的发生，标志着二元政治的终结和金朝政治体制的一元化④。

熙宗朝的汉制改革，从天会末年至皇统初年，大约持续了八九年之久。改革的内容极为广泛，涉及中央职官制度、地方行政制度、法律制度、勋爵制度、礼制、仪制、服制、历法、宗庙制度、都城制度等等，除了猛安谋克制度以外，女真旧制大都已被废弃，故宋人谓金朝"政教号令，一切不异于中国"⑤。这是金朝走向全盘汉化的重要一步。

---

① 《金史》卷四《熙宗纪》。《松漠记闻》卷下载有天眷二年奏请定官制札子及答诏，三上次男谓天眷二年实为天眷元年之误，此当依《熙宗纪》系于天眷元年八月（见前揭《金史研究》第 2 卷，293—295 页）。

② 《金史》卷五五《百官志·序》。

③ 《金史》卷四《熙宗纪》。

④ 陶晋生《女真史论》一书将 1123 至 1150 年称为二元政治时期，即以海陵王天德二年（1150）撤销行台尚书省作为二元政治终结的标志（见前揭《女真史论》，34—37 页）。我认为这种说法不能成立。所谓"二元"，一元是指女真制度（勃极烈制），一元是指汉制（汉地枢密院）。自熙宗废弃勃极烈制以后就全盘实行了汉制，"二元"已无从说起。海陵撤销行台尚书省，只是准备迁都燕京的一个信号，同时也是为了加强中央集权，这与二元政治的兴废无关。

⑤ 《陈亮集》卷一《上孝宗皇帝第一书》。

(四)确立汉地本位

金人曾明确指出辽金两国国家本位的差异:"本朝与辽室异,辽之基业根本在山北之临潢……我本朝皇业根本在山南之燕。"①辽金两朝汉化程度的不同,这显然是一个重要的原因:辽朝始终坚持草原本位,而金朝在海陵王时代就已确立了汉地本位。

金朝前期,定都于金源内地的上京会宁府(今黑龙江省阿城市白城)。据说从太宗时起,就有迁都燕京的打算。《大金国志》卷二四《宣宗皇帝上》有此一说:"初,忠献王粘罕欲赞太宗都燕。"卷二二《东海郡侯上》亦云:"初,忠献王粘罕有志于都燕,因辽人宫阙,于内城外筑四城。"这两条文字均抄自《金人南迁录》,而《南迁录》是一部出自南宋人之手的伪书,因此这种说法的真实性很值得怀疑。

据金朝方面的文献记载来看,大概在熙宗改制以后,开始出现政治重心南移的倾向。从天眷三年(1140)至皇统元年(1141),熙宗驻跸燕京长达八九个月,当时汉制改革的一些举措就是在此期间制定实施的。皇统二年与南宋订立和议后,金朝已占有大半个中国,在此情况下仍定都于远在东北一隅的上京,确实有诸多的不便。故熙宗时期不得不为此采取某些权宜措施,如官员铨选的地点,《金史》里有这样一条记载:"凡省选之制,自熙宗皇统八年以上京僻远,始命诣燕京拟注,岁以为常。贞元迁都,始罢是制。"②由此看来,迁都中原只是一个时间问题了。

海陵王称帝后不久,即于天德二年(1150)十二月废罢行台尚

①《金史》卷九六《梁襄传》。
②《金史》卷五四《选举志四》"省选"。

书省,这表明他已决意迁都中原。次年四月,"诏迁都燕京"①,同时派人扩建燕京旧城,营建宫室。贞元元年(1153)三月,金朝正式移都燕京,并改燕京为中都。海陵王的迁都大概遭到了部分女真旧贵族的抵制,比如在迁都燕京之后,徒单太后就仍然留居于上京会宁府,这是一个很能说明问题的迹象②。为了彻底铲除保守势力的根据地,海陵王采取了非常决绝的措施:"命会宁府毁旧宫殿、诸大族第宅及储庆寺,仍夷其址而耕种之。"③如此坚决的态度,恐怕只有北魏孝文帝迁都洛阳可以相比。

　　迁都燕京不过数年,海陵王又有了进一步南迁开封的打算。这一计划与侵宋的战争准备有关。据《金史·海陵纪》,正隆六年(1161)正月,海陵王对宋使宣称他将前往河南巡幸,并说不会在南京开封久留;是年四月,"诏百官先赴南京治事,尚书省、枢密院、大宗正府、劝农司、太府、少府皆从行,吏、户、兵、刑部,四方馆,都水监,大理司官各留一员"。虽然海陵王否认他将迁都开封,但这可能只是为了不引起宋人的警觉罢了;我想,海陵王的本意大概是准备在统一全国后正式定都于开封。据说海陵王曾对吏部尚书李通说过这样的话:"朕欲迁都汴京,将宫室重修,加兵江左,使海内一统。"④另外从宋朝方面的文献来看,当时南宋朝野舆论普遍认为金朝将迁都开封。绍兴三十一年(1161)正月,校书

①《金史》卷五《海陵纪》。
②关于海陵王迁都燕京的争议,金朝方面的文献中没有留下明确的记载,仅在元人所作的《大金国志》卷一三《海陵炀王上》中提到奚人萧玉反对迁都的意见,其史料来源于宋人记载。
③《金史》卷五《海陵纪》。
④《三朝北盟会编》卷二四二引张棣《正隆事迹》。这是出自南宋归正人的记载,不知是否确实。

郎王十朋上高宗札子说:"窃闻道路汹汹,咸谓虏情叵测,有南下牧马、巢穴汴都、窥伺江淮之意。"①同年四月辛未,南宋"遣周麟之使金贺迁都"②,这说明宋人确实是将海陵王的"南巡"理解为金朝国都的南迁。

及至海陵王对宋开战,世宗称帝于东京辽阳之后,围绕着国都的选择问题,又发生过一场争议。时"阿琐杀同知中都留守蒲察沙离只,遣使奉表东京,而群臣多劝世宗幸上京者"③,这说明当时有相当多的女真贵族并不赞成海陵王的汉地本位政策,主张还都于上京。但由于李石、张玄素、独吉义等人的劝说,世宗最终还是决定进据中都,仍旧坚持汉地本位。

女真人的彻底汉化,主要就取决于上述诸项因素。如果做一纵向的鸟瞰,可以说金朝的汉化方向在熙宗和海陵两朝就基本上已经决定了。如上所述,猛安谋克的大规模南迁主要是熙宗朝的事情,金朝政治体制的一元化也完成于熙宗时期,海陵王完颜亮则确立了金朝的汉地本位政策。所以后来清朝统治者在总结金朝亡国的经验教训时,总是把责任算到熙宗和海陵两人的头上,指责他们"循汉人之俗"、"效汉人之陋习"、"尽失其淳朴素风"④。客观地说,清人并没有平白无故地冤枉他们。

---

①《三朝北盟会编》卷二二五。
②《宋史》卷三二《高宗纪九》。
③《金史》卷八六《李石传》。
④《清太宗实录》卷三四崇德二年四月丁酉、卷三二崇德元年十一月癸丑;《清高宗实录》卷九一九乾隆三十七年十月癸未。

二　不可阻挡的汉化潮流

对于金朝的汉化程度，前人多有评说。元代史家如是说："金用武得国，无以异于辽，而一代制作能自树立唐、宋之间，有非辽世所及，以文而不以武也。"①清人赵翼亦谓"金源一代文物，上掩辽而下轶元"②。人们一般认为，若论汉化之彻底，大概没有哪个朝代可以和北魏相比，但宋人真德秀却说："金国有天下，典章法度文物声名在元魏右。"元初郝经称此说"为不刊之论"，谓金朝"粲粲一代之典与唐、汉比隆，讵元魏、高齐之得厕其列也"③。如此高度的评价，说明金朝的汉化程度的确给宋元时代的人们留下了极为深刻的印象。

金朝建国之初，女真人十分质野，一般都不通汉语、不识汉文，故多以契丹人或汉人为通事，《松漠记闻》卷上谓"金国之法，夷人官汉地者，皆置通事"，说的就是金初的情形。然而曾几何时，女真人已非复吴下阿蒙。大定间，参知政事梁肃上疏"论生财舒用八事"，其一曰"罢随司通事"④。说明当时女真人已经普遍会汉语。当然，接受汉文化最快、汉化程度最深的首先是女真上层社会。

---

①《金史》卷一二五《文艺传·序》。
②《廿二史札记》卷二八"金代文物远胜辽元"条。
③见郝经《陵川集》卷三〇《删注刑统赋序》，又同书卷三二《立政议》亦云："真德秀谓金源氏典章法度在元魏右。"但我在真德秀《真文忠公文集》中未能查到这句话的出处。
④《金史》卷八九《梁肃传》。

金朝诸帝中,自熙宗以下都具有相当高的汉文化素养。熙宗就是一个典型的汉化女真人,关于他对汉文化的态度,《大金国志》有一段极生动的描述:

> 熙宗自为童时聪悟,适诸父南征中原,得燕人韩昉及中国儒士教之。后能赋诗染翰,雅歌儒服,分茶焚香,弈棋象戏,尽失女真故态矣。视开国旧臣则曰"无知夷狄",及旧臣视之,则曰"宛然一汉户少年子也"。①

从这段记载来看,熙宗的汉化背景可以用汉族儒士的影响来解释,《大金国志》说他自幼"喜文辞……所与游处尽文墨之士"②,这种生活环境决定了他的文化选择。《金史·熙宗纪》记有这样一件事:一次将帅奏捷,群臣纷纷赋诗称贺,熙宗看后说道:"太平之世,当尚文物,自古致治,皆由是也。"这就是他的文化主张。熙宗(1119—1149)可算是金朝第一代汉化女真人,他在位时期进行的汉制改革,显然与他本人对汉文化的态度是大有关系的。

海陵王完颜亮与熙宗的汉化程度相若,史称他自幼"好读书、学弈、象戏、点茶,延接儒生,谈论有成人器。……嗜习经史,一阅

---

① 《大金国志》卷一二《熙宗孝成皇帝四》。关于熙宗的汉化程度,金朝方面文献缺乏详细的记载,《大金国志》的这段史料取资于《三朝北盟会编》卷一六六绍兴五年正月十三日所引《金虏节要》,又李浩《呻吟语》(《靖康稗史》之六)中也有类似的描述。《金虏节要》的作者是南宋归正人张汇,《呻吟语》的作者李浩曾随徽钦二帝北迁,他们的记载应该是值得信赖的。
② 《大金国志》卷九《熙宗孝成皇帝一》。

终身不复忘,见江南衣冠文物朝仪位著而慕之"①。当时人对他的汉文化修养津津乐道,宋金人笔记中就常常称引他的诗词②。海陵王的文化取向充分表现在他的政治举措之中,在他在位期间确立了金朝的汉地本位政策,他之所以发动侵宋战争,则是因为他具有强烈的正统观念。海陵王曾对臣下说过这样的话:"天下一家,然后可以为正统。"③这分明是中国大一统王朝的政治伦理观念。

比起熙宗和海陵王来,金朝中期女真统治者的汉化程度显得更加深入,其中最具代表性的是显宗和章宗。显宗允恭是世宗太子,章宗、宣宗之父,未及嗣位而早卒,章宗即位后上庙号为显宗。据《金史》说,允恭是一位醉心于儒学的女真少年,他被立为皇太子后,"专心学问,与诸儒臣讲议于承华殿。燕闲观书,乙夜忘倦,翼日辄以疑字付儒臣校证"④。生当金末的刘祁对允恭备极称赞,说他"读书喜文,欲变夷狄风俗、行中国礼乐如魏孝文"⑤;又说他"好文学,作诗善画,人物、马尤工,迄今人间多有存者"⑥。元人王逢题允恭《百骏图》云:"金家武元靖燕徽,尝诮徽宗癖花鸟。允恭不作大训方,画马却慕江都王。"⑦这

---

① 《大金国志》卷一三《海陵炀王上》。
② 见《归潜志》卷一、《桯史》卷八《逆亮乱怪》、《夷坚支景志》卷四《完颜亮词》、《三朝北盟会编》卷二三一引《金人叛盟记》等。
③ 《金史》卷一二九《佞幸·李通传》。
④ 《金史》卷一九《世纪补·显宗纪》。
⑤ 《归潜志》卷一二"辩亡"。
⑥ 《归潜志》卷一。
⑦ 《梧溪集》卷五《金世宗太子允恭〈百骏图〉为舒德源题》,《知不足斋丛书》本。

首诗对允恭过分沉溺于汉文化不无讥讽。与熙宗和海陵王那些第一代汉化女真人所不同的是，允恭这一代人几乎已经完全丧失了本民族的文化传统。世宗曾有一次告诫允恭和诸皇子说："汝辈自幼惟习汉人风俗，不知女直纯实之风，至于文字语言，或不通晓，是忘本也。"①太子太保完颜爽也对允恭说过这样的话："殿下颇未熟本朝语，何不屏去左右汉官，皆用女直人？"②可见允恭对于本民族语言已经很生疏了，不过他倒是曾经让他的儿子们学习过女真语和女真字。大定十九年（1179），允恭选派完颜匡教诸皇孙，时"宣宗、章宗皆就学，显宗曰：'每日先教汉字，至申时汉字课毕，教女直小字，习国朝语。'"③金世宗一向反对女真人全盘汉化，矢志弘扬民族传统，积极倡导学习女真字、女真语，允恭之所以要让宣宗、章宗学习女真文化，主要就是因为世宗的缘故。世宗曾对臣下说过："东宫不知女直风俗，第以朕故，犹尚存之。"④知子莫如父，世宗这句话道出了允恭对汉文化和女真文化的真实态度。

在这样一种家庭环境中长大的章宗，自幼受到汉文化的熏陶，其汉学根柢之深厚，更要胜出他父亲一筹。金人对他的评价是："章宗天资聪悟，诗词多有可称者。"⑤又云："章宗聪慧，有父风，属文为学，崇尚儒雅，故一时名士辈出。"⑥日本学者外山军治认为，若论中国式的教养，章宗在金朝历代皇帝中堪称首屈一指，

①《金史》卷七《世宗纪中》。
②《金史》卷一九《世纪补·显宗纪》。
③《金史》卷九八《完颜匡传》。
④《金史》卷七《世宗纪中》。
⑤《归潜志》卷一。
⑥《归潜志》卷一二"辩亡"。

甚至与汉天子相比也毫不逊色①。这种评价并不夸张。元人有一种说法，谓"帝王知音者五人：唐玄宗、后唐庄宗、南唐后主、宋徽宗、金章宗"②，可见章宗是何等样人！章宗偏好宋徽宗的瘦金体，书法专学徽宗，笔迹酷似，以致后人难分彼此。现藏大英博物馆的顾恺之《女史箴图》古摹本，图卷左端书有《女史箴》一则，明清以来诸画谱均认定为徽宗手书，后来经过外山军治氏仔细辨识，才确认它出自章宗之手（文中"恭"字缺笔，外山氏认为系避章宗父允恭之讳）③。这使我们想起了宋元时代的一则传说："金章宗之母，乃徽宗某公主之女也。故章宗凡嗜好书札，悉效宣和，字画尤为逼真。金国之典章文物，惟明昌为盛。"④又袁桷《徽宗梅雀图》诗云："金帝母家宋外孙，笔画好乐余风存。"⑤也是指金章宗而言。但据《金史·章宗纪》和《后妃传》的记载，我们知道章宗的母亲是女真徒单氏，可见宋人的这种传说是靠不住的；不过从上面谈到的情况来看，宋人之所以会有这样一种传说，该不是无缘无故的吧。

女真帝王的汉化程度可能有一定的特殊性。就整个女真上层社会的情况而言，至金朝中后期，接受汉文化也已经成为一种普遍的社会风尚。从某些女真人的名字中就可以看到对儒学的

---

①外山军治：《章宗书女史箴——传顾恺之女史箴图卷》，见《金朝史研究》附录六，京都同朋舍，1979 年，670 页。

②《辍耕录》卷二七"燕南芝庵先生唱论"条。

③见前揭外山军治：《章宗书女史箴——传顾恺之女史箴图卷》，《金朝史研究》附录六，670—675 页。

④《癸辛杂识》续集下"章宗效徽宗"条。

⑤《清容居士集》卷四五，《四部丛刊》本。

崇尚,如宗室完颜宗浩字师孟①,"孟"者孟子也;又如世宗朝的名相纥石烈良弼,还有一个不大为人所知的名字,据《金史》本传,纥石烈良弼在海陵朝曾"借秘书少监为宋主岁元使",而《建炎以来系年要录》卷一六五绍兴二十三年闰十二月庚戌条载:"金主使宣奉大夫尚书左丞蔡松年假户部尚书,与广威将军秘书少监兼行右拾遗赫舍哩师颜来贺来年正旦。"这里说的"赫舍哩师颜"就是纥石烈良弼(清人辑本将"纥石烈"改译为"赫舍哩"),"颜"者颜回也。

关于女真贵族热衷乃至沉湎于汉文化的情形,在金朝中后期文献中多有记载。刘祁说:"南渡后,诸女直世袭猛安、谋克往往好文学,喜与士大夫游。"②这是说的宣宗以后的情况,此时女真人的汉化程度已经相当深入,刘祁指出的这种现象想必是很普遍的。我们不妨举出几个典型的例子:

完颜弼,盖州猛安人,护卫出身,宣宗朝累官知东平府事。"弼平生无所好,惟喜读书,闲暇延引儒士,歌咏投壶以为常。"③

完颜陈和尚,金末名将。"雅好文史,自居侍卫日,已有秀才之目。"后在军中,经历官王渥"授《孝经》《论语》《春秋左氏传》,尽通其义。军中无事,则窗下作牛毛细字,如寒苦一书生"④。

术虎邃,女真纳邻猛安。"虽贵家,刻苦为诗如寒士。喜与士大夫游。初受学于辛敬之,习《左氏春秋》。后与侯季书交,筑室商水大野中。恶衣粝食,以吟咏为事,诗益工。……甚有唐人

---

① 《金史》卷九三《宗浩传》。
② 《归潜志》卷六。
③ 《金史》卷一〇二《完颜弼传》。
④ 《遗山集》卷二七《赠镇南军节度使良佐碑》。

风致。"①

乌林荅爽,女真世袭谋克。刘祁称其"风神潇洒,美少年。性聪颖,作奇语。喜从名士游。居淮阳,日诣余家,夜归其室,抄写讽诵终夕。……其才清丽俊拔似李贺"②。

最典型的例子也许莫过于完颜璹。完颜璹是世宗之孙,越王允功之子。史称其潜心学问,"日以讲诵吟咏为事,时时潜与士大夫唱酬"③。据说其"家所藏法书名画,几与中秘等"④。元好问对他极为推崇,说他"于书无所不读,而以《资治通鉴》为专门,驰骋上下千有三百余年之事,其善恶、是非、得失、成败,道之如目前,穿贯他书,考证同异,虽老于史学者不加详也"⑤。据元好问说,完颜璹"读《通鉴》至三十余过"⑥,与蔡珪、萧贡并称为金源一代《通鉴》名家⑦。

关于一般女真民众的汉化情况,尽管金朝文献里缺乏详细的记载,但我们仍可以从某些迹象中明白无误地看出整个女真社会的汉化倾向。对于普通女真百姓来说,自然谈不上有多少儒家文化的直接影响,"汉化"主要表现在生活习俗这样一些比较浅近的层面。金朝中期以降,女真人改汉姓、着汉服的现象越来越普遍,世宗、章宗时期曾屡次下诏加以禁止。大定十三年

----

①《归潜志》卷三。
②《归潜志》卷三。
③《金史》卷八五《完颜璹传》。
④《中州集》卷五《完颜璹小传》。
⑤《遗山集》卷三六《〈如庵诗文〉序》。
⑥《中州集》卷五《完颜璹小传》。
⑦《遗山集》卷三六《陆氏〈通鉴详节〉序》。

（1173）五月，"禁女直人毋得译为汉姓"①。说明此时女真人改用汉姓的情况已经比较常见了。大定二十七年十二月，朝廷再次颁布如下禁令："禁女直人不得改称汉姓、学南人衣装，犯者抵罪。"②此次禁令规定了严格的处罚措施，《金史》卷四三《舆服志下》云："初，女直人不得改为汉姓及学南人装束，违者杖八十，编为永制。"这大概就是大定二十七年的禁令内容。章宗时也多次颁布过类似的禁令。明昌二年（1191）十一月，"制诸女直人不得以姓氏译为汉字"③；泰和七年（1207）九月，"敕女直人不得改为汉姓及学南人装束"④。尽管如此，却根本无法阻止这种社会风尚的蔓延。至金朝后期，几乎所有的女真姓氏都有相应的汉姓，据陈述先生统计，金代女真人译改的汉姓共计五十九个⑤。尤其耐人寻味的是，金朝自入主中原后，对黄河以北的汉人（包括南人在内）始终坚持薙发左衽的政策，即强令汉人改从女真之俗，而就是在这样的情况之下，女真人却纷纷改着汉人服饰，虽屡禁而不止，可见女真社会的汉化委实是大势之所趋。

估价金朝的汉化程度，还有一个值得注意的问题，这就是女真统治者汲汲于"德运"的正统观念。五德终始是中原王朝国家的传统政治学说，女真统治者大概是从金朝中期开始接受这种观念的，《金史·世宗纪》有大定三年（1163）十二月丁丑举行腊祭的

---

①《金史》卷七《世宗纪中》。
②《金史》卷八《世宗纪下》。
③《金史》卷九《章宗纪一》。
④《金史》卷一二《章宗纪四》。
⑤陈述：《女真汉姓考》，见《金史拾补五种》，科学出版社，1960年，155—178页。

记载，而丑日腊祭是金德之征①。又大定十五年册封长白山册文云："厥惟长白，载我金德。"②说明世宗时已确定本朝德运为金德。后来章宗朝和宣宗朝两度讨论德运问题，最终改金德为土德，这是金朝历史上的一件大事。

金朝统治者之所以如此看重德运，是因为自海陵王确定汉地本位政策之后，女真人即已自视为中原王朝，并进而全盘接受了中原王朝的正统观念。不仅如此，从金朝后期重议德运的结果中，我们还可以体察到某种很微妙的心态。当时朝廷百官对于德运问题大致有三种意见，一是承唐土德为金德，二是承辽水德为木德，三是承宋火德为土德。从《大金德运图说》所载章宗谕旨来看，他对这几种意见似乎没有什么偏向，然而据元好问说，吕贞幹"在史馆论正统……谓国家止当承辽，大忤章庙旨，谪西京运幕"③。实际上，章宗的真实态度是主张继承北宋的火德，最后确定金朝德运为土德，就正是遵从了他的意见。揣度章宗的本意，无非是认为正统在宋而不在辽，只是他不便公开承认这一点罢了。由此说明了一个问题：章宗完全是站在中原王朝一边来考虑问题的，他的立场是内华外夷。与此极为相似的是清高宗乾隆的态度，乾隆题《大金德运图说》曰："夫宋虽南迁，正统自宜归之宋。至元而宋始亡，辽金固未可当正统也。"④同样也是一个北族王朝，却偏不承认辽金为正统，其出发点和金章宗是完全相同的，只不过清朝的国情与金朝不同，乾隆毋须有金人的那些顾虑，因而可

---

① 《太平御览》卷三三引《魏台访议》，谓金德"以酉祖丑腊"，即酉日举行祖祭，丑日举行腊祭。王应麟《小学绀珠》卷一《律历类》"五运"亦同。
② 《大金集礼》卷三五"长白山封册礼"。
③ 《中州集》卷八《吕子羽小传》。
④ 见《大金德运图说》卷首，影印文渊阁《四库全书》本，第 648 册，309 页。

以坦率地表明他的意见。

从生活习俗到价值观念，女真人自觉或不自觉地经历着一场文化的蜕变。

三　挽救女真传统的努力

自熙宗、海陵以来开始的汉化进程，至金代中叶已呈潮流澎湃之势，这使当时的金朝统治者感到非常忧虑。大定间，世宗曾对参知政事孟浩说："女直本尚纯朴，今之风俗，日薄一日，朕甚悯焉。"孟浩对此也颇有同感："臣四十年前在会宁，当时风俗与今日不同，诚如圣训。"[1]在世宗看来，要想使大金王朝国运久长，就必须在一定程度上保持女真人的民族传统。他曾向右谏议大夫、契丹人移剌子敬流露过这种想法："亡辽不忘旧俗，朕以为是。海陵习学汉人风俗，是忘本也。若依国家旧风，四境可以无虞，此长久之计也。"[2]大定年间曾任宰执的女真人粘割斡特剌也持有类似的观点，他有一次对世宗说："以西夏小邦，崇尚旧俗，犹能保国数百年。"[3]这是当时部分女真上层人物的一种共识，他们认为应该仿效辽朝和西夏的做法，努力保持女真人的文化传统和民族本色。

正是基于上述考虑，世宗和章宗时代，金朝统治者曾进行过许多努力，采取种种措施，试图遏止女真人的汉化趋势。三上次

---

① 《金史》卷八九《孟浩传》。
② 《金史》卷八九《移剌子敬传》。
③ 《金史》卷八《世宗纪下》。

男氏将这些努力称之为女真文化的复兴运动①。

金世宗完颜雍是一位女真民族传统的坚定捍卫者,他为保存女真文化可谓苦心竭虑,不遗余力。世宗经常像这样谆谆告诫女真贵族说:"女直旧风最为纯直……汝辈当习学之,旧风不可忘也。"②一次,世宗与太子等人前往宫中睿思殿,"命歌者歌女直词,顾谓皇太子及诸王曰:'朕思先朝所行之事,未尝暂忘,故时听此词,亦欲令汝辈知之。……汝辈当体朕意,至于子孙,亦当遵朕教诫也。'"③拳拳之心,溢于言表。最令世宗担忧的是,自海陵南迁以后,新一代女真人已经渐渐遗忘了本民族传统,他曾对朝廷宰执吐露过这种忧虑:"会宁乃国家兴王之地,自海陵迁都永安,女直人浸忘旧风。朕时尝见女直风俗,迄今不忘。今之燕饮音乐,皆习汉风,盖以备礼也,非朕心所好。东宫不知女直风俗,第以朕故,犹尚存之。恐异时一变此风,非长久之计。甚欲一至会宁,使子孙得见旧俗,庶几习效之。"④后来世宗果真实践了他的这一夙愿。大定二十四年(1184)三月,世宗亲率诸皇子、皇孙回上京会宁府寻根,并在太祖完颜阿骨打起兵之地建立《大金得胜陀颂碑》,以弘扬女真民族精神。直到次年九月,世宗一行才返回中都。

复兴民族文化的一项重要任务,就是大力倡导人们学习和使用女真语、女真字。世宗时曾一度要求世袭猛安、谋克必须学习

①参见三上次男:《金代中期における女真文化の作興運動》,原载《史学杂志》49卷第9号,1938年9月;又载《金史研究》第3卷《金代政治·社會の研究》,东京中央公论美术出版,1973年。

②《金史》卷七《世宗纪中》。

③《金史》卷七《世宗纪中》。

④《金史》卷七《世宗纪中》。

女真字，"凡承袭人不识女直字者，勒令习学"①；后来又进而规定"猛安、谋克皆先读女直字经史然后承袭"②。大定九年（1169），世宗采纳枢密使完颜思敬的建议，规定"亲王府官属以文资官拟注，教以女直语言文字"③。为了强制宫中卫士学习女真语，世宗甚至还下过这样一道强硬的命令："应卫士有不闲女直语者，并勒习学，仍自后不得汉语。"④大定十六年十月，世宗又诏谕宰相说："诸王小字未尝以女直语命之，今皆当更易，卿等择名以上。"⑤金代的女真人大都以汉名为学名，但一般习惯于用女真语称小名，而当时宗室诸王连小名也喜欢采用汉字，所以世宗才要求改用女真语。

为了大金王朝的未来考虑，世宗尤其注重对皇子、皇孙们进行女真文化教育。太子允恭长子完颜璟（即章宗）原来不懂女真语，十岁时"始习本朝语言、小字"。后进封原王，判大兴府事，立为皇太孙，"入以国语谢，世宗喜，且为之感动，谓宰臣曰：'朕尝命诸王习本朝语，惟原王语甚习，朕甚嘉之。'"⑥可见世宗对此事是特别在意的。他还曾向朝廷大臣赞许说，皇太孙为大兴府尹时，"有女直人诉事，以女直语问之，汉人诉事，汉语问之"，且谓"大抵习本朝语为善，不习，则淳风将弃"⑦。在世宗的这种思想主导之下，尽管太子允恭对本民族文化没有什么兴趣，但他的儿子们却

---

①《金史》卷七三《完颜宗尹传》。
②《金史》卷八《世宗纪下》。
③《金史》卷七〇《完颜思敬传》。
④《金史》卷七《世宗纪中》。
⑤《金史》卷七《世宗纪中》。
⑥《金史》卷九《章宗纪一》。
⑦《金史》卷八《世宗纪下》。

大都学习过女真语言和文字,如郓王琮,"世宗选进士之有名行者纳坦谋嘉教之,女直小字及汉字皆通习";瀛王璡,"精于骑射、书艺、女直大小字"①。这种情况在当时的女真贵族子弟中是并不多见的。

兴办女真字学,创立女真进士科,以及用女真大小字翻译儒家经典,是世宗时期复兴女真文化的几项重要措施。女真字学虽然始创于太宗天会年间,但数量有限,可考者仅有上京、西京和北京三处。而且自熙宗以后,女真字学已默默无闻。世宗大定初,在全国各地大兴女真字学,"择猛安谋克内良家子弟为学生,诸路至三千人",后又定制"每谋克取二人"②。大定十三年(1173),始创女真国子学,后又创建女真太学,各路广设女真府州学,"其学大振"。据《金史·选举志》载,诸路女真府州学共计二十二所,但实际上可能不止此数;大定九年出使金朝的宋人楼钥,途经中都路保州时见到的保州女真字学,就不在上述二十二所府州学校之内③。世宗兴办女真字学的主要目的,是为了推广和普及女真大小字,藉以保存女真族的文化传统。

女真进士科的创立,与女真字学的兴办是分不开的。大定九年,选拔诸路女真字学生"尤俊秀者百人至京师,以编修官温迪罕缔达教之"④。大定十三年,就以这批女真字学生为主,试以策论,取徒单镒以下二十七人,是为"策论进士"。值得考究的是,世宗创立女真进士科的意图何在?这当然不会是为了进一步推动女

①《金史》卷九三《显宗诸子传》。
②《金史》卷五一《选举志一》"女直学"。
③楼钥:《北行日录》(上),《攻媿集》卷一一一。
④《金史》卷五一《选举志一》"女直学"。

真人的汉化,其主要目的是鼓励女真人学习本民族的语言和文字,弘扬女真传统文化。女真进士科的定制是以女真大字试策,以女真小字试诗,故元代史家如此评论说:"夫以策论进士取其国人,而用女直文字以为程文,斯盖就其所长以收其用,又欲行其国字,使人通习而不废耳。"①不仅如此,女真进士科的创立可能还隐含着另外一层用意。一次,世宗对左丞相完颜守道说:"契丹文字年远,观其所撰诗,义理深微,当时何不立契丹进士科举?今虽立女直字科,虑女直字创制日近,义理未如汉字深奥,恐为后人议论。"守道回答说:"汉文字恐初亦未必能如此,由历代圣贤渐加修举也。圣主天姿明哲,令译经教天下,行之久亦可同汉人文章矣。"②看来世宗创设女真进士科的初衷不止是要保存女真文化,而且要让它逐渐发展壮大,自成体系,使其能够与汉文化相抗衡。世宗真可谓深谋远虑了。

将儒家经典翻译为女真字文本,这是世宗致力于女真文化建设的又一贡献。自大定四年(1164)世宗下诏翻译汉文典籍始,先后译出《易》《书》《论》《孟》《春秋》《孝经》《老子》《文中子》《刘子》以及《史记》《汉书》《新唐书》《贞观政要》等十余种,这些译著被作为女真字学的教科书颁行到全国各地。以女真字来翻译儒家经典,这种做法最能体现世宗的文化主张。他一方面积极倡导学习女真语言文字,另一方面又很赞赏儒家的伦理道德观念。在他看来,女真人朴实无华的传统美德与儒家的价值观念非常契合,他曾这样对人说:"女直旧风最为纯直,虽不知书,然其祭天地,敬亲戚,尊耆老,接宾客,信朋友,礼意款曲,皆出自然,其善与

---

① 《金史》卷五一《选举志·序》。
② 《金史》卷五一《选举志一》"策论进士"。

古书所载无异。"①从这个角度考虑,世宗很乐意接受儒家文化,他曾"以女直字《孝经》千部付点检司分赐护卫亲军",并对宰执说:"朕所以令译五经者,正欲女直人知仁义道德所在耳。"②他的目的是要把儒家的伦理道德观念移植到女真文化中去,而不是让女真人抛弃本民族文化来接受汉文化。

骑射之长技是女真民族传统中一项非常重要的内容,世宗对这个问题也相当重视。世宗本人"善骑射,国人推为第一"③,在这方面可以说是身为表率了。女真人旧日的尚武传统,是"以射猎打围便为战阵,骑射打毬阅习轻锐"④。为了倡导女真人习武,世宗常常在宫中或野外围猎击毬,臣僚以危险谏阻,世宗便说:"祖宗以武定天下,岂以承平遽忘之邪? 皇统尝罢此事,当时之人皆以为非,朕所亲见,故示天下以习武耳。"⑤大定年间,世宗曾先后十次到山后的金莲川驻夏捺钵,每次驻夏的时间长达四五个月,时人谓"名为坐夏打围,实欲服劳讲武"⑥。其目的主要也是为了习武。对于女真人的围猎骑射,世宗总是当作一件大事,时时挂在心上,他有一次与宰执谈到这个问题时说:"西南、西北两路招讨司地隘,猛安人户无处围猎,不能闲习骑射。委各猛安谋克官依时教练,其弛慢过期及不亲监视,并决罚之。"⑦此外,为防止女真人丢弃骑射之长技,还采取过一些特殊的措施。《金史·世宗

①《金史》卷七《世宗纪中》。
②《金史》卷八《世宗纪下》。
③《金史》卷六《世宗纪上》。
④《三朝北盟会编》卷二三〇引崔淮夫、梁曳《上两府札子》。
⑤《金史》卷一三一《方伎·马贵中传》。
⑥《金史》卷九六《梁襄传》。
⑦《金史》卷八《世宗纪下》。

纪》有这样一条文字：大定九年（1169）三月，"以尚书省定网捕走兽法，或至徒，上曰：'以禽兽之故而抵民以徒，是重禽兽而轻民命也，岂朕意哉？自今有犯，可杖而释之。'"所谓"网捕走兽法"究竟是怎么一回事呢？看看《章宗纪》的下述记载就明白了：大定二十九年十二月，"谕有司：女直人及百姓不得用网捕野物，及不得放群雕枉害物命。亦恐女直人废射也"。显然，章宗只是在重申大定九年的那条法令。

对于保存女真民族传统的问题，章宗与世宗的主张基本上是一致的。在这一点上，章宗表现出明显的两面性。一方面，他非常热衷于汉文化，具有很高的汉学造诣；而另一方面呢，他又坚定地维护本民族传统，为挽救女真文化继续不懈地努力，以避免女真族被汉文化彻底征服。刘祁对他的评价就着重指出了这种矛盾的心态："章宗聪慧，有父风，属文为学，崇尚儒雅，故一时名士辈出。……然学文止于词章……且无志圣贤高躅，阴尚夷风。"[1]所谓"阴尚夷风"，就是指他竭力维护女真传统的态度。

为了振兴女真文化，章宗仍旧积极提倡和推行女真语言文字。自熙宗以来，汉文、女真文和契丹文一直是金朝的三种法定文字，章宗明昌二年（1191）废罢契丹大小字，可能与推行女真字的政策有一定关系。明昌五年，章宗下诏对女真文字的创制者完颜希尹和叶鲁二人加以封赠，依仓颉庙例，"祠于上京纳里浑庄，岁时致祭，令其子孙拜奠，本路官一人及本千户春秋二祭"[2]。又据《金史·章宗纪》载，自承安二年（1197）四月起，"亲王宣敕始

---

① 《归潜志》卷一二"辩亡"。
② 《金史》卷一〇《章宗纪二》。参见《金史》卷三五《礼志八》"贞献郡王庙"。

用女直字"。这样做的目的自然也是为了督促女真贵族子弟学习和使用本民族的语言文字。

在涉及女真民族传统的问题上,章宗的倾向性是很明显的。承安五年,朝议拜礼当从汉制抑或女真制,当时主要有两种意见,部分汉官主张"凡公服则用汉拜,若便服则各用本俗之拜",女真官员则主张"公服则朝拜,便服则从本朝拜"。最后由章宗定夺,"上乃命公裳则朝拜,诸色人便服则皆用本朝拜"①。也就是说,不论什么民族,只要是着便服都必须使用女真拜礼。泰和五年(1205),"诏拜礼不依本朝者罚"②。显见是重申承安五年的定制。在女真人已经普遍趋于汉化的金朝中后期,统治者仍一如既往地坚持对汉人实行薙发左衽的政策,强制汉人接受女真礼俗,这说明他们对女真人过分汉化的现状怀有一种深刻的危机感,因而失去了民族自信心。

为了使女真人保持其传统的尚武精神,章宗也煞费心机。明昌初设置的诸路提刑司(后改称按察司),其职掌为:"镇抚人民,讥察边防军旅之事,仍专管猛安谋克,教习武艺及令本土纯愿风俗不致改易。"③其中上京、东京两路提刑使、副兼安抚使、副,"安抚专掌教习武事,毋令改其本俗"④。金朝的提刑(按察)司前后只存在了二十多年,从它的职掌来看,其中一个重要的作用就是维护女真的民族传统。

世宗当初创立女真进士科,其本意是要推广女真大小字,加

---

① 《金史》卷三五《礼志八》"本国拜仪"。
② 《金史》卷一二《章宗纪四》。
③ 《金史》卷五七《百官志三》。
④ 《金史》卷一一《章宗纪三》。

强女真文化建设,但出乎意料的是,到了章宗时代,女真人竞趋此途,越来越多地丧失了其传统的尚武精神。如赤盏尉忻,上京人,"当袭其父谋克,不愿就,中明昌五年策论进士第"①;又完颜仲德,曷懒路人,"少颖悟不群,读书习策论,有文武才,初试补亲卫军,虽备宿卫而学业不辍,中泰和三年进士第"②。这样的结果显然违背了世宗的初衷。为了对这种趋势加以遏制,章宗制定了一系列补救措施。承安二年(1197),"敕策论进士限丁习学……若猛安谋克女直及诸色人,户止一丁者不许应试,两丁者许一人,四丁二人,六丁以上止许三人"③。"限丁习学"的规定,最直接的目的当然是要保证猛安谋克军队有足够的兵源,这是在当时女真人纷纷弃武习文的情况下不得不采取的一个限制手段。此外,章宗时对策论进士还增加了骑射的考试内容。《金史·兵志》云:"至章宗明昌间,欲国人兼知文武,令猛安谋克举进士,试以策论及射,以定其科甲高下。"这就是指的《章宗纪》明昌四年(1193)四月"敕女直进士及第后,仍试以骑射,中选者升擢之"的规定。根据这项条令,骑射的考试结果只用于决定"科甲高下",尚不影响中第与否。至承安三年,又进一步规定"女直人以年四十五以下,试进士举,于府试十日前,委佐贰官善射者试射",凡射十箭中两箭者方能取得参加府试的资格④。这就更加大了骑射考试的力度。次年,礼部尚书贾铉对这项新规定提出反对意见,但遭到章宗否决。

---

① 《金史》卷一一五《赤盏尉忻传》。
② 《金史》卷一一九《完颜仲德传》。
③ 《金史》卷五一《选举志一》。
④ 《金史》卷五一《选举志一》。按《金史》卷一一《章宗纪三》承安五年五月丁巳有"定策论进士及承荫人试弓箭格"的记载,与此应为同一件事,但不知当以何年为是。

金代中叶,世宗和章宗为挽救女真民族传统而采取的种种措施终究未能阻止女真人的全盘汉化,这场女真文化复兴运动不得不以失败而告终。下面提到的两件事情,标志着章宗最终放弃了维系民族传统、遏止女真汉化的努力。一个标志是泰和六年(1206)宣布允许猛安谋克户与州县民户自由通婚。在此之前,金朝统治者的一贯政策是禁止猛安谋克户与州县汉人通婚的,世宗对此尤其注意严加防范,《金史》卷七○《完颜思敬传》云:"初,猛安谋克屯田山东,各随所受地土,散处州县。世宗不欲猛安谋克与民户杂处,欲使相聚居之……其后遂以猛安谋克自为保聚,其田土与民田犬牙相入者,互易之。"但随着女真人汉化程度的加深,他们与汉人之间的通婚事实上已无法禁止。章宗明昌二年(1191),"尚书省言:'齐民与屯田户往往不睦,若令递相婚姻,实国家长久安宁之计。'从之"①。这是当时为缓和女真人与汉人之间因土地争端造成的矛盾激化而采取的一个权宜之计。至泰和六年十一月,"诏屯田军户与所居民为婚姻者听"②,亦即正式宣布开禁。此举意味着金朝政府撤除了阻挡女真人汉化的最后一道屏障。另一个标志性事件是,泰和七年十二月,"诏策论进士免试弓箭、击毬"③。这说明章宗出于不得已而放弃了维护女真民族传统的企图。

　　对于世宗、章宗挽救女真民族传统的企图,当代中国历史学家向来是给予否定的评价。这种价值观中包含着太多的狭隘:立场的狭隘,观念的狭隘,以及胸怀的狭隘。我觉得,将世宗和章宗

①《金史》卷九《章宗纪一》。
②《金史》卷一二《章宗纪四》。
③《金史》卷一二《章宗纪四》。

的所作所为一味地斥之为落后、保守、倒退，未免过于简单粗暴了。每一种民族文化都有它的生存权利和存在价值，文明或野蛮、先进或落后，都不能构成一种文化必当同化于另一种文化的全部理由。不管历史的最终结局如何，他们为保存民族文化、维护民族传统所做的努力，都是值得后人尊敬的。

不过，女真族的汉化方向在熙宗和海陵时代就已经决定，金朝中期，汉化已是大势所趋，世宗和章宗不但无法改变这一方向，甚至不能减缓汉化的速度，因此他们的努力基本上是徒劳的。以女真字为例。尽管世宗、章宗时代曾千方百计地提倡和推广女真大小字，但种种迹象表明，这种民族文字在金源一代使用并不普遍。目前已经出土的契丹大小字的碑刻材料多达数十种，并且近年还不断有所发现，其中多数为墓碑志铭；而金代的女真字碑刻材料总共只发现了五种，其中竟没有一方墓志。这说明在金朝的女真民间社会中，女真字始终没有得到普遍的应用，可能很少有人用女真字来撰写墓志铭。另外一个迹象也很能说明问题。辽朝的契丹字碑刻没有与汉文对译的，而金朝仅有的几种女真字碑刻倒多是有汉文相对照的，如《大金得胜陀颂碑》《海龙女真国书摩崖》就是这样，又《女真进士题名碑》碑面刻汉文，碑阴刻女真文，因碑面的汉文后来被磨去改刻河神庙碑，现已无法对照，但估计也是与女真文对译的。像这种汉文、女真文对译的情况，一般底本都是汉文，女真文本则是汉文的译本。譬如《大金得胜陀颂碑》，碑阴的女真文与碑面的汉文完全对译，唯独女真碑文第22行颂词比汉文少四句，显系翻译时遗漏，据此即可知碑文的底本原是汉文，这种情况也反映出女真字在金朝不会是一种很普及、很成熟的文字①。世宗和章宗的苦心孤诣完全没有达到预期的目的。

六百年后,女真人后裔建立的大清王朝也面临着与金世宗和金章宗完全相同的处境。满洲统治者对于汉化的消极影响早就有所警惕,还在入关以前,太宗皇太极就已经注意到了这个问题。崇德元年(1636)十一月,皇太极召集诸亲王、郡王、贝勒及朝廷臣僚等读《金史·世宗纪》,对世宗维护女真民族传统的举动大加赞赏,并以此劝谕众人不忘满洲传统,他说:"朕发此言,实为子孙万世之计也,在朕身岂有更变之理。恐日后子孙忘旧制,废骑射,以效汉俗,故常切此虑耳。"②皇太极的担心确实是有道理的。但这个问题真正引起高度重视,是高宗乾隆朝的事情。自乾隆以后的清朝统治者,日益感受到汉化的威胁,因此发起了"国语骑射"运动。他们极力倡导满洲人保持本民族语言和骑射之长技,强调保持民族传统的重要性。

高宗乾隆曾告诫满洲臣僚说:"我朝满洲先正遗风,自当永远遵循,守而勿替。是以朕常躬率八旗臣仆行围校猎,时时以学习国语,熟练骑射。"③高宗还多次强调要保持满洲的传统服饰,决不改服汉人衣冠。乾隆二十四年(1759),他在为官修的《皇朝礼器图式》一书所作的序中就表明过这一态度:"至于衣冠乃一代昭度……朕则依我朝之旧而不敢改焉。……且北魏、辽、金以及有

---

① 金启孮《女真的文字和语言》(《社会科学战线》1986 年第 1 期)认为,由于女真字比较机械地借鉴汉字和契丹大字,使它不适合于表达音节字,造成了文字体制与民族语言之间的矛盾。这大概也是女真字始终不太普及的一个原因。
② 《清太宗实录》卷三二,崇德元年十一月癸丑。
③ 《清高宗实录》卷四一一,乾隆十七年三月辛巳。

元,凡改汉衣冠者无不一再世而亡。"①后来他又在《御批通鉴辑览》中屡屡发挥他的这种观点。乾隆三十七年(1772),高宗在审阅三通馆进呈的《嘉礼考》一书时,就服制问题再次对满人提出儆戒:"自北魏始有易服之说,至辽金元诸君,浮慕好名,一再世辄改衣冠,尽失其淳朴素风,传之未久,国势浸弱,洊及沦胥。盖变本忘先,而隐患中之。覆辙具在,甚可畏也。"②高宗以前代北族王朝的覆亡为鉴,把保持满人衣冠旧制看作是维系民族传统的重要一环,故一而再、再而三地强调这个问题。

乾隆以后的嘉、道、咸三朝,继续高扬"国语骑射"的旗帜,反复重申保持满洲民族传统的重要性。仁宗嘉庆二十一年(1816),谕内阁曰:"我八旗满洲,首以清语骑射为本务。……我朝列圣垂训,命后嗣无改衣冠,以清语骑射为重。圣谟深远,我子孙所当万世遵守。"③宣宗道光七年(1827)的一则上谕说:"清语骑射,为满洲根本,人所应习。……各省将军、副都统等,其仰体朕意,将所属满洲官兵,教以清语骑射,俾各精熟,毋得渐染汉人习气,废弛满洲旧业。"④又咸丰时颁发的《八旗箴》中有这样两句箴言:"国语勤习,骑射必强。"⑤体现在这些话里的基本精神,都是强调不忘传统。

从 18 世纪中叶至 19 世纪中叶的一百来年,清朝统治者为抢救满洲民族传统尽了最大的努力,但却未能阻止满族人的彻底汉

① 见影印文渊阁《四库全书》本,第 656 册,2 页。
② 《清高宗实录》卷九一九,乾隆三十七年十月癸未。
③ 《清仁宗实录》卷三二四,嘉庆二十一年十一月甲寅。
④ 《清宣宗实录》卷一二七,道光七年十月己卯。
⑤ 见中国科学院图书馆藏满汉文对照本。此系转引自傅乐焕《关于清代满族的几个问题》一文,载《辽史丛考》,中华书局,1984 年。

化。直到咸、同以后，面对列强的洋枪洋炮，才不得不放弃了要求满人勤习"骑射"的一贯主张。乾、嘉、道、咸四朝为保存满洲文化和维护满洲传统所进行的种种努力，与金世宗和章宗朝的情形极为相似，这两个北方民族的汉化王朝走的是同一条道路，在汉化已成定局的情况下，人为的努力无法改变历史的走向。

四 "金以儒亡"

在金朝亡国十三年之后的蒙古定宗二年（1247），时为藩王的忽必烈召见金朝遗老张德辉，并向他提出这样一个问题："或云'辽以释废，金以儒亡'。有诸？"张德辉回答说："辽事臣未周知，金季乃所亲睹。宰执中虽用一二儒臣，余则武弁世爵，若论军国大计，又皆不预；其内外杂职，以儒进者三十之一，不过阅簿书、听讼理财而已。国之存亡，自有任其责者，儒何咎焉！"①

张德辉对"辽以释废，金以儒亡"的说法断然加以否认，但他之所答并非忽必烈之所问。所谓"金以儒亡"，是说金朝因过分的汉化而丧失其民族传统，最终导致亡国，而不是说金朝亡于儒生之手。张德辉显然误解了这句话的意思。然而令人奇怪的倒是，张德辉似乎从未听说过这种说法，不过从忽必烈的提问来看，这一定是当时社会上比较流行的一种言论，是当时人对辽、金两朝国祚倾覆的历史经验的总结。

历史记载表明，金朝之亡国，并不是由于君王的无道、政治的

---

① 《元朝名臣事略》卷一〇《宣慰张公》引《张德辉行状》。又见《元史》卷一六三《张德辉传》。

腐败、吏治的衰弊。金朝的末代皇帝哀宗完颜守绪是一位勤勉有为、励精图治的政治家,在他亡国之后仍受到人们的普遍赞扬。刘祁在总结金朝亡国的原因时说:"末帝非有桀纣之恶,害不及民。"①金末进士、后仕元至翰林学士承旨的王鹗,在《汝南遗事》卷四"总论"中列举了哀宗的许多德政,对他评价甚高,谓"虽未洽于太平,亦可谓小康小息者矣。属天开一统,地入大朝,遂至灭亡,犹足称颂"。以一位亡国之君,尚且可称"小康",尚且"犹足称颂",这评价不可谓不高。郝经在一首咏史诗《汝南行》中如此评价哀宗:"天兴(哀宗年号)不是亡国主,不幸遭逢真可惜。十年嗣位称小康,若比先朝少遗失。"②诗中充溢着惋惜之情。历代亡国之君大都是遭人唾骂的,大概只有金哀宗和明崇祯皇帝才是例外。

总的来看,金朝末年的政治尚属清明。金源一代,仅发生过一次比较大规模的农民起义,即宣宗时期的红袄军起义。这次起义距金之亡国尚有二十年,没有给晚金的国势带来直接的影响。金末的内政给人们留下了比较好的印象,《金史》卷一一九"赞"曰:"金之亡,不可谓无人才也。"这可以代表元人的看法。尤其值得称道的是金末的吏治,金朝遗民杨弘道在金亡以后写下过这样的诗句:"兴定纪年后,治道日修饬。县令选尤重,非人莫轻得。"③兴定(1217—1222)是金宣宗的年号,"兴定纪年后"主要指的是哀宗一朝。哀宗时期的吏治何以会赢得人们的赞许?《金史》是这样解释的:"至哀宗正大元年,乃立法,命监察御史、司农司官,先

---

①《归潜志》卷一二"辩亡"。
②《陵川集》卷一一,影印文渊阁《四库全书》本。
③《小亨集》卷一《送张县令赴任符离》,影印文渊阁《四库全书》本。

访察随朝七品、外路六品以上官,清慎明洁可为举主者,然后移文使举所知,仍以六事课殿最,而升黜举主。故举主既为之尽心,而被举者亦为之尽力。是时虽迫危亡,而县令号为得人,由作法有足取云。"①看来这一套制度确实行之有效。

如上所述,对于金末的国君和晚金的国政,元人是普遍予以赞许的,可见金朝之亡国,显然不是因为内政的缘故。前面曾经说到,在金朝亡国以后,社会上流传着"金以儒亡"的说法。这就是说,当时已经有人将金朝的亡国原因归结为女真人的全盘汉化。我觉得这种说法基本上是符合历史事实的。那么,女真人的汉化何以会导致金朝走向覆亡呢? 我想就以下两点关键性的因素加以说明。

第一,女真人的汉化彻底改变了其传统的生活方式,养成他们懒惰奢靡、耽于逸乐的生活作风,从而使这个一度生气勃勃的民族最终走向衰落。

女真人本以狩猎和农耕为生,生活质朴,不事奢华。但当他们迁入汉地之后,原有的生活方式很快就发生了变化。大定二十一年(1181),世宗对朝廷臣僚所说的一段话清楚地表明了当时一般女真人的生活状况:"山东、大名等路猛安谋克户之民,往往骄纵,不亲稼穑,不令家人农作,尽令汉人佃莳,取租而已。富家尽服纨绮,酒食游宴,贫者争慕效之,欲望家给人足,难矣。近已禁卖奴婢,约其吉凶之礼,更当委官阅实户数,计口授地,必令自耕,力不赡者方许佃于人。仍禁其农时饮酒。"②《金史》里的类似记载屡见不鲜。当时中原各地的女真人,或者"以田租人,而预借三

①《金史》卷五四《选举志四》。参见王鹗《汝南遗事》卷四"总论"。
②《金史》卷四七《食货志二》"田制"。

二年租课"，或者"种而不耘，听其荒芜"①，甚至靠出卖奴婢和土地来维持其寄生生活。到了金代后期，女真人奢侈懒惰的生活积习更是臻于极致，陈规贞祐四年(1216)的一篇奏议中，称南迁的猛安谋克军户均为"游惰之人，不知耕稼，群饮赌博，习以成风"②。显见得已是无可救药了。金源一朝的盛衰，在很大程度上取决于猛安谋克的盛衰，金朝后期的猛安谋克完全丧失了战斗力，这对金的败亡有着举足轻重的影响。

生活在金源内地的女真人也同样染上了懒惰奢靡之风。大定二十四年(1184)世宗巡游上京时，听说上京"宗室子往往不事生业"，而女真官僚"随仕之子，父没不还本土，以此多好游荡"③。次年四月，世宗在离开上京时，十分伤感地对前来送行的宗室戚属们说："太平岁久，国无征徭，汝等皆奢纵，往往贫乏，朕甚怜之。当务俭约，无忘祖先艰难。"④留居金源内地的女真人，理应能够保存较多的民族传统，可就连他们也陷入了这种可悲的境地。

元初女真人李直夫创作的杂剧《虎头牌》⑤，非常生动地塑造了一群金代中后期女真贵族破落子弟的典型形象。此剧主人公行枢密院事山寿马(女真人)有两位叔父，一称金住马，一称银住马，他们的祖上"是开国旧功臣"，而到了他们这一代却变得一贫如洗。金住马怀念他早年的富贵生活时唱道："往常我便打扮的别，梳妆的善：干皂靴鹿皮绵团也似软，那一领家夹袄子是蓝腰线。……我那珍珠豌豆也似圆，我尚兀自拣择穿，头巾上砌的粉

---

① 《金史》卷四七《食货志二》"田制"。
② 《金史》卷一〇九《陈规传》。
③ 《金史》卷七三《完颜宗尹传》。
④ 《金史》卷八《世宗纪下》。
⑤ 臧懋循编：《元曲选》第 1 册，中华书局，1958 年。

花儿现,我系的那一条玉兔鹘是金厢面。"但他后来竟一步步沦落到饥寒交迫的悲惨境地。他自称"往常我幔幕纱幮在绣围里眠,到如今枕着一块半头砖,土炕上土炕上弯着片破席荐"。当银住马被侄子山寿马授以金牌上千户(猛安),奉命前去镇守夹山口子时,金住马特地向他讨了一件旧棉袄以抵挡严寒。

金住马何以会从一个贵族子弟沦落到这般田地呢? 从他的自述中也可以看出个大概:"我也曾有那往日的家缘、旧日的庄田,如今折罚的我无片瓦根椽、大针麻线,着甚做细米也那白面,厚绢也那薄绵";"我无卖也那无典,无吃也那无穿,一年不如一年"。恰如我们在《金史》里看到的那样,金住马的贫困正是他奢侈、懒惰、不事生产的结果,于是一份好端端的家业最终被他"折罚"得一无所有。

金住马还有一个名叫狗皮的儿子,已经离家多年,一直在外面四处游荡。当银住马向他问起狗皮时,他答道:"有人向中都曾见,伴着火泼男也那泼女,茶房也那酒肆,在那瓦市里穿,几年间再没个信儿传。"这个狗皮也是一个很典型的女真贵族破落子弟的形象。

从金住马父子身上,我们看到了金代后期女真社会的一种世相,这很容易让我们联想到晚清的八旗子弟。女真人走到这一步,与他们的全盘汉化显然很有关系,而这正是当初世宗和章宗想要极力避免的结果。

第二,女真人的汉化彻底销蚀了其传统的尚武精神,使得这个昔日强大无比的马上民族在蒙古人的铁蹄下变得不堪一击。

12世纪初的女真人,曾经创造过一部神话般的历史:仅以二千五百人起兵的完颜阿骨打,仅用了十二年的时间,就将辽、宋两大帝国彻底征服。当时的女真为何如此强大?《金史·兵志》这样解释说:"金兴,用兵如神,战胜攻取,无敌当世,曾未十年,遂定大业。原其成功之速,俗本鸷劲,人多沉雄,兄弟子姓,才皆良将,部落保伍,技皆锐兵。"作为一个新兴的马上民族,女真人具有一种天然的尚武精神,这就是他们当时无敌于天下的主要原因。

然而,仅仅三四十年之后,女真人就尽失其昔日的勇锐。陈亮谓金人一自南迁汉地,便"舍戎狄鞍马之长,而从事中州浮靡之习"①。据南宋归正人说,海陵末年,金人在其最擅长的骑射方面已不如宋人,"虏人所射弓不过五斗,本朝战士所射弓多是一石或二石者"②。至世宗时,统治者开始清醒地意识到这个问题的严重性,世宗曾对兵部郎中高通说:"女直旧风,凡酒食会聚,以骑射为乐。今则弈棋双陆,宜悉禁止,令习骑射。"③大定八年(1168),朝廷从猛安谋克中遴选侍卫亲军,而"其中多不能弓矢"④。可见女真人的日趋文弱化已经是一个相当普遍的现象。

自金初以来,金宋两国使节相互往来时,照例要举行射弓宴,双方在宴会上射箭以决胜负。金朝前期,金人在这种场合往往是胜多负少,然而从世宗以后,胜负就颠倒过来了。大定十年(1170),宋使来贺皇帝生辰,世宗"命护卫中善射者押赐宋使射弓宴,宋使中五十,押宴者才中其七"⑤。卫绍王崇庆元年(1212),南宋贺金国正旦国信使程卓至中都,在朝廷例行的射弓宴上,金朝方面的"伴射昭勇大将军、殿前右卫将军完颜守荣,自午初射,

①《陈亮集》卷二《中兴五论》之一"中兴论"。此文作于宋孝宗隆兴年间,即金世宗大定初年。
②《三朝北盟会编》卷二三〇引归正人崔淮夫、梁曳《上两府札子》。
③《金史》卷八〇《完颜方传》
④《金史》卷八八《纥石烈良弼传》。
⑤《金史》卷六《世宗纪上》。

伴射连不中"①。由于这种情况屡屡发生，令金人感到很失面子，早在世宗时，皇太孙璟就曾提请朝廷注意这个问题："每遣奉使入宋国，朝射往往不胜，有损国威。今后使人射不胜者乞加罪。"左司郎中粘割没雅遂建议说："今后所差奉使，乞降指挥预选，令于南京考射阅习。"②据大定十年跟随贺正旦使汪大猷到过中都的宋人楼钥说，在这年正月四日举行的射弓宴上，由金人完颜仲雄押宴，"仲雄于进趋酬应一无所能，手有雕青细字，盖以射选借官而来。射虽不能命中，而善于发矢，人多服之"③。这大概就是采纳了粘割没雅上述建议的结果。

从金代墓葬的变迁中也能看出女真尚武精神的蜕化。考古文物工作者的研究结果表明，金初女真人有随葬鞍马的习俗，但到金朝中后期就很少见了，金墓与汉墓基本无异，鲜有自己的特征；相比之下，辽墓虽也摹仿汉墓，但无论是墓室结构，还是葬具、随葬品等等，都始终保留着一些契丹人的特点④。

更值得注意的是，丧失了传统尚武精神的并不只是移居中原的那些猛安谋克。章宗明昌间，右丞相夹谷清臣到胡里改路省亲，回朝以后，章宗问他："胡里改路风俗何如？"夹谷清臣回答说："视旧则稍知礼貌，而勇劲不及矣。"又谓"西南、西北等路军人，其闲习弓矢，亦非复曩时"⑤。西南、西北路招讨司位于长城以北的蒙古草原，胡里改路则位于黑龙江下游地区，地处边裔。胡里改

①程卓：《使金录》，《碧琳琅馆丛书》本。
②《三朝北盟会编》卷二三三引张棣《正隆事迹》。
③楼钥：《北行日录》（下），《攻媿集》卷一一二。
④李健才：《金代女真墓葬的演变》，载《辽金史论集》第 4 辑，书目文献出版社，1989 年。
⑤《金史》卷九四《夹谷清臣传》。

人在金初还不被认为是女真人，当地部族素以"勇悍"著称，开化程度不及女真①。但到了金朝中后期，就连这种地方也未能避免汉化所带来的消极影响。

女真人的汉化，从根本上改变了他们昔日的好战精神和勇敢无畏的性格。宋人对此做过比较："金人之初甚微……当时止知杀敌，不知畏死，战胜则财物、子女、玉帛尽均分之，其所以每战辄胜也。今则久居南地，识上下之分，知有妻孥、亲戚之爱，视去就死生甚重，无复有昔时轻锐果敢之气。故前日罢榷场之后，沿淮置巡铺，每两月一替，当其出军，其金人与亲戚泣别，自谓极边，有往而不返之虑。其军畏怯如此。"②这是说的海陵末年的情况。世宗大定十年（1170），因蒙古侵扰而用兵北边，这年正月，宋使回程途中经过相州时，听当地女真人私下对他们说："旧时见说厮杀都欢喜，而今只怕签起去。"③这种厌战情绪真实地反映了女真人的精神状态。

金代中期，作为国家主要军事力量的猛安谋克军已经日趋衰败。大定十八年（1178），朝廷臣僚向世宗指出当时军政存在的严重问题："军政不修几三十年，阙额不补者过半，其见存者皆疲老之余，不堪战阵。大定初已万万不如天会时，今沉溺宴安，消靡殆尽矣。愿与诸大臣讲明军政，以为自立之计。"④在女真人生活上堕落，精神上缺乏斗志的情况下，猛安谋克军制必然要走向废弛。

---

①参见贾敬颜：《东北古代民族古代地理丛考》之二七"胡里改"，中国社会科学出版社、新西兰霍兰德出版有限公司合作出版，1993年，90—91页。

②《三朝北盟会编》卷二三○引归正人崔淮夫、梁叟《上两府札子》。

③楼钥：《北行日录》（下），《攻媿集》卷一一二。

④《大金国志》卷一七《世宗圣明皇帝中》。

据《金史》卷九一《孛术鲁阿鲁罕传》记载,世宗时,阿鲁罕任陕西路统军使,"陕西军籍有阙,旧例用子弟补充,而材多不堪用,阿鲁罕于阿里喜、旗鼓手内选补"。这里说的"子弟",是指猛安谋克军户的正军子弟,他们本应是作战的主力,而阿里喜、旗鼓手等多是以驱口充任的,但由于女真甲军子弟"材多不堪用",只好以阿里喜、旗鼓手来补充缺额。对猛安谋克甲兵的庸懦无能,金朝中期诗人史旭已经看得很明白,他有诗写道:"郎君坐马臂雕弧,手撚一双金仆姑。毕竟太平何处用,只堪妆点早行图。"元好问评论说:"景阳(史旭字)大定中作此诗,已知国朝兵不可用,是则诗人之忧思深矣。"①

金朝以兵立国,女真人从尚武到不武的转变,给大金王朝的国运兴衰带来了决定性的影响。借用一句元人的话来说,就是"金以兵得国,亦以兵失国"②。

这就是我对"金以儒亡"说的理解。

然而,在蒙元初期的汉族士人中,对金朝的亡国原因还有另外一种截然不同的解释。就在蒙古灭金的次年,刘祁写下了《辩亡》一文,意在总结金朝亡国的经验教训,他说:"金国之所以亡何哉?……大抵金国之政,杂辽宋非全用本国法,所以支持百年;然其分别蕃汉人,且不变家政,不得士大夫心,此所以不能长久。"又谓"宣孝太子(即世宗太子允恭)最高明绝人,读书喜文,欲变夷狄风俗、行中国礼乐如魏孝文。天不祚金,不即大位早世。……向使大定后宣孝得立,尽行中国法,明昌、承安间复知保守整顿以防

---

① 史旭:《早发骧驰珊》,《中州集》卷二。
② 此言见于《金史》卷一一七《传赞》,原意是指金宣宗轻率地对宋用兵而招致了严重的后果。

后患,南渡之后能内修政令,以恢复为志,则其国祚亦未必遽绝也"①。按照刘祁的说法,金朝之所以亡,是因为汉化得还不够彻底,如果世宗太子允恭有幸能够继承皇位,像北魏孝文帝那样"尽行中国法"的话,金国就未必会败亡得这么快了。

持有类似观点的还有元初的汉族儒士郝经和许衡。郝经在作于中统元年(1260)的《立政议》中,极力鼓吹当行汉法,并以金朝作为前代北族王朝行汉法的成功例子,谓金人"一用辽宋制度","真德秀谓金源氏典章法度在元魏右……可以为鉴也"②。因此要求忽必烈以金朝为榜样,力行汉法。许衡在至元二年(1265)向忽必烈奏上的《时务五事》,其中有一段文字说:"自古立国,皆有规模。……考之前代,北方之有中夏者,必行汉法,乃可长久。故后魏、辽、金历年最多,他不能者,皆乱亡相继,史册具载,昭然可考。"③《时务五事》的主旨也是劝谏蒙古统治者采用汉法,并且断言"必行汉法,乃可长久",认为金朝之所以能立国百余年,乃是因为行用汉制的缘故。

上述观点与"金以儒亡"的说法是完全背道而驰的。为什么对金朝的亡国原因会有如此大的分歧?这与蒙元初期的时代背景有关。蒙古人初入汉地,统治手段相当野蛮,根本无视汉文化的价值,对汉族文明持抵制的态度,因此当时的汉族士人总是积极鼓动蒙古统治者推行汉法。在这种特定的政治氛围中,他们当然不肯接受"金以儒亡"的说法,而是把金朝当作汉化成功的典范

①见《归潜志》卷一二。
②《陵川集》卷三二。
③《元史》卷一五八《许衡传》。又《元文类》卷一三和《鲁斋遗书》卷七所载此文,字句稍有出入,《元史》虽晚出,但文意较为简洁明晰。

来看待,甚至要说金朝的亡国是因为汉化程度还不够!这种苦衷我们是不难理解的。

时过境迁之后,17世纪的满洲人就完全是另外一种说法了。清太宗皇太极曾向宗室诸王和满汉大臣阐述他对金朝亡国的看法:"朕思金太祖、太宗法度详明,可垂久远。至熙宗合喇及完颜亮之世尽废之,耽于酒色,盘乐无度,效汉人之陋习。世宗即位,奋图法祖,勤求治理,惟恐子孙仍效汉俗,预为禁约,屡以无忘祖宗为训,衣服语言,悉遵旧制,时时练习骑射,以备武功。虽垂训如此,后世之君,渐至懈废,忘其骑射。至于哀宗,社稷倾危,国遂灭亡。"①皇太极的这种解释,与"金以儒亡"的说法基本上是吻合的,后来的清朝诸帝也都持有类似的观点。由于满洲统治者所处的地位与当初的女真人极为相似,所以他们对于金朝败亡的教训有比常人更为深切的理解。

五 尾论

女真人的汉化是金朝历史长河中的主流之一,从这个角度着眼,我们可以将金源一代的历史变迁划分为以下三个时期:

(一)从金朝初年至世宗大定初年

这是女真汉化道路中最关键的一个阶段。熙宗和海陵两朝对汉文化无保留的接受,决定了金朝的汉化方向。至世宗大定初,无论是从政治体制的层面来看,还是从文化观念的层面来看,

---

① 《清太宗实录》卷三二,崇德元年十一月癸丑。

金国与中国传统的王朝国家已经没有什么根本的差异。姑且以大定三年(1163)十二月丁丑行腊祭一事作为这个阶段下限的标志,这意味着金朝已接受中原王朝的正统观念,基本完成了从北族王朝到汉化王朝的转变。

(二)从世宗大定初年至章宗泰和末年

这是女真文化与汉文化的抗争阶段。为了遏止女真人迅速汉化的趋势,金朝统治者发起一场女真文化复兴运动,以挽救女真人的民族传统。但这一人为的努力根本无法扭转女真人的汉化方向,完全没有达到世宗和章宗所预期的目的。泰和六年(1206)宣布允许猛安谋克户与州县民户自由通婚,以及泰和七年宣布女真进士免试骑射,标志着金朝统治者最终放弃了对汉文化的抵抗。

(三)从章宗泰和末年至金末

这是女真族走向全盘汉化的阶段。金朝后期猛安谋克制度的崩溃,打破了女真人与州县汉人之间的藩篱,给女真人的汉化创造了更加有利的条件。在金朝统治者保存民族文化的努力失败之后,女真族的彻底汉化成为不可避免的结果。

原载《国学研究》第 7 卷,
北京大学出版社,2000 年 7 月

金中都“永安”考

　　《金史·地理志》在叙述中都大兴府沿革时,有“(辽)开泰元年更为永安析津府”一说,施国祁认为这是“刊本颠窜”所致,并以此为线索,得出海陵王贞元元年改称析津府为永安府,次年更名大兴府的结论。然而本文提供的证据表明,在《迁都燕京改元诏》中已有“仍改永安析津府为大兴府”的说法,说明《金史·地理志》的诡异记载绝非像错简那么简单。事实上,“永安”一名是海陵天德三年所改的燕京新地名,所谓“永安析津府”即“燕京析津府”之意,元朝史官因不知“永安”一名的来历,于是便想当然地误以为“永安析津府”为辽开泰元年所改。施国祁受此误导,从而臆想出一个子虚乌有的“永安府”。

　　金海陵王迁都燕京之初,曾改燕京析津府为永安府,这是不见于历史记载,经过清代学者施国祁精心考证而获得的一个重要发现。自《金史》点校本采纳此说后,这一结论已被辽金史、历史地理和北京史研究者视为学术定论。很久以来,笔者就对此说法抱有疑问。本文的研究结果表明,这个问题其实比人们所想象的更为复杂,所谓"永安府"事实上是不存在的。在施国祁的错误结论后面,还隐藏着元朝史官对金代文献的误读,可以说是他们联手铸成了这起"冤假错案"。

一 施国祁的一个重要发现

金海陵王贞元元年(1153)迁都燕京,改称中都,并改析津府为大兴府,此事在《金史》里有多处记载。《海陵纪》贞元元年三月乙卯条曰:"以迁都诏中外。改元贞元。改燕京为中都,府曰大兴。"《张浩传》亦云:"贞元元年,海陵定都燕京,改燕京为中都,改析津府为大兴府。"《金史》卷二四《地理志上》记述大兴府沿革时说:"晋幽州,辽会同元年升为南京,府曰幽都,仍号卢龙军,开泰元年更为永安析津府。⋯⋯贞元元年更今名。"同条大兴县下有小注云:"辽名析津,贞元二年更今名。"

《金史》的上述记载基本上是一致的,惟《地理志》"开泰元年更为永安析津府"句似乎有点费解,最早注意到这个问题的是施国祁,他在《金史详校》中对此做了非常详尽的考证:

> 案志文颇窜疏漏不可读。"析津"文上"永安"二字,初疑衍文,考诸他书,得数事焉,知为海陵所立府名。元好问《续夷坚志》云:"海陵天德初(施注:当作贞元初),卜宅于燕,建号中都,易析津府曰大兴。始营造时,得古钱地中,文曰'永安一千',朝议以为瑞,乃取长安例,地名永安。改东平中都县曰汶阳,河南永安县曰芝田,中都永安坊曰长宁。"又元耶律楚材《庚午元历·步晷漏篇》云:"冬至永安晷漏。"又

《世宗纪》,大定十三年语宰臣曰:"海陵迁都永安。"是贞元
首改永安,确有明据。缘海陵此名改止年许,而史家于本纪
贞元元年漏去此事,直书"改燕京为中都,府曰大兴",二年遂
无复改之文。幸此志刊本颠舛之中尚有未尽抹去之字,稍可
援据,乃悟志文贞元元年更名者"永安"也,大兴县注中贞元
二年更名者"大兴"也。

施国祁的结论是,《地理志》有关大兴府沿革的那段文字系刊本舛
乱所致,当改作:"辽为析津府。……海陵贞元元年,改曰永安府,
二年更今名。"①

　　施氏所引元好问文见于《续夷坚志》卷三"永安钱"条②,这是
施国祁认定贞元元年析津府曾一度改名永安府的关键证据。元
好问的记载可以得到文献及考古材料的印证。《金史·地理志》
山东西路东平府汶上县条注云:"本名中都,贞元元年更为汶阳,
泰和八年更今名。"又南京路河南府芝田县条注云:"宋名永安,贞
元元年更。"考《元一统志》所记金中都坊名,其中有"常宁坊"③,
即永安坊之更名者。根据元好问的说法,当时改名永安的起因,
是因为营建中都时曾发现"永安一千"的古钱币,但他又说"然亦
不知'永安一千'何代所用钱也"。钱币学界一般认为,永安钱是

①施国祁:《金史详校》卷三上,光绪六年会稽章氏刻本,46b—47b 页。这
　条考证文字亦见于施氏《金源札记》卷上(《丛书集成初编》本,28—29
　页),仅个别字句有所出入。
②常振国点校本,中华书局,1986 年,69 页。
③见《元一统志》卷一大都路"坊郭乡镇",赵万里校辑,中华书局,1966
　年,上册,6 页。施国祁《金源札记》卷上谓《元一统志》所记"四隅六十
　二坊,为金源中都各坊之名"。

刘仁恭、刘守光父子割据幽州时期所铸造的钱币,面值有"永安一十"、"永安一百"、"永安五百"、"永安一千"四种,币材以铁质居多,铜质则不多见①。永安钱在北京时有出土,如 1975 年 2 月在宣武区广安门内大街北线阁 85 号院内施工中,曾出土一批永安铁钱,计有"永安一百"、"永安一千"两种②。以上文献和考古材料皆与《续夷坚志》的记载若合符契,可见元好问确是言之有据的。

此外,施国祁在《金史》中也找到了一条称燕京为永安的证据,《世宗纪》的那条史料见于大定十三年三月乙卯:"上谓宰臣曰:'会宁乃国家兴王之地,自海陵迁都永安,女直人浸忘旧风。'"他认为这是贞元元年改称永安府的明确证据。又施国祁所引耶律楚材《庚午元历》,见于《元史·历志》:"冬至永安晷影常数:一丈二尺八寸三分;夏至永安晷影常数:一尺五寸六分。"③《庚午元历》作于 1222 年,是在金《大明历》的基础上重修而成的④。核以《金史·历志》所载《大明历》,也有上面所引的那两句话,惟"永安"作"地中"⑤。在中国天文学史上,有关地中位置的说法很多,其中以浑天派的阳城地中说和洛邑地中说影响最大,但后来的晷

①参见《中国钱币大辞典》(魏晋南北朝隋编、唐五代十国编),中华书局,2003 年,515—521 页。
②张先得:《宣武区出土的永安铁钱述论》,《首都博物馆丛刊》第 11 辑,地质出版社,1997 年。
③《元史》卷五六《历志五》"庚午元历上·步晷漏术",中华书局,1976年,第 5 册,1284 页。
④参见《湛然居士文集》卷八《进〈西征庚午元历〉表》,谢方点校,中华书局,1986 年,185—186 页。
⑤《金史》卷二一《历志上》"步晷漏第四",中华书局,1975 年,第 2 册,460 页。

影测量通常以都城所在地为准,不过是借用"地中"的概念而已①。《大明历》修成于金世宗大定年间,因此它所称的"地中"就是中都;《庚午元历》的冬至、夏至晷影常数均照抄《大明历》,但因成书于蒙古国,不宜再称原金中都为"地中",故而改称永安,可见耶律楚材笔下的"永安"确是指燕京无疑。

　　施国祁的考证论据非常充分,似乎无懈可击,被视为校勘学之他校法的一个范例②。张政烺先生点校《金史》时全盘采纳了《金史详校》的上述考证意见③,因此自中华书局点校本《金史》出版之后,这一结论遂被辽金史、历史地理和北京史研究者奉为学术定论④。

　　后来,齐心先生又从金代石刻资料中找到几条称中都为永安的证据,为上述结论进一步提供了地下出土文献的支持。1978 年在北京西郊香山附近娘娘府出土的金《蒲察胡沙墓志铭》,末署"泰和二年三月十五日,孙塔失不立石,永安张伯玉、杨建功刻"⑤。

---

① 参见关增建:《中国天文学史上的地中概念》,《自然科学史研究》19 卷 3 期,2000 年,251—263 页。
② 参见崔文印:《古代史书的整理与审读》,全国古籍整理出版规划领导小组办公室编:《古籍编辑工作漫谈》,齐鲁书社,2003 年,115—116 页。
③ 见《金史》卷二四《地理志上》,第 52 条校勘记,第 2 册,584—585 页。除了耶律楚材《庚午元历》一条史料外,施国祁举出的其他证据均被采纳,除此之外并未提供新的论据。
④ 参见张修桂、赖青寿编著:《辽史地理志汇释》,安徽教育出版社,2001 年,162—163 页;王颋:《完颜金行政地理》,香港天马出版有限公司,2005 年,84—85 页;尹钧科:《北京历代建置沿革》,北京出版社,1994 年,138—139 页。
⑤ 齐心:《北京出土的金代女真贵族蒲察胡沙墓志铭考释》,《北京史论文集》,北京史研究会编印,1980 年,102 页。

1956年在北京西郊百万庄二里沟出土的金泰和七年（1207）《张汝猷墓志》，末署"永安宫济刻"①。立于明昌六年（1195）的《时立爱神道碑》，碑文最后也有"永安宫济摹石"的字样②。《时立爱神道碑》发现于河北省新城县（现为高碑店市新城镇），金属涿州，距中都不远，此"永安宫济"与《张汝猷墓志》的刻工当为同一人。齐心先生根据这些石刻资料得出结论说："以上志碑刻于金章宗时，距海陵王贞元元年已有四五十年了，仍自称'永安'某某刻、摹等……说明中都称'永安'在人们头脑中印象颇深，相沿成习。"③

另外，还有学者试图以金代官印论证贞元元年曾改析津县为永安县。中国国家博物馆藏有一方"行永安县之印"，系中国人民大学范叶萍捐赠，出土时间、地点均不详④。景爱先生认为，此永安县即中都永安府之倚郭县，此印证明，在贞元元年改析津府为永安府时，同时亦改析津县为永安县；次年改永安府为大兴府时，同时亦改永安县为大兴县⑤。这一结论未免过于唐突。既然此印出土时间、地点均不详，印背又无字款，仅凭印文怎么知道它是金印？又如何能够断定此印之永安县就是中都永安府下之倚郭县？前面说过，《金史·地理志》南京路河南府芝田县下有注云："宋名

<hr />

①侯堮：《金〈张汝猷墓志〉考释》，《北京文物与考古》第2辑，北京燕山出版社，1991年，156页。

②罗平、郑绍宗：《河北新城县北场村金时立爱和时丰墓发掘记》，《考古》1962年第12期。此文仅有墓志录文，神道碑拓片见图版6—4。

③王羊：《北京历史上曾称"永安"》，《首都博物馆丛刊》第2辑，1983年10月，46页。承齐心先生见告，此文乃出自她的手笔。

④见景爱编：《金代官印集》卷二，057号印，文物出版社，1991年，26页。

⑤景爱：《论金代官印的学术价值》，《北方文物》1992年第3期，29—30页。

永安,贞元元年更。"此永安县在《元丰九域志》卷一西京河南府、《舆地广记》卷五河南府下均有记载。即便贞元元年曾改析津县为永安县,但因存在时间很短,发现官印的概率想必是很低的,所以这方"行永安县之印"更有可能是北宋或金朝前期的河南府永安县印。

二 揭橥"永安析津府"之真相

至此,施国祁对《金史·地理志》的这一重要订正似乎已成定谳。但我在宋代文献中发现的一条金朝史料,使我对施国祁的结论产生了新的疑问。

《建炎以来系年要录》卷一六四绍兴二十三年三月末曰:"是春,金主亮徙都燕京,下诏改元贞元……改燕京析津府为大兴府。"小注引海陵王诏曰:

> 今来是都,寰宇同庆,因此斟酌,特有处分。除不肆赦外,可改天德五年为贞元元年。燕本列国之名,今为京师,不当以为称号,燕京可为中都,仍改永安析津府为大兴府。[①]

李心传小注对此段正文的史料来源有所交代:"以《两国编年》金人诛萧裕诏、张棣《金国志》参考修入。熊克《小历》,亮徙燕在二十二年冬,今从《编年》。……诏书具于后。"云云。此条注文语意

_____

① 《金文最》卷四据《系年要录》收入此诏,定名为《迁都燕京改元诏》,中华书局,1990年,上册,59—60页。

不甚明确,但大致可以看出,注中所引海陵王诏应是出自《两国编年》①。《两国编年》一书未见著录,仅见于《旧闻证误》和《系年要录》引用,内容多系辽末金初事,最晚至海陵朝。《系年要录》卷一一八绍兴八年正月乙卯条,记金熙宗改元天眷、立皇后、改燕京枢密院为行台尚书省诸事,小注云:"以《两国编年》《松漠记闻》参修。"而在"改元天眷"句下又有注云:"杨氏《编年》:绍兴七年,金主吴乞买死,二太子之子亶袭位,改元天眷,误也。今不取。"由此可知,《两国编年》大概出自一位杨姓作者之手,估计此人当是高宗末年或孝宗时期由金入宋的归正人。

尽管上面所引海陵王诏的出处尚不十分清楚,但其真实性是无可置疑的。最有意思的是,此诏有"仍改永安析津府为大兴府"的说法,正好可与《金史·地理志》"开泰元年更为永安析津府"一语相印证,说明《地理志》的这句话既不存在衍文的问题,也不能像施国祁那样用"刊本颠舛"来解释②。对于"永安析津府"的说法,我们必须另外寻求答案。

先看《辽史》的记载。《辽史·圣宗纪》开泰元年(1012)十一月甲午朔,"改元开泰。改幽都府为析津府,蓟北县为析津县,幽都县为宛平县"。《地理志》南京析津府条说:"太宗升为南京,又曰燕京。……府曰幽都,军号卢龙,开泰元年落军额。"③同条又

---

① 《系年要录》卷一六二绍兴二十一年十二月记海陵王下诏议迁都事,载有诏令原文,小注明确指出:"此以《两国编年》修入。"由此推断,《迁都燕京改元诏》亦当出自《两国编年》。
② 不过我也注意到,《系年要录》的正文仍作"改燕京析津府为大兴府",大概李心传从未听说过"永安析津府",故略去"永安"一词。
③ 清李慎儒《辽史地理志考》(《二十五史补编》本)卷四曰:"按本纪开泰元年十月改幽都府为析津府,则'落军额'上当有'府曰析津'四字。"

云:"析津县:本晋蓟县,改蓟北县,开泰元年更今名。以燕分野旅寅为析木之津,故名。"翻遍《辽史》,找不到南京析津府与"永安"一名有关联的任何记载。

但是,我在《读史方舆纪要》中发现了一条很有参考价值的线索。该书卷十一"顺天府"下述其沿革:"石晋初,归于契丹,改为南京幽都府,又改为燕京析津府。宋宣和四年得其地,改为燕山府。金仍曰燕京析津府,废主亮改曰中都大兴府。"在"又改为燕京析津府"句下,有顾祖禹的一条小注:"《辽志》:初亦曰卢龙军,开泰元年改为永安军。"①惟此注所引《辽志》之文,遍查未得。所谓"辽志"者,无非有两种可能,一是《辽史·地理志》的简称,一是指《契丹国志》的一种节本②。顾祖禹在《读史方舆纪要》中屡屡引用《辽志》,一般多指前者,况且《契丹国志》是一部很常见的书,顾祖禹不可能舍全本不用而引用节本,所以我想这里的《辽志》理应是指《辽史·地理志》而言。

那么,今本《辽史》中为何没有这段引文呢?一种可能是顾祖禹看到的《辽史》是一个今天已经失传的善本。《辽史》的至正初刻本今已湮没无存,1931 年商务印书馆影印的百衲本,系用几种元末或明初翻刻本残本拼凑而成,其中多有脱误,甚至有整页佚去者③。但有证据表明,至少在明朝后期,至正初刻本可能尚存于世。明嘉靖、万历间人陈士元,著有《诸史夷语解义》两卷,卷下

---

① 《读史方舆纪要》卷一一《北直二·顺天府》,贺次君、施和金点校本,中华书局,2005 年,第 1 册,440 页。

② 《说郛》《古今说海》《历代小史》《古今逸史》等丛书均收入《辽志》一卷,实为《契丹国志》的一种节本。

③ 参见冯家昇:《辽史初校序》,《辽史证误三种》,中华书局,1959 年,75—89 页。

《辽史》部分所录诸条，虽大都抄自《辽史·国语解》，却具有独特的版本价值，如《国语解》"属珊"条："应天皇后从太祖征讨，所俘人户有技艺者置之帐下，名属珊，盖比珊瑚之宝。"诸本均阙"有技艺者置"五字，惟《解义》不阙；又"龙锡金佩"条："太祖从兄铎骨札以本帐下蛇鸣，命知蛇语者神速姑解之，知蛇谓穴旁有金，铎骨札掘之，乃得金，以为带，名'龙锡金'。"诸本均阙"有金铎骨札掘之乃"八字，惟《解义》不阙①。由此看来，陈士元所见《辽史》很可能是至正五年的初刻本。顾祖禹为明末清初人，或许还能看到这个本子。另外一种可能，就是《读史方舆纪要》的引文出处有误，也就是说，引自他书的文字被作者误记为《辽史·地理志》了。不管是哪一种情况，有一点可以肯定，即《读史方舆纪要》的这段引文一定有根有据，绝不会是顾祖禹凭空杜撰出来的。

若是我们相信"开泰元年改为永安军"的记载，便可对南京析津府在辽朝的沿革情况做出如下修正：太宗升幽州为南京，府曰幽都，军号卢龙；圣宗开泰元年改幽都府为析津府，并改卢龙军为永安军。也就是说，《辽史·地理志》"开泰元年落军额"的记载有误，不是"落军额"，而是改节镇军名。

不过，如果要用这条史料来解释《金史·地理志》"开泰元年更为永安析津府"的记载，仍嫌说服力不够。最令人难以理解的是，"永安（军）析津府"一名显然不符合古人的习惯说法。我们知道，带有节度军号的州府，如果连称的话，通常是州府名称在前，军号在后，如称幽州卢龙军、云中大同军、京兆永兴军等等，而似乎没有见过卢龙幽州（幽都府）、大同云中府、永兴京兆府之类

---

① 《诸史夷语解义》有光绪十三年（1887）应城王承禧校刻本，北京大学图书馆有藏。

的说法。

即便开泰元年改卢龙军为永安军一事属实，我也并不认为"永安析津府"的说法由此而来。因为在我看来，"永安析津府"一语中的"永安"，既不是指军号，也不是指府名；析津府或许曾以"永安"为军号，但从来没有以"永安"为府名。对于施国祁之说，还需要重新加以检讨。

施国祁认为，海陵王贞元元年改称析津府为永安府，次年更名大兴府。对他提出的这一假说，我有几点疑问：

第一，上述结论与海陵王《迁都燕京改元诏》不符。前面说过，在海陵王贞元元年的诏书中，已有"仍改永安析津府为大兴府"的说法。首先，这里的"永安"肯定不会是府名；其次，这也说明"永安"一名并不始于贞元元年，当然更不可能有贞元二年改永安府为大兴府的事情了。

第二，施国祁的结论无法使金代石刻材料中的"永安"得到一个合理的解释。齐心先生从金代石刻中找到的几条称中都为永安的证据，都出自章宗时期的墓志或神道碑。试想，如果永安府一名仅仅用过一年就废掉了，半个世纪后的中都工匠怎么会对这个连历史学家都弄不清楚的名称如此熟悉，并且还津津乐道地自称"永安某某"呢？齐心先生认为，上述石刻材料说明中都曾称永安府一事"在人们头脑中印象颇深，相沿成习"，这种解释显然是不合情理的。

第三，施国祁之说也同样无法解释耶律楚材和元好问笔下的"永安"。上文谈到，《庚午元历》所记金中都晷影常数均称为"永安晷影常数"。其实，耶律楚材诗文中常常使用"永安"一名来指称燕京，如《寄妹夫人》诗云："三十年前旅永安，凤箫楼上倚阑干。"①《辨邪论序》曰:"予旅食西域且十年矣,中原动静,寂然无闻。迩有永安二三友以北京讲主所著《糠蘖教民十无益论》见寄,且嘱予为序。"②耶律楚材于1218年应成吉思汗征召前往蒙古汗庭,据他自述其行程路线:"予始发永安,过居庸,历武川,出云中之右,抵天山之北。"③又元好问《中州集》卷七有张著小传:"著,字仲扬,永安人。泰和五年以诗名召见,应制称旨,特恩授监御府书画。"按张择端《清明上河图》有金大定二十六年(1186)张著跋,自称"燕山张著"④,可见《中州集》所说的"永安"亦是指燕京而言。若是照施国祁的说法去理解,我们不禁会对耶律楚材和元好问频频使用永安一名感到奇怪,他们为何不用众所周知的燕京或大兴府名,却偏偏要用仅仅存在过一年、早该被人遗忘了的永安府名呢?

其实,并没有任何史料能够证明"永安"曾经作为金中都的府名而存在,施国祁谓析津府曾一度改名永安府,不过是对元好问的误解罢了。《续夷坚志》卷三"永安钱"条是这么说的:"海陵天

——————————

①《湛然居士文集》卷一〇,231页。
②《湛然居士文集》卷八,188页。
③《西游录》卷上,向达校注本,中华书局,1981年,1页。"始发永安"句下有校注曰:"耶律楚材在燕京,家住今北京西北香山、玉泉山之间。辽宣宗耶律淳葬于香山,陵名永安。金建香山寺,命名大永安寺。清代其地犹名永安村。……此处始发永安,亦即自北京出发之意。"向达先生因不知永安即燕京,故附会如此。按《庚午元历》称"永安晷影常数",《辨邪论序》谓"永安二三友"云云,均可明显看出耶律楚材笔下的永安确是指燕京,而不是指他家所在的永安寺一带。
④刘祁《归潜志》卷八:"明昌、承安间,作诗者尚尖新,故张翥仲扬由布衣有名,召用。"此作"张翥",与《中州集》和《清明上河图》跋不同。按张氏字仲扬,则其名似当作"翥"。

德初,卜宅于燕。建号中都,易析津府曰大兴。始营造时,得古钱地中,文曰'永安一千',朝议以为瑞,乃取长安例,地名永安。"海陵王营建燕京始于天德三年(1151)①,这里说得很清楚,改名永安是在"始营造时",也就是天德三年的事情,并且所改的是燕京的"地名"而非"府名";元好问同时又指出,海陵迁都燕京之时,"建号中都,易析津府曰大兴"。这里说的原本是两件事,一是天德三年改燕京地名为永安,一是贞元元年易析津府名为大兴,施国祁将它们混为一谈了。

宋元文献中还有两条有关"永安"的史料,也同样可以说明永安是地名而非府名。《大金国志》卷三三"地理"条:"(完颜)亮始徙燕,遂以……燕山为中都,号大兴府,即古幽州也,其地名曰永安。"《大金国志》乃元人所作伪书,虽然这段史料来源不明②,但无非是出自宋代文献。另一条有关永安的史料见于元人所作《圣朝混一方舆胜览》,该书卷上记述大兴府沿革曰:

> 辽升幽州为南京幽都,后改幽都为析津府,后又更号燕京。金初因之。后废帝筑燕京,其制度一如汴梁,徙居之。改燕京之名曰永安,以析津府为大兴府。③

①《金史》卷五《海陵纪》:天德三年三月壬辰,"诏广燕城,建宫室";四月辛酉,"有司图上燕城宫室制度,营建阴阳五姓所宜"。按施国祁谓《续夷坚志》"天德初"句"当作贞元初",其说不可取。因为这里说的是"天德初,卜宅于燕",下文"建号中都,易析津府曰大兴"才是贞元初的事情。
②考《大金国志》卷三三的史料来源,大多出自《三朝北盟会编》卷二四四所引张棣《金虏图经》,但其中没有上述引文。
③佚名:《圣朝混一方舆胜览》卷上"腹里·大都路",《北京图书馆古籍珍本丛刊》据明初刻《事文类聚翰墨全书》本影印,书目文献出版社,1996年,第22册,7页。

此书各种版本均无署名，惟明高儒《百川书志》卷五著录作者为刘应李。按是书出自《新编事文类聚翰墨全书》，而《翰墨全书》的祖本即为刘氏所编，故高儒的著录想必是有根据的①。刘应李，宋咸淳十年（1274）进士，授建阳主簿，入元不仕②。《圣朝混一方舆胜览》是现存惟一一部完整的元代地理总志，系由编者杂抄各种方志而成，其中就包括《大元大一统志》，上面这段引文，或许就出自《元一统志》。

以上两书的记载有助于我们正确理解"永安"一名之所指，《大金国志》明确指出"其地名曰永安"，《圣朝混一方舆胜览》说得更为明白："改燕京之名曰永安，以析津府为大兴府。"这与元好问的说法是完全吻合的。

行文至此，我们可以对"永安"一名作出一个合理的解释了：在辽太宗会同元年（938）升燕京为南京后，民间仍长期沿用燕京之名。海陵王天德三年营建燕京时，因永安钱的出土，遂改燕京地名为永安，故贞元元年《迁都燕京改元诏》称"仍改永安析津府为大兴府"，这里说的"永安析津府"其实与"燕京析津府"是一个意思，为地名+府名的结构，本是一种很常见的说法。只是当"永安"一名不再为人所知以后，后人才会对"永安析津府"的说法感到困惑，但这对金人来说并不是一个问题。在贞元元年改析津府为大兴府之后，中都的地名仍为永安，世宗谓"自海陵迁都永安"云云，章宗时代的中都工匠以"永安某某"自称，甚至直到耶律楚材、元好问还习惯于以永安指称燕京，说明直到金朝中后期，"永

①参见郭声波：《〈大元混一方舆胜览〉作者及版本考》，《暨南史学》第2辑，暨南大学出版社，2003年，184—193页。
②《宋季忠义录》卷一五、明万历《建阳县志》卷六有传。

安"一名仍为人们所习用。

那么，《金史·地理志》"开泰元年更为永安析津府"的记载
又当作何解释呢？我认为，这是元朝史官误解金朝文献的结果。
《金史·地理志》的这条史料应该源自《海陵庶人实录》或金朝国
史之《海陵本纪》①，原文当作"贞元元年改永安析津府为大兴
府"——这未免有点难为元朝史官了，因为"永安"一名既非正式
的州府名称，作为地名来说又远不如燕京著名，自金朝亡国以后，
此名即湮没不闻，《金史》之修纂已在元朝末年，此时的元朝史官
想必对永安一名已经很陌生了。见了"贞元元年改永安析津府为
大兴府"的记载，便想当然地以为这个"永安析津府"必是开泰元
年所改，于是在叙述大兴府沿革时就按这样的理解写作"开泰元
年更为永安析津府。……贞元元年更今名"。元朝史官这一想当
然的说法，给后人带来了莫大的困惑。

在得出本文的结论之后，还有两个问题需要加以解释。

其一，《金史·地理志》大兴县下小注云："辽名析津，贞元二
年更今名。"这条史料被施国祁视为贞元元年改析津府为永安府、
次年才改称大兴府的重要证据，并由此得出"志文贞元元年更名
者'永安'也，大兴县注中贞元二年更名者'大兴'也"的结论，因
为大兴县是大兴府的倚郭县，改县名必与改府名同时。但我认为
这条小注中的"贞元二年"当为"贞元元年"之误。首先，贞元元
年改析津府为大兴府一事，在《金史》里有多处记载，惟独这条小
注与其他记载不符，可信程度不高；其次，据《元一统志》说，析津

---

① 《滋溪文稿》卷二五《三史质疑》曰："金亦尝为国史，今史馆有太祖、太
宗、熙宗、海陵本纪。"可见金朝国史之《海陵本纪》也是元修《金史》的
史源之一。

县于"金天德五年改为大兴县"①,天德五年就是贞元元年;再次,《金史·地理志》小注中的错讹是很常见的,就在大兴县下面一行宛平县的小注中,百衲本也把"辽开泰元年更今名"句误为开泰二年了,中华书局点校本系据《辽史·地理志》改正。

其二,据《续夷坚志》说,因改燕京地名为永安,并升为中都,遂"改东平中都县曰汶阳,河南永安县曰芝田,中都永安坊曰长宁"。核以《金史·地理志》,东平中都县更名汶阳,河南永安县更名芝田,都是贞元元年的事情。如果说燕京更名永安是在天德三年的话,为何河南永安县之改名却是在两年以后的贞元元年? 这个问题似乎不难理解。天德三年虽已改燕京地名为永安,但当时燕京正在建设之中,尚未成为都城,所以还没有对有关的地名进行统一规划。及至贞元元年正式迁都燕京,升为中都,并仍称永安,才将与中都、永安重名的东平府中都县和河南府永安县一并改用新名,中都永安坊更名长宁坊,也应与此同时。

原载《历史研究》2008 年第 1 期

①见《元一统志》卷一大都路"建置沿革",上册,3 页。此条佚文辑自《永乐大典》卷四六五五"天"字目。

春水秋山

——金代捺钵研究

　　金代的捺钵之制基本上可以视为辽朝四时捺钵的遗制，但由于没有那么明显的季节之分，故本文姑且将其分为春水和秋山两个单元，并对金朝各个时期的春水秋山做一比较系统的考察。春水的主要活动是捕猎天鹅，这是沿袭辽朝春捺钵的旧俗。驻夏是金代捺钵的主要内容之一，所谓的秋山即是驻夏时期的围猎活动。此外，秋冬季节的其他围猎活动也属于广义的秋山。

　　金朝的春水秋山，除了娱乐和避暑之外，还有一个很重要的目的，就是借此操习骑射。金朝的捺钵虽然不像辽朝那样始终是国家的政治中心，但春水秋山在金代政治生活和社会生活中的重要性也是不可忽视的。金朝诸帝一年之中往往有半年以上的时间不住在都城里，于是春水秋山行宫便成为处理国家内政外交的重要场所。

　　与契丹的四时捺钵相比较，金朝的捺钵在制度化和规范性方面明显不如辽朝，这是由女真人与契丹人生活方式的差异所决定的。金朝建立后，女真族基本已进入农业社会，故金代的捺钵只是女真人传统渔猎生活方式的象征性保留。

"捺钵"是契丹语的译音,本义为行宫、行营、行帐。宋庞元英《文昌杂录》卷六云:"北人谓住坐处曰捺钵,四时皆然,如春捺钵之类是也。不晓其义。近者彼国中书舍人王师儒来修祭奠,余充接伴使,因以问师儒,答云:'是契丹家语,犹言行在也。'"李心传也如此解释道:"刺钵者,契丹语所在之意也。"[①]在辽宋金元文献中,捺钵一词的异译有"刺钵"、"纳拔"、"纳跋"、"纳钵"、"纳宝"等。不过在金代文献中捺钵一词并不常见,更多的情况下是径称为"行宫"[②]。

自辽代以来,"捺钵"一词由行宫、行营、行帐的本义被引申来指称帝王的四季渔猎活动,即所谓的"春水秋山,冬夏捺钵",合称"四时捺钵"。辽朝的四时捺钵是国家政治生活中的一件大事,历来受到辽史研究者的高度重视,早在1910年代,日本学者池内宏、津田左右吉就曾先后撰文对此加以探索[③]。1942年,傅乐焕先生在他的代表作《辽代四时捺钵考》一文中,对辽朝的捺钵制度进行了全面系统的考释[④]。金朝的捺钵,其重要性虽不及辽朝,但也是金源一代历史上一个不容忽视的问题,它表现了女真社会历

---

① 《建炎以来系年要录》卷一三三,绍兴九年末。
② 《金史》中"捺钵"一词仅三见,而"行宫"一词凡三十四见。
③ 池内宏:《辽代春水考》,《东洋学报》6卷2号,1919年;收入《满鲜史研究》中世第1册,东京吉川弘文馆,1979年。津田左右吉:《达庐古考》,《满鲜地理历史研究报告》第2册,1916年;《关于辽代的长春州》,《东洋学报》7卷1号,1920年。
④ 《历史语言研究所集刊》10本2分。已收入《辽史丛考》,中华书局,1984年。

史和民族文化的某些特质。由于《金史》没有像《辽史》那样专立一个《游幸表》来记载捺钵事项，所以有关金代捺钵的史料较为零散。傅乐焕先生《辽代四时捺钵考》亦曾略加论列，后来台湾学者劳延煊先生又做过专题探讨①，但今天看来，金代捺钵的整体面貌仍然很不清晰，希望本文的研究能够有助于人们对金代的捺钵制度有一个比较深入的认识。

一　春水考

与辽代的四时捺钵相比较，金代的捺钵没有那么明显的"四时"之分，所以金人根本没有春捺钵、夏捺钵、秋捺钵、冬捺钵的概念，一般只把它分为春水和秋山两个系列。春水、秋山也是沿袭的辽代旧称，正如傅乐焕先生所说，春水即春猎之水，秋山即秋猎之山，因以春水秋山泛称所有春秋狩猎地点，后来遂成为春猎秋猎的代名词。

有关金朝捺钵的最早记载，见于马扩的《茆斋自叙》。宋人马扩于宣和五年（1123）出使金朝，是年三月十一日，"朝辞，阿骨打坐所得契丹纳跋行帐，前列契丹旧教坊乐工，作花宴"②。很明显，这里说的"纳跋"是行帐的同义语。宣和七年，宋使许亢宗出使金朝，其《宣和乙巳奉使金国行程录》所记行程"起自白沟契丹旧界，止于虏廷冒离纳钵"③。"冒离纳钵"大概也就是马扩所说的"契

---

①劳延煊：《金朝帝王季节性的游猎生活》（上）（下），连载于《大陆杂志》23卷11、12期，1961年12月。

②《三朝北盟会编》卷一五引马扩《茆斋自叙》。

③《靖康稗史》本。

丹纳跋行帐",其地点应当在金上京会宁府附近。

　　以上宋人记载中的"纳钵"都是指其本义之行帐,与渔猎活动无关。太祖、太宗两朝,金朝立国未久,各种制度尚处于草创阶段,捺钵之制也还没有形成一定之规。金朝捺钵之制度化,始于熙宗天眷二年(1139),"是冬,金主亶(即熙宗)谕其政省:自今四时游猎,春水秋山,冬夏捺钵,并循辽人故事"①。这虽是出自宋人的记载,但内容是相当可靠的,我们还可以引述洪皓的一段记载为证:"庑中中丞唯掌讼牒,若断狱会法,或春水秋山(原注:谓去国数百里,逐水草而居处),从驾在外,卫兵物故,则掌其骸骼。"②洪皓居留金朝达十五年之久,宋金议和后于皇统二年(1142)南归,他这里记述的应该是熙宗时的情况。

　　熙宗朝春水的主要场所是爻剌,其地有行宫天开殿。熙宗即位的当年(天会十三年,公元 1135 年),即"建天开殿于爻剌"③。《金史·地理志》上京路下有小注说:"其行宫有天开殿,爻剌春水之地也。有混同江行宫。"但《金史》没有指出爻剌的具体位置。《太祖纪》里有一条记载,谓收国元年(1115)辽天祚帝自将大军七十万亲征女真,阿骨打"行次爻剌,会诸将议"。据三上次男氏对此次战事的考释结果认为,爻剌当在金上京会宁府(今黑龙江省阿城市白城)与辽代长春州(今黑龙江肇源县西)之间,位于鸭子河(今松花江)畔的某个地方④。贾敬颜先生则进一步明确指出爻

①《建炎以来系年要录》卷一三三,绍兴九年冬。《大金国志》卷一一《熙宗孝成皇帝三》将此事记于皇统三年(1143),不可信据。

②《松漠记闻·补遗》,《学津讨原》本。以洪皓《鄱阳集》(影印文渊阁《四库全书》本)卷四《跋〈金国文具录〉札子》校正。

③《金史》卷四《熙宗纪》。

④《金代女真研究》,金启孮译,黑龙江人民出版社,1984 年,72—74 页。

剌当在会宁府宜春县境,他解释说:"宜春县取义于宜于'春水',亦即春水爻剌之地,境内辖有鸭子河,故当求于今扶余、肇州等县地,兹暂订宜春于(吉林省)扶余县东南小城子古城,以待进一步探讨。"①宋金签订绍兴和议时,曹勋充金国报谢副使,与何铸一同使金,绍兴十二年二月"抵金国,又西北行三百余里,名春水,引对开先殿(当作天开殿)"②。按曹勋的说法,春水爻剌当在上京西北三百余里处,与贾敬颜先生的推断基本吻合。据《金史》卷四《熙宗纪》载,天眷元年"二月壬戌,上如爻剌春水。乙丑,幸天开殿"。按壬戌自上京会宁府出发,乙丑到达爻剌天开殿,行程三天,也可印证曹勋的说法。又朱熹在谈到金都上京时期的捺钵情况时说:"金虏旧巢在会宁府,四时迁徙无常:春则往鸭绿江猎;夏则往一山(原注:忘其名),极冷,避暑;秋亦往一山如何;冬往一山射虎。今都燕山矣。"③朱熹的这段叙述显系得之传闻,故如此之阔略,其中只有春水举出了具体的地点——鸭绿江。根据池内宏氏的有关研究结果可以知道,宋人所称的鸭绿江实际上就是混同江(鸭子河)④,可见朱熹所说"春则往鸭绿江猎"也是指的爻剌春水。

　　爻剌春水所在地宜春县距辽代春捺钵地鱼儿泺相去不远,鱼

---

① 谭其骧主编:《中国历史地图集释文汇编》(东北卷),中央民族学院出版社,1988 年,165 页。按:据《金史》卷二四《地理志上》,宜春县"大定七年置,有鸭子河"。

② 曹勋:《松隐文集》卷一《迎銮七赋序》,《嘉业堂丛书》本。此事《金史·熙宗纪》也有明确记载:皇统二年(即绍兴十二年)二月丁卯,"上如天开殿";辛卯,"宋使曹勋来许岁币银绢二十五万两、匹,画淮为界"。

③《朱子语类》卷一三三《本朝七》"夷狄",王星贤点校本,中华书局,1986 年,第 8 册,3192 页。

④ 池内宏:《辽代混同江考》,《东洋学报》6 卷 1 号,1919 年。

儿泺位于鸭子河上游长春州境内，是辽朝春捺钵的主要地点。在考察金朝前期的春水时，《金史》卷三《太宗纪》里的一条史料引起了我的注意：天会二年（1124）闰三月辛巳，"命置驿上京、春、泰之间"。这是金朝建国后首次建置驿路。春州即长春州（《辽》《金史》中多省称春州），泰州（今吉林省白城市）在长春州西，鱼儿泺就正好位于长春州和泰州之间。因此我们有理由这样推测：金太宗在上京会宁府和长春州、泰州之间建设驿道，可能是为了春水的需要，大概金初姑且于辽朝春捺钵旧地行春水，至熙宗即位后才在爻刺另建行宫。不过这一推测还有待于证实。

熙宗在位十五年，见于记载的春水共九次，其中至少有五次是在爻刺天开殿，这五次分别是：天眷元年（1138）二月至六月，二年二月至五月，皇统二年（1142）二月至三月，五年三月至八月，八年二月至四月。另外皇统六年正月至四月的春水不记地点，估计也应该是在爻刺行宫。除此之外，熙宗朝还有几次在其他地方行春水的记录。皇统四年至五年，熙宗曾由上京（今黑龙江省阿城市白城）前往东京（今辽宁省辽阳市），据《金史》卷四《熙宗纪》载：皇统四年二月癸未，上如东京；丙申，"次百泊河春水"；十二月甲午，至东京；五年二月乙未，"次济州春水"；三月戊辰，次天开殿；八月戊戌，发天开殿；九月庚申，至自东京。这两次春水是在往返东京的途中顺便进行的，皇统四年二月赴东京途中春水于百泊河，此河无考[1]；次年二月自东京返回上京的途中又春水于济

---

[1] 劳延煊先生认为，百泊河大约在混同江上游，也许《金史·地理志》上京路下提到的"混同江行宫"就是百泊河春水行宫，见《金朝帝王季节性的游猎生活》（上），《大陆杂志》23 卷 11 期，1961 年 12 月 15 日，22页。此可姑备一说。

州,济州即辽之黄龙府,天眷三年更名济州,在今吉林省农安县,乃东京至上京的必经之地。济州作为熙宗朝的春水之地,还见于宋人的记载。据洪皓《使金上母书》说,天眷三年春,完颜希尹"谓皓曰:'随我到济州看春水……'遂以三月半到济州,四月四日回冷山"①。是年春水虽不见于《金史·熙宗纪》,但此系洪皓亲身经历,可以补充《金史》之疏漏。总之,除了济州、百泊河之外,熙宗一朝的春水主要是在爻剌的行宫天开殿进行。

海陵王迁都中都(今北京)后,就不再去爻剌行宫春水,这一点是可以肯定的。但海陵一朝究竟是否存在春水之制,在金代文献中竟然找不到任何记载。世宗朝的春水大多在中都周边的州县进行,不过其中有一次例外。大定二十四年至二十五年间(1184—1185),世宗巡游金源旧地,二十四年五月到达上京,次年二月"丁丑,如春水。四月己未,至自春水"②。这次春水的地点没有记载,但既是从上京出发去春水,必定是在离上京不远的地方,所以我估计此次春水大概还是在爻剌行宫天开殿。

世宗在位二十九年间,至少有十五年曾行春水,春水的地点基本上都在中都旁近的州县,其中安州三次、滦州石城县长春宫六次、蓟州玉田县御林一次、顺州一次、高桥一次、地点不详者三次,再就是上文所说的在上京附近的一次。兹分别考述如下。

(1)安州

安州隶属于中都路,治葛城(今河北省安新县南)。《金史》卷六《世宗纪》载:大定四年(1164)正月丁酉,"如安州春水";壬

①洪皓:《使金上母书》,《全宋文》卷三九二六,上海辞书出版社、安徽教育出版社合作出版,2006年,第179册,241页。
②《金史》卷八《世宗纪下》。

寅,"至安州";辛亥,"获头鹅,遣使荐山陵,自是岁以为常";二月丁巳,"免安州今年赋役,及保塞县御城、边吴二村凡扈从人尝止其家者,亦复一年";庚午,"还都"。这是第一次安州春水,大概也是世宗即位以后的首次春水。文中提到的保塞县属保州(治今河北省保定市),东与安州毗邻。据《金史》卷九八《完颜匡传》记载,章宗承安五年(1200)括地运动时,完颜匡广占百姓田地,"上闻其事,不以为罪,惟用安州边吴泊旧放围场地、奉圣州在官闲田易之,以向自占者悉还百姓"。安州边吴泊西邻保州,世宗时是春水猎鹅的围场,正是安州春水的主要场所;保塞县的边吴村大概就是边吴泊畔的一个村庄。所以世宗的扈从"尝止其家"。

见于《金史·世宗纪》的安州春水仅此一次而已,但此外至少还有两次春水也在安州。《金史》卷九二《曹望之传》谓《太宗实录》成书后,同修国史曹望之以赏薄,颇有怨言,世宗责之曰:"汝为人能干而心不忠实。朕前往安州春水,人言汝无事君之义。"按《太宗实录》进呈于大定七年八月①,故世宗在这里所说的"安州春水"应当是大定八年的事情。又《金史》卷九一《赵兴祥传》云:"(大定)十五年,上幸安州春水,召兴祥赴万春节。"世宗诞辰万春节为三月朔,可知是年安州春水约在二三月间。

(2)滦州石城县长春宫

世宗第一次春水长春宫是大定十八年。《金史》卷七《世宗纪》载:大定十八年"正月壬戌,如春水。二月丙寅朔,次管庄。丙子,次华港。己丑,还宫"。管庄、华港均无考,这是此次春水途经的两个地方,并非春水的目的地。从是年三月世宗对宰执说的一段话中,我们可以了解此次春水的目的地究竟是什么地方,世宗

①《金史》卷六《世宗纪上》。

曰:"比在春水,见石城、玉田两县令,皆年老,苟禄而已。畿甸尚尔,远县可知。"由此可知,此年春水是在石城和玉田两县。石城是中都路滦州的一个属县(在今河北省唐山市东北),《金史》卷二四《地理志》石城县下有小注云:"有长春行宫。长春淀旧名大定淀,大定二十年更。"①玉田是中都路蓟州的一个属县(今河北省玉田县),《地理志》云:"(玉田)有行宫偏林,大定二十年改为御林。"在《世宗纪》大定二十年下可以找到相应的记载:"(正月)己巳,如春水。丙子,幸石城县行宫。丁丑,以玉田县行宫之地偏林为御林,大淀泺为长春淀。"这是世宗第二次春水长春宫。长春淀的旧称,《世宗纪》和《地理志》有所歧异,一作"大淀泺",一作"大定淀",不管是"泺"还是"淀",都是指的春水猎鹅的围场。

世宗第三次赴长春宫春水是在大定二十一年。是年春水的目的地,《世宗纪》没有明确交待,但同年三月有这样一段追述:"上初闻蓟、平、滦等州民乏食,命有司发粟粜之。……上至长春宫……更遣人阅实,赈贷。"《金史》卷六四《后妃传》更是明确记载:"大定二十一年二月,上如春水,次长春宫。"此后,大定二十四年、二十六年和二十七年,世宗又三次春水长春宫,《世宗纪》中均有"如长春宫春水"的明确记录。另外,世宗朝还有三次春水的地点无可查考,时间分别是大定十九年、二十三年和二十八年,考虑到大定十八年以后有地点可稽的春水全都是在石城县长春宫,所以我想这三次春水或许也是在长春宫,长春宫大概已被确定为大定后期固定的春水场所了。

---

① 今河北省唐山丰南市稻地镇东有两个名为大长春和小长春的村庄,此地恰在金代滦州石城县境内,估计这两个村庄即得名于长春宫或长春淀。参见《河北省地图集》,河北省测绘局编,1981 年印行,146—147 页。

（3）蓟州玉田县御林

玉田县的春水行宫原名偏林，大定二十年改为御林。世宗曾于大定十八年春水玉田，已见上述。

（4）顺州

顺州隶属于中都路，治怀柔（今北京市顺义县）。大定十二年"二月庚戌，上如顺州春水。癸丑，还都"①。顺州春水仅此一次。

（5）高桥

《金史》卷七《世宗纪》载：大定十六年正月庚午，"上按鹰高桥"。"按鹰"即春水猎鹅。《读史方舆纪要》谓霸州（今河北省霸州市）东七十里有高桥淀，"周回三十里"②。世宗春水之"高桥"，或许就是这个高桥淀。

世宗朝的春水实际上可能还不止这十五次，从上面考述的内容来看，其中有几次就是《金史·世宗纪》所失载的。《金史》的主要史料来源是实录，而《世宗实录》是金代历朝实录中最详赡的一部，却也不免阙略如此。

关于世宗朝的春水，还有一件事值得一提。大定二十四年世宗北巡时，太子允恭奉命留守中都，次年正月，允恭"如春水，二月庚申还都"③。太子允恭的此次春水又见于《金史》卷八九《移剌愷传》，时愷为大兴尹，"驾幸上京，显宗（即允恭）守国，使人谕之曰：'自大驾东巡，京尹所治甚善。我将有春水之行，当益勤乃事。'还，以所获鹅鸭赐之"。明昌间，章宗赐豫王允成手诏有云：

---

① 《金史》卷七《世宗纪中》。
② 《读史方舆纪要》卷一一《北直二·霸州》，贺次君、施和金点校，第1册，465页。
③ 《金史》卷一九《世纪补·显宗纪》。

"侍显考于春宫,曲尽友于之爱。"①就是指的大定二十五年允成侍其兄显宗于春水的事情。

章宗在位二十年,其中十七年有春水记录。春水的地点均不出中都路的范围,其中大兴府大兴县建春宫七次、遂州遂城县光春宫二次、蓟州玉田县御林一次、滦州石城县长春宫一次、安州一次、近畿一次、地点不详者四次。以下分项作一考述。

(1)大兴府大兴县建春宫

大兴县是金中都的倚郭县,位于中都城南。《金史》卷二四《地理志》大兴县下注云:"有建春宫。"建春宫之名始于承安三年(1198),《金史》卷一一《章宗纪》载:承安三年正月"丙辰,如城南春水。……己未,以都南行宫名建春"。在此之前,章宗已至少到此处春水两次,只是当时没有建春宫之名罢了。第一次是明昌五年(1194)正月,"幸城南别宫"②。《金史》卷一二七《隐逸·赵质传》曰:"大定末,举进士不第,隐居燕城南,教授为业。明昌间,章宗游春水过焉……召至行殿,命之官。"尽管这段文字不著具体年份,但明昌间在城南别宫春水只有一次,所以我想这里说的大概也是明昌五年的事情。第二次是承安元年二月,"幸都南行宫春水"③。以上两次春水的地点肯定就是后来的建春宫。承安三年以后,章宗又先后于承安四年和泰和二年(1202)、三年、七年四次赴建春宫春水,这在《章宗纪》里都有明确的记载。

(2)遂州遂城县光春宫

遂州原属河北东路,海陵王贞元二年(1154)割隶中都路,州

①《金史》卷八五《豫王永成传》。
②《金史》卷一〇《章宗纪二》。
③《金史》卷一〇《章宗纪二》。

治遂城县(今河北省徐水县西)。《金史》卷二四《地理志》在遂城县下注云:"有光春宫行宫。"光春宫之名始于泰和三年(1203),是年十二月,"敕行宫名曰光春"①。据《金史·章宗纪》记载,泰和四年和五年的两次春水都是在光春宫进行的。当时以翰林修撰扈从春水的赵秉文有《春水行》一诗纪其事,其中有"光春宫外春水生,驾鹅飞下寒犹轻"之句②。又赵秉文《海青赋》题注"泰和扈从春水作",首云:"上将幸乎光春之中,所以观民风而宣郁结。"③皆是泰和四五年间事。

(3)蓟州玉田县御林

这是世宗大定间的春水行宫之一,章宗于明昌六年春水于此④。

(4)滦州石城县长春宫

据《金史》卷一一《章宗纪》载,泰和元年正月庚午,"如长春宫春水"。如前所述,长春宫是大定后期春水的固定场所。

(5)安州

安州也是世宗朝的春水旧地。《金史》卷一○《章宗纪》载,承安二年正月丁亥,"如安州春水"。但此后不久安州的围场边吴泊可能就被废弃了,因为承安五年章宗曾拿"安州边吴泊旧放围场地"来交换完颜匡侵占的民田,说明安州已经不再是春水的场所。

(6)近畿

明昌元年正月辛未,章宗"如近畿春水"⑤,具体地点不可考,

---

①《金史》卷一一《章宗纪三》。
②《闲闲老人滏水文集》卷三,台北成文出版社影印《九金人集》本。
③《闲闲老人滏水文集》卷二。
④《金史》卷一○《章宗纪二》。
⑤《金史》卷九《章宗纪一》。

大概也是类似于高桥那样的地方。

除了以上所述之外，明昌三年、四年和承安五年、泰和六年等四次春水都缺乏详细记载，不知在什么地方进行。

章宗之后，金朝因遭受蒙古入侵，不久即迁都于南京开封，捺钵之制遽尔式微，尤其是春水，自章宗泰和七年（1207）后便不再见于记载。

金朝的春水之制，世宗和章宗两朝是最为规范的。从时间上来说，熙宗时的春水似乎还没有一定之规，每年春水的起止时间就很不一致，或始于正月，或始于二月，或始于三月；春水结束的时间更是各不相同，早则三月，晚则八月。显然，这不是严格意义上的"春水"。世宗以后的情况截然不同。世宗和章宗两朝的历次春水几乎都在正月至二月间，惟一的一次例外是大定二十五年世宗在上京附近的春水，起迄时间为二至四月，这大概是因为上京春晚的缘故。至于每次春水的时间长短，则大都在二十五天至四十天左右。

春水的主要活动是捕猎天鹅，这是沿袭辽朝春捺钵的旧俗。傅乐焕先生谓辽之春水实即捕鹅之水，即以捕鹅为主要内容，捕鹅之外，还有所谓的"钩鱼"。金朝春水与辽朝春捺钵的不同之处在于，春水的活动基本上是以捕鹅为中心，在金代文献中几乎见不到有关钩鱼的记载。

《金史》对金朝的捺钵活动缺乏详细的记载，所幸的是在金代诗文中可以看到一些具体的描述。赵秉文的《扈从行》记录了作者在章宗时扈从春水的情形：

> 马翻翻，车辘辘，尘土难分真面目。
> 年年扈从春水行，裁染春山波漾绿。

绿鞲珠勒大羽箭，少年将军面如玉。

车中小妇听鸣鞭，遥认飞尘郎马足。

朝随鼓声起，暮逐旗尾宿，乐事从今相继躅。

圣皇岁岁万机暇，春水围鹅秋射鹿。①

诗中说的"春水围鹅"，是指在春水围场中围猎天鹅，故凡是春水之地都有一个以湖泊为主体的围场，如安州的边吴泊、滦州石城县的大淀泺等都是这样的春水围场。章宗泰和七年，"募民种佃清河等处地，以其租分为诸春水处饵鹅鸭之食"②。即以清河等地的官田地租作为各个春水围场的饵料。

赵秉文在另一首题为《春水行》的诗中对春水猎鹅的全过程进行了比较详细的描述：

光春宫外春水生，鸳鹅飞下寒犹轻；

绿衣探使一鞭信，春风写入鸣鞘声。

龙旂晓日迎天仗，小队长围圆月样；

忽闻叠鼓一声飞，轻纹触破桃花浪。

内家最爱海东青，锦鞲掣臂翻青冥；

晴空一击雪花堕，连延十里风毛腥。

初得头鹅夸得隽，一骑星驰荐陵寝；

欢声沸入万年觞，琼毛散上千官鬓。

不才无力答阳春，差作长杨侍从臣；

---

①《闲闲老人滏水文集》卷三。
②《金史》卷四七《食货志二》"田制"。

闲与老农歌帝力,欢呼一曲太平人。①

这首诗是金代春水猎鹅的实录。诸如虞人探报天鹅之行踪,章宗亲纵海东青擒鹅,捕得头鹅后荐享陵寝,群臣称觞致贺、将鹅毛插在头上的欢娱场面,都是当时的惯例。又《归潜志》卷八的一条史料也对章宗时春水猎鹅的情况有所反映:"章宗春水放海青,时黄山(按:礼部郎中赵沨,号黄山)在翰苑,扈从。既得鹅,索诗,黄山立进之。其诗云:'鸳鹅得暖下陂塘,探骑星驰入建章。黄伞轻阴随凤辇,绿衣小队出鹰坊。搏风玉爪凌霄汉,瞥日风毛堕雪霜。共喜园陵得新荐,侍臣齐捧万年觞。'"赵沨的应制诗与赵秉文的上述描写约略相似。其中以头鹅荐陵寝的做法是世宗以后形成的定制。大定四年,世宗春水于安州,"获头鹅,遣使荐山陵,自是岁以为常"②。其他各种规制也大都是世宗以后渐渐形成为惯例的,到了章宗时,春水猎鹅的过程已经相当程式化了。

如果将金朝的春水与辽朝的春捺钵作一比较,即可看出其猎鹅的习俗完全是一脉相承的,《辽史》卷三二《营卫志》"春捺钵"条云:

> 春捺钵曰鸭子河泺。皇帝正月上旬起牙帐,约六十日方至。天鹅未至,卓帐冰上,凿冰取鱼。冰泮,乃纵鹰鹘捕鹅雁。……皇帝每至,侍御皆服墨绿色衣,各备连锤一柄,鹰食一器,刺鹅锥一枚,于泺周围相去各五七步排立。皇帝冠巾,衣时服,系玉束带,于上风望之。有鹅之处举旗,探骑驰报,

---

① 《闲闲老人滏水文集》卷三。
② 《金史》卷六《世宗纪上》。

远泊鸣鼓。鹅惊腾起,左右围骑皆举帜麾之。五坊擎进海东
青鹘,拜授皇帝放之。鹘擒鹅坠,势力不加,排立近者,举锥
刺鹅,取脑以饲鹘。救鹘人例赏银绢。皇帝得头鹅,荐庙,群
臣各献酒果,举乐。更相酬酢,致贺语,皆插鹅毛于首以为
乐。赐从人酒,遍散其毛。

单就猎鹅的情形而言,金朝的春水几乎全为因袭。实际上,金代
的捺钵制度可以说就是辽代四时捺钵的遗制,虽亦有因有革,但
其中的春水要算是变化最小的。

在春水猎鹅的活动中,最引人注目的是海东青。海东青全称
海东青鹘,是辽金元时期最受尊崇的一种猎鹰。它产于辽之东北
境外五国部以东海上,故称海东青,亦称海青①。"其物善擒天鹅,
飞放时,旋风羊角而上,直入云际"②。但这种猎鹰究竟属于现代
动物分类学的什么种、属、科、目,目前还无人能够给予明确的回
答③,甚至就连海东青今天是否还存在也是一个疑问。不过就在
半个多世纪以前,还有人见过这种猎鹰。据黑龙江省嫩江县的一
位邵姓老人回忆说,他曾经在 1943 年捕获过一只海东青,当地的
鄂伦春猎人称它为"吐鹘鹰"④。

海东青在辽朝就极被看重,据说女真起兵叛辽就与海东青有
关。《三朝北盟会编》卷三详细叙述了此中的因由:

①《钦定盛京通志》卷一〇七《物产二》"禽类"曰:"海东青亦曰海青,雕
之最俊者。"
②叶子奇:《草木子》卷四下《杂俎篇》,中华书局断句本,1983 年,85 页。
③参见于景让:《天鹅与海东青》,《大陆杂志》31 卷 8 期,1965 年 10 月。
④邵奎德:《名鹰海东青捉放记》,《黑龙江文物丛刊》1982 年第 1 期。

天祚嗣位,立未久,当中国崇宁之间,浸用奢侈,宫禁竞尚北珠。北珠者,皆北中来榷场相贸易。……美者大如弹子,小者如梧子,皆出辽东海汊中。……又有天鹅,能食蚌,则珠藏其嗉;又有俊鹘号"海东青"者,能击天鹅;人既以俊鹘而得天鹅,则于其嗉得珠焉。海东青者出五国,五国之东接大海,自海东而来者,谓之"海东青",小而俊健,爪白者尤以为异。必求之女真,每岁遣外鹰坊子弟趣女真发甲马千余人入五国界,即海东巢穴取之,与五国战斗而后得,女真不胜其扰……由是诸部皆怨叛。

宋人在谈及辽金鼎革时,经常引用这个掌故。另外《宋史》卷二八五《梁适传》的一条史料也可以印证此事:徽宗时,梁子美为河北都转运使,"倾漕计以奉上,至捐缗钱三百万市北珠以进。……北珠出女真,子美市于契丹,契丹嗜其利,虐女真捕海东青以求珠,两国之祸盖基于此"。由此看来,《三朝北盟会编》的记载应该是真实可信的,但问题是宋人普遍存在一个误解,即以为辽人之重海东青就是为了获取北珠的缘故,这是由于宋人对辽朝的捺钵制度缺乏了解所致。

　　因为春水猎鹅的特殊需要,金朝在殿前都点检司下置有鹰坊,"掌调养鹰鹘'海东青'之类"。鹰坊置正五品的提点一员,下设使、副使、直长、管勾等职[1]。《金史》卷五《海陵纪》天德三年(1151)四月有"罢岁贡鹰隼"的记载,辽金元时期所说的"鹰隼"

---

[1]《金史》卷五六《百官志二》。据《金史》卷八二《海陵诸子传》载,海陵王天德四年(1152),立光英为太子,"以'英'字与'鹰隼'字声相近,改'鹰坊'为'驯鸷坊'"。但世宗即位以后大概就恢复了鹰坊的旧名。

就是特指海东青,这说明天德三年前可能曾规定某些地区每年须向鹰坊贡纳一定数量的海东青。而海陵王罢废“岁贡鹰隼”也只是暂时的,其证据是,《金史》卷七《世宗纪》大定二十年十月又有“诏西北路招讨司每进马驼鹰鹘等,辄率敛部内,自今并罢之”的记载。直到元代,海东青仍是东北滨海地区的水达达诸部向中央政府进献的一种重要土贡。鹰坊的海东青大概都带有一个特殊的标记,以防止飞放时失散。元世祖时,因朝廷放飞的海东青被河间路军户残害,王恽向朝廷有司提出这样的建议:“今后御前鹰隼海青合悬带记验,如前朝牙牌之制。”①这里说的“前朝”就是指的金朝,可见金代鹰坊的海东青都是要悬带“牙牌”的。

海东青在金朝的社会生活中留下了深深的烙印,研究金代历史,似乎处处都能感受到它的存在。如金人之服饰,“其从春水之服则多鹘捕鹅,杂花卉之饰”②。“鹘”即海东青之别称,“鹘捕鹅”是春水之服的特殊标志。20世纪80年代初,在黑龙江省阿城县双城村发掘的一个金初墓葬群中,出土过一件海东青捕天鹅鎏金铜带鎊,现残存五节,其中三节系以海东青捕捉一展翅飞翔的天鹅为纹饰③。《金史》卷四三《舆服志》谓金人之束带名吐鹘,“其刻琢多如春水秋山之饰”。这一记载可以与上述出土文物相互发明。杨伯达先生在对故宫博物院所藏的鹘攫天鹅、山林群鹿两类传世玉器进行系统鉴定之后,认为其中六件鹘攫天鹅玉和三件山林群鹿玉当属金代遗物,其生活基础是女真族的春水秋山,因此

①《秋涧先生大全文集》卷八四《为春水时预期告谕事状》,《四部丛刊》本。
②《金史》卷四三《舆服志下》“衣服通制”。
③阎景全:《黑龙江省阿城市双城村金墓群出土文物整理报告》,《北方文物》1990年第2期。

他将这两种玉佩分别定名为"春水"玉和"秋山"玉①。其中"春水"玉大多以花卉为背景，表现海东青攫天鹅的内容，与《金史》记载的"鹘捕鹅，杂花卉之饰"的服饰图案大致相同。

曾经在金朝生活多年的南宋归明人张棣，在他所著的《金虏图经》中记述了金帝的各色旗帜，其中有"鹰隼二"，即两面图案为海东青的旗帜②。估计这应该是金帝春水时的专用旗帜。另外据明人记载说："今鼓吹中锁刺曲，有名《海东青扑天鹅》，音极嘹亮，盖象其声也。"③我想这首锁刺曲很可能是辽金时代的创作，因为明人没有这种生活基础。

对于金代的女真人来说，海东青已经成为他们生活常识的一部分。1973 年，在西安碑林《石台孝经》碑中心石柱卯眼内发现十一件女真文书残页，据女真字专家金启孮先生研究的结果，判断它抄写的内容是供金代女真少年学习女真字的一种启蒙读物，时代当在金朝前期，很可能就是女真大字的创造者完颜希尹编纂的《女真字书》④。这些文书残页均为四字一句，内容涉及天文、地理、时序、动植物、日常用具等等生活常识，其中有一句是"鹰鹅海青"⑤，可见

---

①杨伯达：《女真族"春水"、"秋山"玉考》，《故宫博物院院刊》1983 年第
2 期。
②《三朝北盟会编》卷二四四引《金虏图经》。
③《留青日札》卷一九《海东青扑天鹅》，朱碧莲点校，上海古籍出版社，
1992 年。
④《金史》卷七三《完颜希尹传》曰："太祖命希尹撰本国字。……天辅三
年八月，《字书》成，太祖大悦，命颁行之。"又《金史》卷七〇《完颜宗宪
传》曰："宗宪，本名阿懒。颁行《女直字书》，年十六，选入学。"
⑤刘最长、朱捷元：《西安碑林发现女真文书、南宋拓全幅集王〈圣教序〉
及版画》，《文物》1979 年第 5 期；金启孮：《陕西碑林发现的女真字文
书》，《内蒙古大学学报》1979 年第 1、2 期合刊。

海东青在女真人的生活中占有一个什么样的位置。

　　金人常常习惯于用海东青来比拟人物,这也从一个侧面反映出海东青为人们所熟悉和看重的程度。如金章宗褒扬左司都事李仲略之明干,谓"仲略精神明健,如俊鹘脱帽"①。李纯甫《送李经》诗,有"髯张元是人中雄,喜如俊鹘盘秋空"之句②。《归潜志》卷三曰:"王郁飞伯,奇士也。……仪状魁奇,目光如鹘。"元好问《太原赠张彦远》诗云:"闲闲骑鲸去灭没,当年爱君俊于鹘。"③金末元初的女真人石君宝,在他创作的杂剧《紫云庭》中,也以"你个拏雁的海东青"来喻人④。值得注意的是,不仅仅是女真人,就连金代的汉族士人也对海东青如此垂注。

　　如果不了解金朝的捺钵制度,我们恐怕很难理解像海东青这样一种猎鹰为什么会在女真人的心目中占有那么重要的地位。在女真人看来,海东青不仅仅是一种禽兽而已,实际上它可能具有某种图腾的性质。

二　秋山考

　　辽代的"秋山"是秋捺钵的同义词,而金代的情况则有所不同。综合金代文献来看,"秋山"有广义、狭义之分,广义的"秋山"包括春水之外的一切围猎(或称田猎、畋猎)活动,金人所说的

---

①《金史》卷九六《李仲略传》。
②《中州集》卷四。
③《遗山集》卷四,《元好问全集》点校本,山西人民出版社,1990 年。
④《紫云庭》第一折,隋树森:《元曲选外编》第 2 册,中华书局,1959 年。

秋山大多是这种意思；狭义的"秋山"则专指秋猎而言，不过据我所见，只有《金史·章宗纪》里的"秋山"一词才是这样的概念，章宗朝九次秋猎，《章宗纪》均明确称之为"秋山"，这只能当做一种特例来看待。本文所说的秋山是指前一种概念。

广义的秋山实际上也可以大致分为夏、秋、冬三个单元，只是它们的时间界限远不如辽朝的四时捺钵那么分明，故没有夏捺钵、秋捺钵、冬捺钵之名。

"驻夏"（或称"坐夏"）是金代捺钵的主要内容之一。女真人不耐暑热，驻夏的主要目的就是为了避暑。《南迁录》曰："炀王（即海陵王）既都燕，以亲王宗室上国人畏暑毒，到二月末遣归始兴沈州龙漠过夏，至八月回京。"①明昌四年，章宗欲赴金莲川驻夏，谓"朕欲巡幸山后，无他，不禁暑热故也"②。不过金朝皇帝的驻夏与辽朝的夏捺钵并不完全是一回事，从时间上来说，驻夏往往包括夏秋两季，因此也有人姑名之为"夏秋捺钵"。

山后是金代历朝皇帝驻夏的主要地区。山后、山前之称始于辽五代时期，辽代所谓的山后、山前是以阴山为界，山后即阴山之北，山前即阴山之南。金代山后、山前的概念与辽代有所不同，从宋金文献来看，山前、山后的地理范围大致是与燕、云相对应的，山前、山后的分界线是燕山；不过在金人的概念里，山后的地理范围还要更宽泛一些，似乎西北、西南路边堡以南地区皆可称山后，即大体包括整个西京路的范围。

————————

① 《南迁录》之为伪书，早已成为定论，但此书既为南宋人所伪撰，书中有关金朝历史之记载未必全无价值，如此书谓绍兴九年金人归河南、陕西地于宋是为了诱歼宋军于中原，这一说法即为宋史研究者普遍采纳。
② 《金史》卷九五《董师中传》。

山后的炭山是辽朝传统的夏捺钵之地,其地在今河北省沽源县境内,契丹语称为"旺国崖",《辽史》中又多称"陉头"、"凉陉",都是指的这个地方。金代文献中通称此地为凉陉,凉陉的北面就是世宗以后固定的驻夏场所金莲川。金代自太宗时起就有在凉陉驻夏的记录,天会七年二月发布的《差刘豫节制诸路总管安抚晓告诸处文字》说:"今缘逆贼逃在江浙,比候上秋再举,暂就凉陉。"①说明是年太宗即驻夏于凉陉。

熙宗朝也主要在山后地区驻夏。天眷三年,熙宗指责左丞相完颜希尹说:"凡山后沿路险阻处令朕居止,善好处自作捺钵。"②但熙宗时期的驻夏有确切地点可考的只有两次。一次是天眷三年,是年四月,熙宗自上京前往燕京,六月,途经凉陉,在此驻夏③。另一次是皇统九年,《金史》卷二四《地理志》在北京路临潢府下有注曰:"有撒里乃地,熙宗皇统九年尝避暑于此。"撒里乃是辽朝后期的夏捺钵之一,辽道宗曾多次在此驻夏。关于撒里乃地的所在,上引《地理志》记临潢府边堡曰:"东北自达里带石堡子至鹤五河地分,临潢路自鹤五河堡子至撒里乃,皆取直列置堡戍。……自撒里乃以西十九堡,旧戍军舍少。"按鹤五河堡子在今内蒙古科尔沁右翼中旗境内,从边堡走向来看,撒里乃当在其西南方向。可以肯定地说,它不属于山后的范围。

海陵一朝的驻夏见于明确记载者只有一次。天德四年四月,"上自泰州如凉陉",在此驻夏打围④。《海陵庶人实录》修于世宗

---

①《大金吊伐录》卷四。
②《三朝北盟会编》卷一九七绍兴九年七月引苗耀《神麓记》。此据光绪三十四年许涵度刻本,以明湖东精舍钞本校正。
③《金史》卷四《熙宗纪》。
④《金史》卷五《海陵纪》。

大定间,着意于渲染海陵王的过恶,而于史实的记载颇嫌简陋,故海陵朝的春水秋山多缺乏记载。

金朝前期,女真宗室权贵也常驻夏于山后。天会七年"五月六日,粘罕将避暑于白水泊,谓(张)孝纯曰:'公于此无治生事,俟某秋归,当还公于乡里。'"[①]左副元帅宗翰(即粘罕)时在云中(今山西省大同市),白水泊位于云中之北,在今天的内蒙古察哈尔右翼前旗境内,今称黄旗海。从天会三年率军攻宋到天会十三年入朝领三省事,左副元帅宗翰前后驻守云中达十一年之久,距此不远的白水泊大概是他一贯的驻夏之地。天会十年夏,宗翰还曾在白水泊开科取士,详见下文。

凉陉也是女真贵族一个经常性的驻夏场所。早在天会五年,右副元帅宗望就曾经驻夏于凉陉,并死于此地[②]。天眷二年,"鲁国王挞懒罢都元帅,以四太子兀术代之,差吏部尚书亨作天使,就祁州问罪"。当时在祁州(治蒲阴,今河北省安国县)的挞懒与其诸子商议说:"虽夺我元帅府兵马,尚有本千户及强壮得力家人部曲,可从山后诈伪赴凉陉,往阙下,问因何罪如是罢权。"[③]从挞懒的话中可以看出,他大概曾多次在凉陉驻夏,所以欲以此为借径赴朝廷。另有一条宋代史料记载说:"绍兴九年,挞懒避暑于蔚州麻田大岭。"[④]蔚州属西京路,州治灵仙县(今河北省蔚县),本不在燕山之北,但当时人们一般也是将它视为山后的。天会二年使金的马扩曾对金人说:"贵朝言定山后更别无经略,及至先交了

---

① 《三朝北盟会编》卷一九三引张汇《金虏节要》。
② 《金史》卷七四《宗望传》。
③ 《三朝北盟会编》卷一九七引苗耀《神麓记》。
④ 《三朝北盟会编》卷一九七引《金虏节要》。

蔚州,却纵兵马取夺。"①

　　世宗时期以金莲川为固定的驻夏地点。金莲川一带属西京路辖区,其地在今内蒙古自治区正蓝旗和河北沽源县之间的滦河南岸,原名曷里浒东川②,其南面就是辽朝的夏捺钵地凉陉,契丹语称"旺国崖",或作望国崖、尫国崖、王国崖等。世宗大定八年,"改旺国崖曰静宁山,曷里浒东川曰金莲川"③。《金史》卷二四《地理志》曰:"曷里浒东川更名金莲川,世宗曰:'莲者连也,取其金枝玉叶相连之义。'"金莲川之得名,是因为此地盛开艳丽的金莲花。据说在今天的滦河南岸,仍有一片东西长近十里、南北宽一至三里的草原,每到夏季便开满了金莲花,当地人称为"沙拉塔拉",意为"黄色的平野",亦即"金莲川"之意④。

　　世宗之所以选择金莲川作为驻夏捺钵之地,主要是因为这里的自然环境非常适宜于避暑。金人梁襄云:"金莲川在重山之北,地积阴冷……气候殊异,中夏降霜。"⑤金莲川盛夏无暑,是由于海拔较高的缘故,据元好问说:"山后凉陉金莲川在都西州四百里而近,其地最高,夏至昼六十三刻,夜三十七刻。"⑥元人也有类似的

---

①《三朝北盟会编》卷一九引马扩《茆斋自叙》。
②贾敬颜《王恽〈开平纪行〉疏证稿》云:"曷里浒,又名界里泊、辖里袅、辖里尼要、押里尼要。袅(或尼要)即脑儿,浒也,泊也。今称好莱诺尔(张北县境内)。曷里浒东川,言其为曷里浒以东之平川也。"见《元史论丛》第5辑,中国社会科学出版社,1993年。
③《金史》卷六《世宗纪上》。
④陈高华、史卫民:《元上都》,吉林教育出版社,1988年,10页。
⑤《金史》卷九六《梁襄传》。
⑥《续夷坚志》卷三"测影"条,常振国点校本,中华书局,1986年,49页。

记载:"上都本草野之地,地极高,甚寒。"①元上都开平城就建在金莲川,元朝皇帝每年夏天都要到此避暑。金莲川以其得天独厚的自然环境,成为辽金元三代的避暑胜地。

除了宜人的气候条件之外,世宗选择金莲川驻夏也还有其他方面的考虑。金莲川所在的滦河上游临近西北路边堡,是金朝控制漠北蒙古、塔塔儿等部的前哨阵地,其地理位置相当重要,章宗明昌六年册静宁山(即旺国崖)山神为镇安公,册文谓其"南直都畿,北维障徼"②,就点出了它的重要性所在。世宗在此驻夏,实兼有巡边耀武、威慑北边各族的用意。自熙宗以来,漠北的蒙古等部时见侵扰,世宗时北疆尚不安靖。大定六年,世宗欲往凉陉驻夏,太子詹事兼谏议杨伯雄等人谏阻,世宗不听,"是年,至凉陉,徼巡果有疏虞"③。大概就在此后不久,谏议移剌子敬、右补阙粘割斡特剌、左拾遗杨伯仁共同提出一个建议:"车驾至曷里浒,西北招讨司囿于行宫之内地矣。乞迁之于界上,以屏蔽环卫。"世宗遂下诏曰:"招讨斜里虎可徙界上,治蕃部事;都监撒八仍于燕子城治猛安谋克事。"④金朝的招讨司皆置于北部边境地区,专领猛安谋克户和蕃部,不领州县民户。其中西北路招讨司寄治于西京路桓州⑤,桓

---

①孔齐:《至正直记》卷一"上都避暑"条,庄敏、顾新点校本,上海古籍出版社,1987年,1—2页。
②《金史》卷三五《礼志八》。
③《金史》卷一〇五《杨伯雄传》。
④《金史》卷八九《移剌子敬传》。
⑤《金史》卷二四《地理志上》谓西北路招讨司置司丰州,卷四四《兵志》又谓置司应州,皆误。谭其骧先生《金代路制考》据《大金国志》卷三八《京府州军》的记载,指出西北路招讨司实置司于桓州,见《辽金史论文集》,辽宁人民出版社,1985年。

州州治在金莲川西北约二十公里处（今遗址尚存），移剌子敬等人为保障行宫的安全起见，主张将西北路招讨司北迁至"界上"，这里说的"界上"，应该是指西北路边堡。世宗部分采纳了这个建议，令招讨使斜里虎北迁界上以治蕃部事，而招讨司都监撒八仍留燕子城治猛安谋克事，燕子城是在桓州设立的一处榷场。

如前所述，早在世宗之前，金太宗、熙宗、海陵王以及宗望、挞懒等人都曾驻夏于凉陉。世宗第一次驻夏凉陉是大定六年，是年夏，"上幸西京，欲因往凉陉避暑"①，遂于八月初至凉陉，但只作了短期停留。大定八年，世宗第二次赴凉陉，改曷里浒东川为金莲川、旺国崖为静宁山，大概就在此时确定以金莲川为固定的驻夏场所，并在金莲川以南的凉陉建立了驻夏行宫景明宫。《金史》曰："景明宫，避暑宫也，在凉陉。有□□殿、扬武殿，皆大定二十年命名。"②景明宫的规模并不大，梁襄谏幸金莲川之文，谓"今行宫之所，非有高殿广宇城池之固。……所次之宫，草略尤甚，殿宇周垣唯用毡布"③，可见这是一座很简陋的建筑。不过从辽朝的捺钵来看，根本就没有什么像样的行宫，一般是用毡帐搭成的围幕，这正符合游猎民族的生活方式，本没有什么值得奇怪的地方，但在身为汉人的梁襄看来，这样的行宫就未免太过于简陋了。

世宗在位二十九年间，至少有十年驻夏于金莲川④。其中从大定十二年到二十二年，基本上是隔年一赴金莲川。在金莲川驻

①《金史》卷一○五《杨伯雄传》。
②《金史》卷二四《地理志上》，西京路桓州条。
③《金史》卷九六《梁襄传》。
④据《金史·世宗纪》记载，世宗分别于大定六年、八年、十二年、十四年、十五年、十六年、十八年、二十年、二十二年、二十七年共计十次前往金莲川驻夏。

夏的时间一般为四至五个月，通常是四、五月间由中都启程，九月返回，只有两次是在八月返回的。因此，从时间上来说，所谓的"驻夏"，实际上是跨有夏秋两季，既不同于辽朝的夏捺钵，也不同于辽朝的秋捺钵。

世宗朝虽以驻夏金莲川为常规，但也有两次例外。一次是大定十年，根据《金史》卷六《世宗纪》的记载，是年五月至八月，世宗驻夏柳河川。柳河川无考。按大定十一年正月世宗曾对宰执说过"往岁清暑山西"的话①，金莲川只能称为"山后"或"山北"，不能称为"山西"，称"山西"者必定是指河东，所以我估计世宗说的就是大定十年的事情，柳河川大概是在河东境内的某个地方。另外一次例外是大定二十五年驻夏天平山、好水川。大定二十四年三月，世宗北巡上京，次年五月自上京返回中都途中，"次天平山、好水川"；七月，"发好水川"②。《大金故鲁国大长公主墓志铭》曰："世宗还自金源，清暑于好水。"③就是指的这件事。天平山、好水川地属北京路临潢府，位于今内蒙古扎鲁特旗境内。《金史》卷二四《地理志》临潢府下小注云："有天平山、好水川，行宫地也，大定二十五年命名。"这说明天平山和好水川都是世宗是年在此避暑时才改定的名称。

世宗时期在山后还有一处名为"草泺"的驻夏之地。大定九年五月，世宗命太子允恭"避暑于草泺"，允恭奏曰："远去阙廷，独就凉地，非臣子所安，愿罢行。"世宗说："汝体羸弱，山后高凉，故

---

①《金史》卷六《世宗纪上》。
②《金史》卷八《世宗纪下》。
③北京市文物工作队：《北京金墓发掘简报》，《北京文物与考古》第 1 辑，1983 年。

命汝往。"①草泺的具体位置还有待考定。世宗本人是否曾在该地驻夏，也不得而知。

到了章宗时期，由于时势的变化，已很少到远离中都的山后去避暑了。章宗在位二十年，只有三年是在山后驻夏，其中的金莲川之行仅有一次而已。

早在世宗大定年间，因"车驾频年幸金莲川"，时任薛王府掾的梁襄就上疏反对，谓金莲川远在山后极边之地，无高城峻池之固，非帝王临幸之所，"议者又谓往年辽国之君，春水秋山、冬夏捺钵，旧人犹喜谈之，以为真得快乐之趣，陛下效之耳。臣愚以谓三代之政今有不可行者，况辽之过举哉。且本朝与辽室异，辽之基业根本在山北之临潢，……我本朝皇业根本在山南之燕，岂可舍燕而之山北乎"。因此他建议世宗就近在中都周边州县驻夏畋猎②。世宗读了此疏，当年曾为之辍行，但以后仍频频前往金莲川捺钵。梁襄的意见代表了汉族官僚对女真人游猎生活旧习的一种反动，但对于竭力维护女真文化传统的金世宗来说，这种意见恐怕是不中听的。

章宗时，一方面由于女真族的汉化程度已深，另外更重要的一个原因，乃是因为北部边境外患的严重，于是在朝廷臣僚中反对游幸金莲川的呼声越来越高。金朝与漠北诸部的战争是明昌六年爆发的，但是此前数年间已经边患频生。明昌四年夏，章宗"将幸景明宫"，御史中丞董师中、侍御史贾铉等极力谏阻，"以谓

---

①《金史》卷一九《世纪补·显宗纪》。
②《金史》卷九六《梁襄传》。此事又见于《闲闲老人滏水文集》卷一一《梁公墓铭》，但均不著年份。按梁襄为大定三年（1163）进士，任薛王府掾约在大定十几年间。

'劳人费财,盖其小者,变生不虞,所系非轻。……今边鄙不驯,反侧无定,必里哥孛瓦贪暴强悍,深可为虑'",又谓"今都邑壮丽,内外苑囿足以优佚皇情,近畿山川飞走充牣,足以阅习武事,何必千车万骑,草居露宿,逼介边陲,远烦侦候,以冒不恻之悔哉"①。时谏官许安仁、路铎也上疏反对,谓"金莲千里之外,邻沙漠,隔关岭,万一有警,何以应变? 此不可不虑也"②。在这种情势下,章宗不得不打消了到金莲川驻夏的念头。次年四月,章宗"复如景明宫",朝廷内外仍是一片反对之声,礼部尚书张晞、御史中丞董师中、右谏议大夫贾益谦等皆上疏极谏,"语多激切",但章宗执意前往,结果终于成行③。

这是金帝最后一次驻夏金莲川。次年,漠北边部叛金,从此战事频仍,毗邻边地的金莲川当然也就不宜于优游消暑了。及至卫绍王大安元年(1209),金莲川的驻夏行宫终于被入侵的蒙古人一把大火焚毁。是年二月十三日,南宋臣僚向宋宁宗报告说:"近日闻北边为鞑靼侵扰,已焚了凉亭、金莲川等处,去燕山才六七百里。昨日贺正人使回,言与所闻亦略同。"④宋人所说的"凉亭"大概是"凉陉"之讹。元初陈孚《金莲川》诗,有"昔人建离宫,今存但古瓦"句⑤,写的就是金莲川被焚后的情况。

---

①《金史》卷九五《董师中传》。
②《金史》卷九六《许安仁传》。
③《金史》卷一〇〇《路铎传》、卷一〇六《贾益谦传》。
④《宋会要辑稿》兵二九之四七。
⑤《陈刚中诗集》卷三《金莲川》,影印文渊阁《四库全书》本。作者在诗题下写有这样一条小注:"金章宗与李妃避暑于此。有泰和宫,今废。"按金莲川的驻夏行宫是景明宫,而泰和宫则是章宗在宣德州龙门县新建的一所驻夏行宫,这说明元初人对金莲川的历史已不甚了了。

章宗时期在山后的另一所驻夏行宫是西京路宣德州龙门县的泰和宫（后改称庆宁宫）。泰和二年（1202），章宗第一次在泰和宫驻夏。是年五月戊申，"如泰和宫。辛亥，初荐新于太庙。壬戌，谕有司曰：'金井捺钵不过二三日留，朕之所止，一凉厦足矣。若加修治，徒费人力。其藩篱不急之处，用围幕可也。'甲子，更泰和宫曰庆宁，长乐川曰云龙。……（八月）丁酉，还宫"①。《中州集》卷首载有章宗一首题为《云龙川泰和殿五月牡丹》的七绝，诗云："洛阳谷雨红千叶，岭外朱明玉一枝。地力发生虽有异，天公造物本无私。"所谓"泰和殿"即泰和宫。诗题既称"泰和殿"，当是泰和二年第一次驻夏泰和宫时所作。

　　泰和宫所在的龙门县位于今河北省赤城县西南，地处燕山之北，也属于金代的山后地区。《金史》卷二四《地理志》龙门县下注明："有庆宁宫，行宫也，泰和五年以提举兼龙门令。"据《金史》卷五六《百官志》记载，庆宁宫置有提举司，提举为正七品，《地理志》所谓"以提举兼龙门令"，即此。值得注意的是，章宗泰和二年的此次行动也遭到朝臣的反对，《金史》卷九六《李愈传》曰："泰和二年春，上将幸长乐川，愈切谏曰：'方今戍卒贫弱，百姓骚然，三叉尤近北陲，恒防外患。兼闻泰和宫在两山间，地形狭隘，雨潦遄急，固不若北宫池台之胜，优游闲适也。'上不从。"这里所说的"三叉"和上文提到的"金井"，都是为了在泰和宫驻夏围猎的需要而设有捺钵（小型行宫）的地方，其准确的地理位置虽不可考，但肯定都在泰和宫周边的行猎区域之内。《金史》卷九八《完颜纲传》载：明昌间，"诏三叉口置捺钵，纲上疏谏，疏中有云'贼出没其间'，诏尚书省诘问，所言不实，章宗以纲谏官，不之罪"。根据这

────────────

①《金史》卷一一《章宗纪三》。

条史料可以知道,大概从明昌后期开始,章宗就着手在龙门县经营一处新的驻夏场所。由于北边形势的变化,到金莲川驻夏显然已不合时宜,龙门县大致处于中都和金莲川的中途,与北部边境还有相当一段距离,所以章宗选择了这个地方。

　　章宗第二次驻夏庆宁宫是泰和五年五月至闰八月①,这也是章宗最后一次到山后捺钵。由于北边局势不靖,加上朝廷群臣的一再反对,章宗朝大多数年份只在中都郊外避暑。中都城郊规模最大的一所离宫是万宁宫②,《金史》云:"京城北离宫有太宁宫,大定十九年建。后更为寿宁,又更为寿安,明昌二年更为万宁宫。……有琼华岛。"③万宁宫在金中都城东北郊,即今北京北海公园一带,其中的琼华岛也就是今日北海公园之琼岛。元好问说:"寿宁宫有琼华岛,绝顶广寒殿。"④琼华岛上的广寒殿是金代中后期著名的避暑胜地,耶律铸《龙和宫赋》"布金莲于宝地,散琼华于蓬丘"句下有注曰:"金莲川即山北避暑宫,琼岛即山南避暑宫。"⑤这里说的"山北"、"山南"与"山后"、"山前"是同一个意思,将琼岛与金莲川相提并论,可见它当时主要是以避暑胜地而著称。万宁宫自大定十九年落成后,世宗除了去金莲川避暑之外,其余各年均在万宁宫度夏。章宗时期,除明昌五年及泰和二年、五年到山后避暑外,其他多数年份也都在万宁宫避暑,一般是三四月前往,八月返回。此外有时也去中都西北郊的玉泉山行宫

①《金史》卷一二《章宗纪四》。
②《金史》卷一〇《章宗纪二》载:明昌六年五月,"命减万宁宫陈设九十四所"。可见其规模之大。
③《金史》卷二四《地理志上》。
④《遗山集》卷九《出都》诗二首之二自注。
⑤《双溪醉隐集》卷一,影印文渊阁《四库全书》本。

或香山行宫度夏。

必须指出的是,世宗、章宗时期在中都城郊离宫的度夏与其在山后的驻夏具有不同的性质,不能列入捺钵的范围。因为在山后驻夏还包括相应的围猎活动,即所谓的"秋山",而在中都郊外的度夏仅仅是避暑而已。历代帝王孰无离宫别馆,我们当然不能将帝王的一切出行都视为捺钵,这里应该有一个明确的界限。

秋山是驻夏的一项重要活动。虽名之曰"秋山",其实未必以山为主,如山后驻夏的主要围猎场所就是草原,金莲川、云龙川都是如此。实际上,驻夏金莲川的说法是不够准确的,王恽谓"金人驻夏金莲、凉陉一带"①,比较接近事实;准确的说法应该是:驻夏于凉陉的景明宫,秋山于金莲川。庆宁宫(泰和宫)和云龙川(长乐川)的关系也是这样,前者是驻夏行宫,后者是秋山的场所。

关于金莲川和云龙川的秋山情况,金人诗文中有所反映。金末人杨果《羽林行》有曰:"当时事少游幸多,御马御衣尝得赐。年年春水复秋山,风毛雨血金莲川。归来宴贺满宫醉,山呼摇动东南天。"②这里描述的是世宗、章宗时代在金莲川秋山的情形。又赵秉文有诗赋云龙川秋山:"一望金莲五色中,离宫风月满云龙。向来菡萏香销尽,何许蔷薇露染浓。秋水明边罗袜步,夕阳低处紫金容。长扬猎罢回天仗,万烛煌煌下翠峰。"此诗见于《闲闲老人滏水文集》卷七,诗题作《金莲川》,但我以为这个题目恐怕是被后人误题的。赵秉文是大定二十五年进士,扈从春水秋山是泰和间任职翰苑时的事情,此时章宗早已不到金莲川驻夏,而先后两次驻夏于泰和宫,"离宫风月满云龙"句可以证明此诗是咏云龙川

---

① 《秋涧先生大全文集》卷八〇,《中堂记事》(上)。
② 《国朝文类》卷四,《四部丛刊》本。

秋山的，"一望金莲五色中"不过是说云龙川也有金莲花罢了，大概这就是此诗被后人误解误题的原因。

秋山围猎以射鹿为主，故赵秉文有"春水围鹅秋射鹿"的说法①。猎鹅、射鹿分别是金代春水、秋山的象征，《金史》记载金人服制说："其从春水之服则多鹘捕鹅，杂花卉之饰；其从秋山之服则以熊鹿山林为文，其长中骭，取便于骑也。"②上文谈到经杨伯达先生鉴定的金代"秋山"玉，其图案即为山林群鹿。劳延煊先生指出，"如果说金帝的春水猎鹅是学步辽朝，那么秋山射鹿倒的确是他们的'国粹'"③。女真人以善于诱猎麋鹿著称，有关早期女真人的记载称其"以桦皮为角，吹作呦呦之声，呼麋鹿，射而啖之"④。赵秉文有《呼群鸣鹿图》诗二首，专门描述秋山时呼鹿射猎的情形，其一云："麇班剥落错古锦，麎角轮囷生肉芝。呦呦谁见群呼态，忆在秋山扈从时。"其二云："霜林枫叶动秋山，谁道呦呦物性闲。同类呼群更媒祸，世间何处不黄间。"⑤梁襄谏幸金莲川疏谈到了围猎鹿群的一些情况："臣又闻，陛下于合围之际，麋鹿充牣围中，大而壮者才取数十以奉宗庙，余皆纵之，不欲多杀。"⑥

但鹿并不是秋山的惟一猎物。《金史》有"章宗秋山射中虎"的记载⑦。元好问《续夷坚志》卷三"猎犬"条曰："泰和五年，道陵

---

① 《闲闲老人滏水文集》卷三《扈从行》。
② 《金史》卷四三《舆服志下》"衣服通制"。
③ 劳延煊：《金朝帝王季节性的游猎生活》(上)，《大陆杂志》23卷11期，1961年12月15日，19页。
④ 《三朝北盟会编》卷三。
⑤ 《闲闲老人滏水文集》卷九。
⑥ 《金史》卷九六《梁襄传》。
⑦ 《金史》卷一二〇《世戚·徒单公弼传》。

（即章宗）猎云龙川。兴州产犬，宗室咬住进数犬，云可备射虎。上因令试之。"猎虎原是辽朝冬捺钵的主要内容之一，金代秋山猎虎大概属于一种随机行为，所以记载不多。又章宗明昌五年金莲川秋山，"七月戊辰，猎于豁赤火……获黄羊四百七十一"①。可见秋山围猎对于猎物并没有什么限定，只不过因为鹿是最为常见的一种猎物，所以射鹿才成为秋山的象征。

除了驻夏期间的秋山围猎之外，秋冬季节的其他围猎活动也属于秋山的内容。熙宗、海陵时期，秋冬围猎还没有形成制度，首先是没有世宗以后"秋猎"、"冬猎"或"秋山"之类的名目，其次时间也很随意，从秋九月直到来年的春二月，都有出猎的记录。熙宗时甚至可能还没有围场制度，时任翰林待制的程寀描述他所见到的围猎情况说："臣幸得近清光，从天子观时畋之礼。比见陛下校猎，凡羽卫从臣无贵贱皆得执弓矢驰逐，而圣驾崎岖沙砾之地，加之林木丛郁，易以迷失。是日自卯及申，百官始出沙漠，独不知车驾何在。瞻望久之，始有骑来报：'皇帝从数骑已至行在。'"熙宗的围猎活动毫无规范，简直有如儿戏。因此程寀建议说："后若复猎，当预戒有司，图上猎地，具其可否，然后下令清道而行。择冲要稍平之地，为驻跸之所，简忠义爪牙之士，统以亲信腹心之臣，警卫左右。俟其麋鹿既来，然后驰射。仍先遣搜阅林薮，明立标帜，为出入之驰道。"②但这些建议当时并未得到采纳。

世宗、章宗时代的秋冬围猎可以说完全制度化了。关于秋猎的名目，《金史》里有不同的叫法，《世宗纪》均称为秋猎，而《章宗纪》则一概称为秋山，其实两者完全是同一个意思。为避免概念

①《金史》卷一〇《章宗纪二》。
②《金史》卷一〇五《程寀传》。

的混淆,本文通称为秋猎。秋猎的时间一般在九、十月间,世宗称"重九出猎,国朝旧俗"①,自大定三年以后,秋猎多在重九日开始出行,但偶尔也有始于八月的。世宗朝有十三次秋猎的记录,每次少则十余日,多则二十余日。章宗朝秋猎九次,每次约一个月左右。冬猎的名目在金代文献中没有歧异。冬猎的时间在十至十二月之间,或自十月至十一月,或自十一月至十二月,个别年份也有晚至十二月才出猎的。每次冬猎时间长短为十余日至二十余日不等。大定十年,兵部尚书耶律子敬以生辰国信使出使南宋,据他对宋人说,金朝皇帝"一年须两三度出猎",每次"往往亦须旬日,或二十日、一月不定"。这里说的就是秋冬围猎②。

除此之外,还有一种特殊的冬猎活动,即腊日的冬猎。《金史》卷六《世宗纪》载,大定三年"十二月丁丑,腊,猎于近郊,以所获荐山陵,自是岁以为常"。章宗泰和二年以前,金朝一直自认本朝德运为金德,故例于十二月丑日行腊祭③,自大定三年始,每年的腊日出猎于中都近郊,成为一种例行活动。这种冬猎有其特殊的目的和意义,且每次仅有一日而已,与春水秋山不可相提并论。

自金朝迁都中都后,秋冬围猎均在中都旁近的州县进行。大定九年,宋人楼钥随舅父贺正旦使汪大猷出使金朝,是年十二月,"初至望都,闻国主近打围曾至此,自后人家粉壁多标写禁约,不

①《金史》卷六《世宗纪上》。
②《建炎以来朝野杂记》乙集卷八"赵温叔探赜虏情"条,徐规点校,中华书局,2000年,下册,629页。
③《大金德运图说》记载章宗明昌间德运之议曰:"刑部尚书李愈以为,本朝太祖以金为国号,又自国初至今八十余年,以丑为腊。"后来经过反复争辩,于泰和二年"更定德运为土,腊用辰"(《金史》卷一一《章宗纪》)。

得采捕野物,旧传为禁杀下令,至此乃知燕京五百里内皆是御围场,故不容民间采捕耳"①。金朝为了秋冬围猎的需要,规定中都五百里内为禁猎区,不许百姓捕猎,宋人因不知底细,故曾误以为是因为禁止杀生的缘故而作此规定的。大定十年使金的范成大,在其纪行诗《卢沟》诗题下有注曰:"去燕山三十五里。虏以活雁饷客,积数十只,至此放之河中,虏法五百里内禁采捕故也。"②这和楼钥的记载是完全一致的。依据这个规定,我们可以将中都周边五百里地界视为秋冬围猎的大致范围③。从《金史》的记载来看,距中都最远的一次围猎活动是章宗明昌元年的冬猎,远至深州饶阳(今河北省饶阳县)④。但经常性的围猎地区还是毗邻中都的一些州县,如蓟州(治今河北省蓟县)、顺州(治今北京市怀柔县)、霸州(治今河北省霸州市)、保州(治今河北省保定市)、安肃州(治今河北省徐水县)等地。

宣宗迁都开封后,河南人夥地少,"凡有闲田及逃户所弃,耕垦殆遍"⑤,然而即便是在这种情况下,仍旧规定开封周围百里之内为皇家围场,直到金朝临近亡国时才明令废除猎地。王鹗《汝南遗事》卷四《总论》在列举哀宗德政时,有曰"罢猎地以裕民",注曰:"旧制,附京百里禁捕猎,扈逻官军所至骚扰。正大五年敕令罢之。"《金史》卷一七《哀宗纪》则将此事记在正大六年(1229)

①《北行日录》(上),《攻媿集》卷一一一。
②《范石湖集》卷一二,上海古籍出版社,1981年。
③元朝也有类似的规定,《通制条格》卷二八《杂令》载世祖中统三年(1262)圣旨曰:"中都四面各五百里地内,除打捕人户依年例合纳皮货的野物打捕外,禁约不以是何人等,不得飞放打捕鸡兔。"
④《金史》卷九《章宗纪一》。
⑤《金史》卷一○七《高汝砺传》。

十二月："罢附京猎地百里，听民耕稼。"这表明南渡以后，虽然捺钵制度已不复存在，但秋冬季节的围猎大概仍是一项例行的活动。

围猎是女真人最喜爱的一项传统活动。金太祖完颜阿骨打曾对宋使马扩宣称："我国中最乐无如打围。"[1]即便在女真人入居中原后，仍旧乐此不疲。南宋归正人张棣对此有详细的记述：

> 虏人无它技，所喜者莫过于田猎。昔都会宁之际，四时皆猎焉。至亮徙燕，以都城之外皆民田，三时无地可猎，候冬月则出，一出必逾月，后妃、亲王、近臣皆随焉。每猎，则以随驾之军密布四围，名曰围场。待狐、兔、猪、鹿散走于围中，虏主必射之，或以雕鹰击之，次及亲王、近臣。出围者许人捕之。饮食随处而进，或与亲王、近臣共食。遇夜，则或宿于州县，或宿于郊野无定。亮以子光英年十二获獐，取而告太庙。哀立尤甚，有三事令臣下谏：曰饭僧，曰作乐，曰围场。其重田猎也如此。[2]

按此处"哀"当为"褒"之误，完颜褒即金世宗完颜雍之原名[3]。从《金史》中看，世宗朝的围猎活动实际上还是相当频繁的。章宗即位以后，严重干扰农业生产的围猎活动遭到了汉族官僚越来越强烈的反对，甚至连有的女真官僚也对此持批评态度。章宗大定二

---

① 《三朝北盟会编》卷四引马扩《茆斋自叙》。
② 《三朝北盟会编》卷二四四引张棣《金虏图经》。
③ 金世宗之原名，《金史》不载，此据金《通慧圆明大师塔铭》，见邹宝库：《辽阳市发现金代〈通慧圆明大师塔铭〉》，《考古》1984 年第 2 期。

十九年六月,"修起居注完颜乌者、同知登闻检院孙铎皆上书谏罢围猎";同年九月,章宗猎于中都近郊,"监察御史焦旭劾奏太傅克宁、右丞相襄不应请车驾田猎";十月,平章政事张汝霖"谏止田猎"①。在这种情况下,章宗不得不对女真人的围猎活动稍加约束。明昌元年正月,"制诸王任外路者许游猎五日,过此禁之,仍令戒约人从,毋扰民";二月,"遣谕诸王,凡出猎毋越本境";明昌三年二月,"敕猛安谋克许于冬月率所属户畋猎二次,每出不得过十日"②。对于违禁的女真贵族,有时甚至给予严厉的处分,如章宗从父豫王永成明昌间判真定府事,"坐率军民围猎,解职",章宗赐诏称:"偶因时猎,颇扰部民,法所不宽,宪台闻上。"③尽管如此,上述禁令似乎仍不过是具文而已,如宣宗贞祐三年(1215)九月,"以秋稼未获,禁军官围猎"④,值得注意的是,类似的记载在《金史》中屡见不一见,这说明女真人的围猎活动是禁而不止的。直到哀宗时,还有这样的记载:正大四年十月,"外台监察御史谏猎,上怒,以邀名卖直责之"⑤。反对围猎的意见并不能阻止哀宗的围猎活动,即便是在金朝危在旦夕的时候。由此可见女真人对围猎的迷恋之深,用心之执着。

金朝的秋山围猎,除了娱乐和避暑之外,还有一个很重要的目的,就是借此操习骑射。女真是一个马上民族,金朝前期,女真人"止以射猎、打围便为战阵,骑射、打毬阅习轻锐"⑥。在对辽宋

①《金史》卷九《章宗纪一》。
②《金史》卷九《章宗纪一》。
③《金史》卷八五《豫王永成传》。
④《金史》卷一四《宣宗纪上》。
⑤《金史》卷一七《哀宗纪上》。
⑥《三朝北盟会编》卷二三〇载归正人崔淮夫、梁曳《上两府札子》。

两国的战争中,女真人表现出极强的战斗力。但金代中期以后,女真的汉化逐渐加深,从而导致其传统尚武精神的沦丧。世宗曾对兵部郎中高通说:"女直旧风,凡酒食会聚,以骑射为乐。今则弈棋双陆,宜悉禁止,令习骑射。"①大定八年选女真人为侍卫亲军,而"其中多不能弓矢"②。大定十年三月,"宋、高丽、夏遣使来贺。丙辰,上因命护卫中善射者押赐宋使射弓宴,宋使中五十,押宴者才中其七"③。这并不是一次偶然的输赢。大定间,太子允恭曾上奏说:"每遣奉使入宋国,朝射往往不胜,有损国威,今后使人射不胜者乞加罪。"④金朝以武立国,骑射本是女真人最擅长的技艺,如今竟不敌宋人。

这种情况使女真统治者意识到了问题的严重性,世宗、章宗都曾采取某些措施来倡导和敦促女真人习武,其中就包括围猎活动。大定间,朝廷臣僚向世宗进谏说:"陛下为天下主,系社稷之重,又春秋高,围猎击毬危事也,宜悉罢之。"世宗明确回答说:"朕以示习武耳。"⑤梁襄亦谓世宗"远幸金莲,至于松漠,名为坐夏打围,实欲服劳讲武"⑥。世宗不但自己亲为倡导,而且也很看重一般女真百姓的围猎活动,大定二十六年十月,他对宰执说:"西南、西北两路招讨司地隘,猛安人户无处围猎,不能闲习骑射。"⑦在世宗看来,围猎对于女真人乃是一项必不可少的活动,其目的就是

①《金史》卷八〇《完颜方传》。
②《金史》卷八八《纥石烈良弼传》。
③《金史》卷六《世宗纪上》。
④《三朝北盟会编》卷二三三引张棣《正隆事迹》。
⑤《金史》卷六《世宗纪上》。
⑥《金史》卷九六《梁襄传》。
⑦《金史》卷八《世宗纪下》。

为了"闲习骑射"。章宗也试图采取各种办法使女真人保持骑射之长技，大定二十九年十二月，"谕有司，女直人及百姓不得用网捕野物，及不得放群雕枉害物命，亦恐女直人废射也"①。自世宗大定间创立女真进士科以来，女真人竞趋此途，越来越多地丧失了其传统的尚武精神，章宗为了对这种趋势加以遏制，特地规定在女真进士的考试内容中加试射箭。明昌间，"令猛安谋克举进士，试以策论及射，以定其科甲高下"②；承安三年又进一步明确规定："女直人以年四十五以下，试进士举，于府试十日前，委佐贰官善射者试射。"③这些措施与世宗倡导围猎的用心是完全一致的。

三 总论

金朝的捺钵虽然不像辽朝那样始终是国家的政治中心，但春水秋山在金代政治生活和社会生活中的重要性也是不可忽视的。金朝诸帝一年之中往往有半年以上的时间不住在都城里，而所谓的春水秋山当然也并不只是娱乐嬉戏而已。

金朝皇帝的春水秋山，就其扈从队伍的规模来说，可谓相当可观。大定间，梁襄谏幸金莲川曰："方今幅员万里，惟奉一君，承平日久，制度殊异，文物增广，辎重浩穰，随驾生聚，殆逾于百万。如何岁岁而行，以一身之乐，岁使百万之人困于役、伤于财、不得

①《金史》卷九《章宗纪一》。
②《金史》卷四四《兵志》。
③《金史》卷五一《选举志一》。

其所,陛下其忍之欤?"①我想梁襄的说辞肯定有某种程度的夸张成分,即使把沿途供役的百姓都算在内,恐怕也不会"逾于百万"。章宗明昌四年,御史中丞董师中等谏幸景明宫,谓扈从者"口以万数"②,大概是比较接近事实的。即便是这数万人的扈从,也是一支浩浩荡荡的庞大队伍。在中都周边州县进行的秋猎和冬猎,时间既短,扈从规模也小得多,如世宗时的秋猎,一般是"扈从军二千"③。

　　春水秋山,秋冬围猎,后妃必随侍于侧。如熙宗太子济安为悼平皇后所出,而《金史》谓"济安皇统二年二月戊子生于天开殿"④。据《金史》卷四《熙宗纪》,皇统二年二月丁卯至三月辛丑,熙宗在爻剌天开殿春水,太子济安既生于此,说明当时悼平皇后也在爻剌。又《金史》卷六四《世宗元妃李氏传》记载说:"大定二十一年二月,上如春水,次长春宫。戊子,妃以疾薨。"世宗在位近三十年,始终没有立过一位皇后,元妃李氏"下皇后一等,在诸妃上",实际上具有皇后的地位,世宗是年春水于滦州石城县长春宫,随行的元妃李氏即卒于此。以上二事都反映了后妃扈从春水的事实。又张棣记海陵时的冬猎情况,谓"一出必逾月,后妃、亲王、近臣皆随焉"⑤。

　　太子和诸皇子一般也要扈从春水秋山,尤其是太子更是经常随同皇帝出行。如大定间,太子允恭"事世宗,凡巡幸西京、凉陉,

---

①《金史》卷九六《梁襄传》。
②《金史》卷九五《董师中传》。
③《金史》卷六《世宗纪上》。
④《金史》卷八〇《熙宗二子传》。
⑤《三朝北盟会编》卷二四四引张棣《金虏图经》。

及上陵、祭庙,谒衍庆宫,田猎观稼,拜天射柳,未尝去左右"①。刘迎时为太子司经,"显宗(即太子允恭)特亲重之。(大定)二十年,从驾凉陉,以疾卒"②。刘迎之卒于凉陉,就是因为当时太子允恭正在金莲川扈从世宗捺钵的缘故。允恭之子金章宗即出生在金莲川,《金史》卷九《章宗纪》载:章宗"小字麻达葛,显宗嫡子也。……大定八年,世宗幸金莲川,秋七月丙戌,次冰井,上生。翌日,世宗幸东宫,宴饮欢甚……又谓司徒李石、枢密使纥石烈志宁等曰:'朕子虽多,皇后只有太子一人。幸见嫡孙又生于麻达葛山,朕尝喜其地衍而气清,其以山名之。'"麻达葛山是女真语的译名,因章宗生于此山,世宗遂以"麻达葛"为章宗命名。《金史》卷二四《地理志》西京路抚州下有注曰:"有麻达葛山,大定二十九年更名胡土白山。"麻达葛山之更名,显然是由于章宗在这年正月即了帝位,所以要避其名讳。章宗出生于麻达葛山的事实,说明当时太子允恭及其妻室都在金莲川扈从世宗捺钵。除了太子之外,诸皇子也常常随同皇帝出行,大定间,参知政事梁肃谏"四时畋猎",世宗向他解释说:"朕诸子方壮,使之习武,故时一往尔。"③《金史》中还可以见到一些诸皇子扈从春水的记录。

金朝皇帝的春水秋山,动辄历时数月,在此期间,国家权力机构便随同皇帝转移到行宫。故每当皇帝出行时,自左右丞相以下的朝廷百官大都要扈从前往。大定二十二年七月,世宗在金莲川捺钵,"宰臣奏事,上颇违豫,宰臣请退,上曰:'岂以朕之微爽于

①《金史》卷一九《世纪补·显宗纪》。
②《中州集》卷三《刘迎小传》。
③《金史》卷八九《梁肃传》。

和,而倦临朝之大政耶。'使终其奏"①。世宗临朝听政的地方,就是凉陉的景明宫。明昌四年十月,章宗在滦州石城县秋山,"谕旨尚书省曰:'海壖石城等县,地瘠民困……至还京当定议以闻。'"②可见是时尚书省即在石城县的秋山行宫。赵秉文有《题移剌右丞画双鹿》诗二首,其二云:"当年扈从直长杨,想见秋山槲叶黄。沙外小滩圆似月,眼明双鹿嘬斜阳。"③移剌右丞是指章宗时任尚书右丞的移剌履,这首诗描述了移剌履扈从秋山的情景,"长杨"即汉代行宫长杨宫,此处用以代指章宗秋山行宫。但值得注意的是,有些时候,秋冬围猎似乎并没有百官扈从,如海陵王天德三年正月,"上出猎,宰相以下辞于近郊"④。与春水驻夏相比较,这种围猎活动一般来说有两个特点,一是没有固定场所,二是处于不断的运动之中⑤。在这种情况下,朝廷百官处理政务当然很不方便,所以"宰相以下"不从海陵出猎也是可以理解的。不过类似这种情况在金代文献中缺乏更多的记载,不知是否属于偶然现象。

除了朝廷大臣外,扈从皇帝出行的还有翰林院属官。据金人记载称,王庭筠"泰和元年复翰林修撰,扈从秋山,应制赋诗至三十余首,宠眷优异"⑥。同样在泰和年间任翰林修撰的赵秉文,曾经多次扈从春水秋山,在他的《闲闲老人滏水文集》中留下了不少

①《金史》卷八《世宗纪下》。
②《金史》卷四七《食货志二》"租赋"。
③《闲闲老人滏水文集》卷九。
④《金史》卷五《海陵纪》。
⑤秋冬围猎形式不一,也有的时候是固定住在某一处行宫中,而在一定范围内围猎,如章宗时的秋猎(秋山)就有这种情况。
⑥元好问:《王黄华墓碑》,《遗山集》卷一六。

有关的诗文。另外,掌修起居注的官员是春水秋山必不可少的扈从,史载大定七年九月乙酉,"秋猎;庚寅,次保州;诏修起居注王天祺察访所经过州县官"①。金代的起居注制度始创于熙宗时,修起居注官员扈从春水秋山大概也由来已久了。

当然,金朝诸帝捺钵时,势必还会有一些朝廷官员留守都城。大定二十一年二月,世宗春水于滦州石城县长春宫,元妃李氏病逝于此,"皇太子及扈从臣僚奉慰于芳明殿……留守官平章政事唐括安礼、曹王允功等上表奉慰"②。金代官制,"自尚书令而下,左右丞相、平章政事二人为宰相,尚书左右丞、参知政事二人为执政官"③。平章政事为从一品,位居左右丞相之下,按金代惯例亦属宰相,是年留守中都的最高官员就是平章政事唐括安礼。但以平章政事为留守官大概并非定制,如大定六年世宗赴凉陉驻夏,即以御史大夫李石留守中都④。依照惯例,留守官员每隔若干天要向皇帝上表问候起居,《金史》云:"故事,凡行幸,留守中都官每十日表问起居。"世宗大定六年,"上以使传频烦,命二十日一进表"⑤。但章宗明昌六年十月却又有这样的记载:"以岁幸春水、秋山,五日一进起居表,自今可十日一进。"⑥从上述记载来看,大概最初规定十日一进起居表,大定六年后改为二十日一进,后来又一度改为五日一进,至明昌六年仍改为十日一进。除了留守官员之外,留居皇宫的妃嫔也要另行上表问候起居。《闲闲老人滏水

①《金史》卷六《世宗纪上》。
②《金史》卷六四《后妃下·世宗元妃李氏传》。
③元好问:《平章政事寿国张文贞公神道碑》,《遗山集》卷一六。
④《金史》卷八六《李石传》。
⑤《金史》卷八六《李石传》。
⑥《金史》卷一〇《章宗纪二》。

文集》卷一○有《车驾幸庆宁宫皇妃起居表》二首和《百官起居表》一首,是泰和五年八月章宗驻夏庆宁宫(泰和宫)时,由赵秉文代作的表文①。其中《皇妃起居表》谓"妾留侍掖廷,阻趋行阙"云云,其内容是很清楚的。

金朝的捺钵之制,使得春水秋山行宫成为处理国家内政外交的重要场所。熙宗时的汉制改革,其中部分内容就是在爻剌春水行宫进行的。天眷二年二月乙未至五月乙巳,熙宗春水于爻剌,"三月丙辰,命百官详定仪制";"四月甲戌,百官朝参,初用朝服"②。另外,宋金两国的绍兴和议也是在爻剌春水行宫签订的,据《金史》卷四《熙宗纪》记载:皇统二年(1142)二月二十七日,"宋使曹勋来许岁币银绢二十五万两、匹,画淮为界",正式签订了绍兴和议。而这年的二月三日至三月八日,熙宗一直住在爻剌的春水行宫天开殿。南宋方面的史料也记载说:"签书枢密院事何铸、知阁门事曹勋至金国,见亶(即金熙宗)于春水开先殿。"③这条史料可以与《金史》的记载相印证,惟"开先殿"为"天开殿"之误④。

在春水秋山行宫进行的外交活动,还可以举出两个例子。大定十年闰五月,世宗驻夏柳河川,时"夏国任得敬胁其主李仁孝,使上表,请中分其国",世宗"诏不许,并却其贡物"⑤。世宗接待

----

①《皇妃起居表》之一曰:"八月其获,适当讲事之秋;三岁乃巡,尤见重民之意。"按章宗于泰和二年和五年两次驻夏庆宁宫,从这段文字中可以看出它作于泰和五年八月。
②《金史》卷四《熙宗纪》。
③《建炎以来系年要录》卷一四四,绍兴十二年二月戊子。
④《中兴小纪》卷三○所记此事,亦误作"开先殿"。
⑤《金史》卷六《世宗纪上》。

夏国使臣的地方，就是柳河川的驻夏行宫。又泰和四年正月，章宗春水于遂州遂城县光春宫，时"高丽国王王晫没，嗣子韺遣使来告哀"①。因为章宗住在光春宫，所以高丽使臣径赴行宫告哀。

金朝初年，甚至还在驻夏行宫举行过科举考试。熙宗天眷三年以前，金朝的科举制度很不规范，多为权宜之制，表现为时间、地点皆不固定，考试程序也比较简单，有时只有一级考试，而且熙宗以前的科举取士往往由统兵的元帅府操纵，如天会十年的西京白水泊榜就是由左副元帅宗翰主持的。据宋人记载说："是夏，金左副元帅宗维（即宗翰）之白水泊避暑，试举人以词赋，得胡砺以下。……是举也，宗维谕主司勿取中原人；砺，磁州人，与知制诰韩昉善，用燕山贯得之。"②《大金国志》也有关于此事的记载："是岁，胡砺之余，中原人一例黜之，故少年有作赋讥者，其略云：'草地就试，举场不公，北榜既出于外，南人不预其中。'"③"草地"就是指的白水泊（在今内蒙古自治区察哈尔右翼前旗境内），宗翰曾经多次在此驻夏。上述宋人记载，可以在金代文献中得到印证，金末李世弼《登科记序》曰："金天会元年始设科举，有词赋，有经义。……词赋于东西两京，或蔚、朔、平、显等州，或凉廷试，试期不限定月日，试处亦不限定州府。"④这段文字记载的是金初科举取士的情况，文中说的"凉廷试"可能就是指的天会十年西京白水泊榜。

金代历朝皇帝的春水秋山，以及女真人经常而又普遍的围猎

①《金史》卷一二《章宗纪四》。
②《建炎以来系年要录》卷五五，绍兴二年六月末。
③《大金国志》卷七《太宗文烈皇帝五》。
④见王恽《玉堂嘉话》卷五，《丛书集成初编》本。

活动,给当时的农业社会带来了一些不利影响,其中的受害者主要是广大的汉族人民。

春水秋山的扈从队伍极为庞大,动辄数以万计,所须之物例皆取之民间,而且沿途百姓还须负担沉重的力役,虽屡有免除被役百姓赋役的诏令,却也无济于事。大定二十二年三月,"谕户部:今岁行幸山后,所须并不得取之民间,虽所用人夫,并以官钱和雇,违者杖八十,罢职"①。但这样的规定并不具有普遍性。春水秋山,扈从扰民,也是一个司空见惯的现象,元好问谓章宗泰和间秋山,"车驾所经,居民为近侍所扰,无所于诉"②,冯延登有"田翁太息论三害,猎骑俄惊见一斑"的诗句③,都反映了这方面的问题。春水秋山的庞大扈从队伍,所至之处,粮食供应往往发生危机,明昌四年朝廷臣僚谏幸金莲川曰:"西、北二京,临潢诸路,比岁不登。加以民有养马、签军、挑壕之役,财力大困,流移未复,米价甚贵,若扈从至彼,又必增价。日籴升合者口以万数,旧藉北京等路商贩给之,倘以物贵,或不时至,则饥饿之徒将复有如曩岁,杀太尉马、毁太府瓜果、出忿怨言、起而为乱者矣。"④这段话透露了这样一个消息:大概在章宗明昌初年,春水秋山的扈从队伍曾因粮食供应短缺而发生过骚乱。另外还有记载表明,在冬猎的时候曾不止一次发生过冻死人的事情。章宗明昌间,"车驾东狩,是岁大寒,人有冻死者"⑤;又承安三年冬猎,"猎于酸枣林,大风寒,

---

① 《金史》卷八《世宗纪下》。
② 《遗山集》卷一七《朝列大夫同知河间府事张公墓表》。
③ 《中州集》卷五《射虎得山字》。
④ 《金史》卷九五《董师中传》。
⑤ 《中州集》卷八《宗端修小传》。

罢猎,冻死者五百余人"①。一次冬猎竟冻死五百余人,显然不是一桩无关紧要的小事。

春水秋山、秋冬围猎所引起的更严重的后果,是女真人与汉人的土地争端。自世宗大定初年起,为了解决女真人的贫困化问题,金朝屡次进行大规模的括地运动,即括取汉人耕种的良田分配给猛安谋克户。因此女真人与汉人的土地争端就成为金代中后期民族矛盾的焦点问题,春水秋山、秋冬围猎对土地的大量需求,在很大程度上加剧了这一矛盾。

《金史》中屡见"禁侵耕围场地"的诏令,正是由围猎活动而引起土地争端的明确迹象。大定间,右谏议大夫移剌子敬"言山后禁猎地太广,有妨百姓耕垦"②。山后专供秋山围猎使用的猎地不只是禁止百姓捕猎,也不允许百姓耕种。从中都前往各地春水秋山的沿途地区,还要辟出专用牧地,以供来回途中牧放马群。大定十一年,世宗对宰执说:"往岁清暑山西,近路禾稼甚广,殆无畜牧之地,因命五里外乃得耕垦。"③大定二十年夏,世宗赴金莲川驻夏,"谕有司曰:'白石门至野狐岭,其间淀泺多为民耕植者,而官民杂畜往来无牧放之所,可差官括元荒地及冒佃之数。'"④相对于金代帝王的春水秋山来说,广大女真百姓的围猎活动对土地的侵蚀也许是一个更大的问题。《金史》卷六六《完颜齐传》曰:"先是,复州合厮罕关地方七百余里,因围猎,禁民樵捕。齐言其地肥衍,令赋民开种则公私有益。上然之,为弛禁。即牧民以居,田收

---

①《金史》卷一一《章宗纪三》。
②《金史》卷八九《移剌子敬传》。
③《金史》卷六《世宗纪上》。
④《金史》卷四七《食货志二》"田制"。

甚利,因名其地曰合厮罕猛安。"复州在辽东半岛,自唐以来就已是农业区域,而这里居然有多达七百余里的耕地被划为女真人的围场。从上述引文可以看出,在大定间弛禁以前,这里不仅仅是"禁民樵捕"而已,大概也是不许百姓耕种的。这条史料所提供的信息表明女真人的围场对土地的侵蚀可能是相当严重的。

　　与契丹的四时捺钵相比较,金朝的捺钵在制度化和规范性方面不如辽朝,这主要是因为女真人和契丹人生活方式不同。辽代的契丹人大多仍保持着传统的游牧生活方式,他们一年四季必须适时地更换畜牧地,辽朝皇帝的四时捺钵就是这种生活方式的一个标本。与生活在西拉木伦河流域草原地带的契丹人不同,女真人在建国之前主要从事于狩猎和农耕,而金朝建立后,女真族基本已进入农业社会,金代的捺钵只是女真人传统渔猎生活方式的象征性保留。因此我们不难理解,为什么金朝捺钵的季节性不像辽朝那么分明,时间规定不像辽朝那么严格。当然,金朝捺钵制度对辽朝的摹仿和因袭也是有目共睹的,其中春水驻夏尤为明显,而秋冬围猎则更多地表现出女真人传统生活方式的一面。

　　原载《文史》第 49、50 辑,1999 年 12 月、2000 年 7 月

金代"使司"银铤考释

关于金代银铤上常见的"使司"戳记,学界有不同解释。或谓"使司"是检验戳记、此类银铤的性质是称量货币,或谓"使司"银铤是转运司或盐使司的税银。本文认为,"使司"系盐使司之外其他诸使司的通称,凡此类银铤皆为"院务税"、"院务课程",其性质属于征榷税银。

近二三十年来,在陕西、甘肃、内蒙、河北、山东、黑龙江、江苏等省区,陆续出土了一批带有"使司"戳记的金代银铤。关于"使司"的含义以及"使司"的性质,目前考古文物工作者解释各异。这个问题关系到金代的赋税制度,很有必要进行深入的探讨。本文拟结合金代文献材料,对"使司"银铤做出新的诠释。

一

1974年,考古工作者在陕西临潼县相桥发现一处金代金银器物窖藏,从中出土银铤三十一笏:秋税银铤四笏、盐课银铤十二笏、带有"使司"戳记的银铤九笏（图一）、未注明性质的地金六笏。发掘者曾撰文就秋税银铤和盐课银铤的有关问题作了考释，但对其中的"使司"银铤则未予深究，据初步认为，"使司"银铤"可能属盐使司或转运使司的其他税银，其性质有待进一步考证"①。近年郭正忠先生对临潼出土的这批金代银铤中的解盐银铤作了较为细致的专门研究，但也没有涉及"使司"银铤的问题②。

图一　陕西临潼出土使司银铤拓片

1978 年，在哈尔滨市西南郊正红旗四屯发现一枚带有"使司"戳记的银铤，因银铤上"行人唐公原"的錾文也曾见于临潼出土的"使司"银铤，由此判明这枚银铤亦为金代文物。郝思德先生专门撰文对这枚银铤的性质加以考释，他以金上京路未置盐使司

①赵康民等：《关于陕西临潼出土的金代税银的几个问题》，《文物》1975
　年第 8 期。
②郭正忠：《临潼金代解盐银铤考》，《文物》1997 年第 4 期。

为由,将银铤上的"使司"戳记解释为转运使司,即谓此银铤是转运使司的税银①。

其后,景爱先生在一篇文章中对上述结论提出异议,他认为哈尔滨市郊出土的"使司"银铤,其"使司"非"转运使司"之谓,而应该是盐使司的省称,即谓此"使司"银铤是盐税银。同时他还根据这枚银铤的出土地点临近金代的一条漕河——金兀术运粮河的事实,又进一步提出这样的假说:大定二十四年(1184)金世宗北巡上京时,可能为了赏赐金源内地的宗室贵族而向上京漕运了大批的银两,此枚银铤即漕运途中所遗失者②。

以上两说的分歧在于:"使司"究竟是指转运使司抑或盐使司? 但有一点是一致的,即他们都认为"使司"银铤是官府税银。而另外一种意见则对"使司"银铤的性质有着完全不同的理解。1986年,李逸友先生对60年代内蒙古文物工作队在巴林左旗征集到的五笏金代银铤(系早年出土于该旗南部隆昌镇)进行了考释,这批银铤中有两枚带有"使司"戳记(1号铤和4号铤),李逸友先生认为凡此类银铤上的"使司"均应属流通过程中压印的检验戳记。他在肯定"使司"为某个检验机构的前提下,根据《金史·百官志》所载转运司"掌税赋钱谷,仓库出纳,权衡度量之制"的职责范围,认为"使司"就是转运使司的简称。他对银铤上的"使司"戳记做了如下推测:各金银店铺铸造的银铤须经转运司检验确定其成色和重量后加印"使司"戳记,然后进入市场流通;因

---

① 郝思德:《哈尔滨市郊区发现的"使司"款金代银铤》,《学习与探索》1979年第4期。
② 景爱:《金上京城的水陆交通》,《北方文物》1988年第4期。

此"使司"银铤不是税银,而是一种称量货币①。

此外,各地发现的金代"使司"银铤还有以下几宗:

1980 年,在内蒙古科尔沁右翼中旗出土银铤三笏,其中 2 号铤带有"使司"戳记,由同时出土的金代钱币等物可以判定此系金代文物②。

1981 年,山东平邑县出土一枚带有"使司"戳记的银铤,铤呈亚腰形,两端圆弧,背面呈蜂窝状(图二),这正是典型的金代银铤形制③。

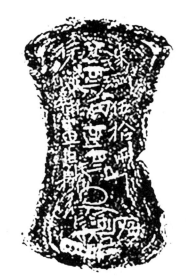

图二　山东平邑出土使司银铤拓片

①李逸友:《巴林左旗出土金代银铤浅释——兼论金代银铤形制》,《中国钱币》1986 年第 1 期。
②科右中旗文化局:《科尔沁右翼中旗出土金元银铤》,《文物》1982 年第 8 期。
③刘心健等:《山东平邑出土银锭》,《考古》1984 年第 4 期。

1980 年代初,陕西省博物馆征集到两笏金代银铤,从银铤上的錾文可以知道,它们本是金章宗泰和四年(1204)解盐司分司的盐课银铤,而这两笏银铤上均有倒书的"使司"戳记①。

　　河北平泉县颜杖子和怀来县小南门曾分别出土一枚带有"使司"戳记的银铤,编号为 1547 号和 1380 号②。这两枚银铤曾被误断为元代文物。李逸友先生正确地指出:1547 号铤上的秤子"宋璘",又见于巴林左旗出土的 3 号铤;1380 号铤上的行人"郭义",亦见于巴林左旗出土的 4 号铤;据此可知平泉和怀来出土的这两枚"使司"银铤实为金代所铸③。

　　1982 年,甘肃庆阳县彭原出土大小两枚银铤,其中五十两大铤有一"使司"戳记(图三)。当地文物工作者以银铤上所见行人姓名等款铭与《元史·刑法志》"诸检昏钞行人"、"诸烧钞库合干检钞行人"相比附,故推断为元代银铤④。嗣经李逸友先生指出,《元史》中的"检钞行人"、"检昏钞行人"系指检验元代宝钞的官员,与银铤毫无关系,故其断代实不足据。根据这枚银铤的形制等特征,李逸友先生把它确定为金代文物⑤。

---

①朱捷元:《介绍三笏金泰和年间的盐税银铤》,《考古与文物》1982 年第 1 期。

②郑绍宗:《河北省发现西汉金饼和元代银锭》,《文物》1981 年第 4 期。

③见前揭李逸友:《巴林左旗出土金代银铤浅释——兼论金代银铤形制》。按陈鸿彬《树荫堂收藏元宝千种图录》登录的一件金代银铤,亦有"宋璘秤"的錾文,台北齐格飞出版社,1988 年。

④庆阳县文化馆:《甘肃庆阳县出土元代银锭》,《考古》1985 年第 2 期。

⑤见前揭李逸友:《巴林左旗出土金代银铤浅释——兼论金代银铤形制》。

图三　甘肃庆阳出土使司银铤拓片

　　还有江苏丹阳出土的一批银铤也可纳入"使司"银铤的范围。1968 年,在丹阳毛庄出土银铤十笏,其中四笏铤入藏南京博物院。1988 年,尤振尧先生撰文作了介绍,并将这四笏银铤的时代定为南宋①。后来黄成先生将这批银铤上的款铭与金代银铤相对照,证明这四笏银铤实为金代所铸②。值得注意的是,在这四笏银铤中,有三铤都有"吏司"的戳记,尤、黄二文一致认为"吏司"是"使司"的简笔,这一推断大致上可以接受。

---

①尤振尧:《丹阳毛庄和宝应氾水出土的古代银锭》,《东南文化》第 3 辑,1988 年。
②黄成:《江苏丹阳毛庄出土金代银锭》,《考古》1995 年第 5 期。据笔者分析,这批银铤可能是通过宋金榷场贸易的途径流入南宋境内的。

二

以上谈到的"使司"银铤,分布区域虽然很广,但其性质显然并无二致,而目前关于"使司"银铤的种种解释,我以为都是不妥的。不管是将"使司"理解为检验戳记,还是将"使司"银铤认定为转运司或盐使司的税银,恐怕都没有真正弄清这些银铤的性质。

首先,我不能同意"使司"是检验戳记、"使司"银铤的性质是称量货币的说法,我认为它应该是某种税银。理由如下:

如果像李逸友先生所设想的那样,"使司"二字是转运司对流通市场的银铤的成色和重量进行检验后压印的戳记,那么这种检验戳记必定会具体注明是哪一个转运司(金朝共置十四个转运司),而断不会笼统地打上一个"使司"的戳记。譬如我们今天所见到的几乎所有金朝官造的铜镜,都刻有一个具体的检验机构甚至检验官员的名字,否则这种检验还有什么权威性可言?其实从目前见诸报道的数十件金代银铤来看,当时对银铤成色和重量进行检验的权威机构应该是金银铺,如"真花银"、"中白银"、"中上花银"等等成色标识以及银铤重量的錾文,都是由金银铺铸造时錾刻的。而金代转运司掌"权衡度量之制",只是说明它负有稽查度量衡器的职责,并不表明连市场流通的金银质量和重量也须由它来加以认定。况且金代的转运司是绝没有简称为"使司"的,这个问题详见下文。

其次,当我们判断"使司"非检验戳记之后,即可初步认定"使司"银铤是金代的某种税银,但它是否如郝思德先生所推断的那样是转运司的税银,抑或如景爱先生所说为盐使司的税银呢？我的回答是否定的。

先说"使司"银铤不可能是转运司的税银,理由有二:

第一,"使司"绝非转运司之简称。转运司虽以转运使为长,但金代的转运司却从不称作转运使司,因此也从来不将转运司省称为"使司"。在金代文献中,转运司均习称"运司",转运使则习称"运使"。如《金史》卷五八《百官志》云:"大定二十年,诏猛安谋克俸给,令运司折支银绢。"《金史》卷四九《食货志》云:"泰和六年五月,制院务课亏,令运司差官监榷。"《金史》卷一四《宣宗纪》载:贞祐三年七月,"诏尚书省,行六部太多,其令各路运司兼之"。《孔氏祖庭广记》卷三载章宗明昌四年礼部牒,令逐路起盖宣圣庙,"行下各路运司照验,依应施行;如庙学有损坏去处,疾速行移本运司,关支省钱,应副修完"。又1985年陕西宝鸡县博物馆征集到的一面金代铜镜,外沿铸有"承安三年上元日陕西东运司官造监造录事任(花押)提控运使高(花押)"的款铭①。在孔祥星、李雪梅《关于金代铜镜上的检验刻记》一文中,可以看到五面带有"陕西东运司官造"或"陕西东路运司官局造"款铭的铜镜②。按金代陕西五总管府路,共置东西两转运司,这些铜镜上的"陕西东运司"及"陕西东路运司"也就是陕西东路转运司的简称。总之,金代的转运司只能简称"运司",而不能简称"使司"。因此,将"使司"银铤释为转运司的税银显然是错误的。当然,李逸友先

①阎宏斌等:《陕西博物馆藏的一件金代铜镜》,《文物》1986年第6期。另罗振玉《古镜图录》卷上著录有传世的承安三年铜镜一面,款铭与此镜全同。

②《考古》1992年第2期。

生关于"使司"是转运司留下的检验戳记的说法也就不能成立了。

第二,金代的转运司只是一个财政管理机构,职掌本路财赋和漕运事务,而它本身没有任何课额,所以如果在税银上打上转运司的戳记的话,并不能说明税银的来源和性质。郝思德先生说"使司"银铤是转运司的税银,但须知转运司是根本没有税银的,可见这一结论缺乏基本的前提。

再说"使司"银铤不可能是盐使司的税银,理由也有两条:

第一,"使司"亦非盐使司之省称。金朝共设有七个盐使司,即山东、沧、宝坻、莒、解、北京、西京。在金代文献中,盐使司均简称"盐司",而从来没有简称为"使司"的。如《金史》卷四九《食货志》谓"以七盐使司课额七年一定为制",又谓"七盐司旧课岁入六百二十二万六千六百三十六贯五百六十六文"。《金史》卷五八《百官志》"百官俸给"条有"五品盐使司判(官)"、"诸三品盐司判官"等名目。据此可以看出,"盐使司"和"盐司"两词是可以随意置换的。实际上,《金史》中"盐司"之称比"盐使司"更为普遍,如谓山东盐司、西京盐司等等,一般多作简称。又《遗山集》卷二七《京兆府推官康公神道碑铭》云:"盐司所辖灶户,旧出分例钱以资司官……所得不下万缗。"元好问《尚书右丞耶律公神道碑》云:"授蓟州刺史……此州宝坻盐司所在。"[1]1987 年在山西省征集到的两笏世宗大定年间的解盐银铤,錾文皆作"解盐司"[2]。以上文献及考古材料均表明金代盐使司的简称是"盐司",而我在金代文献中还从未发现过以"使司"代指盐使司的例子。所以将"使司"银铤指为盐课是说不通的。

---

[1]《国朝文类》卷五七,《四部丛刊》本。
[2] 王重山等:《山西发现金元时期的银铤》,《中国钱币》1988 年第 3 期。

第二,"使司"银铤与盐司银铤各自具有明显不同的特征。谈到这个问题,先要就盐司银铤的性质和来历作一点说明。郭正忠先生认为,临潼出土的解盐银铤是商人向盐司购买钞引时交纳的"钞价银",而不是过去人们所理解的那种榷盐制度下的"盐税银铤"。不过这实际上只是一个称谓问题,因为不管采用哪种食盐运销手段,盐司最终获取的都是盐课。另外,郭文还对盐司银铤的来历提出一个新的解释,他认为带有盐司标识的银铤未必是盐司用商人入纳的散碎银两重新熔铸而成的,而估计是盐商直接入纳的成品银铤。对于这种说法我不以为然。要知道,所有盐司银铤上的盐司标识都是铸造银铤时錾刻的文字,并非后来钤上的戳记,而郭文所举的商人入纳铤银购买钞引的证据,则全是唐宋的文献考古材料,不能据此证明金朝商人惯常以铤银买钞①。

实际上,目前发现的金代盐司银铤均是由盐使司监铸的,上面錾刻有盐司银款识,特征非常明显,显系专供上缴朝廷之用。盐课是金代国家财政的重要来源,《金史》云:"金制,榷货之目有十……而盐为称首。"②世宗时七盐司岁课为622万余贯,时"天下岁入二千万贯以上"③,盐课约占国家财政岁入的四分之一左右。章宗承安三年(1198)调整七盐司盐价后,盐课增至1077万余贯,以致时人有"国家经费,惟赖盐课"的说法④。由于盐税的份量如此之大,在国家的赋税收入中占有举足轻重的地位,故各盐司的盐课银铤大概都须专门熔铸,从其錾文来看,无一例外地都注明

①见前揭郭正忠:《临潼金代解盐银铤考》。
②《金史》卷四九《食货志四》"盐"。
③《金史》卷八九《梁肃传》。
④《金史》卷四九《食货志四》"盐"。

是哪个盐使司。如临潼出土的十二笏章宗时期的盐课银铤，都錾刻有"解盐使司"或"分治司"的字样，山西发现的两笏盐课银铤也都有"提举解盐司"的錾文。与此相比较，我们所说的"使司"银铤则完全是另外一种面貌："使司"二字不是铸造银铤时錾刻的内容，而是后来压印上去的戳记，这和金代的盐课银铤迥然有别。

三

那么，所谓的"使司"银铤究竟是什么税银呢？要想弄清这个问题，就必须对金代赋税的总体结构有所了解。

我曾将金代的赋税分为以下四个大类：土地税（包括州县民户的两税和猛安谋克户的牛头税）、物力钱、征榷税、杂税①。在这四类赋税中，惟一与"使司"有关的就是征榷税。

征榷税即国家对部分工商业实行专卖制度所获得的收益，它是国家固定税收，一般来说也是金代财政的主要来源。《金史》卷四九《食货志》云："金制，榷货之目有十：曰酒、曲、茶、醋、香、矾、丹、锡、铁，而盐为称首。"金朝对这十个征榷项目所实行的垄断经营，都是通过使司来进行的。因为盐税是最主要的征榷税，所以盐使司也比较特殊，人们一般单称其为"盐司"，而其他诸使司，如酒使司、曲使司、醋使司等等，则都通称为"使司"。

榷盐和其他征榷项目在组织结构及管理体系上也很不一样，每个盐使司是由若干个盐场构成的，而其他征榷项目则一般设置

①刘浦江：《金代杂税论略》，见《辽金史论》，辽宁大学出版社，1999年，279—283页。

使司、院务、坊场三级机构来进行经营和管理。虽然《金史》对此缺乏明确的记载，但我们仍能从零星的史料中看出一个基本眉目。《金史》里凡下列情形均是泛指盐税之外的其他征榷项目：或以使司、院务连称，如《河渠志》云："凡使司、院务纳课佣直，春冬九十文三分，夏秋百一十四文。"或以院务、坊场连称，如《梁肃传》云："院务、坊场可折纳谷帛。"或使司、院务、坊场三者并称，如《百官志》云："诸路使司、院务并坊场，例多亏课。"盐税之外的诸项征榷税一般称为"院务税"、"院务诸税"、"院务商税"、"院务课程"等，所谓的"使司"银铤就正是这类赋税。

金朝征榷制度中的使司是其他朝代所没有的，而且它的征榷体系和宋代相比也很不一样。以榷酤为例：宋制，四京城中设曲院，州、府城中设都酒务，县、镇城中设酒务，县以下地区设坊、场（酒坊、酒场）。而金朝征榷系统中的使司、院务、坊场三级机构则主要是根据课额多少而设，与行政建制不相对应。比如中都、西京置曲使司、酒使司（《金史·食货志》），真定府也设曲使司、酒使司（《金史·百官志》），其他一些州也同样设使司。又如院务级机构，我们所见到的金代官印，既有"益都府酒务记"、"宁海州酒务记"、"原州醋务之记"，也有"遂城县酒务记"、"曲阜县酒务记"，还有"芝川镇商酒务之记"、"麻谷镇商酒务之记"，甚至有"亳城邨酒务记"、"西戴阳邨酒务之记"、"龙华上社商酒务之记"等等①。可见不论府州、县镇、村社，只要达到一定课额，均可置院务。

那么使司的最低课额标准是多少呢？宣宗时有朝廷官员上

_____

① 《金代官印集》卷四，文物出版社，1991 年。

奏说:"大定中,酒税岁及十万贯者,始设使司,其后二万贯亦设。"①据《金史》卷五七《百官志》记载:"酒使司,课及十万贯以上者设使、副、小都监各一员,五万贯以上者设使、副各一员……二万贯以上者设使及都监各一员……不及二万贯者为院务。"三上次男氏的研究结果表明,《金史·百官志》所记载的是章宗明昌初年的官制②。这就是说,至迟到章宗初年,凡酒课二万贯以上者均已添置使司了。榷酤如此,别的征榷项目情况大概也类似。《金史》卷四九《食货志》云:"明昌元年四月,敕尚书省:定院务课商税额,诸路使司、院务千六百一十六处,比旧减九十四万一千余贯。"在 1616 个使司、院务中,当然院务要占多数,但使司估计也得数以百计。宣宗贞祐间,仅南京一路就有 50 多个使司,可见使司之多之滥。

既然我们说"使司"银铤就是"院务税",亦即盐税之外的征榷税,而盐税本身也是一种征榷税,那么将"使司"银铤与盐课银铤加以比较,就有两个问题需要得到解释:第一,为什么"使司"银铤不像盐课银铤那样具体注明是哪一个使司? 第二,为什么盐课银铤的标识是錾刻的,而"使司"银铤的"使司"二字却是后来压印的戳记呢?

我认为这两个问题主要与课额的多寡有关。尽管盐税是征榷税中数额最大的一桩,但金朝的盐使司只有七个,而其他征榷项目却有数百个使司。比较一下两者的课额更能说明问题。章宗承安三年(1198)确定的七盐司课额分别为:山东盐司,433 万

---

① 《金史》卷四九《食货志四》"酒"。
② 三上次男:《金史百官志にみえる官制の制定年次》,《金史研究》第 2 卷,东京中央公论美术出版,1971 年,57—66 页。

余贯;沧州盐司,276 万余贯;宝坻盐司,134 万余贯;解州盐司,132 万余贯;辽东盐司,37 万余贯;北京盐司,34 万余贯;西京盐司,28 万余贯①。盐司的课额少则数十万贯,多则数百万贯,而使司的最低课额标准只有两万贯。由于盐税的课额很高,加之每个盐司的行盐区域又相对集中,所以盐税汇集起来之后,即在盐司官员的监临之下,由金银铺的行人铸成银铤,并在银铤上錾刻盐使司及监铸官员的姓氏,成为规范的盐课银铤。"使司"银铤的情况与此大不相同。由于使司种类杂,数量多,税银少而分散,因此"院务税"可能一般不再熔铸专门的银铤,而只是把散碎银两拿到金银铺去兑换成银铤就行了——这些银铤本来是作为称量货币在民间流通的,在它上面压印上"使司"戳记之后,它就变成了"院务税"税银。显而易见的是,在这种银铤上不便将每一个具体的使司名称显示出来,所以概称之"使司"。——这就是我对于"使司"银铤的解释。

在目前发现的所有金代"使司"银铤中,由陕西省博物馆收藏的两笏银铤,情况较为特殊。与其他"使司"银铤不同的是,这两笏银铤都有泰和四年(1204)解盐司分司的錾文,而在银铤的另一端则钤有倒书的"使司"戳记。这当作何解释呢?据我估计,这两枚银铤原是作为解盐司分司的盐课银铤铸成之后上缴朝廷的,后来遂成为称量货币流通于社会,而后又被金银铺兑换出去,成为某个使司的"院务税",故又在银铤上压印一个"使司"戳记。

最后还有一个与"使司"银铤相关的问题需要在此略作阐释。1964 年,在哈尔滨市西郊四方台出土一笏金代银铤,银铤上端中部有"大定路课"四字标识。80 年代,有人著文对这枚银铤的性

①《金史》卷四九《食货志四》"盐"。

质加以考释,判定此为金代北京路(大定路为北京路之别称)的"田课税银",意谓当属两税①。这是一个误解。上文谈到金代有四类赋税,其中土地税中的两税和官田地租从不称"课",两税虽有以钱钞折纳的情况,但临潼出土的秋税银铤均明确注明"秋税银"字样。至于猛安谋克的牛头税则均纳本色,从不折纳钱钞,况且牛头税也不称"课"。金代的物力钱亦从不以"课"相称。杂税在金代一般称作"诸税"、"诸名钱"、"诸科名钱"、"诸窠名钱"等,没有称"课"的例子。凡是称"课"或"课程"者,都是指的征榷税(一般而言,"课"、"课程"均有额定税赋的含义)。这枚"大定路课"银铤看来也不会是北京盐司的盐课,因为它没有錾刻盐使司或盐判的字样,所以我认为它与"使司"银铤的性质是完全相同的,即为北京路"院务税"税银。

原载《中国历史文物》2005 年第 2 期

---

① 郝思德:《"大定路课"银铤小考》,《求是学刊》1985 年第 1 期。

再论阻卜与鞑靼

　　阻卜与鞑靼之谜堪称一道世纪难题。王国维力倡的阻卜即鞑靼说获得了学界的广泛认同，但他同时提出的阻鞑（阻卜）乃鞑靼二字之有意倒误的假说，却遭到人们的普遍质疑。辽金汉文石刻里发现的阻卜一词的异译，为这一争讼提供了确凿的证据，说明辽、金史中的阻卜（阻鞑）绝非元朝史臣凭空杜撰。通过对契丹小字和女真字石刻材料中阻卜一词的解读，可以进而推断该词原本出自契丹语，后为女真语所因袭。

　　"阻卜"与"鞑靼"是近百年来中国北方民族史研究中最富争议性的问题之一，它凝聚着几代中外学人持久不衰的学术兴趣，以至于20世纪80年代编辑出版的《辽金时代蒙古考》一书，几乎成了讨论"阻卜"与"鞑靼"问题的一部专辑①。遗憾的是，在这场旷日持久的学术讨论中，几乎听不到辽金史研究者的声音。我相

①史卫民编：《辽金时代蒙古考》，内蒙古自治区文史研究馆刊行，1984年11月。

信,这个问题的最终解决之道,毕竟还得依赖于辽金石刻材料的发现以及契丹、女真语文资料的解读。本文正是基于这样的信念而进行的一次尝试。

一　问题之由来

最早将阻卜与鞑靼联系到一起的是晚清学者高宝铨。早在上世纪初,高氏首发阻卜之覆,指出《金史》之阻𩽾就是《元朝秘史》之塔塔儿(即狭义之"鞑靼")[1]。受他这一见解的启发,后来松井等、箭内亘、白鸟库吉等几位日本学者进而怀疑辽金时代的阻卜与唐宋时代广义的鞑靼实际上都是室韦系民族的异称,但同时他们也都对鞑靼为何被称之为"阻卜"感到迷惑不解[2]。直到王国维《鞑靼考》一文发表,才对这一问题进行了较为深入的探索。王文的论点主要有二:第一,认定《辽史》之阻卜及《金史》之阻𩽾就是唐宋人所称的鞑靼,并谓蒙古人讳言鞑靼,故元朝史官将辽金史中的鞑靼一词删改殆尽;第二,关于阻卜一词的来历,王国维提出一个他自称为"极武断、极穿凿"的假说:阻𩽾乃鞑靼二字之倒误(后又省作阻卜),且非无心之误,而是元朝史臣的有意误

---

[1] 见高宝铨《元秘史李注补正》卷一第 52 节、卷四第 132 节,光绪二十八年(1902)刊本。

[2] 松井等:《契丹可敦城考(附阻卜考)》,《满鲜地理历史研究报告》第 1 册,1915 年 12 月;箭内亘:《鞑靼考》,《满鲜地理历史研究报告》第 5 册,1918 年 12 月;白鸟库吉:《室韦考》,连载于《史学杂志》30 编 1、2、4、6、7、8 号,1919 年,后收入《白鸟库吉全集》第 4 卷,东京岩波书店,1970 年。

写——也就是说,辽金时代根本就没有阻卜或阻鞑之称①。

王国维的这篇文章激发了学界对此问题的浓厚兴趣,单就阻卜即鞑靼的命题而言,人们大都表示认同,但仍有少数学者对此持有异议,徐炳昶在 1930 年代初著文反驳王国维,题目就叫《阻卜非鞑靼辨》②。王国维的结论在当时之所以让有些人不服气,原因就在于他的论据全都来自于传世文献,缺乏他所推崇的“二重证据法”,实际上还只是一种推论而已。

在王国维《鞑靼考》问世二十多年之后,经他力倡的阻卜即鞑靼说终于得到了出土文献的证实。1952 年,蔡美彪先生发表其成名作《辽金石刻中的“鞑靼”》,根据他从《辽道宗哀册》中发现的有关鞑靼的文字,与《辽史》道宗一朝阻卜叛乱的史实相比勘,证明《辽史》所称阻卜正是《道宗哀册》所称鞑靼;另外他还发现,金《完颜希尹神道碑》所述平耶律余睹之叛,其中涉及鞑靼的记事,辽金二史的《耶律余睹传》或者加以删略,或者改作“边部”——王国维提出的“避讳”说也由此得到一个重要的佐证③。至此,阻卜即鞑靼说基本上已成定论。

关于“避讳”说,还可以补充一条新的证据。1980 年在北京丰台出土的金《乌古论元忠墓志》,有“(大定)十五年,达靼款

---

① 王国维:《鞑靼考》,初稿发表于《清华学报》3 卷 1 期,1926 年 6 月;修订稿载《国学论丛》1 卷 3 号,1928 年 4 月;后收入《观堂集林》卷一四。
② 徐炳昶:《阻卜非鞑靼辨》,国立北平大学女子师范学院《女师大学术季刊》1 卷 1 期,1930 年 3 月;已收入《辽金时代蒙古考》。
③ 蔡美彪:《辽金石刻中的“鞑靼”》,《国学季刊》7 卷 3 号,1952 年 12 月;已收入《辽金时代蒙古考》。此文曾以《辽金石刻中之鞑靼》为题,首先发表于香港商务印书馆 1951 年出版的《学原》3 卷 3、4 期合刊,内容略有出入,但大陆学者很少有人见到过这个版本。

□（塞？）贡献，诏公往领之"一段文字①。不巧的是，今本《金史·世宗纪》大定十五年约脱去一页，正月至六月不著一字，故此事不见记载；但《金史》卷一二〇《乌古论元忠传》有曰："（大定）十五年，北边进献，命元忠往受之。"墓志中的"达靼"字样，到了《金史》里就被改作"北边"，显然也是有意为之。这与《金史·耶律余睹传》改"达靼"为"边部"如出一辙，都是元朝史官刻意回避达靼的实证。

但元朝史官为何要刻意回避达靼一词，却有着不同的解释。按照王国维的说法，这是因为"蒙人本非达靼，而汉人与南人辄以此名呼之，固为蒙古人所不喜；且元末修史之汉臣，已不复知达靼与蒙古之别。……故讳之尤深"。这种解释过去曾被学界视为定论。近年蔡美彪先生对此提出异议，他发现在元代的汉语文献中（包括皇帝诏旨、官府公文、通用辞书、民间曲文等等），指称蒙古的"达达"一词屡见不鲜，毫无避忌，可见"蒙古人讳言达靼"的推测是没有根据的；元朝史官所修辽金史之所以尽量回避"达靼"字样，可能是出于避免读史者将达靼与蒙古相混淆的考虑②。王国维的第一个论点，经蔡美彪先生半个世纪的求证，最终得出了妥帖的结论。称蔡氏为王观堂之功臣，似不为过。

二 "阻卜（阻𨟎）"的真伪问题

自王国维《达靼考》问世以来，尽管多数学者都认同阻卜即达

①见北京市文物工作队：《北京金墓发掘简报》附录，《北京文物与考古》第1辑，北京市文物研究所，1983年，70页。
②蔡美彪：《元代文献中的达达——读史笔记》，《南开大学历史系建系七十五周年纪念文集》，南开大学出版社，1998年。

鞑靼的见解,然而对于王文的第二个论点,即辽金史中的"阻鞑(阻卜)"字样为"鞑靼"之有意倒误的说法,却从来无人肯于苟同①。1931年,王静如先生在《论阻卜与鞑靼》一文中指出,赵秉文《进章宗皇帝实录表》有"孼宋增币以乞盟,阻鞑革心而效顺"之语②,可证阻鞑一词金代已自有之,必非元代史臣所改③。不过他举出的这条证据并没有多大说服力,因而遭到唐长孺先生的质疑:"元人既能够删改辽金史旧文,也何曾不能窜改《滏水集》。"④此言确实不无道理。《滏水集》虽系赵秉文本人亲自编定⑤,但据元人苏天爵说:"赵秉文文集乃国初刻本,亦多回护,民间恐有别本。"⑥可见此书刊行已在元初。单凭这样一条史料来反驳王国维的"倒误"说,显然是无济于事的。

于是学者们又致力于寻找新的证据。在苏轼的一篇奏稿中有这样一段文字:"北虏近岁多为小国达靼、术保之类所叛,破军杀将非一。近据北人契丹四哥探报,北界为差发兵马及人户家丁

① 最早对王文发表评论的伯希和就直言其"倒误"说根据太不充分。见伯希和:《评王国维遗书》,《通报》26卷,1929年;汉译文收入冯承钧《西域南海史地考证译丛》五编,商务印书馆,1995年。
② 见《闲闲老人滏水文集》卷一〇。据《金史·宣宗纪》,《章宗实录》成书于兴定四年(1220)九月。
③ 王静如:《论阻卜与鞑靼》,《历史语言研究所集刊》2本3分,1931年4月。
④ 唐长孺:《记阻卜之异译》,天津《大公报》"文史周刊"第29期,1947年5月16日;收入同氏《山居存稿》,中华书局,1989年。
⑤ 杨云翼作于元光二年(1223)的《闲闲老人滏水文集引》,谓赵秉文"近日择其所为文章,厘为二十卷"云云,见《滏水集》卷首。又《归潜志》卷九称赵秉文"晚年自择其文,凡主张佛老二家者皆削去,号《滏水集》"。
⑥ 《滋溪文稿》卷二五《三史质疑》。

往招州以来收杀术保等国……"①唐长孺先生认为,这里所说的"术保"就是阻卜的异译②。这一判断应该是可信的。苏轼此文写于元祐八年,即辽道宗大安九年(1093),而北阻卜磨古斯之叛辽,正好就是在这前一年的十月③。

与此类似的材料其实早有发现。《辽史》卷七一《太祖淳钦皇后传》曰:"行兵御众,后尝与谋。太祖尝渡碛击党项,黄头、臭泊二室韦乘虚袭之;后知,勒兵以待,奋击,大破之,名震诸夷。"白鸟库吉认为,此处所谓"臭泊室韦",当即《辽史》习称之阻卜④。但需要指出的是,这段史料原是出自宋代文献。《资治通鉴》卷二六九后梁贞明二年十二月:"述律后勇决多权变,阿保机行兵御众,述律后常预其谋。阿保机尝度碛击党项,留述律后守其帐,黄头、臭泊二室韦乘虚合兵掠之;述律后知之,勒兵以待其至,奋击,大破之,由是名震诸夷。"胡注曰:"黄头,室韦强部也;臭泊,室韦以所居地名其部。"这条史料还见于《契丹国志》卷一三《太祖述律皇后传》,文字也大同小异。由此可以推断,上引《辽史》当是源于《契丹国志》,而《契丹国志》则取自《通鉴》。总而言之,即便"臭泊"一词确系阻卜之异译,也是从宋代文献中辗转移植过来的。

还有一条宋代文献中的材料也曾引起学者们的注意。李攸《宋朝事实》卷二○"经略幽燕"门,谓契丹之西有"珠尔布固番、游猎国、沃济国、室韦国"等等,周良霄和余大钧先生都认为此处

①《苏轼文集》卷三六《乞增修弓箭社条约状二首》之二,中华书局,1999年,第3册,1033页。
②见前揭唐长孺:《记阻卜之异译》。
③见《辽史》卷二五《道宗纪五》、卷七○《属国表》、卷九四《耶律何鲁扫古传》。
④见前揭白鸟库吉:《室韦考》,《白鸟库吉全集》第4卷,468—469页。

的"珠尔布固"应是清人对"术不姑（阻卜）"一词的改译①。今本《宋朝事实》系乾隆间开《四库全书》馆时从《永乐大典》中辑出，其中的契丹语词多已改译。问题是，据号称钦定的《辽史语解》卷三来看，"术不姑"理应改译为"珠巴克"才对，而"珠尔布固"一词在文渊阁本《四库全书》中又仅此一见；但这并不能说明什么问题，因为《四库全书》中的辽金元人地名之改译实际上是相当随意的，馆臣若将《宋朝事实》里偶一见之的"术不姑"随手改译为"珠尔布固"，也并非没有可能。

　　除了从宋代文献里寻找间接的证据之外，人们当然更希望从《辽史》中获得比较明确的线索，以证明"阻卜（阻鞑）"一词不是出自元人的杜撰。唐长孺先生首先指出，屡见于《辽史》的术不姑就是阻卜的异译，因为他发现《辽史·部族表》和《属国表》有几处涉及术不姑的记载，在帝纪中均作阻卜②。"术不姑"一词，在《辽史》中有直不姑、直不古、述不姑等异译③，而这些译名有时与阻卜同时出现。如《辽史·食货志》记诸部族岁贡马匹数，称"直不古等国万匹，阻卜及吾独婉、惕德各二万匹"；《百官志》"北面属国官"下既有阻卜国大王府、西阻卜国大王府、北阻卜国大王

---

①周良霄：《鞑靼杂考》，《文史》第 8 辑，中华书局，1980 年；余大钧：《关于"阻卜"的语源、对音及语义》，《内蒙古大学学报》1982 年第 1 期。

②见前揭唐长孺：《记阻卜之异译》。

③据《辽史》卷四六《百官志二》"北面属国官"条载："术不姑国大王府。亦曰述不姑。又有直不姑。"周良霄《鞑靼杂考》谓末句之"又有"当为"又曰"之误。余大钧《关于"阻卜"的语源、对音及语义》一文认为，若谓"述不姑"为术不姑、直不姑的同名异译，实在让人很难理解，这大概是有人误读术不姑之"术"的结果。又，《辽史·百官志》有"殊保国王府"，孟广耀《术不姑考》（《内蒙古社会科学》1982 年第 4 期）认为"殊保"也是阻卜的异译，似嫌根据不足。

府、西北阻卜国大王府等,又有术不姑国大王府;同卷"北面边防官"条,谓"辽境……北邻阻卜、术不姑,大国以十数";《属国表》太宗天显八年七月和十月,均有"阻卜来贡、术不姑来贡"的记载①。亦邻真先生认为这些都是《辽史》拼凑成书时产生的重文,说明元代史臣对阻卜和术不姑的异同已不甚了了②。

为求彻底解决"阻卜"的真伪问题,学者们长期以来进行了不懈的努力。但不管是在宋代文献里搜寻到的阻卜一词的各种异译,还是对《辽史》阻卜、术不姑的勘同,都不足以终结王国维的"倒误"说。在从辽金石刻中发现确凿的证据之前,这个问题终究无法定案。

幸运的是,今天我们已经掌握了可贵的第一手证据。刻于辽道宗咸雍八年(1072)的《耶律仁先墓志》,其中有下述一段文字:

> 清宁九年七月十九日,皇上以北鄙达打术不姑等部族寇边,命王(即耶律仁先)为西北路招讨使往讨之。斩首万余级,俘其酋长图没里同瓦等,驰送阙下。③

《耶律仁先墓志》1983 年出土于辽宁省北票县莲花山。该墓曾在1959 年遭当地农民盗掘,时为小学教师的孙月桥进入墓室将墓志

---

① 《辽史·太宗纪》同年七月和十月都只记有"阻卜来贡",可见《属国表》"术不姑来贡"句确系重出。
② 亦邻真:《中国北方民族与蒙古族族源》,原载《内蒙古大学学报》1979年第 3、4 期合刊;收入《亦邻真蒙古学文集》,内蒙古人民出版社,2001年,570 页。
③ 陈述辑校:《全辽文》卷八,中华书局,1982 年,198 页;向南编著:《辽代石刻文编》,河北教育出版社,1995 年,354 页。

抄出，故 1982 年出版的《全辽文》已据辗转流传的抄本收入此文。令人感到意外的是，这方墓志的内容出现了本不该有的错行，致使上述引文纪年有误。据《辽史·道宗纪》，耶律仁先出任西北路招讨使是在咸雍五年（1069）正月（《属国表》列在同年三月）；上述引文之前有一大段文字记述仁先平耶律重元之乱的详细经过，检《辽史·道宗纪》，知耶律重元的叛乱发生于清宁九年（1063）七月戊午，据《辽史·历象志》，是月庚子朔，戊午正是十九日，可见墓志"清宁九年七月十九日"句本应在平定重元之乱以前，而上面这段引文之首则脱落了"咸雍五年"的纪年①。

　　墓志叙述的这段史实，在《辽史·道宗纪》里可以找到相应的记载：咸雍五年正月，"阻卜叛，以晋王仁先为西北路招讨使，领禁军讨之"；九月戊辰，"仁先遣人奏阻卜捷"；次年四月癸未，"西北路招讨司以所降阻卜酋长至行在"；十月壬申，"西北路招讨司擒阻卜酋长来献"。

　　《属国表》咸雍六年十月条言之更详："西北路招讨司擒阻卜酋长来献，以所降阻卜酋长图木同刮来。"显而易见，这里说的"阻卜酋长图木同刮"，与墓志所称"酋长图没里同瓦"是同一人。

　　关于耶律仁先所征讨的对象，《辽史·耶律仁先传》提供了更多的细节："阻卜塔里干叛命，仁先为西北路招讨使。……塔里干复来寇，仁先逆击，追杀八十余里。大军继至，又败之。别部把里斯、秃没等来救，见其屡挫，不敢战而降。北边遂安。"此处提到的

---

① 该墓志拓本照片见《辽宁省博物馆藏碑志精粹》，王绵厚、王海萍主编，文物出版社、东京日本中教出版株式会社合作出版，2000 年，190 页。核以拓本，知上述引文的纪年错误并非录文的问题，因此可以肯定该墓志的错行是工匠上石时粗心而造成的。

"秃没",自然也就是"图没里同瓦"或曰"图木同刮";而仁先征讨的主要对象则是"阻卜塔里干"。所谓"塔里干",当即辽朝习称之"达剌干",亦即突厥语之"达干"(Tarqan),蒙古语之"答剌罕"、"答儿罕"(Darqan)[1]。"达剌干"在辽朝是部落军事首长的一种名号,或译"挞剌干"。《辽史·圣宗纪》统和二年十一月,谓"(耶律)速撒等讨阻卜,杀其酋长挞剌干"云云,是误将官号认作人名;《耶律仁先传》称"阻卜塔里干",似乎也是犯了同样的错误。

综合《辽史》的记载来看,耶律仁先在咸雍五、六年间受命征讨的乃是阻卜及其别部,而《耶律仁先墓志》则称之为"达打术不姑等部族"。这句话有三种可能的理解:(一)达打、术不姑等部族;(二)达打(术不姑)等部族;(三)达打之术不姑等部族。第一种解读显然不可取,因为耶律仁先所征讨的对象仅限于阻卜及其"别部"(别部也是阻卜族系之内的别部),至于"等"字,则是对应于阻卜"诸部",所以达打与术不姑不应是一种并列关系;第二种读法也不合情理,很难设想,碑志文会采用如此复杂的表达方式。最后一种是我的理解[2]。余大钧先生认为,阻卜与鞑靼并不能完全等同,阻卜只是鞑靼的一部分,虽然阻卜(阻䪈)构成了辽金时代鞑靼的主体成分,"但鞑靼是一个在时间、空间以及所包括的种类方面都比阻卜要广泛、复杂得多的部族泛称"[3]。我比较倾向于

---

[1] 韩儒林先生《蒙古答剌罕考》及《蒙古答剌罕考增补》(均见《穹庐集》,上海人民出版社,1982年),考"答剌罕"名号之源流甚详,惜未提及辽朝之"达剌干"。

[2] 钟焓博士对我的这种理解持有异议,他在给笔者的来信中提出,按照一般表述习惯,似应是内涵较狭窄的族称在前,内涵较广泛的族称在后,如蒙兀室韦、黑车子室韦等。

[3] 余大钧:《论阻卜与鞑靼之异同》,《历史研究》1981年第6期。

这种看法。阻卜相对来说有比较明确的界定,而鞑靼则是一个相当宽泛的部族泛称。与《耶律仁先墓志》同时出土的还有仁先之子耶律庆嗣的一方墓志,其中也提到此事:"咸雍三载,鞑靼扰边,时尚父于越(即耶律仁先)为西北路招讨。"①两方墓志同为赵孝严所撰,一称"鞑靼",一称"达打术不姑",后者所指更为具体、更为明确。

从《耶律仁先墓志》中可以得出两个关键性的结论:第一,术不姑确是阻卜的异译,《辽史》一书凡两名重出之处都应视为元代史臣的失误;第二,《辽史》中的"阻卜(术不姑)"一词绝非元人凭空杜撰,王国维的"倒误"说应被彻底推翻。

现在剩下的问题是,我们必须对"术不姑"与"阻卜"同名异译的事实给予一个合理的解释。首先从汉语音韵学的角度来分析。术不姑之"不",《广韵》甫鸠切,帮母尤韵开口三等平声,可拟为[pǐəu];姑,《广韵》古胡切,见母模韵合口一等平声,可拟为[ku]。而阻卜之"卜",《广韵》博木切,是帮母屋韵合口一等入声字,应构拟为[puk]②。阻卜一词在金代一般译作阻䪊,据金人韩道昭《五音集韵》,"䪊"为博木切,也是帮母屋韵合口一等入声字③。那么,我们是否可以就此得出一个结论:因辽金时代入声韵尾[-k]尚未脱落,故时人特意用"阻卜"或"阻䪊"来译写以舌根音[-g]或[-k]收尾的契丹语词呢?

这就涉及到如何认识从中古音向近代音转变过程中入声韵

---

①《辽代石刻文编》,457 页。此处"(咸雍)三载"为"五载"之误。
②拟音据郭锡良《汉字古音手册》,北京大学出版社,1986 年,92、105 页。
③宁忌浮:《校订五音集韵》卷一三,中华书局,1992 年,189 页。学界一般认为,《五音集韵》基本上仍是因袭《切韵》音系,并不能代表当时的活语言。

尾的消变问题。音韵学界一般认为，直到南宋时期，南方音中仍基本完整地保留着-p、-t、-k 三类入声韵尾[1]；而北方语音的衍变则有所不同，北宋时代以汴洛地区为代表的中原音，已明显表现出入声韵尾弱化乃至消失的现象，邵雍《皇极经世书》的音图以阴声、入声相配，北宋汴洛文人诗词用韵以梗曾摄之入声字（收-k尾）与臻摄之入声字（收-t尾）相押，都说明了这个问题[2]。另据周祖谟先生研究，早在唐五代的北方方言中，已经开始出现-k、-t韵尾相混同或弱化为喉塞音的情况[3]。具体说到辽金的入声韵，魏建功先生早在 1930 年代就已注意到辽庆陵出土汉文哀册中入声的"变读"问题[4]，所谓的"变读"，也无非是反映了入声韵尾弱化以至脱落的现象。聂鸿音先生近年的研究成果为此提供了一个明确的答案，他在对《全辽文》和《辽代石刻文编》所收 190 种辽代诗歌及其他韵文材料进行系统考察之后所得出的结论是："中古的-p、-t、-k 三个塞音韵尾在辽代已经脱落，入声字读同阴声字。"[5]关于金代的入声问题，聂鸿音先生也提出了富有启发性的意见，他发现《金史》里有大量入声汉字和阴声汉字互用的译例，如卷七六"衮本名蒲甲，亦作蒲家"，"甲"为入声而"家"为阴声；卷一〇六"术虎高琪，或作高乞"，"琪"为阴声而"乞"为入声；卷七五"辛

---

①王力：《朱熹反切考》，见《龙虫并雕斋文集》第 3 册，中华书局，1982 年。

②周祖谟：《宋代汴洛语音考》，原载《辅仁学志》12 卷 1、2 期合刊，1943年；收入《问学集》下册，中华书局，1981 年。

③《唐五代的北方语音》，原载《语言学论丛》第 15 辑，1988 年；收入《周祖谟学术论著自选集》，北京师范学院出版社，1993 年。

④《辽陵石刻哀册文中之入声韵》，原载天津《益世报》"读书周刊"第 69期，1936 年 10 月 8 日；收入《魏建功文集》第 3 卷，江苏教育出版社，2001 年。

⑤聂鸿音：《辽代诗文用韵考》，《满语研究》1999 年第 2 期。

讹特剌",同卷又作"辛斡特剌","讹"为阴声而"斡"为入声;卷二耶律麻哲,卷一三三作耶律麻者,"哲"为入声而"者"为阴声。此类译例说明金代的入声字已不再带有塞音韵尾,而是变成纯粹的元音韵了①。

鉴于学术界的上述认识,我们大概很难用入声韵尾来解释"术不姑"与"阻卜(阻鞢)"的同名异译问题。我认为,"术不姑"与"阻卜"的不同译法,实际上反映了辽金时代契丹语汉译的一项通例。类似情形的译名屡见不一见,在此姑举数例。

耶律阿保机第三弟,《辽史》一般通称为耶律迭剌,而《太祖纪》太祖八年正月作"迭剌哥",神册三年四月乙巳条作"迭烈哥"。

《耶律羽之墓志》谓其"祖讳曷鲁匣麦,夷离堇"②;又《耶律元宁墓志》云:"自皇家兴王之始,先帝急贤之初,首拜国官夷离堇——即今北大王之秩,讳曷鲁辖麦哥,公之烈祖也。"③按耶律元宁为耶律羽之从孙,故元宁墓志之"曷鲁辖麦哥"者,即羽之墓志所称"曷鲁匣麦",亦即《辽史·皇族表》、《耶律曷鲁传》所称"匣马葛"④。其名字全称见于契丹小字《耶律迪烈墓志铭》第7行:

① 聂鸿音:《〈金史〉女真译名的音韵学研究》,《满语研究》1998年第2期。
② 内蒙古文物考古研究所等:《辽耶律羽之墓发掘简报》,《文物》1996年第1期。
③ 盖之庸编著:《内蒙古辽代石刻文研究》,内蒙古大学出版社,2002年,109页。
④ 由于《辽史》记载的混乱,自钱大昕以来的辽史研究者均将匣马葛与帖剌、蒲古只混为一谈,经乌拉熙春考订,知蒲古只和匣马葛分别是帖剌的长子和次子。详见爱新觉罗·乌拉熙春:《匣马葛考》,《立命馆文学》第582号,2004年1月,57—66页;收入同氏《辽金史与契丹、女真文》,京都大学东亚历史文化研究会,2004年7月,39—48页。

![契丹小字)，可译为曷鲁恩·匣马葛[1]。由此可知，《耶律元宁墓志》的"辖麦哥"、《辽史》的"匣马葛"，都是《耶律羽之墓志》"匣麦"一名的异译。

由辽入金的耶律余睹，辽、金二史纪传中多作耶律余睹或耶律余覩，《完颜希尹神道碑》作耶律余笃[2]；而《辽史》本传云："耶律余覩，一名余都姑。"《松漠记闻》卷上亦称耶律余都姑[3]。

契丹小字《耶律(韩)迪烈墓志铭》第 15 行称其妻父名，汉文《耶律(韩)迪烈妻萧乌卢本娘子墓志铭》译作"胡都"[4]；此名亦见于契丹小字《耶律宗教墓志》第 22 行，而汉文《耶律宗教墓志》则译为"胡睹古"[5]。聂鸿音先生曾提出一个假说，认为契丹常用人名胡笃、胡睹与常用字胡独堇、胡笃堇、胡都堇、胡睹堇之间存在着如下对应关系：后者是在 qudug 之后粘附一个名词附加成分-in 构成的[6]。证以契丹小字资料，我认为此说可以成立，即

---

① 见卢迎红、周峰：《契丹小字〈耶律迪烈墓志铭〉考释》，《民族语文》2000 年第 1 期。但此文附录的摹本误将匣马葛的第二名析分为上下两词。

② 罗福颐：《满洲金石志》卷三。

③《钦定辽史语解》卷八将余覩改译为"伊都"，释为满洲语班次之意；而《钦定重订契丹国志》所附《译改国语解》则将余都姑改译为"伊勒都喀"，释为满洲语顺便之意（见影印文渊阁《四库全书》本，第 383 册，802 页）。此乃四库馆臣随意附会，不足为据。

④ 见刘凤翥等：《辽代萧乌卢本等三人的墓志铭考释》附录，《文史》2004 年第 2 辑。

⑤ 刘凤翥等：《契丹小字解读五探》，《汉学研究》13 卷 2 期，1995 年 12 月，335、339 页。

⑥ 聂鸿音：《契丹语的名词附加成分＊-n 和＊-in》，《民族语文》2001 年第 2 期。

前者为𤲞𤭢,后者为𤲞𤭢——有许多证据表明,伏的音值理应为 in。

以上译语资料揭示了一项颇能说明问题的译例:辽金时代契丹语人名在译为汉语时,常常省去词尾的舌根音[-g]或[-k];虽也有保留词尾舌根音的情况,但显然是少数。"阻卜"与"术不姑"正符合这一译例。此词在《辽史》中多作阻卜,《金史》及《滏水集》均作阻䪁,而术不姑的译法除了《耶律仁先墓志》外,见于《辽史》者也不过十数条而已。这项译例提示我们,阻卜与术不姑仅仅是译法的不同,那些试图将它们从概念上区别开来的想法是不足取的①。

金代的阻䪁虽屡见于《金史》纪传,但在金代文献中仅发现《滏水集》一例,且因此书为元代所刊,而不被认为是解决阻䪁真伪问题的一个决定性因素。惟有在金代石刻中发现有关阻䪁的直接记载,才能得出无可辩驳的结论。

新的考古材料再次为我们提供了关键性证据。1986 年,蒙古国立大学蒙古学研究所的几位学者在蒙古国肯特省境内发现一处女真字摩崖石刻,该石刻位于温都尔汗以南约六十公里的巴彦呼塔格苏木(县)一座石山的山腰上。日本千叶大学教授加藤晋平等人得知此事后,遂于 1991 年 10 月前往考察。他们在这次考察中意外发现,就在距女真字石刻约二十米左右的东边另一石壁

---

①周良霄先生《鞑靼杂考》一文认为,阻卜与术不姑乃是两个不同的概念,前者为统称,后者指专部。他发现,《辽史·太祖纪》太祖六年七月丙午"亲征术不姑"一事,在《兵卫志》中称为"亲征背阴国",《册府元龟》卷九七七外臣部降附门则称"背阴达勒",由此得出术不姑专指背阴国(背阴达勒)的结论。这种看法似可斟酌。依我之见,《太祖纪》所称术不姑与阻卜并无不同,背阴国(背阴达勒)虽不详,想亦属于阻卜族系;《太祖纪》称术不姑为泛称,《兵卫志》称背阴国为详指。

上,还有一处汉字石刻。汉字石刻高两米、宽三米,共计九行八十余字。次年,加藤晋平教授首次向学界公布了这一发现,同时发表汉字石刻及女真字石刻摹本①。但由于石壁表面风化相当严重,加藤氏的文章又写得比较匆忙,所以他发表的汉字石刻摹本缺字、讹字较多。参与此次考察活动并在现场负责录文的新潟大学白石典之先生,在 2001 年重新刊布了一份更为准确的汉字石刻摹本②。现据以转载如下:

大金开府仪同三司尚书右丞

相任国公□□宗室襄□

帝命帅师讨北术孛背叛由

阿剌胡□乞罕赤鞔□斡礼

□□速□真到里马□□

□剌□□至乌□□□叛

□□□□核□□□

玦(班?)师□明昌七年六月　　日

山名曰□□□□

　　尽管该石刻颇有残泐,但基本内容是清楚的。它是金章宗明昌七年(1196)六月尚书右丞相完颜襄为斡里札河之役而留下的纪功摩崖石刻,可定名为《完颜襄纪功石刻》。斡里札河之战是蒙

---

① 加藤晋平:《モンゴル人民共和国ヘンテイ県バヤンホトクの碑文について》,载《平井尚志先生古稀记念考古学论攷》第 1 集,大阪邮政考古学会,1992 年 3 月,128—138 页。此文承早稻田大学饭山知保博士帮助提供,特表谢忱。
② 白石典之:《チンギス＝カンの考古学》,东京同成社,2001 年,64 页。

古史上一次著名战役,在《元朝秘史》中留有显赫的记载,惟斡里札河译作"浯勒札河"①。此次战役,是金军在克烈部王罕和蒙古部铁木真的配合下,对塔塔儿部取得的一次重大胜利。但在元人所修《金史》里,此役似乎被有意淡化了,仅《完颜襄传》有一段首尾不详的记载:

> 时左丞相夹谷清臣北御边,措画乖方,属边事急,命襄代将其众。……未几,遣西北路招讨使完颜安国等趋多泉子。密诏进讨,乃命支军出东道,襄由西道。而东军至龙驹河为阻𩰚所围,三日不得出,求援甚急。……(襄)突击之,围中将士亦鼓噪出,大战,获舆帐牛羊。众皆奔斡里札河。遣安国追蹑之。众散走,会大雨,冻死者十八九,降其部长,遂勒勋九峰石壁。捷闻,上遣使厚赐以劳之。

这段记载连斡里札河之战发生在哪一年都没有交待。更有甚者,《金史·章宗纪》居然对此次战事只字未提,不过我们从字里行间仍能看出少许蛛丝马迹。《章宗纪》承安元年(即明昌七年,是年十一月改元承安)七月庚辰,"御紫宸殿,受诸王、百官贺,赐诸王、宰执酒。敕有司,以酒万尊置通衢,赐民纵饮";乙酉,"命有司收瘗西北路阵亡骸骨"。这两件事情颇值得玩味。七月庚辰的庆典没有解释原因——需要说明的是,章宗生日天寿节为七月二十七日,而是年七月庚辰为三日,可见此次庆祝活动另有缘由。——想必是斡里札河之役的捷报传到了朝廷。七月乙酉条记事则甚为明白,显然是在处理斡里札河之战的善后事宜。《金史》在涉及

---

① 见《元朝秘史》卷四,132—134 节,《四部丛刊三编》本。

明昌、承安间边事时,总是闪烁其辞,忌讳颇多,前人在这方面已做了许多索隐发覆的工作①。由《章宗纪》对斡里札河之战的处理来看,知其忌讳所及,就连对塔塔儿的战事也不免受到株连。

据《金史·完颜襄传》说,在取得斡里札河大捷之后,"遂勒勋九峰石壁",这就是巴彦呼塔格发现的《完颜襄纪功石刻》的由来。关于斡里札河之役的年月,前人做过不少考证,外山军治氏根据完颜襄于承安元年九月由右丞相迁左丞相事推断,认为此役应在是年八月以前②,此说与石刻所标示的时间大致相符。从《完颜襄传》可以知道,金军在斡里札河一战中的敌人是阻䩫,又《夹谷清臣传》在叙及明昌六年阻䩫之叛时,称"北阻䩫由此叛去",所指尤为明确,而石刻则称"帝命帅师讨北术孛"。很显然,"术孛"就是阻䩫的异译。元代文献中也有一个与此相似的译名。元杂剧《射柳捶丸》第三折,耶律万户部下有所谓阻孛、党项二将,是以二将分别代表两族③。"术孛"或"阻孛"都是辽金史中阻卜、阻䩫的异译④。

《完颜襄纪功石刻》所见"北术孛",是"阻䩫"一词在金代石刻材料中的首次发现,它就前人反复讨论的两个问题作出了最终裁决:第一,《金史》中的阻䩫之称绝非鞑靼之倒误,而应当是源自

---

① 参见王国维:《萌古考》,原载《国学论丛》1卷3号,1928年4月,已收入《观堂集林》卷一五;外山军治:《金章宗时代に於ける北方经略と宋との交战》,《满蒙史论丛》第3辑,日满文化协会刊,1940年12月;贾敬颜:《从金朝的北征、界壕、榷场和宴赐看蒙古的兴起》,《元史及北方民族史研究集刊》第9期,1985年。

② 外山军治著、李东源译:《金朝史研究》,黑龙江朝鲜民族出版社(牡丹江),1988年,341页。

③ 见隋树森编:《元曲选外编》,中华书局,1980年,第3册,1020页。

④ 按"孛"本是以[-t]音收尾的入声字,因金元时代入声韵尾已经脱落,故可与收[-k]尾的"䩫"字互用。

辽代之阻卜;第二,金代所称北术字或北阻䪁,就是蒙古人所称塔塔儿,高宝铨将《金史》之阻䪁比定为《元朝秘史》之塔塔儿,其基本方向是正确的。

三 契丹小字和女真字中的"阻卜"

20 世纪以来的阻卜与鞑靼研究,争议最大、分歧最多的恐怕要算是"阻卜"一词的语源及语义问题。虽然人们大都相信辽金时代阻卜(阻䪁)的真实性,但它究竟出自何种语言?其原名的正确音写及语义是什么?直到今天,这个问题仍让学者们感到十分困惑。

乾隆间官修《辽金元三史国语解》,曾以满洲语释阻卜和阻䪁,以蒙古语释术不姑①,最早涉及阻卜的音义问题。自上世纪初以来,中外学者先后就阻卜的语源、语义问题提出了多种假说。沈曾植、屠寄、白鸟库吉均谓阻卜源自蒙古语,但对音和释义却各不相同;方壮猷认为,阻卜一词与鲜卑语、突厥语、蒙古语、满语都有某种渊源关系;岑仲勉将《史集》所记札刺亦儿十部中 Tchate 和 Buri 两部的第一音节合成一词,拿它来与阻卜对音;王静如的观点在我国学界一度颇有影响,他认为阻卜一语源自藏语对蒙古人的称呼 Sog-po,此说得到唐长孺、陈述、王尧等人的支持。

1980 年代初,余大钧先生曾花费很大精力来专门研究这个问题。他逐一检讨了上述诸说的不合理性,并提出一个新的解释:

————————

① 见《辽史语解》卷三、《金史语解》卷二,影印文渊阁《四库全书》本,第296 册。

《元朝秘史》和《史集》中的"主不儿"(Jubur)当是阻卜一词的本源,此词原意为原野、草原,是10—12世纪蒙古语族牧民的自称,被契丹人用作室韦系蒙古语族草原游牧部落的泛称,后又演变成部族专名[1]。

直到近年,仍有学者在继续执着地探讨阻卜的语源及语义。1994年出版的刘迎胜《西北民族史与察合台汗国史研究》一书,曾将《突厥语大辞典》卷一的 Yabaqu 一词译为"阻卜姑",但却未作任何解释[2]。2002年,刘迎胜先生在一篇新作中就此问题展开讨论。他解释说,在《突厥语大辞典》等穆斯林史料中,Yabaqu 是介于奚与达旦之间的一个强大部族,该部族名有可能被颚辅音较重的契丹人念作 Jabaqu 或 Zabaqu,这应是术不姑、直不古等译名的来历;而在蒙古人的各种方言中,由于词中的颚辅音-q-消失了,其前后元音合成一个长元音,读作 Jaba'u,这应是阻卜、术保等译名的来历[3]。

迄今为止有关阻卜语源、语义的种种假说,或是直接运用历史比较语言学方法进行简单的对音勘同,或是结合阿尔泰语言的演变规律分析其语词渊源;但所有这些说法都建立在推测的基础之上,无法提供任何辽金时代的文献支持,因此他们的结论充其

---

① 上述诸说均详见余大钧《关于"阻卜"的语源、对音及语义》一文。
② 刘迎胜:《西北民族史与察合台汗国史研究》,南京大学出版社,1994年,37页。
③ 刘迎胜:《辽与漠北诸部——胡母思山蕃与阻卜》,《欧亚学刊》第3辑,中华书局,2002年。该文对"术不姑"和"阻卜"同名异译的解释颇具匠心,惜无法予以证实。上文已经指出,"术不姑"与"阻卜"仅仅是汉译的不同,而类似"阻卜"这样的译例在辽金时代契丹语汉译材料中是司空见惯的。

量可为一家之说，而很难成为学界的共识。

我觉得，阻卜（阻鞑）一词既不见于辽代之前，也不见于金代之后，以至于王国维认为它是被元人杜撰出来的，这种情况说明它很可能是出自契丹语，而为女真人所因袭。其实前人早有类似看法。冯承钧先生曾推想"阻卜、阻鞑的原名殆出于契丹语，或为漠北诸强大部落之总称"[1]，日本学者前田直典也持有同样的观点[2]。但由于他们未曾对这种观点进行详细申说，也未能提出任何语言学或文献学的证据，所以始终没有引起学界的重视。

今天，契丹、女真语文学的进展为我们探索"阻卜"语源提供了新的契机。如果能够从契丹字和女真字的石刻材料中识别出阻卜一词，对于解决这个问题无疑会有很大帮助。

由于目前契丹大字的解读仍处于摸索阶段，将契丹大字石刻资料作为史料来引证还不太现实，所以我们暂时只能利用契丹小字的研究成果。自上世纪70年代末以来，契丹小字的释读取得了突破性进展，于是我们在契丹小字的石刻资料中就有了新的发现。

首先需要谈谈鞑靼的问题，因为曾有一些学者将契丹小字中的某些词释为"鞑靼"。即实（巴图）先生认为，《兴宗哀册》第32

---

[1] 冯承钧：《辽金北边部族考》，《辅仁学志》8卷1期，1939年6月；收入《西域南海史地考证论著汇辑》，中华书局，1957年。

[2] 参见前田直典：《十世纪的九族达靼》，原载《东洋学报》32卷1号，1948年10月；辛德勇汉译，载《日本学者研究中国史论著选译》第9卷，中华书局，1993年。作者在此文的一条小注中说："我认为阻卜为契丹语，与'术不姑'为同音异译。"并注明"参见拙稿《阻卜、鞑靼与Tatar》"。因作者在本文发表的次年就英年早逝，这里提到的"拙稿"大概未来得及完成。

行铭辞中的**刃卡**即为鞑靼,拟音为[t'utər]①。此说纯属揣度之辞。契丹小字的石刻材料,以哀册、墓志铭文的解读难度为最大,《兴宗哀册》的铭文几乎全都未能破译,而且此词在契丹小字石刻中很少出现,亦无从判断其词义;该词第一个原字的音值虽已被构拟为[t']②,但第二个原字尚无可信的拟音,不知即实先生的音读有何根据?

高路加先生曾将《萧仲恭墓志》第9行的**令公 凡火 杰示**释为"鞑靼国王之……",他认为**令公**的读音可拟为[tətə]或[tata],**令公 凡火**可能是指《辽史·百官志》的惕德国,而惕德国或许是鞑靼国的异译③。后来刘凤翥先生也采纳了这种考释意见,遂将《金代博州防御使墓志》第8行和18行出现的**令公**径直释为鞑靼④。我认为这是一个误会。此词的拟音问题不大⑤,但词尾没有尾辅音[r],单凭这一点即可断定它绝非鞑靼(Tatar);更成问题的是,高文对《萧仲恭墓志》的断句明显有误:因萧仲恭最后的封号为越国王,故这方契丹小字墓志均以**凡火 杰**(国王)称墓主,高文所引的那句话,**凡火 杰示**(国王之)应属下句句首,所谓"鞑靼"与"国王"不能相属成文。至于刘凤翥先生所释《金代博州防御使

①即实:《谜林问径——契丹小字解读新程》(以下简称《谜林问径》),辽宁民族出版社,1996年,20页。
②清格尔泰、刘凤翥等:《契丹小字研究》,中国社会科学出版社,1985年,153页。
③高路加:《契丹字词拾零》,《内蒙古大学学报》1991年第4期,66页。
④刘凤翥等:《契丹小字解读五探》,《汉学研究》13卷2期,1995年12月,340、342页。
⑤据契丹文字研究小组拟定的音值,此词第一个原字音[t]或[t'],第二个原字音[t],见《契丹小字研究》,153页。在契丹小字石刻中,这两个原字常常互相通用。

墓志》中的"鞑靼",因其上下文均未释出,显见得只是因袭高文的说法而已,并没有什么新的证据。

总之,目前有关契丹小字"鞑靼"一词的释读意见均属牵强附会。我觉得,要想在契丹大小字中寻找"鞑靼"恐怕是缘木求鱼。鞑靼(Tatar)本是突厥人对室韦系蒙古语族诸部落的泛称,辽代汉语文献虽也沿用此名,但契丹人既然用另外一个专有名称阻卜(术不姑)来指称鞑靼,在契丹语中想必不会有 Tatar 之称。

契丹小字的"阻卜"一词,是由王弘力先生首先解读成功的。他正确地指出,《许王墓志》第 17 行大安十年下🉐一词即是"阻卜(术不姑)",可拟音为 ʧobog~ʧubug;第 20 行🉐则为阻卜之宾格①。即实先生基本同意这一解读结论,不过他的拟音与王文有所不同。他认为,🉐一词应读作[ʧʻapukan]或[ʧapukʻɑn],因[n]音脱落,故译为术不姑或直不姑②。

据长田夏树氏考定,《许王墓志》的墓主为耶律斡特剌③。《辽史》卷九七《耶律斡特剌传》载:大安间,"迁知北院枢密使事……北阻卜酋长磨古斯叛,斡特剌率兵进讨"。又据《道宗纪》,大安十年四月庚戌,"以知北院枢密使事耶律斡特剌为都统……讨磨古斯";九月,"斡特剌破磨古斯"。《许王墓志》提到的阻卜,就是指耶律斡特剌大安十年所征讨的北阻卜。

---

① 王弘力:《契丹小字墓志研究》,《民族语文》1986 年第 4 期,69 页。刘凤翥、于宝麟《契丹小字〈许王墓志〉考释》(《文物资料丛刊》第 1 期,1977 年 12 月,97 页)误将第 20 行🉐一词分析为上下两字,又将🉐误为🉐。
② 即实:《〈森讷墓志〉释读》,见《谜林问径》,171 页。
③ 长田夏树:《契丹语解读方法论序说》,《内陆亚细亚语言研究》第 1 辑,神户市外国语大学外国学研究所,1983 年 3 月。

1983 年出土的《耶律仁先墓志》,除志石正面刻汉字三十七行外,志盖内侧还刻有契丹小字七十行,但契丹小字墓志与汉文墓志不是对译的,两者内容各有侧重。值得注意的是,在耶律仁先的契丹小字墓志中,作者至少用了十三行的篇幅(第 39 行至 51 行)详细记述墓主在咸雍五、六年间以西北路招讨使率兵征讨阻卜诸部的经过,其中第 39、40、46 行三次出现□一词,第 51、56 行两次出现□一词①。

　　关于□(阻卜、术不姑)一词的拟音,还需要做一点说明。此词系由三个原字构成,其中第一个原字出现频率极高,其音值经过反复验证,《契丹小字研究》将它构拟为[ʧʻ]②;第二个原字的音值,即实先生拟为[pu]③,按此字为契丹小字□(挞不也)和□(捺钵)的第二音节,可证其拟音问题不大;第三个原字的音值,王弘力先生拟为 g~gə④。一般认为,契丹小字中每个用于拼写辅音的原字,除其基本音值外,还往往含有一个元音,但它们所包含的元音音素很难确定,因此王弘力和即实先生对□一词的拟音目前还只能作为参考。

---

① 参见即实:《〈糺邻墓志〉释读》,见《谜林问径》,245—252 页。刘凤翥《契丹小字解读四探》(载《第三十五届世界阿尔泰学会会议记录》,台北联合报国学文献馆,1993 年,543—567 页)所附耶律仁先契丹小字墓志摹本,对□一词的词形规范很不一致,第 39 行和 46 行将它误析为上下两字,且 46 行又误□为□;第 40 行虽将这四个原字合为一词,但亦误□为□。

② 见《契丹小字研究》,152 页。

③ 即实:《从□ □说起》,《内蒙古大学学报》1988 年第 4 期,56、67 页。

④《契丹小字墓志研究》,65 页。参见清格尔泰:《契丹小字释读问题》,东京外国语大学亚非语言文化研究所刊行,2002 年,60—61 页。

在契丹小字中,常有同词异形的现象。见于《宋魏国妃墓志》第 11 行的人名󰀀,以及《耶律弘用墓志》第 16、19、20 行的同一人名󰀀,据我判断,它们很可能都是󰀀(术不姑)一词的不同写法。首先,虽然上述两词的第一个原字通常被视为两个独立的原字,但从大量的实际用例来看,󰀀应该是󰀀的异体;其次,两词的第三个原字󰀀与术不姑一词的最后一个原字󰀀常常互相通用,可知其音值相同。刘凤翥先生将这个人名音译为"智不困"①,我认为按辽朝人的惯常译法,宜译作"术不姑"。这一发现启示我们,从契丹人的名字入手,也许是解读"术不姑"词义的一个有效途径。

迄今为止,在《女真译语》及金代女真字文书、石刻资料中,还从未发现过阻鞑或鞑靼之类的语词。上文说过,在发现《完颜襄纪功石刻》的蒙古国肯特省巴彦呼塔格苏木,还有一处女真字摩崖石刻。该石刻最初发现于 1986 年②,与后来发现的汉字石刻仅相距二十米左右。女真字石刻约高两米、宽三米,共计九行一百四十余字。1992 年,加藤晋平教授首先刊布了该女真字石刻的摹本③,现据以转载如下:

---

① 刘凤翥、清格勒:《契丹小字〈宋魏国妃墓志铭〉和〈耶律弘用墓志铭〉考释》,《文史》2003 年第 4 辑。
② 据说在此之前蒙古考古学家普尔莱博士已经注意到该摩崖石刻的存在,但他在考察日志里将石刻上的文字误称为契丹字。
③ 见加藤晋平:《モンゴル人民共和国ヘンティ県バヤンホトクの碑文について》,131 页。该摹本由白石典之摹写,白石氏《チンギス＝カンの考古学》第 64 页也附有内容完全相同的女真字摹本。

　　这一女真字石刻目前尚不为中国学者所了解，更无人做过考释。加藤晋平教授在发表石刻摹本时，依据金启孮《女真文辞典》和葛鲁贝（Wilhelm Grube）*Die Sprache und Schrift der Jučen*，成功解读了第 1 行及第 8 行后半部分的纪年。第 1 行共十六字，其中前十五字可释为"伟大的中央金国尚书右丞"，与汉文《完颜襄纪功石刻》第 1 行"大金开府仪同三司尚书右丞"相比较，基本上是对译的；第 8 行末五字释为"七年六月　日"，与汉字石刻第 8 行"（明昌）七年六月　日"相符。如此看来，女真字石刻和汉字石刻应属同一版本的《完颜襄纪功石刻》，且为同时所刻。由于石壁严重风化，文字颇有残阙，加之摹写者对女真字比较外行，字画容有出入，因此要想通释整个女真字石刻比较困难，况且这也不是本文的目的所在；现在我所关心的，是能否从中识别出"阻鞳"一词。

前面提到的"北术孛"，见于汉字石刻第 3 行，此行共十一字，谓"帝命帅师讨北术孛背叛由"云云。女真字石刻第 3 行共计十七字，根据我的考释结果，其中 11 至 15 字就是"北术孛"。

首先讨论"北"字。女真字的"北"有三种写法：（一）西安碑林发现的《女真文字书》中，三次出现"东西南北"这个词组（1：4,2：5,11a：19），"北"均作 **並**①。**並** 是"北"的词根。《女真文字书》是金代前期的抄本，当时可能还没有出现表示方位的后置词。（二）柏林本《女真译语》杂字方隅门，"北"作 **並 伟**，读作"兀里·替"；这种写法也见于《大金得胜陀颂碑》第 28 行和《永宁寺碑》第 3 行。（三）《女真进士题名碑》第 16 行"东北路"和 17 行"西北路"，其中的"北"均作 **並矢**②。**矢** 是表示方位的后置词，《女真译语》注音为"厄"。《完颜襄纪功石刻》用的是第三种写法，**並** 字已完全残去，**矢** 字仅残存下半部分，故第 3 行 11、12 字作 **口 人**。

"术孛"一词当由三个女真字组成，我们先考释前两个字的写法。《女真进士题名碑》第 14 行、16 行及《朝鲜庆源郡女真国书碑》第一面第 5 行，均有女真姓氏孛术鲁③。据《金史·百官志》，孛术鲁属女真白号之姓。《滋溪文稿》卷八《孛术鲁公神道碑铭》曰："泰和中，章宗命定氏族为百，孛术鲁氏其一，望著广平。"《女真进士题名碑》所记正大元年（1224）状元孛术鲁长河，亦见《金

---

① 乌拉熙春：《〈女真文字书〉的复原》，《碑林集刊》第 7 辑，陕西人民美术出版社，2001 年 7 月，188、189、199 页。

② 金光平、金启孮：《女真语言文字研究》，文物出版社，1980 年，307—308 页。

③ 见《女真语言文字研究》，305、307、335 页。

史·哀宗纪》：正大元年五月甲辰，"赐策论进士孛术论长河以下十余人及第"。"孛术论"即《百官志》、《国语解》"孛术鲁"之异译。金代文献所见此人姓名多有歧异，《哀宗纪》天兴二年正月作孛术鲁长河，《完颜奴申传》作孛术鲁长哥，《崔立传》作孛水鲁长哥（"水"乃"术"之误）；又《归潜志》卷一一称孛术鲁济之，"济之"当是其字。尽管译名多歧，但"孛术"二字并无不同。

"孛术鲁"的女真字写法凡三见于金代碑刻，均作 圭 戈 呆。戈对译汉字"术"，《女真译语》杂字人事门注音为"卓"①，《完颜襄纪功石刻》第 3 行 13 字戈就是它的残字；圭对译汉字"孛"，《女真译语》杂字鸟兽门注音为"卜"，诸家均拟为[bu]，《完颜襄纪功石刻》第 3 行 14 字艽应即此字，但摹写失真耳。

构成"术孛"一词的第三个女真字是呆。此字屡见于《女真译语》，注音均为"古"（如杂字器用门、人事门等）。据金启孮先生说，此字为名词缀尾字，"系名词词干的一部分，添加词缀时不能去掉，凡词末有此字的词，十之八九是名词，其含意略似汉文的'者'字"②。对照一下《完颜襄纪功石刻》第 3 行 15 字辰，应该就是这个呆字。正如辽人多将"术不姑"译作"阻卜"一样，金人将此词译为"术孛"或"阻鞴"，同样也是省去了词尾的舌根音，而女真字仍保留了该词的完整音节。

如上所述，可将《完颜襄纪功石刻》第 3 行 11 至 15 字恢复为以下女真字规范字形，译为汉文就是"北术孛"：

---

①柏林本《女真译语》此字写作戈，与《女真进士题名碑》及《朝鲜庆源郡女真国书碑》之戈颇有差异，自当以金代石刻为准。
②金启孮：《女真文辞典》，文物出版社，1984 年，120 页。

石刻摹本	口人	モ	允	反
规范字形	北史	モ	生	尺
金代汉译	北	术	孛	〔古〕

　　本文对契丹小字和女真字"阻卜"一词的考释结果,大致可以说明两个问题:第一,阻卜(术不姑)一词当源于契丹语,后为女真语所因袭;第二,金代女真语中的术孛(阻鞑),其音读非常接近于"术不姑"。

　　对阻卜语源及语义的探索,本文在前人的基础上只向前迈进了一小步。由于契丹、女真语言资料的匮乏,加上目前对契丹、女真语言的研究远远落后于对其文字的解读,因此我们对阻卜一词的词义仍旧一无所知。依我之见,"阻卜"很可能是契丹人对室韦系蒙古语族诸部落的他称,而不大可能是这些部族的自称,因为在其他时代、其他民族语言中都找不到这个称谓。胡三省谓臭泊乃"室韦以所居地名其部"云云,未必有什么根据,恐怕只是因为"臭泊"一词看上去像个地名而已。

原载《历史研究》2005 年第 2 期

辽代的渤海遗民

——以东丹国和定安国为中心

渤海亡国之后的渤海遗民状况，长期以来始终是渤海史研究中的一个薄弱环节。本文主要致力于解决以下两个方面的问题：

第一，厘清有关东丹国史的若干史实。作者指出，辽朝为统治渤海遗民而建立起来的东丹国，直到圣宗统和十六年时仍然存在；东丹国尽管是契丹王朝的一个附庸之国，但在政治和外交上却享有高度的自治权并具有一定的独立性；东丹国中台省的选官制度，与辽朝北面官同样实行世选制。

第二，对以定安国为代表的渤海故地前朝遗民的政治活动进行重新考察。作者认为，根据现有史料所提供的信息，仅能确定定安国是由渤海遗民在鸭绿江流域（原渤海国西京鸭渌府）建立的一个国家，和田清、日野开三郎两位日本学者所描述的定安国历史几乎是凭空杜撰的，至于所谓"后渤海国"的猜想更是子虚乌有。

从公元 7 世纪末至 10 世纪初，渤海在东北亚政治舞台上扮演了一个重要角色。渤海亡国后,渤海人在辽金两朝时期仍非常活跃,直到 13 世纪以后,这个民族才从历史上消失。20 世纪以来的渤海史研究,实际上主要是对渤海国史的研究,而渤海亡国以后的渤海遗民则很少受到学者们的关注。时至今日,有关渤海遗民在辽朝一代的政治活动,仍有许多晦暗不明之处,尤其是东丹国始末、定安国与渤海遗民的关系,以及所谓"后渤海国"的问题等等。希望本文的研究能够厘清若干史实,从而在某种程度上丰富我们对于渤海后期历史的认识。

一 渤海亡国前后的时局

公元 10 世纪初,崛起于西剌木伦河流域的契丹人,以其强有力的军事扩张迅速改变着东北亚地区的政治版图,而与此同时,昔日的海东盛国渤海却日益走向衰落。某些迹象表明,在渤海末代国王大諲譔在位末年,朝廷内部可能存在着激烈的权力之争,据高丽方面文献记载,在渤海亡国前一年,发生了多起渤海大臣亡命高丽的事件:高丽太祖八年(925)九月丙申,"渤海将军申德等五百人来投";同月庚子,"渤海礼部卿大和钧、均老,司政大元钧,工部卿大福谟,左右卫将军大审理等率民一百户来附";十二月戊子,"渤海左首卫小将冒豆干、检校开国男朴渔等率民一千户来附"[①]。这些叛逃者多为王族大氏或朝廷显宦,可见当时渤海统治集团内部一定发生了什么不寻常的事变,契丹正是在这样的情

---

①《高丽史》卷一《太祖世家一》。

况下出兵灭掉渤海的。辽太宗时，耶律羽之在给朝廷的上疏中就这样认为："先帝因彼离心，乘衅而动，故不战而克。"①甚至有学者认为，原渤海王世子大光显在渤海亡国后于公元934年亡命高丽一事，也与亡国前夕发生的王室内部纷争有关②。

天赞四年（925）十二月，辽太祖举兵亲征渤海。次年正月即攻陷渤海上京龙泉府，渤海王大諲譔请降。是年三月，太祖班师，"以大諲譔举族行"；七月，"卫送大諲譔于皇都西，筑城以居之"③。根据《辽史》卷三七《地理志》可以知道，王室大諲譔一族被安置于辽上京临潢府以西的怀州（今内蒙古巴林右旗西）。此外还有许多渤海宗室、贵族、官僚等也被陆续迁往契丹人的传统领地潢河（今西剌木伦河）流域，尤其集中于上京临潢府周边的若干州县④。

关于渤海王室西迁后的情况，在辽代文献中几乎没有留下什么记载。《辽史》卷四五《百官志》谓"辽太祖有帝王之度者三"，其中之一是："灭渤海国，存其族帐，亚于遥辇。"同卷"北面诸帐官"下则说："渤海帐司，官制未详。渤海宰相、渤海太保、渤海挞马、渤海近侍详稳司。"可见元人修《辽史》时已经不清楚渤海帐司的具体情况，"渤海宰相"云云，只是从《辽史》列传中抄来的官名，是否属于渤海帐司的内容，实难肯定。甚至被保存下来的渤海"族帐"究竟存在于什么地方也是一个问题，有人认为渤海帐司

①《辽史》卷七五《耶律羽之传》。
②三上次男：《渤海国の灭亡事情に関する一考察》，载《和田博士还历记念东洋史论丛》，1951年11月。
③《辽史》卷二《太祖纪下》。
④参见杨保隆：《辽代渤海人的逃亡与迁徙》，《民族研究》1990年第4期。

是在原渤海王室之下设置的一个管理王室事务的机构①,这种说法纯属猜测。在辽代渤海人主要活动区域的东京道,我们也找不到存在渤海族帐的确切证据。

在渤海亡国后约半年之内,渤海境内的反抗活动相当激烈,史称"渤海既平,改东丹国;顷之,已降郡县复叛,盗贼蜂起"②。据《辽史·太祖纪》载:天显元年(926)三月,"安边、鄚颉、定理三府叛,遣安端讨之";五月,"南海、定理二府复叛,大元帅尧骨讨之";七月,"铁州刺史卫钧反,……尧骨攻拔铁州";八月,夷离毕康默记等攻陷长岭府。这些州府都在原渤海国境内。

这年七月,辽太祖阿保机在返回上京的途中死于渤海扶余府,据说渤海余部在太祖死后曾发兵进攻扶余城。王溥《五代会要》卷三〇"渤海"条曰:"阿保机死,渤海王命其弟率兵攻扶余城,不能克,保众而退。"但辽朝方面的文献没有关于此事的记载,那么中原王朝是怎样获悉此事的呢?《册府元龟》卷九九五外臣部交侵门有这样一段文字:"(后唐)明宗天成元年(926)十一月,青州霍彦威奏:'得登州状申:契丹先发诸部攻逼渤海国,自阿保机身死,虽已抽退,尚留兵马在渤海扶余城。今渤海王弟部领兵士攻围扶余城契丹。'"③这就是五代及北宋文献中有关这一消息的最初来源。登州治今山东蓬莱,登州报告的上述情报显然是通过海路来自辽东半岛,看来是比较可信的。渤海余部的这次军事行动与大諲譔无关,因为在辽太祖死前大諲譔就已经迁往临潢

① 朝鲜社会科学院历史研究所:《渤海史》第四章,严圣钦译,载中国社科院民族研究所《民族史译文集》第13辑,1985年。

② 《辽史》卷七三《萧阿古只传》。

③ 《旧五代史》卷三七《后唐明宗纪》也有这一记载,但文字稍略,《册府元龟》的引文当另有出处。

了。从登州方面获得的情报看来,此次进攻扶余府完全是大諲譔之弟所为,下文将会谈到,在渤海遗民的复辟活动中,这是一个值得注意的人物。

二 辽朝历史上的东丹国

辽太祖在灭掉渤海国后,并未打算将渤海故地直接纳入契丹的辖领,而是通过东丹国对渤海遗民进行间接的统治,因此辽朝的东丹国向来是渤海史上一个为人瞩目的问题。

天显元年正月,渤海国亡;二月十九日,辽太祖下诏"改渤海国为东丹,忽汗城为天福,册皇太子倍为人皇王以主之"①;"仍赐天子冠服,建元甘露,称制,置左、右、大、次四相及百官,一用汉法"②。太祖命皇弟迭剌为东丹国左大相,原渤海老相为右大相,原渤海司徒大素贤为左次相,契丹人耶律羽之为右次相。

关于"东丹"国名的含义,金毓黻先生做过一个解释:"东丹之名得自契丹,以其建国在契丹国之东也,亦即'东契丹国'之简称。……清臣撰《续通志》,不知此义,妄改东丹曰'都木达',则无意义之可寻矣。"③其实,东丹国的全称应该是"大东丹国"。东丹国南迁东平后,升东平郡为南京,耶律倍命渤海人王继远"撰建南京碑"④,据《辽史》卷三八《地理志》载,此碑的全称是《大东丹

①《辽史》卷二《太祖纪下》。
②《辽史》卷七二《宗室·义宗传》。
③《渤海国志长编》卷一九《丛考》。
④《辽史》卷七二《宗室·义宗传》。

国新建南京碑铭》。又《辽史》卷四五《百官志》在记载东丹国官僚机构时,也称之为"大东丹国中台省"。显而易见,"大东丹国"是与"大契丹国"相对应的。

由于被任命为东丹王的太子耶律倍成为辽初皇室内部权力斗争中的一个重要角色,于是他的命运变迁给予了东丹国很深的影响。太祖死后,次子耶律德光因得到太后述律氏的支持,于天显二年登上皇位,是为太宗。据说在争夺皇位失败后,东丹王耶律倍曾"帅数百骑欲奔唐,为逻者所遏"[1],未果。太宗即位后,因担心耶律倍利用渤海遗民的势力对皇权构成威胁,所以把前来奔丧的耶律倍留在朝廷,一直不肯让他返回东丹国,在此期间实际主持东丹国国政的是右次相(后迁左大相)耶律羽之。

大约在天显三年,耶律羽之上疏太宗说:"渤海昔畏南朝,阻险自卫,居忽汗城。今去上京辽邈,既不为用,又不罢戍,果何为哉? ⋯⋯遗种浸以蕃息,今居远境,恐为后患。梁水之地乃其故乡,地衍土沃,有木铁盐鱼之利。乘其微弱,徙还其民,万世长策也。"[2]这番话透露了契丹征服者心中的忧虑:如果让渤海遗民继续居留渤海故地的话,恐怕辽朝将很难驾驭他们,当时渤海境内的复辟活动就是一个信号。另外对辽太宗来说还有一个东丹王耶律倍的问题,一个拥有强大渤海遗民势力的东丹国显然不利于朝廷。耶律羽之提出的建议,是把渤海遗民迁往"梁水之地",梁水亦名东梁河,即今辽宁省辽阳以北的太子河。唐高宗时,曾有部分粟末靺鞨被迁居于营州(今辽宁省朝阳市)附近,后于7世纪末回归故土,建立了渤海国,故耶律羽之谓"梁水之地乃其故乡"。

---

①《资治通鉴》卷二七五,后唐明宗天成元年九月。
②《辽史》卷七五《耶律羽之传》。

耶律羽之的建议得到了太宗的首肯，"是岁，诏徙东丹国民于梁水"①。据《辽史·太宗纪》载：天显三年十二月，"时人皇王在皇都，诏遣耶律羽之迁东丹民以实东平。其民或亡入新罗、女直，因诏困乏不能迁者，许上国富民给赡而隶属之。升东平郡为南京"。东平郡治今辽宁省辽阳市，辽太祖神册四年（919），"葺辽阳故城，以渤海、汉户建东平郡，为防御州"②。东丹国南迁后，升东平郡为南京，后因石晋割让燕云十六州于辽，遂以燕京为南京，而改南京辽阳府为东京。

在东丹国南迁辽阳前后，将大批渤海遗民迁往辽东安置，同时，原渤海国州县大都被废除，渤海时期的五京、十五府、六十二州，"除鸭渌府各州外，皆已南徙"③。《辽史·地理志》东京道各州县下多有"本渤海某州某县"的记载，都是在这个时期迁来的。有学者估计，在东丹国南迁时迁入东京道的渤海人，约有 40 余万之多④。这样大规模的移民活动，显然是强制性的，史称"其民或亡入新罗、女直"，就是一个明证。

关于东丹国的南迁，近年出土的《耶律羽之墓志》与《辽史》的记载有所不同⑤。《墓志》曰："天显四年己丑岁，人皇王乃下诏曰：'朕以孝理天下，虑远晨昏，欲效盘庚。卿宜进表。'公即陈辽地形便，可建邦家，于是允协帝心，爰兴基构。公夙夜勤恪，退食

---

①《辽史》卷七五《耶律羽之传》。
②《辽史》卷三八《地理志二》。
③《渤海国志长编》卷一六《族俗考》。
④ 王承礼：《渤海简史》，黑龙江人民出版社，1984 年，177 页。
⑤《耶律羽之墓志》1992 年出土于内蒙古赤峰市阿鲁科尔沁旗，录文见内蒙古文物考古研究所等：《辽耶律羽之墓发掘简报》，《文物》1996 年第 1 期。

在公,民既乐于子来,国亦期年成矣。"据《墓志》说,耶律羽之向朝廷提出将东丹国南迁的建议,乃是出自东丹王耶律倍的授意。我对这种说法深表怀疑。《耶律羽之墓志》作于太宗会同五年(942),时在耶律倍出奔后唐以后,耶律倍之子辽世宗即位之前,上述说法非常适合那一特定时期的政治气候。《墓志》与《辽史》的另一个不同之处,是东丹国南迁的时间问题。《辽史》谓太宗天显三年十二月下诏东丹国南迁,耶律羽之上疏朝廷当然更应在此之前,而《墓志》却说天显四年耶律倍才授意羽之上疏朝廷。分析一下有关史料,我觉得仍以《辽史》的记载较为可信。根据《辽史·太宗纪》的记载可以知道,耶律倍是天显五年四月返回东丹国的,当时东丹国的南迁工作一定是已经基本就绪,太宗才会允许耶律倍归国。况且《墓志》也说,在太宗决定将东丹国南迁之后,"爰兴基构……民既乐于子来,国亦期年成矣"。也就是说,大约花了一年时间,才在辽阳城内建好东丹国的官署。从天显三年十二月太宗下诏东丹国南迁,到天显五年四月耶律倍归国,其间一年多的时间,正好可供完成辽阳的建设和东丹国的南迁工作。

在耶律倍天显五年四月返回东丹国后,太宗仍不能释怀,对他多方加以监控,同年"九月己卯,诏舍利普宁抚慰人皇王";"庚辰,诏置人皇王仪卫"[1]。所谓"仪卫"者,《辽史·耶律倍传》说得极明白,"置卫士阴伺动静"也。在这种情况下,耶律倍有意出奔后唐,"唐明宗闻之,遣人跨海持书密召倍。……倍谓左右曰:'我以天下让主上,今反见疑;不如适他国,以成吴太伯之名。'……携

---

[1]《辽史》卷三《太宗纪上》。

高美人，载书浮海而去"①。天显五年(930)十一月十九日，"东丹奏人皇王浮海适唐"②，这是辽朝方面的记载；来自后唐方面的记载说，十一月二十七日，"青州奏，得登州状，契丹阿保机男东丹王突欲越海来归国"③。

东丹王耶律倍出走后，仍由左相耶律羽之主持东丹国国政，史称"人皇王奔唐，羽之镇抚国人，一切如故"④。有证据表明，东丹国方面在耶律倍奔唐后曾不止一次地想和他取得联系，后唐方面有记载说：唐明宗长兴二年(931)五月，"青州上言：'有百姓过海北樵采，附得东丹王堂兄京尹污整书，问慕华行止，欲修贡也。'闰五月，青州进呈东丹国首领耶律羽之书二封"⑤。"慕华"即耶律倍，耶律倍入唐后，后唐明宗赐以姓名，曰李慕华。"东丹王堂兄京尹污整"，实际上指的是耶律羽之兄耶律觌烈，《辽史》卷七五《耶律觌烈传》曰："耶律觌烈，字兀里轸。……天显二年，留守南京。……弟羽之。"《耶律羽之墓志》称其"次兄汙里整"者，亦即《辽史》之兀里轸。《辽史》谓耶律觌烈天显二年留守南京，不确，因为东平郡是天显三年十二月才升为南京的，"二年"当为"五年"之误。上文所说的"京尹污整"，就是时任南京留守的耶律觌烈(汙里整)，至于称他为"东丹王堂兄"，则是南人的误传。上述史料说明，在东丹王耶律倍出走后的次年，南京留守耶律觌烈和主持东丹国国政的耶律羽之都曾致函耶律倍，且谓"欲修贡"，可见他们仍然视耶律倍为东丹国主。又据《辽史·太宗纪》载，天显

①《辽史》卷七二《宗室·义宗传》。
②《辽史》卷三《太宗纪上》。
③《旧五代史》卷四一《后唐明宗纪》。
④《辽史》卷七五《耶律羽之传》。
⑤《册府元龟》卷九八〇外臣部通好门。

七年四月甲戌，"唐遣使来聘，致人皇王倍书"。这大概就是对耶律觌烈和耶律羽之的回应吧。

另外还值得注意的是，自耶律倍奔唐以后，其妃萧氏在东丹国内仍享有特殊的地位。天显六年三月，太宗至南京，"人皇王倍妃萧氏率其国僚属来见"①。会同三年七月，"人皇王妃萧氏薨……徙人皇王行宫于其妃薨所"；同年八月己亥，"诏东丹吏民为其王倍妃萧氏服"②。从这些记载可以看出，在耶律倍出走以至在他死后，虽由耶律羽之长期主持东丹国国政，但耶律倍妃萧氏在东丹国内实际上是以"太后"的身份具有一种象征性的元首地位。

由辽太祖创立的东丹国，有一套不同于辽朝的职官制度，即中台省制度。东丹国建立之初，"置左、右、大、次四相及百官"③，据《辽史》卷二《太祖纪》记载，当时由太祖弟契丹人迭剌和原渤海司徒大素贤分任左大相、左次相，由原渤海老相和契丹人耶律羽之分任右大相、右次相。但《太祖纪》并未说明当时已经建立中台省，而在《太宗纪》天显六年四月下却有"是月置中台省于南京"的记载，这需要做一点解释。《辽史》卷六四《皇子表》称迭剌"天显元年为中台省左大相"；《耶律羽之传》也说："天显元年，渤海平，立皇太子为东丹王，以羽之为中台省右次相。"这些都可以证明，自东丹国建立之初就有中台省的名目，当时任命的左右大次四相都算是中台省的官员。至于天显六年"置中台省于南京"的记载，可能是指东丹国南迁后重建中台省。

---

① 《辽史》卷三《太宗纪上》。
② 《辽史》卷四《太宗纪下》。
③ 《辽史》卷七二《宗室·义宗传》。

在东丹国中台省与渤海国官制之间有着明显的继承关系。《新唐书》卷二一九《渤海传》对渤海国官制做了如下介绍："官有宣诏省，左相、左平章事、侍中、左常侍、谏议居之。中台省，右相、右平章事、内史、诏诰舍人居之。政堂省，大内相一人，居左右相上；左、右司政各一，居左右平章事之下，以比仆射；左、右允比二丞。"渤海国仿照唐朝实行三省六部制，政堂省、宣诏省、中台省分别相当于唐的尚书省、门下省、中书省；与唐制不同的，只是政堂省长官大内相位居宣诏、中台两省长官左、右相之上。东丹国的中台省显然是把渤海国的三省合并为一个机构了，左大相、左次相分别相当于宣诏省的左相、左平章事，右大相、右次相分别相当于中台省的右相、右平章事。从后来的情况看，东丹国中台省与渤海国宣诏、中台两省的官称更趋于一致。如左大相、右大相之称，仅见于天显元年东丹国初建之时，后来任此职者均无"大"字，只称左相、右相。左、右次相后来可能也改称为左、右平章事了，《耶律羽之墓志》说："皇帝收伏渤海，革号东丹，册皇太子为人皇王，乃授公中台右平章事。"这里说的"右平章事"，就是《太祖纪》和《耶律羽之传》所说的右次相。又据《辽史·圣宗纪》，统和二年(984)以大仁靖为"东京中台省右平章事"。自天显元年之后，不复见左次相、右次相之称。

那么，东丹国中台省是否包括渤海国政堂省的职官呢？《契丹国志》卷一四《东丹王传》曰："突欲（即耶律倍）镇东丹时……称制行令。凡渤海左右平章事、大内相已下百官，皆其国自除授。"前面说过，大内相是渤海国政堂省的长官。不过像《契丹国志》这样晚出的史料是否可信还值得考虑，好在近年出土的《耶律羽之墓志》为此提供了确切的证据，《墓志》谓羽之"次兄汗里整，前北大王、东丹国大内相"。《辽史》卷七五《耶律觌烈传》没有提到羽之兄觌烈(即汗里整)任东丹国大内相一事,只是说他在东丹国南迁后曾担任过南京留守,我估计他或许就是以南京留守而兼任东丹国大内相的。从上文所引《契丹国志》的那段记载来看,东丹国大内相似乎位居于中台省左右平章事之下,比起渤海国政堂省大内相来,地位显然要低得多。除了大内相之外,还有一条与政堂省职官有关的史料,清泰二年(935)十二月出使后唐的东丹国使节,其中一人是"政堂省工部卿乌济显"①。在辽朝文献中找不到东丹国设有政堂省六部的记载,但我觉得并非没有这种可能,因为我们今天对东丹国职官制度的了解毕竟是非常有限的。

关于东丹国的选官制度,有一个问题值得考虑。我们知道,世选制是契丹遥辇氏以来具有悠久历史的一项政治传统,契丹建国后,世选制在辽朝北面官的选官制度中仍占有主导地位,但东丹国中台省是否也实行世选制度,传世文献中却没有留下任何线索。值得庆幸的是,近十年来在内蒙古阿鲁科尔沁旗和敖汉旗先后出土的五方耶律羽之家族墓志,为这个问题提供了一个明确的答案。根据我们目前所掌握的资料可以知道,在这个家族三代人中,至少有四人曾担任过东丹国中台省官员:据《耶律羽之墓志》,东丹国建立之初,耶律羽之便担任右平章事,其仲兄耶律觌烈任东丹国大内相;据《耶律甘露墓志》记载,耶律羽之子甘露官至东京中台省右相(即右平章事)②;又据《耶律元宁墓志》,耶律觌烈孙元宁在圣宗统和年间曾出任中台省左平章事③。显而易见,这

---

①《五代会要》卷三〇"渤海"。
②《耶律甘露墓志》1993年出土于内蒙古阿鲁科尔沁旗,墓志全文尚未发表,此据齐晓光:《近年来阿鲁科尔沁旗辽代墓葬的重要发现》,《内蒙古文物考古》1997年第1期。
③参见本书《辽〈耶律元宁墓志铭〉考释》。

是一个世选中台省官的家族。我们可以据此得出一个结论,东丹国与辽朝北面官的选官制度一样,也是实行世选制的。

辽朝历史上的东丹国尽管是契丹人的一个附庸之国,但却享有高度的自治权并具有一定的独立性。辽太祖命太子耶律倍为东丹王,"赐天子冠服,建元甘露,称制"①。身为东丹王的耶律倍,俨然具有天子的地位。当时的东丹国在内政上具有某种程度的自主权,据说从左右平章事、大内相以下百官,"皆其国自除授"(见上引《契丹国志·东丹王传》)。而对于辽朝所尽的义务,不过是"岁贡布十五万端、马千匹"而已②。

东丹国的独立性还表现在它所具有的外交主权上。根据《五代会要》卷三〇的记载,从后唐明宗天成元年(926)七月至末帝清泰二年(935)十二月,渤海国曾先后五次遣使出使后唐,这里说的"渤海国"就是指的东丹国。下述记载表明,东丹国还曾派遣使节出使过南唐,陆游《南唐书》卷一五《契丹传》曰:"烈祖升元二年,契丹主耶律德光及其弟东丹王各遣使以羊马入贡,别持羊三万口、马二百匹来鬻,以其价市罗纨、茶、药,烈祖从之。于是翰林院进《二丹入贡图》,诏中书舍人江文蔚作赞,其词曰:'粤六月,契丹使梅里掞卢古、东丹使兵器寺少令高徒焕奉书致贡,咸集都

---

① 《辽史》卷七二《宗室·义宗传》。关于东丹国年号的记载仅见于此,甘露纪元不知止于何年,金毓黻先生在《渤海国志长编》卷四《后纪》中将甘露纪元列至耶律倍清泰三年死于后唐时为止,以是年为甘露十一年。这样处理完全是一种权宜之计,并没有任何史料依据。至于甘露之后是否还改什么别的年号,更是无从知道。

② 此据《辽史》卷七二《宗室·义宗传》,《契丹国志》卷一四《东丹王传》则说"岁贡契丹细布五万匹、粗布十万匹,马一千匹"。按布帛计量惯例以二端为一匹,两说未知孰是。

邑。……'"这条史料的内容稍欠准确,东丹王耶律倍乃辽太宗耶律德光之兄,又南唐烈祖李昪升元二年(938)时,耶律倍已经死于后唐,当时并没有什么东丹王;但这些并不妨碍我们对这件史实的了解。南唐人将契丹和东丹并称为"二丹",可见是把它们都当成主权国家来看待的。东丹国与中原王朝的联系一直持续到后周显德元年(954),宋人记载说:"周显德中,其首崔乌斯等三十人归化,自后不通中国。"①

在大氏渤海国时期,与日本之间的交往相当频繁。东丹国建立后,也向日本派遣过外交使节。据日本文献记载,醍醐天皇延长七年(929)十二月,渤海国裴璆等九十三人来使,"裴璆称东丹国使来丹后(国),天皇遣使问曰:'本是渤海,何称东丹国使乎?'璆等对曰:'渤海为契丹破灭,改名东丹,臣等今降为东丹之臣。……'诏责之曰:'朕闻渤海之于契丹,世仇之国也。今汝怀二心,朝秦暮楚,为人臣者岂一日如此乎哉!'璆等叩头谢罪"②。又据《扶桑略记》卷二四,谓"东丹使人等本虽为渤海人,今降为东丹之臣,而对答中多称契丹王之罪恶"。日本学者池内宏氏据此提出疑问,认为裴璆等人既然敢于指斥"契丹王之罪恶",说明他们恐怕并非东丹国派出的使臣;他认为,在东丹国南迁之后,原渤海王世子大光显可能在忽汗城一带渤海故地建立过一个政权,裴璆等人或许就是大光显的外交使节③。我觉得这种怀疑是多余的,因为在日本方面的各种文献中,全都明明白白地指出裴璆等

---

①《宋会要辑稿》蕃夷四之一〇三。
②林鵞峰:《续本朝通鉴》卷六,延长八年四月。
③池内宏:《铁利考》,第三章第一节《渤海国の灭亡と其の遗民》,见《满鲜史研究》中世第1册,东京吉川弘文馆,1979年,82—83页。

人"为东丹之臣",自称"东丹国使",这一点是无可怀疑的。至于裴璆等人直斥"契丹王之罪恶",只不过是渤海人政治态度的真实流露,这也说明东丹国确实具有一定的独立性。

辽朝为统治渤海遗民而建立起来的东丹国究竟存在到什么时候?这是辽史和渤海史研究中一个迄今尚未解决的问题。首先,如何判断东丹国的存亡,就存在着分歧。一种观点是以东丹王的有无作为衡量东丹国存亡的标准。辽朝总共只任命过两位东丹王,一位是耶律倍,另一位就是太祖弟安端。天禄元年(947)九月,辽世宗即位后,"追谥皇考(即耶律倍)曰让国皇帝,以安端主东丹国,封明王"[1]。世宗此举似乎是有意让安端承袭东丹王之位,含有为他父亲耶律倍昭雪的意思。安端死于穆宗应历二年(952),此后辽朝就再也没有任命过新的东丹王。因此有人便得出结论说:天显五年(930),耶律倍越海奔后唐,东丹国名存实亡;天禄元年,辽世宗复建东丹国,封耶律安端为明王,主东丹国事;应历二年十二月,耶律安端死,东丹国名实俱亡[2]。

上述结论虽然被写进了《中国大百科全书》,但并未获得学术界的公认。学者们一般认为,东丹国的存亡应以其统治机构中台省的存在与否作为判断标准。那么中台省是何时废除的呢?《辽史·圣宗纪》有这样一条记载:乾亨四年(982)十二月庚辰,"省置中台省官"。《辽史》卷四五《百官志》则说:"大东丹国中台省,太祖天显元年置,乾亨元年圣宗省。"众所周知,《辽史·百官志》是摘抄《本纪》里的相关内容而敷衍成篇的,这里说的"乾亨元年"

---

①《辽史》卷五《世宗纪》。
②《中国大百科全书·中国历史卷》"东丹国"条,张正明撰稿,中国大百科全书出版社,1992年。

显为笔误,因为圣宗是乾亨四年九月才即位的,中华书局点校本已据《圣宗纪》改作"四年",金毓黻先生《渤海国志长编》也正是根据《圣宗纪》的记载而得出结论说:乾亨四年十二月庚辰,"辽罢东京中台省,东丹国除"①。金氏《东北通史》上编也说:"至中台省之省置,即为东丹国之废除。"②自此说一出,即被学术界视为定论,迄至于今,竟无异议。

然而我要指出的是,这种说法完全是一个误解。《辽史·圣宗纪》有这样两条史料:统和二年(984)十二月辛丑,以大仁靖为"东京中台省右平章事";统和十六年二月丙午,"以监门卫上将军耶律喜罗为中台省左相"。不仅如此,这后一条记载还可以得到近年发现的考古资料的印证。1990年在内蒙古赤峰市敖汉旗出土的《耶律元宁墓志》,其中有这样一段文字:"不数岁,授金紫崇禄大夫、检校太保、守右监门卫上将军、兼御史大夫、上柱国。未几,迁东京中台省左平章事。"对照《辽史·圣宗纪》的记载,可以断定耶律喜罗与耶律元宁实为同一人:《辽史》说的中台省左相就是中台省左平章事的俗称,监门卫上将军即右监门卫上将军;墓志虽未明确记载元宁由右监门卫上将军迁中台省左平章事的时间,但这段文字记在统和十年对高丽用兵之后,而元宁卒于统和二十六年,中台省左平章事是他的最后一任官。至于两者名字的不同,我想可能元宁是其汉语名,而喜罗为其契丹语名③。

---

① 《渤海国志长编》卷四《后纪》。
② 金毓黻:《东北通史》上编,《社会科学战线》杂志社翻印本,1980年,329页。
③ 详见本书《辽〈耶律元宁墓志铭〉考释》。

上述情况说明,至少到统和十六年(998)时为止,东丹国中台省依然存在。那么《圣宗纪》乾亨四年十二月"省置中台省官"的记载又当作何解释呢?这句话实际上是减省中台省官员的意思,不能把它理解为"省置中台省"。看来《辽史·百官志》的作者以及金毓黻先生都忽略了句末的那个"官"字,并由此得出一个错误的结论。至于中台省究竟何时废除,东丹国究竟何时消亡,则只能存而不论了。

三 关于定安国及所谓"后渤海国"的猜想

自天显三年东丹国南迁以后,辽朝实际上就基本放弃了原渤海国故地,当时虽有许多渤海人被强制迁徙,但留居故地的渤海遗民当也为数不少。那么此后的渤海故地究竟是一种什么状况呢?辽代文献对此几乎没有留下什么记载,倒是宋朝方面的史料还能提供少许线索。《宋史》卷四九一《外国传》中有一段不足千字的《定安国传》[①],日本学者和田清在发表于 1916 年的《关于定安国》一文中,指出这是由渤海遗民建立的一个国家,并对定安国的来龙去脉做了详细考证[②]。20 世纪 50 年代初,另一位日本学者日野开三郎发表长文《定安国考》,更加详尽委曲地论述了定安国

①《续资治通鉴长编》卷二二太平兴国六年十一月和《文献通考》卷三二七《四裔考》也有关于定安国的记载,但不如《宋史》首尾详备。
②和田清:《定安国に就いて》,《东洋学报》6 卷 1 号,1916 年 2 月,114—141 页。

的历史①。令人惊讶的是,这两位学者在很少的一点史料基础上,竟然能够构筑起辽朝时期渤海故地一部完整的政治变迁史。由于推测的成分太多,使他们的论文看起来更像是历史演义,这在素以严谨著称的日本学者来说,委实是不寻常的事情。我以为,与其大胆假设,毋宁小心求证,所以我想很有必要以审慎的态度对以定安国为代表的渤海故地前朝遗民的政治活动加以重新考察。

作为对定安国的开创性研究,和田清最重要的贡献在于明确了这样一个事实:定安国是由渤海遗民在鸭绿江流域(原渤海国西京鸭渌府)建立的一个国家。《宋史·定安国传》对定安国的来历是这样交待的:"定安国本马韩之种,为契丹所攻破,其酋帅纠合余众,保于西鄙,建国改元,自称定安国。"这段文字中的第一句话就有疑问,它关系到定安国是由什么人建立的问题。《定安国传》载有宋太宗太平兴国六年(981)定安国王乌玄明给宋朝的表疏,自称"臣本以高丽旧壤,渤海遗黎,保据方隅,涉历星纪"云云,这清楚地表明,定安国的建立者是渤海遗民。和田清指出,"定安国本马韩之种"的记载,是由宋太宗答诏中"卿远国豪帅,名王茂绪,奄有马韩之地,介于鲸海之表"的说法而来的,所谓"马韩",不过是一种雅称而已,并非实有所指。和田氏正确地解释了《定安国传》的致误之由,不过我想这一错误并非始于元代史官,因为《文献通考》卷三二七《四裔考》中也有"定安国本马韩之种"的说法;《宋史》和《文献通考》中的《定安国传》大概都源于北宋官修

---

① 日野开三郎:《定安国考》(1—3),原载九州大学东洋史研究室《东洋史学》1、2、3辑,1950年12月,1951年5、10月;收入《日野开三郎东洋史学论集》第16卷,东京三一书房,1990年,231—311页。

的《三朝国史》,这句话估计是由于宋朝史官对太宗诏文的误解而造成的。

关于定安国的地望,和田氏也做了周密的论证。他的论据主要有以下三条:第一,《定安国传》谓"其酋帅纠合余众,保于西鄙",渤海国的"西鄙"自北而南为扶余府(治今吉林省农安县)、长岭府(治今吉林省桦甸县)、鸭渌府(治今吉林省临江市),定安国的所在当于此三府中求之。又定安国王乌玄明在上宋太宗书中有"臣本以高丽旧壤……保据方隅"的说法,在渤海国五京、十五府中,只有西京鸭渌府和长岭府是高丽故地,《新唐书·渤海传》说:"高丽故地为西京,曰鸭渌府,领神、桓、丰、正四州;曰长岭府,领瑕、河二州。"第二,据《定安国传》记载说:开宝三年(970),"其国王烈万华因女真遣使入贡,乃附表贡献方物";太平兴国六年(981),"会女真遣使来贡,路由本国,乃托其使附表来上";端拱二年(989),"其王子因女真使附献马、雕羽鸣镝"。由此可见,定安国必定处于女真往返宋朝的必经之路。自渤海国时期以来,鸭渌府就是与中原之间的交通孔道,顺鸭绿江而下,即可渡海到达山东半岛的登州。据此判断,定安国应该就在鸭绿江流域。第三,从《辽史》中可以看到,渤海亡国之初,许多重要州府都曾发生过叛乱,但西京鸭渌府却没有反叛的记录,而且在契丹人镇压长岭府的反抗时,鸭渌府还向长岭府派遣过一支七千人的援军①。这可能说明,辽朝在灭掉渤海后,并没有征服远在西南一隅的鸭渌府。因此渤海遗民在此建立定安国就是很自然的事情了。

至此为止的结论是基本可信的,其实现有史料所能提供的信息大致上也就是这些,但和田清和日野开三郎对定安国历史的描

---

① 见《辽史》卷七三《萧阿古只传》。

述却要比这详细得多。据《定安国传》记载,宋太祖开宝三年,定安国国王烈万华曾因女真遣使入贡而"附表贡献方物";太宗太平兴国六年,定安国王乌玄明上书宋朝,称"元兴六年";淳化二年,"其王子太元因女真使上表,其后不复至"。为什么同一个定安国,其国王的姓氏会如此不同?和田氏由此推衍出下面的故事:《五代会要》谓辽太祖死后,"渤海王命其弟率兵攻扶余城",因大諲譔当时已经西迁,所以这里说的渤海王可能是指渤海亡国后坚持抵抗并自称渤海王的某位宗室大氏,由于攻扶余城未果,这位抵抗运动的领导人便退保西京鸭渌府,并在此立国。这个政权被和田氏称为"后渤海国"。那么后渤海国与定安国是什么关系呢?《高丽史》卷二《太祖世家二》有这样一条记载:太祖十七年(934)七月,"渤海国世子大光显率众数万来投"[①]。和田氏认为,大光显就是后渤海国王之子,他之所以亡命高丽,是因为受到两位权臣的胁迫。据《五代会要》卷三〇记载,清泰二年(935)出使后唐的两位渤海国使节,一为南海府都督列周道,一为政堂省工部卿乌济显;和田氏指出,这两人就是当时把持后渤海国政权的权臣,他们在逼迫国王世子大光显出走之后不久,就由列氏取大氏而代之,并改国号为定安国。《定安国传》提到的定安国王烈万华,当为列周道之后。后来烈(列)氏定安国又被乌济显的后人乌玄明所篡夺,乌氏定安国在辽圣宗统和三年(985)征讨鸭渌江女真时被灭,此后大氏又卷土重来,重建定安国,故淳化二年(991)上书宋朝的定安国王子即为大氏。(《定安国传》原称"王子太元",

---

① 《高丽史》卷九三《崔承老传》曰:"渤海既为丹兵所破,其世子大光显等以我国家举义而兴,领其余众数万户,日夜倍道来奔。"此谓"数万户",与《太祖世家》的记载有所不同。

和田氏谓"太"当为"大"之误。按"太元"恐系王子之名,并非姓"太"或姓"大"。)

　　和田清所描述的定安国历史几乎是凭空杜撰的,他仅有的几条史料依据在理解上也很成问题。天显元年攻扶余府的渤海王弟,一般认为就是大諲譔之弟,虽然他是抵抗运动的一位领袖人物,但没有任何史料说明他曾建立过政权,所谓"后渤海国"纯属臆测。公元934年投奔高丽的渤海国世子大光显,显然是原渤海国王大諲譔之子,关于他亡命高丽的背景,我们一无所知。大光显在渤海亡国后的八年中,可能一直在渤海故地坚持抗战,也许像三上次男所猜测的那样,他的出逃与宗室内部(尤其是在他和大諲譔弟之间)的权力斗争有关①;也许是迫于契丹的政治军事压力。和田氏对大光显出亡背景的分析太过于唐突,他异想天开地把清泰二年出使后唐的"渤海国"使列周道、乌济显与定安国国王烈万华、乌玄明联系起来,其实《五代会要》和新旧《五代史》在渤海亡国以后所记载的出使后唐的"渤海国"使,都是指的东丹国使。譬如天成元年(926)七月庚申一同到达后唐的契丹使梅老述骨和"渤海国"使大昭佐②,就颇能说明问题。试想,如果这里说的"渤海国"是指渤海故地建立的某个复辟政权的话,那他们怎么可能和契丹使一道出访后唐呢?

　　和田氏所设想的定安国史既然全不可信,那么定安国究竟是什么时候在什么情况下建立的?定安国的国王为什么会有不同的姓氏?由于史料的匮乏,我无法回答这些问题,也大可不必强

---

①三上次男:《渤海国の灭亡事情に关する一考察》,载《和田博士还历记念东洋史论丛》,1951年11月。
②《旧五代史》卷三六《后唐明宗纪》、《新五代史》卷六《唐明宗纪》。

作解人。只有一点需要补充,据《高丽史》卷四《显宗世家一》记载说,显宗九年(1018)正月,"定安国人骨须来奔"。这说明直到公元1018年,定安国仍然存在。

日野开三郎笔下的定安国史更富有传奇色彩,他讲述了这样一个故事:渤海亡国后,大諲譔之子大光显以西京鸭渌府和南海府为根据地,继续坚持抵抗。东丹国南迁以后,大諲譔之弟抢先一步占据渤海故都上京龙泉府,自称渤海王,建立后渤海国。大光显因争夺王位失败,遂率领他的追随者逃往高丽,于是鸭渌府和南海府也被并入后渤海国。至此,除了被契丹占领的扶余府之外,原渤海故地几乎已全部统一于后渤海国政权之下。此后不久,南海府都督列周道在鸭渌府称王,宣告独立,建立了定安国,开宝三年向宋朝贡献方物的定安国国王烈万华就是他的后代。烈万华在位时期,兀惹部酋长乌玄明成为后渤海国的权臣,他因觊觎鸭渌府在对外贸易方面所具有的优越的地理位置,遂逼迫烈万华出亡高丽,由自己取而代之。由于乌玄明既是定安国国王,同时又是后渤海国的重臣,所以定安国实际上变成了后渤海国的一个子国。后来由于遭到契丹的进攻,乌氏势力衰微,定安国最后被归并于大氏后渤海国。

看得出来,日野开三郎的定安国史演义受到了和田清的某些启发,但他比和田氏更富于想像,比如一个子虚乌有的"后渤海国",在他笔下被描绘得有声有色。与和田清不同的是,他认为定安国后期的国王乌氏乃是出自兀惹,这就涉及到兀惹部和兀惹城的问题。

从《辽史》来看,自东丹国南迁以后,辽朝只在扶余府(太宗更名黄龙府,治今吉林省农安县)保留了一个军事据点。景宗保宁七年(975)七月,担任黄龙府卫将的渤海人燕颇"杀都监张琚以叛,遣敞史耶律曷里必讨之";同年九月,"败燕颇于治河……燕颇走保兀惹城"[1]。兀惹,又作乌舍、乌若、嗢热等,为靺鞨之一支,分布在今松花江下游及黑龙江下游地区。渤海国时期,兀惹与渤海人之间的民族融合非常显著,故渤海亡国后,兀惹人在渤海遗民中占有相当大的比例。兀惹城是兀惹部族的政治中心,日野开三郎取池内宏氏之成说,谓兀惹城即渤海上京龙泉府(忽汗城),并进而将兀惹乌氏附会为"后渤海国"的执政大臣。后经台湾学者李学智重新考订,认定兀惹城应在今黑龙江省通河县附近[2],这个结论比较令人信服。燕颇败于辽军后,即逃往兀惹城,直到二十年之后,在《辽史》中仍能看到有关他的记载:辽圣宗统和十三年(995)七月丁巳,"兀惹乌昭度、渤海燕颇等侵铁骊,遣奚王和朔奴等讨之"[3]。

当燕颇逃往兀惹城以后,扶余府(黄龙府)方面的情况又怎样了呢?据《辽史》记载,"军将燕颇叛,府废",而在黄龙府东北以"叛人燕颇余党千余户"置龙州(后更名通州)[4]。辽朝为什么要废去黄龙府而另置新城?这里面另有缘故。太平兴国六年(981)定安国王乌玄明给宋朝的表疏中有这样几句话:"又扶余府昨背契丹,并归本国,灾祸将至,无大于此。"由此看来,在燕颇逃往兀惹城后,扶余府并没有被辽朝所控制,而是归附了定安国,乌玄明担心此事将招致契丹的军事进攻,故视之为"灾祸"。在定安国的

---

① 《辽史》卷八《景宗纪上》。
② 李学智:《辽代之兀惹城及曷苏馆考》(上)(下),《大陆杂志》20卷8、9期,1960年4月30日、5月15日。
③ 《辽史》卷一三《圣宗纪四》。
④ 《辽史》卷三八《地理志二》"东京道"。参见《中国历史地图集释文汇编》(东北卷),中央民族学院出版社,1988年,108—110页。

历史上,除了与扶余府的这段关系外,我们在辽、宋、高丽三方文献中看不出定安国与兀惹部及兀惹城有任何瓜葛。

关于辽朝时期渤海故地范围内的渤海遗民的政治活动,还有一个问题需要讨论。《宋史》卷四九一《渤海传》载有太平兴国六年"赐乌舍城浮渝府渤海琰府王诏",谓"时将大举征契丹,故降是诏谕旨"。由于在这封诏书之前记有太平兴国四年渤海酋帅大鸾河归降宋朝一事,故池内宏、和田清、日野开三郎等人均以为此诏就是写给大鸾河的,并谓"乌舍城浮渝府渤海琰府王"是宋朝给大鸾河的封号。我觉得这是一个不应有的误解。据《宋会要辑稿》和《续资治通鉴长编》,这封诏书是太平兴国六年七月为了准备攻辽而作的,其目的是敦促渤海人起兵响应,配合宋朝的军事行动[①]。诏书略谓:"闻尔渤海国,爰从前代,本是大蕃,近年以前,颇为契丹所制。……今灵旗破虏之秋,是汝国复仇之日,所宜尽率部族,来应王师。"大鸾河是太平兴国四年宋攻燕京时来降的,他的部属总共只有三百人,这封诏书怎么会是给他的呢?据我分析,此诏可能是写给渤海故地由渤海遗民所建立的三个政权,"乌舍城"无疑就是兀惹城,"浮渝府"即扶余府,此时宋朝可能已经获悉扶余府叛辽的消息。唯有"渤海琰府王"让人颇费思量。按《定安国传》谓太平兴国六年宋欲对辽用兵,"因降诏其国,令张掎角之势",当年十月定安国王乌玄明所上表疏就是对宋朝诏书的答复,我想宋朝给定安国的诏书与"赐乌舍城浮渝府渤海琰府王诏"应该是同一个东西,所以我怀疑"渤海琰府王"是否就是指定安国王?宋人对渤海故地的情况所知有限,对各个政权的名号也不见

[①]《宋会要辑稿》蕃夷四之一〇三、《续资治通鉴长编》卷二二太平兴国六年七月。

得很清楚,把扶余府写成"浮渝府"就是一个证明。当然,这纯粹是一个猜测。

原载《文史》2003 年第 1 辑

《金朝军制》平议

——兼评王曾瑜先生的辽金史研究

　　王曾瑜《金朝军制》是迄今为止有关金朝军事制度最为全面系统的研究成果,本文在充分肯定其学术价值的同时,也毫不隐讳其不足之处。作者认为,20世纪的辽金史研究之所以始终比较沉寂,在各断代史研究中处于相对落后的地位,其根本症结就在于史料太少,而且由于没有新史料的重大发现,无缘形成学术新潮流。因此,21世纪的辽金史研究必须从上下、左右两个方向去寻求突破。王曾瑜的某些研究成果在这方面给我们提供了有益的启示。

　　承蒙王曾瑜先生送我一部他的近作《金朝军制》(河北大学出版社,1996年12月),仔细读过一遍之后,萌生了写篇书评的念头。但想到今日中国学术界书评之庸俗化、操作之程序化乃至语言之格式化,总觉得不应该循规蹈矩。为了征得王曾瑜先生的理解和同意,动笔之前先给他去了一信,提出我的两点想法:第一,这是一篇纯学术性的严肃的文字,不含任何庸俗的成份,为了进行独立而又客观公正的评述,书评写好后不打算送他过目,并由我自己找地方发表;第二,我不想专就此书论此书,准备连带对他的辽金史研究做一个综合评价。结果我得到了一个明确的答复:欢迎任何批评。

这便是本文的缘起。

一

首先应该说明的是,史学界一般习惯于用"兵制"一词来指古代的军事制度,这是中国历史文献中的一个惯用语。王曾瑜先生则主张按照现代军制学的规范用语,改用"军制"一词,并以此命名他的这部著作。对此我是不以为然的。既然是以历史时期的军事制度为研究对象,不妨沿用当时的称呼,故本文一般情况下仍用"兵制"一词。好在这两个名词并无任何歧义,对我们讨论的问题不会有任何影响。

本世纪以来,有关金朝兵制的研究在金史研究中是一个相当薄弱的环节。日本学者箭内亘的《辽金乣军及金代兵制考》①,其中第四章《金代兵制之研究》系对金朝兵制的专题研究,该文最初发表于《满鲜地理历史研究报告》第 2 册(大正五年,1916 年),这是日本学者研究金朝兵制的发轫之作。但箭内氏的关注点主要还只限于猛安谋克军制,此外兼及统军司和招讨司。其后,另一位日本学者、20 世纪最杰出的金代历史学家三上次男,在他 1937年出版的《金代女真研究》一书中,又对猛安谋克军制做了相当细

---

①陈捷、陈清泉中译本,商务印书馆,1932 年。

致深入的探讨①。相比之下，中国学者在此领域所涉及的问题显得更加狭窄，长期以来，有关金朝兵制的研究课题仅限于辽金元的纠军，而相对于金朝兵制来说，这充其量只能算是一个擦边的问题。80年代以后，青年学者刘庆虽曾一度涉足金朝军事史，但主要还是研究一些外围的问题，没有深入到制度的层面。王曾瑜先生的《金朝军制》，是迄今为止有关金源一代军事制度最为全面系统的研究成果，它的问世，改变了中国学者在这个领域内长期以来无所作为的状况。

《金朝军制》一书给我的总的印象，大致可以归纳为两点，一是史料搜集之完备，二是内容结构之条理。

史料匮乏是辽金史研究一道永恒的难题，仅仅局限于辽金本朝的史料当然是远远不够的，因此在很大程度上便有赖于宋代文献。如果要说研究金朝兵制多少有一点便利之处的话，那是由于宋金两国间曾发生过长期战争，宋代文献中所保存下来的相关材料还算是比较多的。王曾瑜先生对宋代史料极为稔熟，在史料的占有上显示了他惯有的优势，这一因素奠定了本书的学术价值。穷尽史料是研究辽金史的基本前提，如果不能做到这一点，一切都将无从谈起。当然，"穷尽"也是相对而言的，如果说本书在材料的运用上还有什么不够周备之处的话，我想可以指出以下两点：首先是作者对元代文献利用还不充分。要想对金末兵制的复杂性有更多的了解，元朝史料实在是很有帮助的，我们从元史研究者的某些论著中已经充分见识过这一点②。其次是作者对于金

①金启孮译本，黑龙江人民出版社，1984年。
②参见到何之(梁太济)：《关于金末元初的汉人地主武装问题》，《内蒙古大学学报》1978年第1期。

代考古材料似乎没有给予足够的重视,本书引用的石刻材料基本都出自清人的金石学著作,严格说来,仍应归入文献史料的范畴。一般来说,宋史研究者对考古材料都不大经意,那是因为宋代考古材料的重要性与文献史料相比简直是微不足道的,研究宋史可以不怎么理会考古材料,但研究辽金史却不行。不过这样提出问题,对于作者来说恐怕近乎苛求了。

在《金史》诸志中,《兵志》是写得比较差的一种,有关金朝军事制度的许多问题都没有交待清楚。研究金朝兵制,难在一头一尾。金初兵制兼用女真旧制和汉制,尤其是女真制度的成份,由于留下来的记载太少,研究起来倍感困难。其中如早期猛安谋克制度就有很多说不清道不明的问题,至于勃极烈制度,更是金史研究中的一大难点。而晚金的军事制度,难就难在复杂多变,头绪不清。金朝后期,由于猛安谋克制度的崩溃,以猛安谋克军为主的军事力量已完全无力抵御蒙古的军事进攻,因此在整个蒙金战争时期,金朝兵制中出现了很多权宜性和非制度性的内容。比如为了战事的需要,自卫绍王以后经常增设各种临时性的军事机构,在考古工作者历年发现的金朝后期官印中,即包括大量的都统印、副统印、提控印、副提控印、万户印、行元帅府印等等①。金代后期官印一般带有千字文编号,而从某些都统印、提控印的字号来看,编号已达五六百之多,可见将帅之冗滥。1996年初,从西安市的一处建筑工地内一次就出土了279方金代后期官印,其中绝大部分是属于各种非常设的军事机构的官印,有些铸好之后还未曾启用。由此我们不难想像金末兵制的复杂性。

《金朝军制》一书首次对金代兵制的演变始末作了系统的梳

---

① 参见景爱:《金代官印集》,文物出版社,1991年。

理,总的来看,线索是比较清楚的。从中央军事机构和军区设置沿革,到武装力量体制、军队编制、签军募兵制度、军事装备、后勤和军费、军法和军政等等,结构相当条理,显示出作者对头绪纷繁的金朝兵制有一个很好的总体把握。从书末附录的《金朝都元帅府和枢密院长贰年表》中,还可以很方便地检索金朝各个时期中央军事机构的组成情况,比起万斯同的《金将相大臣年表》和黄大华的《金宰辅年表》来,这个年表的内容要详细得多,不仅包括历任都元帅、左右副元帅和枢密使、枢密副使,还统计了历任元帅左右监军、元帅左右都监和签书枢密院事、同签书枢密院事的任职情况,并且均有详细的资料出处。

说到此书的不足之处,一个问题是,尽管叙述显得很有条理,但某些章节多少有点堆砌史料、平铺直叙的感觉。另外,此书给人的总体印象似乎比较平淡,这主要还是受到史料的限制。老实说,在不可能发现更多新史料的情况下,金朝兵制的研究很难取得什么重大的突破性成果。本书作者已经尽力而为了。

除此之外,对本书某些具体问题的结论我还存有不同看法,想在这里提出来与作者商榷。当然,这些问题很难断言此是彼非,只是表达我个人的观点,聊供作者、读者参考而已。

本书第五章《金军编制》指出金朝猛安谋克军共有六级编制,这一章的内容还曾以单篇论文的形式发表过[1],作者在本书自序中也特别提到这个问题,认为这是一个创见。但我觉得这个问题还值得考虑。所谓六级编制,其史料依据是《三朝北盟会编》卷三的下述记载:"其官名则以九曜二十八宿为号,曰谙版勃极烈(大官人)、勃极烈(官人)。其职曰忒母(万户)、萌眼(千户)、毛毛可

---

① 《论金军编制》,《史学月刊》1994 年第 1 期。

（百人长）、蒲里偃（牌子头）。勃极烈者，统官也，犹中国言总管云。自五户勃极烈推而上之，至万户勃极烈，皆自统兵。缓则射猎，急则出战。"又曰"队伍之法：伍、什、百皆有长，伍长击柝，什长执旗，百长挟鼓，千长则旗帜、金鼓悉备。伍长战死，四人皆斩；什长战死，伍长皆斩；百长战死，什长皆斩"云云①。但是从金朝方面的大量记载来看，猛安谋克军只有万户、千户（猛安）、百户（谋克）、五十户（蒲里衍）四级编制。作者以《金史·越王永功传》里提到的"伍长"一词作为五人长的佐证，按《越王永功传》云："老妪与男妇憩道傍，妇与所私相从亡去，或告妪曰：'向见年少妇人自水边小径去矣。'妪告伍长踪迹之。"这里讲述的是越王永功在担任大兴府尹时断案周密的故事，文中所说的"伍长"显然是指民户保伍制下的保长，与军队编制毫无关系。作者又以《金史》中屡见的"护卫十人长"来证明金军编制中确实存在十人长一级编制，这一证据也很勉强。金朝的侍卫亲军定制仅二百人，设护卫十人长、五十人长、百人长，与猛安谋克军的编制不可类比。总之，如果猛安谋克军确有五人长、十人长两级编制的话，在金代文献中是不可能看不出来的。

本书第六章第二节《乣军等之变乱》，认为乣军就是由乣人组成的军队，其成份是女真人之外的游牧民族。我想作者关于金朝乣人和乣军的概念恐怕是不够准确的。辽金元的乣军是一个极富争议的问题，很难有一定之说，但金朝的乣军不同于辽朝的乣军，这一点大概是没有什么问题的。一般认为，金朝的"乣"大致是指归附金人的北方各游牧民族，然而从金元文献来看，金朝的乣军可能主要是由契丹人组成的。元人所作的《圣武亲征录》

①以上两段史料源自宋人《北风扬沙录》，见涵芬楼本《说郛》卷二五。

在记载金末乣军之乱时，径称乣军为契丹军，就是一个最好的证明。

又本书第七章《签军和募兵》中，引用了宋使楼钥的这样一条记载："宿胙城县，途中遇老父云：'女婿戍边，十年不归，苦于久役，今又送衣装与之。'或云：新制，大定十年为始，凡物力五十贯者招一军，不及五十贯者率数户共之，下至一、二千者亦不免；每一军费八十缗，纳钱于官，以供此费。"①作者以此说明金朝签军（即征兵制）给人民带来的经济负担之重。这样理解是否正确呢？金朝前期确实是以签军制为主流，大定八年（1168），世宗与参知政事魏子平就继续实行签军制还是改行募兵制的问题进行过一次讨论，世宗"问曰：'戍卒逋亡物故，今按物力高者补之，可乎？'对曰：'富家子弟呆懦不可用，守戍岁时求索无厌，家产随坏。若按物力多寡赋之，募材勇骑射之士，不足则调兵家子弟补之，庶几官收实用，人无失职之患。'上从之"②。根据《金史》的这一记载，世宗采纳了魏子平的建议，决定以募兵制代替签军制。上引楼钥的记载，是他在大定九年十二月随贺正旦使汪大猷出使金朝途中从金人口中听到的消息。根据这种说法，从大定十年开始实行的"新制"，是按每户物力钱的多寡征收免役钱，凡物力钱达到50贯者即纳80缗免役钱，"纳钱于官，以供此费"，即以此免役钱供募兵之用。这条史料正好印证了《金史》关于世宗朝已改签军制为募兵制的记载，把它描述的内容理解为签军制是不对的。

---

① 《北行日录》（上），《攻媿集》卷一一一。
② 《金史》卷八九《魏子平传》。

二

　　王曾瑜先生是宋史学界实证史学的一员健将,他的学养主要表现在两个方面:第一,史料娴熟。宋代以后历史(辽夏金除外)与先宋历史有一个很大的不同之处,这就是文献史料的极大丰富。如果说研究汉唐史的学者史料娴熟是本份的话,那么宋史研究者若能达到史料娴熟的地步就是天才。单就史料的掌握这一点来说,王曾瑜先生可能是超过了前辈学者的。第二,方面很广。在宋元明清史各代的领域内,研究者的分工是越来越细了,很难再有包打天下式的学者。比较之下,王曾瑜先生的研究领域是相当宽泛的。就宋史而言,举凡政治史、经济史、社会史、典章制度史等等,他都有一定研究;此外,他还涉足于辽金史。宋史学界兼及辽金史者自是不乏其人,不过从涉及的问题来看,一般都是与宋史有关的,亦即属于宋辽关系史或宋金关系史的内容,其出发点依旧是宋史,像王曾瑜先生这样能够完全脱离开宋史去研究辽金史的学者是并不多见的。

　　王曾瑜先生曾多次谈到他对辽金史研究的见解,他极力主张辽金史研究者应兼治宋史,以改变就《辽史》论辽史、就《金史》论金史的状况。对此我是深有同感的。本世纪的辽金史研究之所以始终处于不太景气的境况,其根本症结就在于史料太少。近百年来,各个断代史几乎都有新史料的重大发现,先秦史有甲骨文、金文,秦汉史有简帛文书,魏晋南北朝史新近也有吴简出土,隋唐史有敦煌吐鲁番文书,宋史有《宋会要辑稿》的问世,西夏史有黑水城文书,元史有域外文献,清史有数量惊人的档案资料;惟独明史和辽金史没有重大的新发现。明史研究一直比较沉闷，可能与此有关；辽金史研究的困窘则更能说明问题。陈寅恪先生在《敦煌劫余录序》中说："一时代之学术，必有其新材料与新问题。取用此材料，以研求问题，则为此时代学术之新潮流。"辽金史的最大缺憾，就是因为没有发现新材料，无缘形成一个时代的学术新潮流。

那么，辽金史研究的出路何在？我以为，它的出路在上下、左右，研究辽金史必须从上下、左右两个方面去寻求突破。所谓"左右"，主要是解决史料不足的难题。辽金史研究的史料范围应该扩大到五代十国、两宋、西夏、蒙元、高丽、日本，尤其是宋、元文献，史料发掘的余地还很大。所谓"上下"，主要是解决研究方法的问题。比如研究辽金汉制，不妨着眼于唐宋；研究契丹、女真制度，不妨从东胡系民族或满清历史中去寻求答案。近年所见李锡厚先生的《论驱口》（《中国史研究》1995 年第 2 期）、《头下与辽金"二税户"》（《文史》第 38 辑），以及青年学者任爱君的《契丹四楼源流说》（《历史研究》1996 年第 6 期）等文，都是这样的一种路子。

这里谈到的上下、左右之法，也体现在王曾瑜先生的辽金史研究中。《金朝军制》一书可以说比较典型地代表了从"左右"（主要是宋代）搜讨史料的模式，而他的另一篇论文《辽朝官员的实职和虚衔初探》（《文史》第 34 辑，1992 年。以下简称《初探》）则主要是从"上下"来求索辽代制度。辽代官制向以复杂和混乱著称，由于辽朝实行二元政治制度，遂有北、南面官制之分，再加上其官制中有许多名实不符、似是而非的东西，更增加了研究的难度。如《冯从顺墓志》有云："其历官自西头供奉（官），至颁给副使，颁给、武德、皇城等使，两任知内承宣事，中、上两京内省使，延州观察使，敦睦宫汉儿、渤海都部署，归义军节度、管内观察处置等使，上京户部使。"①在冯从顺的这段仕履记载中，既有实职（如敦睦宫汉儿、渤海都部署，上京户部使），也有虚衔（如延州观察使、归义军节度管内观察处置等使），但却都统称为"官"，而不是像宋朝那样有寄禄官和差遣的区分，辽朝官制的混乱状况由此可见一斑。元人修《辽史》时已经对辽代制度不甚了了，勉强拼凑成篇的《辽史·百官志》，错误百出，真假难辨，又给后人平添了一重新的障碍。在这种情况下，研究辽朝官制势必另辟蹊径。

王曾瑜先生的基本思路是，以唐宋官制为骨架，以辽代史料为例证，将辽朝官员的实职和虚衔加以复原。由于辽朝的南面官制主要是承袭唐、五代遗制，间亦采用宋朝官制，故在辽朝官制的基本框架没有留下记载的情况下，参考唐宋官制不失为一个可行的办法。《初探》一文用这种办法分别复原了辽朝官制中的阶官（即唐宋的散官）、勋官、散官（即唐宋的检校官）、爵制、食邑制、功臣号、宪衔、官（包括实职和虚衔）等系统②。前面说过，辽朝官员的实职和虚衔都称为"官"，在制度上是不加区别的，遂使今人很难分辨辽朝官员的职和衔。《初探》一文的作者从《宋会要辑稿》中找到一份有关辽官虚衔的详细记录，这段史料记载了北宋宣和间收复燕云十六州时辽朝降宋官员分别按文资和武资改换宋朝寄禄官的规定，这就为我们正确区分辽官中的实职和虚衔提供了比较可靠的依据。我以为，《初探》一文是以唐宋制度研究辽

①《辽代石刻文编》，河北教育出版社，1995年，170页。
②唐统天《辽代汉官的散阶制》一文（《社会科学辑刊》1988年第3期）也是根据唐代散官制来复原辽朝的阶官，但没有涉及阶官之外的其他职官制度。

金汉制的一个成功尝试。

王曾瑜先生对宋、辽、金三朝的兵制似乎都怀有浓厚的兴趣，除了《宋朝兵制初探》《金朝军制》两部专著外，他还在《试论辽朝军队的征集和编组系统》(《中华文史论丛》1986 年第 4 辑)一文中对辽朝兵制做过初步的探索。此文主要讨论的是辽朝的武装力量体制问题，不过由于辽朝兵制所具有的独特性，研究这个问题时就很难从唐宋制度中有所借鉴了。关于辽朝军队的分类，《辽史·百官志》说："辽宫帐、部族、京州、属国，各自为军。"而《辽史·兵卫志》又将辽军分为御帐亲军、宫卫骑军、大首领部族军、众部族军、五京乡丁、属国军、边境戍兵七类。王文试图从辽朝军队的征集和编组系统来考察辽军的分类情况。他认为，辽军的征集系统确实可以区分为宫帐、部族、京州和属国四者；而从其编组系统来看，其中一部分虽也是按宫帐、部族等系统编成的，但另一部分却又是跨系统编组的。因此他的结论是，辽朝军队可能并不存在严格的军种分类。实话说，这篇文章没有给我留下很深的印象。辽朝兵制的复杂程度不亚于官制，在资料十分缺乏的情况下，要想理清它的头绪，确实不是一件容易的事情。

最后我想谈到的，是王曾瑜先生在《历史研究》1993 年第 6 期上发表的《金朝户口分类制度和阶级结构》一文。自 20 世纪 80 年代以来，王先生对宋代社会的阶级阶层结构进行了相当系统的研究，其研究成果已结集为《宋朝阶级结构》一书出版。此文可以视为这项研究课题的余绪。关于金朝的户口类别，《金史·食货志序》中是这样说的："其为户有数等，有课役户、不课役户、本户、杂户、正户、监户、官户、奴婢户、二税户。"王曾瑜先生在他的文章中全盘接受了这种说法，认为金代社会确实存在着上述九个法定的户口类别，而这是我所不能同意的。

我认为,在上面提到的九种户名中,只有课役户、不课役户、监户、官户才是金代户籍制度下的法定户类,至于其他五种户名,需要在此略加解释。

二税户。二税户是从辽代沿袭下来的一个概念。辽代的二税户有两种含义,一种是指头下军州的二税户,一种是指寺院二税户;头下军州制度至金朝已不复存在,故金人所称二税户乃专指寺院所属民户。在金朝,二税户的存在固然是事实,但这种僧道、奴婢从未获得过官方的正式承认,放免二税户是金朝政府的一贯政策,所以二税户在金代已不再具有合法的地位,它并非金朝户籍制度中的一种法定户类。

奴婢户。王文将监户、官户、二税户和奴婢户视为金朝奴婢的四种法定户类,但是根据我对金代文献的了解,除了官奴婢中的监户、官户和私奴婢中的二税户可以单独立户外,找不到其他奴婢也可单独立户的任何证据。在金代的全部奴婢人口中,监户、官户、二税户只占很小一部分比例,此外还存在着数以百万计的私奴婢,据《金史·食货志》载大定二十三年(1183)对猛安谋克进行通检推排的结果为:猛安谋克共计 615624 户、6158636 口,"内正口四百八十一万二千六百六十九,奴婢口一百三十四万五千九百六十七"。"正口"、"奴婢口"的称呼,说明猛安谋克内的大量奴婢均未单独立户。金代汉人社会中蓄奴现象亦很普遍,但同样也没有发现奴婢单独立户的迹象。总之,奴婢户在金代并不是作为一个独立的户类而存在的,它只能是对监户、官户、二税户的一种泛称。"奴婢户"一词在《金史》中仅此一见,其他金代文献中也极少使用这一含混的称呼,把它当作一个正式户名显然是不恰当的。

正户。《金史·食货志》在记载猛安谋克的民族构成时,介绍了这样两条原则:"凡汉人、渤海人不得充猛安谋克户;猛安谋克之奴婢免为良者,止隶本部为正户。"这就是《食货志序》中"正户"一词的由来。王文据此解释说,"作为法定户名的正户",是指猛安谋克"奴婢从良后的半自由民"。这种说法是否符合事实呢?《金史·纥石烈执中传》云:"涞水人魏廷实祖任儿,旧为靳文昭家放良,天德三年,编籍正户。"按熙宗天眷三年(1140)已将汉人及渤海人中的猛安谋克全部废除,任儿于海陵王天德三年(1151)被靳文昭家放良,这个靳文昭显然不是猛安谋克部民,而任儿也非猛安谋克奴婢,但《金史》却称他放良后"编籍正户"。这又该作何解释呢? 其实正户只是一个泛称,意若编户齐民。对《食货志》"猛安谋克之奴婢免为良者,止隶本部为正户"一句话亦当作如是解,所谓"正户"是相对于他们以前的奴婢身份而说的,并非一种特定的户名,更不是金代户籍制度中的法定户类。

本户、杂户。《金史·食货志》云:"明昌六年二月,上谓宰臣曰:'凡言女直进士,不须称女直字。卿等误作回避女直、契丹语,非也。今如分别户民,则女直言本户,汉户及契丹,余谓之杂户。'"《食货志序》中所称的"本户"、"杂户"云云,即出自此处。实际上,不管是本户、杂户,还是汉户、契丹户,在金朝都只是一种概念性称呼,而不是法定的户名。明昌六年(1195)前没有本户、杂户的提法,女真人习称"女直户",章宗为了突出女真的主体民族意识,故提出以本户代称女直户,可见本户只是女直户的一个代名词而已,并不因其名称的改换就成为一种法定的户类。而且即便是作为一种习称,本户、杂户的提法在金代似乎也并未得到流行,查遍《金史》,再也见不到这两个名称,倒是"女直户"一词在明昌六年之后仍常常可以见到。

综上所述,我们可以肯定地说,《金史·食货志序》关于金朝户口类别的说法是完全靠不住的。事实上，《食货志序》的那段文字不过是元朝史官很随意的叙述罢了，如正户、本户、杂户、二税户等名词，都是从《食货志》的正文里稗贩来的，而《食货志》正文则只是照抄金朝实录、国史而已。《食货志》的作者显然没有仔细考究这些概念的涵义，就很不负责任地乱发了一通议论，实在是贻误后人不浅。

关于元朝史官误解史实、乱发议论的情形，不妨再举出一例。仍旧是《金史·食货志序》，其中在谈到金朝的杂税时如是说："物力之外又有铺马、军须、输庸、司史、河夫、桑皮故纸等钱，名目琐细，不可殚述。"显然，元朝史官把输庸钱当成了一种杂税，这是一个极大的误解。据《金史·章宗纪》载：明昌元年（1190）三月，"有司言：'旧制，朝官六品以下从人输庸者听，五品以上不许输庸，恐伤礼体。其有官职俱至三品、年六十以上致仕者，人力给半，乞不分内外，愿令输庸者听。'从之"；明昌二年十二月，"敕三品致仕官所得傔从毋令输庸"。又《金史·百官志》"百官俸给"条载：贞祐三年（1215）四月，"以调度不及，罢随朝六品以下官及承应人从己人力输傋钱"。我想，《金史·食货志》的作者可能是把输庸钱理解为一种免役钱了，实际上"输庸"的"庸"并非租庸调的"庸"，"庸"在这里是"傋"字的通假，《百官志》作"傋"乃其本字。金制，凡品官皆有从己人力，担任从己人力的民户本可免除杂役，但当时的官僚们常常令从己人力照旧为官府服役，而官府则须向他们支付"输傋钱"，于是输傋钱便成为官僚俸禄之外的一项常规性收入，故《金史·百官志》把它记在"百官俸给"中。不过因考虑到高级官僚的仆从服杂役未免有失体统，所以限定六品以下官员从己人力才能输傋，明昌间曾一度允许三品致仕官从人输傋，但不久又加以禁止。宣宗南迁后，因财政紧张，最终取消了输傭钱①。

《金史》素以良史为人所称,正可谓盛名之下,其实难副。拿《食货志》来说,其中正文多系照抄金朝实录、国史的内容,自然不会有什么大错;但须注意的是,《食货志》的序文只能代表元朝史官的见解,偏偏这位作者的议论又多半是靠不住的。我们今天研究金史,无论如何不能受元朝史官的误导。

作为一位宋史研究者,王曾瑜先生对辽金史的贡献值得我们给予特别的感谢。他的研究成果,从史料和方法两个方面丰富了我们的认识。本文提出若干问题加以商榷,盖取《春秋》责备于贤者之意耳。同时,我们还希望有更多的宋史研究者把他们的学术视野扩大到辽金史领域。

原载《历史研究》2000 年第 6 期;收入《历史研究五十年
　　论文选〈书评〉》,社会科学文献出版社,2005 年

---

①参见拙文《金代杂税论略》,《中国社会经济史研究》1996 年第 3 期。

李锡厚《临潢集》评介

这是一篇脱离了低级趣味的书评，在当今中国学术界，像这样的书评似乎并不多见。独立而公允，是贯穿于本文的一种学术追求。

李锡厚先生自 1978 年投师陈述先生以来，在辽金史领域辛勤耕耘二十余年，是当今辽金史学界一位很有实力的学者，新近由河北大学出版社出版的《临潢集》，汇集了他多年来的研究成果。内蒙古巴林左旗林东镇是辽上京临潢府之所在地，李锡厚先生在此书后记中说，二十多年来，他"日所见、夜所想几乎无不与这座千年古城有关"，因此这部论文集便取名为《临潢集》。

此书共收入论文二十一篇，除四篇讨论宋代土地制度等问题之外，其他十七篇都与辽金史有关。其中有十五篇是研究辽史和契丹史的论著，内容涉及辽朝政治体制、捺钵和斡鲁朵制度、兵制、法律制度以及辽代政治史上的若干问题，另两篇研究金朝宫籍监户和金初"南北面官"制度。

这部文集中的大部分篇什我过去都已读过，读李锡厚先生的文章对我来说是一件饶有兴趣的事情，因为你看到的是一位很有学术个性的历史学家,他的研究成果很少蹈袭前人成说,也不囿于古人记载,总是能够别出心裁,提出自己的独特见解。姑举几例。捺钵和斡鲁朵是关系到辽朝国家体制及政治运作方式的重要问题,本书所收《论辽朝的政治体制》《辽中期以后的捺钵及其与斡鲁朵中京的关系》,以及由李锡厚先生撰写的《中国政治制度通史》第 7 卷的有关部分,都对这个问题提出了新的见解。辽朝的政治中心究竟在什么地方?有说在上京或中京者,有说在斡鲁朵者,有说在捺钵者。作者指出,辽朝的五京只是各自所在地区的政治中心,并不是全国的政治中心,即使被谭其骧先生视为辽中期以后都城的中京,也只具有礼仪上的意义。关于斡鲁朵,作者认为《辽史》将宫卫和斡鲁朵等同起来是错误的,按他的解释,宫卫就是十二宫一府,而斡鲁朵是指隶属于宫卫的部族,因此他不同意杨若薇博士提出的辽朝政治中心在斡鲁朵的观点。李锡厚先生主张辽朝的政治中心在捺钵,但他与傅乐焕、姚从吾等人的见解并不相同,因为他对捺钵有着与众不同的理解,认为捺钵就是行宫,故凡是皇帝所到之处皆为捺钵。

又如《头下与辽金"二税户"》一文,对头下的概念作了全新的解释,谓契丹军事贵族团结被俘掠的汉人建为汉城,并将他们编制为团,设团头进行管辖,于是便把团头下的汉人称为头下户。根据这种解释,作者对辽朝的头下军州也作了新的定义:凡是由俘户(即头下户)构成的州,不管其隶属关系如何,均应视为头下州;也就是说,头下州和汉城基本上是一个概念。二税户是辽金史上颇有争议的一个问题,一般认为辽朝的二税户有头下军州二税户和寺院二税户两种,此文则断然否定二税户的存在,认为所谓的二税户实际上就是两税户。

老实说,我对李锡厚先生的某些观点实在不敢苟同。学术研究讲究持之有故，言之成理，尤其在向常识挑战时更应如此，而他的某些见解则显得不够稳妥，不够邃密。尽管如此，我还是想说：有错误的创见要比没有错误的平庸有价值得多。

李锡厚先生不善交际，昧于世故，如果要说这是学者的优点，恐怕会有争议；不过我总觉得，比起人情练达、乖巧玲珑的那一类人来，这种率真的性情毕竟更接近于学者的本色。这种性格在本书后记里也表露无遗，他坦率地写道："我还要感谢刘浦江先生，他曾撰文批评我《叶隆礼和〈契丹国志〉》一文，指出所论多有'臆度'之辞，所言极是。我在编选这本论文集时正是认真考虑了他的意见，而没有让这篇文章入选。"这样的坦诚真是令我感动。但当他认定自己是正确的时候，就会毫不客气地严辞辩驳，比如他在后记里就辽朝头下制度对我的反诘。我在《辽金史论》一书的自序中说过这样一句话："据我看来，直到今天，我国辽金史研究的总体水平还没有超过战前日本学者曾经达到的那种高度。"李锡厚先生按照他的价值观对我的这一说法进行了毫不留情的批评，说我把日本学者带有政治企图的研究成果作为我们立志要赶超的高度，"委实有点不伦不类"。在旁人看来，也许觉得这种态度不够亲善，而在我看来，这是再正常不过的学术讨论和学术交锋。

最后要说的一点是，据本书后记说："我已经发表在各种刊物上的辽金史论文，还有多篇并没有入选这本论文集，其中有的是我自己发现有严重缺陷，如《辽代诸宫卫各色人户的身分》便是。"我想这里说的"严重缺陷"大概是指该文对斡鲁朵的理解与作者后来的观点截然不同，如果是因为这个原因而割舍此文则大可不必。首先，学者修正自己的学术观点是常有的事情，保留它更有利于学界同仁了解作者的前后主张有何变化；其次，就这个观点

李锡厚《临潢集》评介 ┃ 495

而言,未可断言今是而昨非——依我之见,这仍旧是一个值得商榷的问题。

原载《中国史研究动态》2002 年第 7 期

刘浦江学术论著目录

一、著　作

《辽金史论》,辽宁大学出版社,1999 年。
《松漠之间:辽金契丹女真史研究》,中华书局,2008 年。
《正统与华夷:中国传统政治文化研究》,中华书局,2017 年。
《宋辽金史论集》,中华书局,2017 年。

二、古籍整理

点校本二十四史《辽史》修订本(主持人),中华书局,2016 年。

三、工具书

《二十世纪辽金史论著目录》,上海辞书出版社,2003 年。

《契丹小字词汇索引》（与康鹏共同主编），中华书局，2014年。

四、论　文

《旧序新说》，《书林》1984年第6期。

《从〈春秋左传〉看春秋时代的城市》，《齐鲁学刊》1985年第1期。

《柳开生卒年辨正》，《中国史研究》1986年第4期。

《先秦诸子百家在中国历史上产生了什么影响》，《函授辅导》1987年第2期。

《中国古代的科学技术》，《函授辅导》1987年第5期。

《应劭字说》，《中国史研究》1988年第1期。

《〈史记〉中两司马喜非一人》，《古籍研究》1988年第1期。

《〈后汉书〉札记三则》，《史学月刊》1988年第5期。收入国务院古籍整理出版规划小组编《古籍点校疑误汇录》第6辑，中华书局，2002年。

《"春秋五霸"辨》，《齐鲁学刊》1988年第5期。

《校点本〈青箱杂记〉衍文发覆》，《古籍整理研究学刊》1988年第4期。

《李公麟〈古器图〉有著录可考》，《史学月刊》1989年第2期。收入金文明《语林拾得——咬文嚼字精选100篇》，复旦大学出版社，2001年。

《〈次柳氏旧闻〉无〈桯史〉之名》，《中华文史论丛》1989年第1期。

《尤袤生卒年辨证》，《中国史研究》1989 年第 3 期。

《〈清江三孔集跋〉作者考》，《文献》1989 年第 4 期。

《〈后汉书〉札记（明帝纪）》，《古籍整理研究学刊》1989 年第 4 期。

《辛稼轩〈美芹十论〉作年确考》，《古籍整理研究学刊》1990 年第 2 期。

《再论〈大金国志〉的真伪——兼评〈大金国志校证〉》，《文献》1990 年第 3 期。

《〈建康实录〉校点本訾议》，《古籍整理研究学刊》1991 年第 4 期。

《关于〈契丹国志〉的若干问题》，《史学史研究》1992 年第 2 期。

《汉冲帝永嘉年号辨》，《古籍整理研究学刊》1992 年第 4 期。

《书〈金史·施宜生传〉后》，《文史》总第 35 辑，1992 年 6 月。

《范成大〈揽辔录〉佚文真伪辨析——与赵克等同志商榷》，《北方论丛》1993 年第 5 期。

《〈契丹国志〉与〈大金国志〉关系试探》，《中国典籍与文化论丛》第 1 辑，中华书局，1993 年。

《金代户口研究》，《中国史研究》1994 年第 2 期。

《金代猛安谋克人口状况研究》，《民族研究》1994 年第 2 期。

《邓广铭先生与古籍整理研究工作》，《古籍整理出版情况简报》1994 年第 11 期。

《"博学于文　行己有耻"——邓广铭教授的宋史研究》，《北京大学学报》1995 年第 2 期。

《论金代的物力与物力钱》，《中国经济史研究》1995 年第 1 期。

《金代户籍制度刍论》,《民族研究》1995 年第 3 期。

《渤海世家与女真皇室的联姻——兼论金代渤海人的政治地位》,《大陆杂志》(台北)90 卷 1 期,1995 年 1 月 15 日。收入《北大史学》第 3 辑,北京大学出版社,1996 年。

《金代"通检推排"探微》,《中国史研究》1995 年第 4 期。

《金朝的民族政策与民族歧视》,《历史研究》1996 年第 3 期。

《金代杂税论略》,《中国社会经济史研究》1996 年第 3 期。

《金代土地问题的一个侧面——女真人与汉人的土地争端》,《中国经济史研究》1996 年第 4 期。

《唐突历史》,《读书》1996 年第 12 期。

《辽金的佛教政策及其社会影响》,《佛学研究》第五辑,中国佛教文化研究所,1996 年。

《金代的一桩文字狱——宇文虚中案发覆》,《庆祝邓广铭教授九十华诞论文集》,河北教育出版社,1997 年。收入《北京大学百年国学文粹·史学卷》,北京大学出版社,1998 年。

《十二世纪中叶中国北方人口的南迁》,《原学》第 6 辑,中国广播电视出版社,1998 年。

《〈三朝北盟会编〉研究》(与邓广铭合著),《文献》1998 年第 1 期。

《独断之学 考索之功——关于邓广铭先生》,《中华读书报》1998 年 1 月 21 日第 6 版。

《最后的时光》,《北京日报》1998 年 6 月 4 日第 7 版。

《关于契丹、党项与女真遗裔问题》,《大陆杂志》(台北)96 卷 6 期,1998 年 6 月 15 日。

《说"汉人"——辽金时代民族融合的一个侧面》,《民族研究》1998 年第 6 期。

《关于金朝开国史的真实性质疑》,《历史研究》1998 年第 6 期。

《大师的风姿——邓广铭先生与他的宋史研究》,《文史知识》1998 年第 12 期。

《不仅是为了纪念》,《读书》1999 年第 3 期。收入《仰止集——纪念邓广铭先生》,河北教育出版社,1999 年。

《内蒙古敖汉旗出土的金代契丹小字墓志残石考释》,《考古》1999 年第 5 期。

《试论辽朝的民族政策》,《辽金史论》,辽宁大学出版社,1999 年。

《邓广铭与二十世纪的宋代史学》,《历史研究》1999 年第 5 期。收入《邓广铭治史丛稿》,北京大学出版社,2010 年。

《金代捺钵研究(上)》,《文史》总第 49 辑,1999 年 12 月。

《金代捺钵研究(下)》,《文史》总第 50 辑,2000 年 7 月。

《一代宗师——邓广铭先生的学术风范与学术品格》,《学林往事》下册,朝华出版社,2000 年。

《女真的汉化道路与大金帝国的覆亡》,《国学研究》第 7 卷,2000 年 7 月。

《河北境内的古地道遗迹与宋辽金时代的战事》,《大陆杂志》(台北)101 卷 1 期,2000 年 7 月 15 日。

《辽朝的头下制度与头下军州》,《中国史研究》2000 年第 3 期。

《〈金朝军制〉平议——兼评王曾瑜先生的辽金史研究》,《历史研究》2000 年第 6 期。收入《历史研究五十年论文选(书评)》,《历史研究》编辑部编,社会科学文献出版社,2005 年。

《辽朝亡国之后的契丹遗民》,《燕京学报》新 10 期,2001 年

5 月。

《辽朝国号考释》，《历史研究》2001 年第 6 期。

《辽朝"横帐"考——兼论契丹部族制度》，《北大史学》第 8 辑，北京大学出版社，2001 年 12 月。

《二十世纪契丹语言文字研究论著目录》，《汉学研究通讯》（台北）21 卷 2 期（总第 82 期），2002 年 5 月。

《二十世纪女真语言文字研究论著目录》，《汉学研究通讯》（台北）21 卷 3 期（总第 83 期），2002 年 8 月。

《女真语言文字资料总目提要》，《文献》2002 年第 3 期。

《李锡厚〈临潢集〉评介》，《中国史研究动态》2002 年第 7 期。

《契丹族的历史记忆——以"青牛白马"说为中心》，《漆侠先生纪念文集》，河北大学出版社，2002 年。

《文化的边界——两宋与辽金之间的书禁及书籍流通》，《中国史学》（东京）第 12 卷，2002 年 10 月。收入《10—13 世纪中国文化的碰撞与融合》，上海人民出版社，2006 年。

《书生本色》，《中华读书报》2002 年 12 月 11 日第 5 版。收入《载物集——周一良先生的学术与人生》，清华大学出版社，2003 年。

《第三只眼睛看中国历史——评〈剑桥中国辽西夏金元史〉》，中国艺术研究院中国文化研究所《中国文化》第 19、20 期合刊，2002 年 12 月。

《辽代的渤海遗民——以东丹国和定安国为中心》，《文史》2003 年第 1 辑。

《宋代宗教的世俗化与平民化》，《中国史研究》2003 年第 2 期。

《近 20 年出土契丹大小字石刻综录》，《文献》2003 年第

3 期。

《正视陈寅恪》,《读书》2004 年第 2 期。

《德运之争与辽金王朝的正统性问题》,《中国社会科学》2004 年第 2 期。收入北京大学中国古代史研究中心编《未名中国史》下册,北京大学出版社,2009 年;范金民等编著《中国古代史研究导引》,南京大学出版社,2011 年。

《从〈辽史·国语解〉到〈钦定辽史语解〉——契丹语言资料的源流》,《欧亚学刊》第 4 辑,中华书局,2004 年 6 月。

《再论阻卜与鞑靼》,《历史研究》2005 年第 2 期。收入北京大学中国古代史研究中心编《未名中国史》下册,北京大学出版社,2009 年。

《金代"使司"银铤考释》,《中国历史文物》2005 年第 2 期。

《契丹名、字初释——文化人类学视野下的父子连名制》(与康鹏合著),《文史》2005 年第 3 辑。

《正统论下的五代史观》,《唐研究》第 11 卷,北京大学出版社,2005 年 12 月。收入北京大学中国古代史研究中心编《未名中国史》下册,北京大学出版社,2009 年。

《邓广铭——宋代史学的一代宗师》,郭建荣、杨慕学主编《北大的学子们》,中国经济出版社,2006 年。

《「辽史」国语解から「欽定遼史語解」まで——契丹言語資料の源流》,井上德子译,《研究論集》第 2 集《アジアの歴史と近代》,河合文化教育研究所,2006 年 6 月。

《辽〈耶律元宁墓志铭〉考释》,《考古》2006 年第 1 期。

《"五德终始"说之终结——兼论宋代以降传统政治文化的嬗变》,《中国社会科学》2006 年第 2 期。收入北京大学中国古代史研究中心编《未名中国史》下册,北京大学出版社,2009 年。

《"乣邻王"与"阿保谨"——契丹小字〈耶律仁先墓志〉二题》,《文史》2006年第4辑。

《宋代使臣语录考》,《10—13世纪中国文化的碰撞与融合》,上海人民出版社,2006年。

《百年邓恭三》,《中国教育报》2007年3月16日第4版。

《怀念恩师邓广铭先生》,《中华读书报》2007年4月11日第20版。收入丁东主编《先生之风》,中国工人出版社,2010年。

《契丹名、字研究——文化人類学の視点からみた父子連名制》,饭山知保译,日本唐代史研究会《唐代史研究》第10号,2007年8月。

"The end of the Five Virtues theory:Changes of traditional political culture in China since the Song Dynasty", *Frontiers of History in China*, vol. 2, no. 4(October 2007).

《再谈"东丹国"国号问题》,《中国史研究》2008年第1期。

《金中都"永安"考》,《历史研究》2008年第1期。

《〈契丹地理之图〉考略》,《邓广铭教授百年诞辰纪念论文集》,中华书局,2008年。

《「五徳終始」説の終結——兼ねて宋代以降における伝統的政治文化の変遷を論じる》,小林隆道译,《宋代史研究会研究報告第9集:「宋代中国」の相対化》,(东京)汲古书院,2009年7月。

《契丹开国年代问题:立足于史源学的考察》,《中华文史论丛》2009年第4期。

《穷尽·旁通·预流:辽金史研究的困厄与出路》,《历史研究》2009年第6期。

《关于契丹小字〈耶律乣里墓志铭〉的若干问题》,《北大史学》第 14 辑,北京大学出版社,2009 年 12 月。

《祖宗之法:再论宋太祖誓约及誓碑》,《文史》2010 年第 3 辑。

《再论契丹人的父子连名制——以近年出土的契丹大小字石刻为中心》,《清华元史》第 1 辑,商务印书馆,2011 年。

《邓广铭先生学术简述》,《国学新视野》2011 年冬季号,2011 年 12 月。

《契丹人殉制研究——兼论辽金元"烧饭"之俗》,《文史》2012 年第 2 辑。

《宋、金治河文献钩沉——〈河防通议〉初探》,《舆地、考古与史学新说——李孝聪教授荣休纪念论文集》,中华书局,2012 年。

《在历史的夹缝中:五代北宋时期的"契丹直"》,《中华文史论丛》2012 年第 4 辑。

《邓广铭先生与辽金史研究》,《想念邓广铭》,新世界出版社,2012 年。

《金朝初叶的国都问题——从部族体制向帝制王朝转型中的特殊政治生态》,《中国社会科学》2013 年第 3 期。

《南北朝的历史遗产与隋唐时代的正统论》,《文史》2013 年第 2 辑。

《金世宗名字考略》,《北大史学》第 18 辑,北京大学出版社,2013 年。

《太平天国史观的历史语境解构——兼论国民党与洪杨、曾胡之间的复杂纠葛》,《近代史研究》2014 年第 2 期。

《"桦叶〈四书〉"故事考辨》,《田余庆先生九十华诞颂寿论文集》,中华书局,2014 年。

《元明革命的民族主义想象》,《中国史研究》2014 年第 3 期。

《〈四库全书初次进呈存目〉再探——兼谈〈四库全书总目〉的早期编纂史》，《中华文史论丛》2014 年第 3 期。

《四库提要源流管窥——以陈思〈小字录〉为例》，《文献》2014 年第 5 期。

《天津图书馆藏〈四库全书总目〉残稿研究》，《文史》2014 年第 4 辑。收入《正统与华夷：中国传统政治文化研究》，改名为《关于天津图书馆藏〈四库全书总目〉残稿的若干问题》，中华书局，2017 年。

《中华书局点校本〈辽史〉修订前言》，《唐宋历史评论》创刊号，社会科学文献出版社，2015 年。

后 记

《辽史·营卫志》云："契丹之先,曰奇首可汗,生八子。其后族属渐盛,分为八部,居松漠之间。"丁谦《魏书各外国传地理考证》对"松漠"的解释是："松漠间谓松山西、沙漠东——中间之地,今克什克腾旗西南地也。松山为潢水发源处,《辽史》所谓'平地松林'是也。其山之西正多伦诺尔厅北碛卤之地,故曰松漠之间。"是以唐朝置松漠都督府以羁縻契丹,汉人因以"松漠"代称契丹或辽朝,南宋以后也用它代指女真及金朝。本书内容基本不出辽金契丹女真史的范畴,故名之曰《松漠之间》。

不料去冬偶然在书店看到林梅村先生新出的一部文集,书名为《松漠之间:考古新发现所见中外文化交流》,一时颇感意外。踌躇再三,决意仍旧维持原名。好在两书各有一个主题鲜明的副标题,大概还不至于相互混淆吧。

作者记于 2008 年 4 月 21 日